新编21世纪中国语言文学系列教材

唐诗宋词鉴赏

第三版

张明非　李　翰　韩忠艳　著

An Introduction to
Tang and Song Poetry

中国人民大学出版社
·北京·

图书在版编目（CIP）数据

唐诗宋词鉴赏 / 张明非，李翰，韩忠艳著. --3版. 北京 ：中国人民大学出版社，2024. 10. --（新编21世纪中国语言文学系列教材）. -- ISBN 978-7-300-33253-6

Ⅰ. K203

中国国家版本馆CIP数据核字第2024D4K991号

新编21世纪中国语言文学系列教材

唐诗宋词鉴赏（第三版）

张明非　李　翰　韩忠艳　著

Tangshi Songci Jianshang

出版发行	中国人民大学出版社		
社　　址	北京中关村大街31号	**邮政编码**	100080
电　　话	010－62511242（总编室）		010－62511770（质管部）
	010－82501766（邮购部）		010－62514148（门市部）
	010－62515195（发行公司）		010－62515275（盗版举报）
网　　址	http://www.crup.com.cn		
经　　销	新华书店		
印　　刷	北京宏伟双华印刷有限公司	**版　　次**	2012年3月第1版
开　　本	787 mm×1092 mm　1/16		2024年10月第3版
印　　张	19.25 插页1	**印　　次**	2025年 3月第2次印刷
字　　数	401 000	**定　　价**	49.00元

内容简介

唐诗宋词，均为一代文学之胜，堪称中国古代文学皇冠上两颗璀璨的明珠，因其巨大而独特的艺术魅力，获得历代读者的喜爱，千余年来传诵不衰，历久弥新。

本书对成就最高、影响最大的十五种诗词题材中的名家佳作进行解读和鉴赏，使读者充分领略唐诗宋词的博大精深和无穷魅力，并从中获得教益，提高古典文学修养以及阅读和欣赏的能力。书中对十五种题材的诗词分类鉴赏，点面结合，纵横比较，在赏析名篇佳作的同时，力求指出每一类题材的总体特征及发展源流、同一题材中唐诗宋词的共性及差异、不同作家的风格特点及作用，让读者在欣赏唐诗宋词的过程中有更深入的探析。

此次修订增加了作品索引和作家小传，方便读者梳理唐诗宋词的脉络，增进对时代、作品和作家的理解与把握。

作者简介

张明非　女，1943年生，广西师范大学文学院二级教授，博士生导师。曾任中国唐代文学学会副会长、中国李商隐研究会副会长兼秘书长、《唐代文学研究年鉴》主编。享受国务院颁发的政府特殊津贴，广西壮族自治区优秀专家。主要研究论著有《唐音论薮》《唐诗与舞蹈》《唐诗咀华》《唐贤三昧集译注》《唐诗：在变革中走向辉煌》《张明非集——古典文学论丛》等。

李　翰　1974年生，安徽桐城人。上海大学文学院教授，博士生导师，中国唐代文学学会理事，上海市浦江学者。出版《汉魏盛唐咏史诗研究》《〈宋书〉文学研究》等著作，发表论文几十篇。

韩忠艳　1982年生，河南新乡人，现居广东中山。上海大学古代文学硕士，现为小学语文高级教师。

引言

诗与词是中国古代诗歌最主要的两种形式，唐诗与宋词则是这两种诗体的典范，均为一代文学之胜。在《诗经》以来诗歌创作基础上兴盛起来的唐诗，达到了古代诗歌史上的巅峰；而萌芽于隋唐之际、兴于晚唐五代的词，到宋代也臻于极盛。在我国以抒情为主的诗歌传统中，唐诗与宋词互相辉映，各有千秋，堪称中国古代文学皇冠上两颗璀璨的明珠，各以其巨大而独特的艺术魅力，千余年来一直得到各个时代不同读者的喜爱，盛传不衰，历久弥新。

源远流长的中国古典诗歌发展到唐代，犹如百川归海，形成前所未有的壮阔波澜。仅据清编《全唐诗》有姓名可考的 2 200 多位作者可知[①]，作诗已不再是少数贵族的专利，而成为上自帝王后妃下至村夫牧童各阶层人士无所不与的事业。诗歌的题材也从狭小的宫廷、台阁解放出来，走向江山、塞漠和市井，走向广阔的社会人生。生活中的一切人和事物，无不可以入诗；人们的喜怒哀乐种种感情，无不可以化为新鲜活泼的诗歌语言。唐诗不仅作者众多、作品数量巨大，而且拥有众多风格鲜明和成就巨大的诗人以及难以数计的千古传诵的名篇。且不说唐代出现了李白和杜甫这两位中国古典诗歌史上的巨匠，即如陈子昂、孟浩然、王维、高适、岑参、王昌龄、韦应物、元稹、白居易、韩愈、孟郊、柳宗元、李贺、杜牧、李商隐等，也都是开宗立派、风格独创的大家。其他有成就、有特色、有影响的诗人，尚不下五六十。正是如此众多的诗人以自己各具特色的创作，共同创造了百花齐放、争

① 陈尚君《全唐诗补编》补收作者逾千人，参见：陈尚君．全唐诗补编：上．北京：中华书局，1992：2.

芳斗艳的诗坛奇观。不论是内容的开拓还是艺术的创造，唐诗都以辉煌的成就超过了历史上任何一个时代，以至于我们提到唐朝就会想到诗歌，提到诗歌就会想到唐朝。可以说，唐诗是整个唐朝最耀眼的一张名片，最亮丽的一道风景，最醒目的一个标志。诗歌的题材在唐人笔下得到前所未有的开拓，诗人的笔触几乎深入到了现实社会的每一个角落。壮丽的山河、优美的田园、繁华的都市、苍凉的边塞、惨烈的战争、中外的交流，以及朝政的得失、国家的兴衰、阶级的对立、现实的矛盾、民生的疾苦、世态的炎凉，各种素材无不见之于诗；士人的理想追求、愤慨不平、羁愁旅思、离情别恨，无不在诗歌中得到充分的表现，展现了比历史教科书更为生动丰富的唐代社会生活的图画。不仅如此，唐代诗歌体裁成熟完备，风格流派异彩纷呈，创作方法丰富多样，亦标志着古典诗歌创作的全面成熟。唐人在诗歌方面的成就，不但是空前的，也是后人难以企及的。在我国历史上，还没有哪一个朝代像唐代这样，留下了那么多家喻户晓的诗人和脍炙人口的诗篇。

进入宋代，词由前代的附庸而蔚为大国，与汉赋、唐诗、元曲等并列，成为“一代之文学”（王国维《宋元戏曲考》）。宋词流派众多，名家辈出，其中创造了自己独特风格、自成一家的词人就有几十位之多，如欧阳修、柳永、苏轼、秦观、周邦彦、贺铸、李清照、辛弃疾、姜夔、吴文英等，即使与唐代的著名诗人相比也毫不逊色。特别是苏轼和辛弃疾，更是宋词创作的两座高峰。他们在词坛的地位和取得的成就，甚至可以媲美诗坛的李白、杜甫。就像唐诗在五七言诗史上的地位无与伦比一样，宋词在词史上的地位也同样不可超越。其题材取向之广泛、艺术形式之完美、艺术手段之纯熟、艺术风格之多样，均达到登峰造极的地步，成为后人学习仿效的典范。无论从成就还是从影响来看，宋词都是中国文学史上唯一可与唐诗双峰并峙的古典文学的代表，也是唯一可与唐诗平分秋色的一代之胜。

宋词同唐诗一样，题材包罗万象，风格丰富多彩，并没有固定的美学特征，但总体而言，二者却是各有侧重，各不相同。王国维《人间词话》说：“词之为体，要眇宜修。能言诗之所不能言，而不能尽言诗之所能言。诗之境阔，词之言长。”这精确概括出宋词与唐诗的区别及宋词的美学特征。如果将唐诗比作高大挺拔的树，宋词就是香艳绮丽的花；如果把唐诗比作浩浩奔涌的江河，宋词就是涓涓流淌的小溪；如果把唐诗比作壮士挥戈、视死如归，宋词就如娇女步春、顾影自怜；如果把唐诗比作丽日晴空、巍峨高山，宋词就如丝雨薄雾、窈窕深谷。① 要而言之，唐诗关注社会现实人生，富于理想色彩，宋词注重个人生活情感，情调婉约缠绵；唐诗洋溢着英雄之气，

① 张明非，主编；王德明，等撰．唐诗宋词专题．北京：高等教育出版社，2003：156.

宋词充满了儿女之情；唐诗多阳刚之气，宋词富阴柔之美。宋词中的题材不及唐诗广泛，但抒情比唐诗更纯粹、更普泛、更深细、更感伤，凡传统诗文中不能言或不宜言的“七情六欲”“儿女情长”，都可以在词这一领域含蓄曲折地写出，酣畅淋漓地表达。举凡男女情爱、人生际遇、离情别绪、春愁秋恨、风花雪月、悲欢离合、羁旅行役这类普泛化的情事，在宋代词人笔下都被表现得极深极细。特别是词人对情感世界的抒写与刻画，达到了如丝如网幽微缠绵的境界，成为以抒情性为特征的古代诗苑中一朵娇艳独绝的奇葩。词体参差多变的长短句式、摇曳多姿的篇段结构、新颖多样的标题形式，加上丰富多彩的韵声韵位的变化、精严多样的字声配合，构成中国古代诗歌美学画廊中一道绮丽的风景，也带给读者一种别样的惊喜和妙不可言的感受。

唐诗与宋词不愧是我们历史悠久的文明古国孕育的两大瑰宝、中华民族世世代代的骄傲，在人类文化史上永远放射着不灭的光芒。让我们在万紫千红的唐诗宋词的百花园中徜徉，尽情吮吸那沁人心脾的芳香；让我们动手采撷其中的名花异卉，去领略唐诗宋词的博大精深与无穷魅力。

目录

第一章 山水田园

于晋宋之际兴起的山水诗和田园诗，发展到唐宋，呈现出前所未有的繁荣。几乎每一位有成就的诗人，都在这一片沃土上开垦过，耕耘过，施展过自己的才情。他们用自己的生花妙笔，展现了祖国锦绣山河的秀丽多姿。其中既有优美恬静的田园风光，也有雄伟壮丽的长山阔水；既有气势雄浑的山水长卷，也有清丽典雅的风景小幅；既倾注了诗人对自然之美的衷心喜爱，也寄托着不与世俗合流的人生理想。唐代山水田园诗派的杰出代表王维、孟浩然等，把山水田园的静谧秀美表现得令人心驰神往，大大丰富和发展了中国古典诗歌的写景抒情艺术。大诗人李白与杜甫，也以他们对祖国自然山水的深沉眷恋和热爱，写下了许多优美动人的山水田园诗，并在其中融入了广阔深刻的社会内容，开拓了这一题材的空间。

两宋是山水词发展与成熟的时期，词坛名家辈出，词作多彩多姿。词人笔下的山水不仅有名山大川，而且触及唐人涉笔较少的城郊园林。而表现从自然山水中体悟到的人生哲理与历史反思，尤其成为宋代山水词的鲜明特色。两宋田园词在数量上略逊于同期的田园诗，但苏轼和辛弃疾这两位大家的加盟，使这一领域大为增色。田园词在内容上继承了唐代田园诗的传统，描绘清新自然的乡村景色，反映农村的风俗民情及农民的辛劳疾苦，并于其中寄托了具有普遍意义的人生情思。

总之，唐宋山水田园诗词多彩多姿，美不胜收，是唐宋诗人、词人留下的一笔丰厚的遗产，永远可以激发后人热爱生活、热爱自然的美好情感，并使人获得丰富的审美享受。

唐诗篇

江山如有待，花柳自无私

盛唐诗人**王之涣**[1]① 并不是山水诗名家，但说到山水诗，就不能不提到他的《登鹳雀楼》：

白日依山尽，黄河入海流。
欲穷千里目，更上一层楼。

鹳雀楼，在山西永济市西南城上，据说因“时有鹳雀栖其上”（《蒲州府志》）而得名，是唐代著名的登览胜地。在许多登楼纪胜的诗篇中，这首诗能脱颖而出不是偶然的。前两句，诗人用饱蘸激情的如椽大笔，仅十个字便描绘出极为雄浑壮丽的山水图景：远处，白日已收尽它最后的光线，渐渐隐入连绵起伏的群山背后；脚下，黄河正以磅礴的气势一日千里地流入大海。江山如此多娇，激发了诗人想要看得更高更远的愿望，于是有了诗的后两句：“欲穷千里目，更上一层楼。”它不仅使读者在想象中展开更宏大的视野、更广阔的境界，更重要的是揭示了深蕴其中的高瞻才能远瞩的人生哲理，给人以深刻的启示。在尺幅之内展现万里山河的壮丽，而且表现博大无垠的胸襟与积极进取的精神，这正是盛唐山水诗的一个鲜明特色，也是这首诗千古传诵而光景常新的重要原因。

王维[2] 无疑是唐代山水田园诗派最杰出的诗人，他的诗标志着这一题材所能达到的最高成就。他既精于诗道，又深于画理，因而使诗歌达到“诗中有画”（苏轼《书摩诘蓝田烟雨图》）的艺术境界。王维笔下的山水景物多彩多姿，风格各异：有的气象雄伟，境界开阔；有的清新秀丽、优美静谧；有的色彩鲜明；有的萧疏简淡。其每一类诗都有不少佳作，然而其中最有代表性的，还是那些意境冲淡空灵、禅理与诗情结合的作品，如《鸟鸣涧》：

人闲桂花落，夜静春山空。
月出惊山鸟，时鸣春涧中。

① 人名加黑，表示书后附有其简介，括号中数字对应其在“作家小传”中的顺序。参见本书“作家小传”部分。

这首诗描绘了春天山涧月夜优美恬静的景色：在春山空谷的夜晚，一切都静悄悄的，只有桂花轻轻地从树枝上飘然落下。忽然，月儿升起来了，月光照亮了山谷，栖息的鸟儿被惊起了，发出几声清脆的鸣叫，不一会儿又复归平静。这既是一幅清幽迷人的画，又是一首优美空灵的诗，是诗情与画意的完美融合。从中人们不仅可以想象春山的清幽、桂花的清馨、月光的清朗、鸟鸣的清脆，充分领略大自然的静美，还可以感受到人在其中闲适愉悦的心情。诗人在创造优美静谧境界之时，巧妙地利用动与静的对立统一关系，有意借动态表现静境，以有声衬托无声。诗中从“花落”到“月出”，再到山鸟的“惊”和“鸣”，无不有动有声，然而正是通过这些动态和声响，才有力地衬托出“人闲”“夜静”和“山空”。这既是此诗的特点，也是王维这类山水诗特有的表现手段，如《鹿柴》写到的“空山”中的“人语”，《竹里馆》写到的“幽篁”里的“弹琴”，《辛夷坞》写到的“涧户寂无人，纷纷开且落”的“芙蓉花”，都属于这一类。此外，诗人特别善于发现和捕捉大自然中极细微的声响和动态，生动表现自然界的变化和内在的律动，这正是诗人用禅宗的眼光观照自然，从而进入常人不能达到的一种特殊的审美境界的结果。说王维的诗有禅趣，此即原因之一。

再看他的一首五言小诗《山中》：

荆溪白石出，天寒红叶稀。
山路元无雨，空翠湿人衣。

宋代大诗人苏轼在引用此诗后说了一段著名的话：“味摩诘之诗，诗中有画；观摩诘之画，画中有诗。”（《书摩诘蓝田烟雨图》）此诗描写清秋山中景色。起句写清水白石。荆溪，水名，发源于陕西蓝田县。次句写苍山红叶。两相对照映衬，色彩鲜明和谐，景物错落有致。“白石”和“红叶”是色彩的运用，“出”和“稀”近于画法中采光技巧的表现，这是“诗中有画”。后两句进一步点出绿树荫浓，翠色欲滴。“元无雨”和“湿人衣”很难用画面显示，而诗人却以这两句唤起读者对山岚暮霭、苍翠欲滴的想象，补充了画面无法表现的形象，使诗的意境超过了一般的山水画，这是“画中有诗”。“诗中有画”，自苏轼提出后就成为王维诗尤其是他山水田园诗艺术特征的定评而沿用至今。

李白[3]一生到处漫游，足迹所至，几半中国。“五岳寻仙不辞远，一生好入名山游”（《庐山谣寄卢侍御虚舟》），既是这位伟大诗人酷爱自然的写照，也是他创作了大量山水诗的一个重要原因。李白的山水诗有着极其鲜明的个性，他从不拘泥于对山水形貌的精雕细刻，而是凭着自己的审美理想和炽热情感，创造出前所未有的、气象非凡的山水形象。李白诗歌所特有的浪漫主义的奇思妙想、豪放飘逸的风格、清新俊逸的语言，在山水诗中体现得尤为鲜明。不仅如此，山水在李白笔下还寄托着他追求个性解放和精神自由的理想，并成为他正直不阿的高尚人格和美好情操的象征。不论李白山水诗怎样绮丽多姿，风采各异，都无不打上了个性化、人格化的鲜明印记。被殷璠《河岳英灵集》叹为“奇之又奇，然自骚人以还，鲜有此体调”的《蜀道难》这类长诗自不必说，其篇制短小的绝句也莫不如此，试看《望庐山瀑布》：

日照香炉生紫烟，遥看瀑布挂前川。
飞流直下三千尺，疑是银河落九天。

这首诗从“望”字着笔，描写诗人眼里的庐山香炉峰瀑布。先从香炉峰写起：只见日光照耀下的香炉峰宛如一座巨大的香炉，而峰顶缭绕的云雾仿佛是缕缕紫烟正从炉中冉冉升起，格外绚丽多姿。瀑布从峰顶垂直下落，就像一匹巨大的白练高挂在山川之间。这具有雕塑般静美的壮丽图景，正是诗人“遥看”所特有的感受。近看，景象更加惊心动魄：飞湍的瀑布从香炉峰顶喷涌而出，一泻直下，银光闪闪，简直使人怀疑是天上的银河穿云破雾降落人间。“飞流直下三千尺”的飞动气势、高度夸张，“疑是银河落九天”的新颖比喻、奇妙想象，塑造了庐山瀑布无比雄奇壮美的艺术形象。这首诗不仅是庐山瀑布的绝妙写照，也是渗透了诗人鲜明个性和强烈感情的“有我之境”。古往今来还有谁能比李白更好地摹写出庐山瀑布的神韵？难怪苏轼赞叹道：“帝遣银河一派垂，古来唯有谪仙词。”（《世传徐凝瀑布诗云……乃戏作一绝》）

神州大地的自然景观是千姿百态的，天才逸放的李白自然也不会只有一副手笔。诚然，他豪放开朗的性格使他特别钟情于雄浑壮丽的景色，如“黄云万里动风色，白波九道流雪山”（《庐山谣寄卢侍御虚舟》）的长江，“黄河之水天上来，奔流到海不复回”（《将进酒》）的黄河，“一风三日吹倒山，白浪高于瓦官阁”（《横江词六首》其一）的横江，“山随平野尽，江入大荒流”（《渡荆门送别》）的荆门等等。但他笔下也不乏清新秀丽的山水小景，如《山中问答》：“问余何意栖碧山，笑而不答心自闲。桃花流水窅然去，别有天地非人间。”桃花流水杳然远逝的天然宁静，诗人“笑而不答”的别具会心，都使人对“别有天地”、非人间所有的“碧山”悠然神往。李白的山水诗既是丰富多彩的，又是独一无二的，尤其在打动人的心灵、激发人们的民族自豪感方面，古代山水诗人中，很少有人能同他相比。

杜甫[4]也不以山水诗著称，但他的山水诗记录了自己漫游、离乱、漂泊的现实生活，同时融入了时事政治的内容和忧国忧民之思，从而使传统的以模山范水、流连风景为主的山水诗开出别一种境界。如《后游》：

寺忆曾游处，桥怜再渡时。
江山如有待，花柳自无私。
野润烟光薄，沙暄日色迟。
客愁全为减，舍此复何之？

唐肃宗上元二年（761）春，杜甫曾两次游览蜀中新津县（今四川成都新津区）东南的修觉寺，这首诗是重游所作，故题曰“后游”。诗中写道：这里的寺和桥都曾经游历过，故地重游更生爱怜之心。美好的江山仿佛很有情意地等我再来，明丽的花柳更是无私地奉献一切供人观赏。清晨，烟光微薄，原野显得格外滋润；傍晚，沙滩温暖，日色似乎迟迟滞留不去。风景如此优美，使客愁全都消减，除开这里我还到哪里去？从字面上看，句句都在称赞风景之美，实则有言外之意。不仅从结末点出的“客愁”可以看出诗人的愁闷，从盛赞“江山”“花柳”的“有待”“无私”中，也不难体会出他是以此反衬人世的冷漠无情。正如薛雪《一瓢诗话》所说：“‘花柳自无私’……下一‘自’字，便觉其寄身离乱感时伤事之情，掬出纸上。”的确，干戈遍地、万方多难的惨痛现实，使素来忧国忧民的诗人不能不满怀悲愤，他想借徜徉山水加以排遣，然而愁怨是如此深重，又岂是轻易消减得了的？可见这首诗感情深沉郁积而手法委婉顿挫。“江山如有待，花柳自无私”两句，不仅真切地传达出诗人游赏时的心情，也是对无比美好的大自然的热情礼赞。

韦应物[5]是被后人目为与王维、孟浩然、柳宗元并称的唐代山水田园诗人的代表。他善于描写景物，同时又将自己的感情胸襟和审美追求寓于其中，因此诗风“高雅闲澹，自成一家之体”（白居易《与元九书》）。《滁州西涧》是其中的代表作：

独怜幽草涧边生，上有黄鹂深树鸣。
春潮带雨晚来急，野渡无人舟自横。

滁州，即今安徽滁州市。此诗作于韦应物任滁州刺史时，描写了诗人春游西涧所见景物。前两句着意展现了西涧的幽寂：山涧两岸，草色青青；深山幽谷，林木茂密。只有深树上黄鹂的鸣声偶尔打破涧边的岑寂。两句诗绘声绘形，历历如画，而从诗人对这一静景的描绘尤其是对涧边“幽草”的“独怜”中，不难看出他恬淡的胸襟和追求闲适的情趣。后两句勾画出荒山野渡的苍茫景象：只见春潮上涨，又兼晚雨急来，郊野渡口，唯有孤舟漂浮，连船夫也不见踪影。景色优美如画，刻画生动传神。而如果联系诗人的际遇和心境，还可以想到，诗中既寄托了他无力抗争现实的忧伤、无奈，也未始没有表现出他洁身自好、不随俗从流的性格。此诗意到笔随，凝练隽永，三、四两句传神写照，尤极尽运思用笔之妙。北宋诗人欧阳修曾借用末句入词，其《采桑子》云：“残霞夕照西湖好，花坞蘋汀，十顷波平，野岸无人舟自横。”“岸”与“渡”一字之易，表现了迥然不同的境界。名相寇准也喜诵此句，其《春日登楼怀归》中将其衍为一联“野水无人渡，孤舟尽日横”，为人传诵一时，可见韦诗对后世的影响。

与韦应物诗风的闲淡不同，**柳宗元**[6]在山水景物中往往寄托着他深广的幽愤，因而风格峻洁奇峭。《江雪》是他的代表作：

千山鸟飞绝，万径人踪灭。

孤舟蓑笠翁，独钓寒江雪。

这是一幅用文字描绘的栩栩如生的寒江风雪图：漫天大雪覆盖了千山万径，天空既望不见飞鸟的踪影，路上也看不到行人的足迹。就在这样的冰天雪地里，在画面的中心，却见一叶小舟在寒江上，一位披蓑戴笠的渔翁正顶风冒雪在江上垂钓。这首诗作于诗人因“永贞革新”失败而被贬永州（今属湖南）之时，表达了诗人清峻高洁的人格和被贬远荒的孤寂幽愤。诗中那广袤寂寥的冰雪世界，显然寄托了诗人内心的孤凄；而那在茫茫雪天顽强垂钓、高怀绝世的渔翁形象，更是诗人身处逆境而不甘屈服、倔强抗争的精神写照。以仄声入韵，在近体诗中并不多见，在这里用仄声，有拗峭之音节，进一步强化了倔强抗争的主题。借景物以抒情，是柳宗元山水诗的基本特征。此诗不仅寓情于景，情景浑成，而且景物刻画也颇见匠心。诗人写江天雪景却不作正面描绘，除末尾用“江雪”点题外，似乎通篇皆不关雪。然而正是通过“鸟飞绝”“人踪灭”这样奇特的自然景观，以及“孤舟”“独钓”这样非比寻常的人物活动，诗人更鲜明地写出一场罕见的大雪来。正如顾璘《批点唐音》所说：“绝唱。雪景如在目前。”

唐代山水诗中，有一些是描写四季不同的自然景色的，其中又以写春、秋两个季节的为最多。晚唐诗人**杜牧**[7]于这两类诗都有佳作，《山行》是脍炙人口的一篇：

远上寒山石径斜，白云生处有人家。
停车坐爱枫林晚，霜叶红于二月花。

这首诗写诗人山行所见山林秋景：苍翠的寒山上石径陡斜，一直向上伸展得很远很远。在山路的尽头，山顶深处、白云舒卷的地方，掩映着几户人家的茅舍。诗人沿着山径，迤逦行来，山间明净高爽的景色使他心旷神怡。忽然一大片枫林吸引了他的视线，那秋霜染过的枫叶在夕阳晚照下格外灿烂，竟比二月的春花还要火红。他情不自禁地停下车来驻足观赏，深深地为眼前这动人的景色陶醉了。“霜叶红于二月花”，多么美丽的奇思妙想！这一画龙点睛的神来之笔，不仅写出了枫叶火红的颜色，而且写出了它经霜耐寒的品格。同时，透过枫叶与春花的比较，诗人热情赞美了秋天的动人和比春天更为坚强的生命力。古代文人历来有悲秋的传统，在国势衰微、江河日下的晚唐，咏秋之作更流露出浓重的感伤，杜牧却独标高格，将悲秋情怀升华到一个热烈俊爽的崭新境界，给人以奋发向上的鼓舞和哲理的启迪。这既是诗人开朗乐观的性格和健康审美趣味的反映，也是他向往恢复盛世这一美好理想的折光。诗中所展现的这种不是春光却胜似春光的如诗如画的美景，过去、现在和将来永远给人以历久难忘的鲜明印象和美的享受。

杜牧的《江南春》一望而知是写春景的，二十八字便绘出江南的无边春色：

千里莺啼绿映红，水村山郭酒旗风。
南朝四百八十寺，多少楼台烟雨中。

前两句说，千里江南，到处是鸟语莺啼，绿叶红花，水村山郭，酒旗招展，一派明媚春光。后两句将南朝古寺这一典型的人文景观，置于江南春天特有的烟雨迷蒙的背景之下，不仅进一步展现出江南春的特色，而且寄寓了晚唐诗人极易被触发的历史沧桑感慨。一首小诗，设色明丽，层层布景，犹如一幅绝妙的青绿山水图，同时又表现了画笔难到的妙境，令人叹为观止。

与山水诗相比，唐代田园诗数量没有那么多，风格也没有那么多样，但仍创造了陶渊明之后田园诗的最高成就。**王绩**[8]是最早写作山水田园诗的唐代诗人，尤其是他上承东晋陶渊明，下开盛唐山水田园一派，对田园诗作了卓有成效的开拓。王绩一生三仕三隐，主要生涯是在隐居田园中度过的，这为他写作田园诗提供了深厚的土壤。描写田园风光的清新优美，展现田园生活的平静安逸，抒写恬淡旷达的襟怀和闲适自得的情趣，是此类诗的主题；不事雕饰，本色自然，风格平易真率，是此类诗的艺术特色。颇负盛名的《野望》便是这样一个杰出的代表：

东皋薄暮望，徙倚欲何依？
树树皆秋色，山山唯落晖。
牧人驱犊返，猎马带禽归。
相顾无相识，长歌怀采薇。

这首诗作于隐居东皋之时。诗以自然朴素的笔调，描写了秋日山村薄暮时分的安闲宁静，以及由此触发的彷徨苦闷和避世隐居的愿望。无论是从语言的清新质朴还是意境的自然浑成，都可以看出陶诗及汉魏古诗的影响，在受齐梁以来绮靡之风影响而雕绘满眼的初唐诗坛独树一帜。这首诗在诗歌史上的意义还不止于此。此诗首尾两联抒情言事，中间两联写景且融情于景，将和谐的声韵与平淡自然的诗风熔于一炉，使之成为比沈佺期、宋之问律诗定型早几十年的第一首完整的五律。故沈德潜评曰："五言律，前此失严者多，应以此章为首。"（《唐诗别裁集》）

王绩的另一首五言绝句《秋夜喜遇王处士》也清新可喜，值得称道：

北场芸藿罢，东皋刈黍归。
相逢秋月满，更值夜萤飞。

此首写乡居生活的一个片断，于语气平淡的叙述中，透露出诗人萧散自得的情趣。题为"喜遇"，诗中却既不正面写两人相遇的场面，也不着一"喜"字，只透过对山村秋夜美好景色的描绘，使这一切都鲜明如画地呈现在读者面前。诗中田园生活的朴素真淳、乡村秋夜的优美恬静、友人不期而遇的欣喜之情，打成一片，几乎分辨不出哪是写景，哪是抒情，只觉得浓郁的诗意扑面而来，令人神往。即使将它置之盛唐田园诗中，也不愧是上乘佳作。

孟浩然[9]《过故人庄》是唐代田园诗的优秀代表：

故人具鸡黍，邀我至田家。
绿树村边合，青山郭外斜。
开轩面场圃，把酒话桑麻。
待到重阳日，还来就菊花。

此诗写诗人到故人庄作客留饮的情景，展现了优美恬静的田园风光、简朴可爱的农家生活、真挚淳厚的故人情谊，俨然是一幅清新动人的田园风俗画。二、三两联写田园的自然美和生活美极为出色：村庄在绿树环绕中仿佛自成一统，嚣尘远隔，十分清幽；远处可以望见城郭，一道青山斜倚郭外。这真是一个闹中取静的优美所在。宾主临窗对坐，一边开怀畅饮，一边闲话农事，是那么无拘无束，无忧无虑。窗外进入视野的是一片打谷场和几畦菜园，似乎可以闻到庄稼和泥土的芳香。田园是如此美好，怎不使诗人流连忘返？末联表示“待到重阳日，还来就菊花”的心愿，就是顺理成章的了。这首诗将宾主恬淡的心境、闲逸的情趣与幽美的景色融成一片，契合无间。虽是律诗体式，但对仗工稳而不纤巧，格律精严而自然流畅。诗风平易，韵味深厚，极近陶诗，达到很高的艺术境界。

如果说孟浩然《过故人庄》主要表现诗人对田园生活的向往，抒情意味很浓的话，那么王维的《新晴野望》则代表了田园诗的另一种类型，诗中说：

新晴原野旷，极目无氛垢。
郭门临渡头，村树连溪口。
白水明田外，碧峰出山后。
农月无闲人，倾家事南亩。

这首诗几乎全篇写景，俨然是一幅初夏新晴田园风光的清丽图画：久雨初晴，原野格外开阔空旷。极目望去，空气中没有一丝尘埃，景色十分明净清新。远处，外城门临近河边的渡头；近处，村边的树木连着溪流的入口。田野之外涨满的河水在太阳下闪着银光，山峦背后青翠如洗的碧峰突兀而现。诗人调动他的绘画才能，将这首诗写得意象生动，层次分明。田野上显得分外清晰的景物、阳光下闪亮的河水，特别是青山后仿佛突然出现的碧峰，尤其准确地传达出新晴野望的景色特征。在这一清丽明朗的画面上，诗人最后又添上了一笔农人倾家出动在田间大忙的景象，使这首诗田园风味愈加浓郁，也更富有生活气息。从这首诗可以看出，“诗中有画”既是王维山水诗的艺术特征，也是他对田园诗艺术表现的突出贡献。

唐代以山水田园诗著称的还有**储光羲**[10]、**常建**[11]、**祖咏**[12]等，他们都各擅胜场，各具特色。储光羲以田园诗见长，多寓意寄兴。常建诗旨远兴僻，好以光和影写幽深空寂的感觉，其代表作《题破山寺后禅院》颇为时人所推重。祖咏《终南望余雪》乃试帖诗，称“意尽而止”，却成为写“余雪”的名篇。综上所述，唐代山水田园诗不仅具有很高的审美价值，而且为后人描写自然景物提供了丰富的艺术经验。

宋词篇

稻花香里说丰年，听取蛙声一片

在缛采轻艳、脂粉气浓的宋代词坛，山水田园词宛如一条清新的溪流，将大自然清新开阔的境界纳入人们的视野之中。北宋初年的词人是把山水风光和城市风景融为一体来进行吟咏的，比如**欧阳修**[13]，他在颍州期间创作了著名的联章体词《采桑子》十首，歌咏当地西湖胜景。我们来看其中的一首：

轻舟短棹西湖好，绿水逶迤。芳草长堤，隐隐笙歌处处随。

无风水面琉璃滑，不觉船移。微动涟漪，惊起沙禽掠岸飞。

此词以清丽淡雅的笔调，描写了泛舟颍州西湖时所见的美景：开篇的“轻舟短棹”就给人缓慢悠然的愉悦之感。接下来的几句展开了一幅美丽的西湖春景图，碧绿的湖水、青幽的芳草和绵长的绿堤相互掩映，美不胜收。“隐隐笙歌处处随”一句，从听觉角度赋予了西湖欢快的情调，随船所向，柔和的笙箫在春风的飘扬中紧紧相随。下片着重描写舟行湖上所见波平如镜的景色：前三句以静衬动，琉璃般晶莹澄澈的水面平滑似镜，使游人浑然不觉船身的划动；结尾两句写船动惊禽，微动的涟漪惊扰了沙滩上的水鸟，使之掠过湖岸飞去，词人借以将视点移向高处，从而呈现出了一幅立体而富有动感的西湖美景图。

北宋中后期动荡的社会现实，相互倾轧的党派集团，直接影响了卷入党争旋涡的词人的命运。以**苏轼**[14]、**黄庭坚**[15]为代表的词人更能体验到命运的坎坷和人生的失意。“既然生存的价值和生命的意义难以在现实的社会中实现，那么只有到个人的内心世界中去寻觅，在物我合一的审美观照中去体验，这样便可以忘忧。”① 一批优秀的词人被迫从朝廷走向山林，徜徉于清新秀丽的山光水色之中，从此山水清音便在词坛上蔚然成风。来看苏轼经过富春江所作的《行香子·过七里滩》：

一叶舟轻，双桨鸿惊。水天清、影湛波平。鱼翻藻鉴，鹭点烟汀。过沙溪急，霜溪冷，月溪明。

重重似画，曲曲如屏。算当年、虚老严陵。君臣一梦，今古空名。但

① 张毅. 宋代文学思想史. 北京：中华书局，1995：94.

远山长，云山乱，晓山青。

上片着重写水，在刻画景物的同时，赏悦之情自蕴其中。开篇的一叶扁舟将读者引入舟行水上的优美境界：舟行于清江之上，惊鸿般缥缈翩然。江水澄澈，蓝天倒影，俯视可观。舟边的鱼儿在明镜般的水藻间嬉戏，远处的白鹭在烟雨蒙蒙的湖面上疾飞。接下来三句以轻快的笔触剪切了三个不同时辰的行舟之景：行舟沙溪，急奔直下，刺激惊险；晨行霜溪，林寒涧肃，清凉惬意；夜至月溪，明净澄澈，如梦如幻！下片写山，兼发议论：沿江两岸的山峰重峦叠嶂，小舟随江流曲折前进，两岸的青山如一幅幅画屏层层展开。如此美景，令人不觉想起东汉初年垂钓富春江上的严子陵，然而当年君臣同卧之事早已成空，留下的只是绵远的山峰、迷乱的云山以及青翠的晓山这些永恒的大自然山水美景。有当今学者评此句云："'君臣一梦，今古空名'，阐发了宇宙悠悠而人生须臾如梦的感慨。青山不老，绿水长存，那么就应该享用'造物者之无尽藏也'。"①

比之较为宁静的湖山间泛舟，苏轼的《水调歌头·黄州快哉亭赠张偓佺》这首描写大江泛舟的山水词自有他非凡的气度，内容如下：

落日绣帘卷，亭下水连空。知君为我新作，窗户湿青红。长记平山堂上，攲枕江南烟雨，杳杳没孤鸿。认得醉翁语，山色有无中。

一千顷，都镜净，倒碧峰。忽然浪起，掀舞一叶白头翁。堪笑兰台公子，未解庄生天籁，刚道有雌雄。一点浩然气，千里快哉风。

苏辙在《黄州快哉亭记》中将"快哉亭"的来历说得很明白："清河张君梦得谪居齐安（黄州），即其庐之西南为亭，以览观江流之胜，而余兄子瞻名之曰快哉。"可见苏轼名之曰快哉亭，乃快意于登览所得的耳目、神志之乐。词的上片便从视觉审美写起：日色渐晚，远处的夕阳与亭台相映，亭下的江水与碧空相接，触目所及尽是苍茫阔远的情致。"知君"两句，交代亭子的创建，并反客为主地把张偓佺所建的快哉亭说成特意为自己而建，饶有风趣。接下来词人浮想联翩地将眼前美景与欧阳修平山堂美景相联系，把曾经游历平山堂有过的山水审美体验融入眼下的山水之中，美景中倍增情意。这种以回忆之景写眼前之景的笔法，平添了词境的灵动之感。下片进一步写视觉感受：开头五句，用高超的描述手法凸显了亭前广阔江面的倏忽变化，澄净如镜的江面忽然出现大浪掀起、波涛汹涌、惊心骇目的壮观场面。接下来的惊鸿一瞥，塑造了在惊涛骇浪中弄舟自如的渔翁形象，由此自然引出对宋玉所作《风赋》的议论，油然而生豪逸之气。结句"一点浩然气，千里快哉风"更是酣畅淋漓地将浩然之气昭告世人，发人警醒。该词立意、结构、抒情议论

① 吴帆．"出新意于法度之中，寄妙理于豪放之外"//儋州市政府，苏轼学会．全国第八次苏轼研讨会论文集．成都：四川大学出版社，1996.

等方面极得后人称赞，清人郑文焯《大鹤山人词话》评曰：“此等句法，使作者稍稍矜才使气，便入粗豪一派。妙能写景中人，用生出无限情思。”

黄庭坚的山水词受到苏轼词风的影响，多借山水景物表现出旷逸之情怀，如他的《水调歌头》：

瑶草一何碧？春入武陵溪。溪上桃花无数，花上有黄鹂。我欲穿花寻路，直入白云深处，浩气展虹霓。只恐花深里，红露湿人衣。

坐白石，欹玉枕，拂金徽。谪仙何处？无人伴我白螺杯。我为灵芝仙草，不为朱唇丹脸，长啸亦何为？醉舞下山去，明月逐人归。

一开篇便用亦幻亦奇的瑶草将读者带入陶渊明笔下的武陵源：这里风光旖旎，淙淙的溪水在山涧流淌，娇艳的桃花散发出浓郁的花香，黄鹂在树梢上婉转啼鸣。穿过桃花林，眼前顿时豁然开朗，山顶上萦绕着大团的白云，浩然生机化为七彩的虹霓，真是人间仙境。“只恐花深里，红露湿人衣”，委婉表达了词人对纷乱尘世厌倦但又不忍离去的矛盾心理。下片进一步写词人丰富的想象以及不同凡俗的思想。在这样的人间仙境，词人坐在白石凳上，斜倚玉枕，弹奏瑶琴，欲举杯却无谪仙相伴，寂寞之情油然而生。但转念一想，自己来到这里是为了追寻超凡的仙草而非世俗的桃花，既然如此，何必长叹呢？于是乘着明月兴尽而归。本词用浪漫绮丽的笔法在想象世界中构筑了一个自得其乐的世外桃源，展示了词人超凡脱俗的旷逸情怀。

将山水词的写作发挥到极致的是辛弃疾。他的山水词并非简单地模山范水，而是将词人强烈的自我感情色彩灌注于山水之中；有时甚至可以完全看作是词人主观情感的产物，是词人精神和人格的外化。如《生查子·独游西岩》：

青山招不来，偃蹇谁怜汝？岁晚太寒生，唤我溪边住。

山头明月来，本在天高处。夜夜入清溪，听读《离骚》去。

在一个岁暮天寒的时节，词人孑然一身居于山中溪畔，怅望着清辉素月与澄澈溪水交相辉映，一夜无眠，独咏《离骚》。这里的青山和明月，高尚、正直而又纯洁，正是词人理想人格的化身，而且表现出山月对自己的怜惜之意。在章法上，此词别具创意，上片不说自己游山，而说青山“唤我溪边住”，从而赋予自然景物以鲜明的个性和浓郁的人情味；下片不说自己月夜读《离骚》，而说明月听《离骚》。以客写主，这里的青山明月已完全脱离了对象的客观属性，变得含蓄蕴藉，情趣横生，从而实现了物我合一的境界。

辛弃疾[16]山水词大多写得清雄豪放，各种修辞手法尤其是比喻的运用每每出人意料，令人耳目一新。如《沁园春·灵山齐庵赋时筑偃湖未成》：

叠嶂西驰，万马回旋，众山欲东。正惊湍直下，跳珠倒溅；小桥横截，缺月初弓。老合投闲，天教多事，检校长身十万松。吾庐小，在龙蛇影外，风雨声中。

争先见面重重，看爽气朝来三数峰。似谢家子弟，衣冠磊落；相如庭户，车骑雍容。我觉其间，雄深雅健，如对文章太史公。新堤路，问偃湖何日，烟水濛濛？

这是稼轩运用比喻最为精彩的山水词，通篇皆用比喻。上片开头就用万马西驰的阵势比喻重叠绵延的山峰，接下来用散乱的珍珠比喻四溅的水珠，用上弦月比喻山涧小桥的横跨风姿，用等待检阅的雄兵和风雨之中飞舞的龙蛇比喻山上茂密的松林，赋予了山水景物以强烈的动感。下片写得更为精绝。过片将山拟人化，赋予山以人的感情面貌，从而引出下面的三个连喻：把秀峰比作杰出不群的谢家子弟、司马相如的车骑和司马迁的《史记》。在词人一连串的浮想联翩之后，以问句作结，引人遐想灵山在湖水映衬下的美妙景观。刘逸生评此写法时说："山是主，水是宾；山写得着重，水只是略带一笔；山写得实在，水写得空灵。"①

南宋都城沦陷之后的遗民词人多借山水抒发亡国之恨以及个人流离失所之苦，如**张炎**[17]的《高阳台·西湖春感》：

接叶巢莺，平波卷絮，断桥斜日归船。能几番游？看花又是明年。东风且伴蔷薇住，到蔷薇、春已堪怜。更凄然，万绿西泠，一抹荒烟。

当年燕子知何处？但苔深韦曲，草暗斜川。见说新愁，如今也到鸥边。无心再续笙歌梦，掩重门、浅醉闲眠。莫开帘，怕见飞花，怕听啼鹃。

此词乃张炎在国破家亡后重游西湖之作，抒发了沉重的亡国之痛。上片写西湖暮春之景，从岸边密叶黄莺写到湖面微波卷絮，最后定格于日暮的断桥归船。接下来转为对春光短暂的慨叹，春逝的哀感弥漫开来。"东风"二句更是显得曲折婉转、痴情可怜。末三句写西泠桥这个昔日的"烟柳繁华地，温柔富贵乡"（曹雪芹《红楼梦》），现在只剩下"一抹荒烟"，强烈的今昔对比暗含了亡国之痛的主题。过片的"当年燕子知何处"一句化用刘禹锡名句"旧时王谢堂前燕，飞入寻常百姓家"（《乌衣巷》），点明了自己的故国之思。当年的繁华盛地，如今只落得青苔野草一片。"见说新愁，如今也到鸥边"，暗合辛弃疾"拍手笑沙鸥，一身都是愁"（《菩萨蛮·金陵赏心亭为叶丞相赋》）词句，连悠闲的鸥都生了新愁，意味更为深厚。"无心"以下几句，从鸥说到自身，情感之落寞也积聚到极点，将一个经受亡国之痛的词人形象逼真地勾画了出来。

以乡村景物、田园生活为表现对象的田园词在两宋词坛不够发达。到了北宋中

---

① 刘逸生，选释．宋词小札．广州：广东人民出版社，1981：307.

期，苏轼才将田园词引入宋代词坛。他创作的组词《浣溪沙》五首，多角度地描绘了乡村生活的各个侧面，充满了浓郁的生活气息和泥土芳香。来看其中一首：

簌簌衣巾落枣花，村南村北响缫车。牛衣古柳卖黄瓜。

酒困路长惟欲睡，日高人渴漫思茶，敲门试问野人家。

本词写词人“谢雨”途中的感受。上片写词人在“谢雨道上”的所见所闻：枣花打落在身上发出的“簌簌”声响，南北村头响起缫车的“吱呀”声，还有瓜农的叫卖声，都具有浓郁的生活气息，生动展现出农村一派欣欣生意。下片写词人的感受和行动：路途的遥远以及心头的酒意使词人昏昏然只想小憩一番，难忍的口渴使词人想起以茶解渴。“试问”一词用得很是巧妙，既写出了词人满怀希望讨茶解渴的心情，又刻画出担心打扰农家而小心翼翼的神态。全词有景有人有事，有形有声有色，乡土气息浓郁。再来看他的一首《鹧鸪天》：

林断山明竹隐墙，乱蝉衰草小池塘。翻空白鸟时时见，照水红蕖细细香。

村舍外，古城旁，杖藜徐步转斜阳。殷勤昨夜三更雨，又得浮生一日凉。

此词写词人雨后游赏时所见村景。开头两句对自己身处的具体环境作了详细描写：郁郁葱葱的树林，耸入云端的高山，翠竹丛生犹如绿色的屏障生长在墙垣周围。池塘边满是枯萎的衰草和叫声乱作一团的鸣蝉。“翻空”二句写白鸟在高远的长空上下翻飞、自由翱翔，满池的荷花散发出芬芳的清香，颇具诗情画意之美。下片写词人夕阳西下时分，手拄藜杖缓步游赏中意定神闲的情态。最后两句以一场秋雨带来的清爽感觉作结，抒发了仕途失意的词人沉浸于乡村景致的陶醉神情。

苏轼以后，以田园入词在北宋仍寥寥无几，直到南宋，创作田园词的词人及词作数量才有较大的发展。**范成大**[18]是写作田园词的代表作家，试看他的《浣溪沙·江村道中》：

十里西畴熟稻香，槿花篱落竹丝长。垂垂山果挂青黄。

浓雾知秋晨气润，薄云遮日午阴凉。不须飞盖护戎装。

此词描写的是收获的秋天里绚烂的田园风光：接天的稻谷已经成熟，放眼望去一片金黄，浓郁的稻香味在空气中弥漫开来；鲜艳的槿花生机盎然地开放在农家的篱笆上。青的、黄的野生山果散发出璀璨的色泽。前三句描绘出一幅触目所及尽是丰收气象的斑斓画面。下片写气候：词人从那润泽的晨雾中感到秋天的降临。秋高气爽，浮云只剩下淡淡的一抹，树下密荫处已觉凉气宜人，不需要再用车盖遮挡太阳了。本词仅用简短的六句，就描绘出一幅清新、明净、繁荣的秋季丰收图，散发着浓郁而恬美的农家生活气息，可谓宋代田园词不可多得的佳作。

更加广泛地描写乡村景色的是辛弃疾的田园词，来看他的《西江月·夜行黄沙道中》：

明月别枝惊鹊，清风半夜鸣蝉。稻花香里说丰年，听取蛙声一片。

七八个星天外，两三点雨山前。旧时茅店社林边，路转溪桥忽见。

此词仅用晴和雨两个镜头，就写活了农村的自然风景，并巧妙地表达了乡居生活的安恬和心情的闲适。开头两句分别从视觉和听觉的角度写清风徐来、云遮明月，原本安歇在枝头的鸟鹊被时明时暗的月光惊醒，鹊惊带动蝉鸣。接下来写稻田，由稻花的香气想到丰收的年景，连此时的蛙鸣都显得格外动听，似乎是为丰收欢唱的序曲。下片写雨，写星是“七八个”，雨是“两三点”，准确地写出山雨欲来的情形。结尾两句写词人于夜幕之中、大雨之前忽然见到林边茅店的喜悦。此词颇具特色，词人仅用几个意象便真切地描绘出了一幅农村夏夜图，并把丰收的景象和喜悦之情巧妙地融入其中。辛弃疾的另外一首《清平乐·村居》展示的则是乡村农家日常生活细节：

茅檐低小，溪上青青草。醉里吴音相媚好，白发谁家翁媪。

大儿锄豆溪东，中儿正织鸡笼，最喜小儿无赖，溪头卧剥莲蓬。

此词纯用白描，截取一个五口之家的生活细节加以叙述，和谐宁静的画面中充满了浓郁的生活情趣。起二句介绍农家的居住环境，低小的茅屋构筑在一湾清澈的小溪旁，青青嫩草点缀岸边，风景很是清幽。紧接着引出茅屋的主人，一对亲密无间的白发翁媪，可以让人想象得到他们亲热地坐在一起喝酒、聊天的悠闲生活。下片转入对农事生活的描写，大儿锄豆、中儿织笼，尤其是小儿无拘无束在溪边卧剥莲蓬的天真活泼神态，更将一家人其乐融融的生活刻画得淋漓尽致、栩栩如生，可谓是神来之笔，千古奇绝。

宋代田园词中也有反映农家疾苦的词作，写景、抒情的同时，有时也加入一定的理性思考和议论成分，如**王炎**[19]的《南柯子》(山冥云阴重)：

山冥云阴重，天寒雨意浓。数枝幽艳湿啼红。莫为惜花惆怅、对东风。

蓑笠朝朝出，沟塍处处通。人间辛苦是三农。要得一犁水足、望年丰。

开头两句从写景入手，写出了天气昏暗，浓云密布，大雨将至前的天气特征；之后笔锋一转，写凝聚着滴滴水珠、楚楚可怜的几枝娇花。但接下来两句，词人并未一袭常规抒发惜花之情，而是奉劝各位骚人词客，莫为落花惆怅凝思。下片宕开一层，将笔触移向阡陌田垄，“朝朝出”“处处通”，仅六个字就言简意赅地刻画出在风雨的侵袭下终岁劳作不停的农民生活，进而顺理成章地引出“人间辛苦是三农”的感叹。在这山雨欲来的时刻，农民更是不敢有丝毫懈怠，而是紧张地为雨后的犁耕做准备。由此，词人为何规劝莫为惜花惆怅的主旨也一目了然。

第二章

边塞报国

边塞诗是我国统一的多民族国家在尚未形成时期的产物。它的起源可以追溯到先秦时期的《诗经》。广义的边塞诗内容题材十分广泛，“举凡从军出塞、保土卫边、民族交往、塞上风情，或抒报国壮志，或发反战呼声，或借咏史以寄意，或记现世之事件，上至军事、政治、经济、文化，下及朋友之情、夫妇之爱、死别之悲，只要是与边塞生活有直接间接联系的统统都归入边塞诗之列”①。

唐代是封建社会的鼎盛时期，国家高度繁荣统一，民族自信心空前高涨。诗人们向往边塞，热衷边功，创作了大量边塞诗，创造了边塞诗史上空前绝后的高峰。到两宋时期，先后有辽、金、西夏、蒙古等少数民族建立的政权与宋对峙，并不断入侵。宋朝统治者却采取了赂敌求和的妥协政策，致使武备松弛，国力削弱，边患不断。终致北方中原沦陷，南宋朝廷偏安一隅，造成南北分裂的局面，此时只能以江淮为界，实际意义上的边塞已不复存在。时局的变化带来了唐宋边塞诗词创作的不同。不仅宋代边塞词成就不能与唐代边塞诗相提并论，而且在创作风格、内容题材、情感基调方面也存在明显差异。总的说来，唐边塞诗多表现从戎杀敌、立功边庭的英雄豪情，宋边塞词多表现抗敌御侮、收复中原的爱国感情；唐边塞诗多乐观豪放之作，宋边塞词多慷慨悲壮之音。

---

① 胡大浚．边塞诗之涵义与唐代边塞诗的繁荣//西北师范学院学报编辑部，西北师范学院中文系．唐代边塞诗研究论文选粹．兰州：甘肃教育出版社，1988.

唐诗篇

愿将腰下剑，直为斩楼兰

隋唐以来一百几十年中，由于边境战争的频繁、疆土的扩大，以及民族经济文化的交流，人们对边塞生活渐渐关心起来，他们对边塞不仅不再感到那么荒凉可怕，而且还感到新奇。一部分仕途失意的文人，更把立功边塞当作求取功名的新出路。在这一社会历史条件下，从隋代到初唐，边塞诗不断增多，“四杰”和陈子昂对边塞诗的发展都有新的贡献。到盛唐，边塞生活已成为诗人们共同注意的主题。盛唐边塞诗不仅是唐代诗苑独具风采的一枝奇葩，在整个古典诗歌史上也堪称独步，出现了一大批精于此道的诗人和众多脍炙人口的名作。雄奇壮美的边塞风光、丰富多彩的军旅生活、奇情异调的民族风情，乃至战争的酷烈、将士的忠勇、统帅的骄奢、戍卒的痛苦，无不在诗人笔下焕发出动人的光彩。宣扬大唐国威，抒写报国情怀，向往戎马功名，诗人们谱出一曲曲激昂豪迈的乐章。唐代边塞诗与其说是表现战争，不如说是对理想和时代的讴歌。诗歌乐观高亢的基调、雄浑壮丽的意境、盛唐边塞诗空前繁荣以及此后几成绝响的现实，充分说明它是唐朝国力强盛的产物，是古代中华民族处于全盛时期精神风貌的反映，也是盛唐人健康浪漫的审美情趣的体现。这是其他王朝所不曾有过的，也是其他时代的文士就乐府旧题加以敷演的“从军”“出塞”之类作品所不可比拟的。此外，盛唐诗人结合自己建功立业的抱负以及深入民间疾苦的探索精神，使诗歌在气象上呈现出开阔、悲壮和慷慨的情调；在诗歌形式上，则采用七言歌行和七言绝句居多。深沉的历史感、高度的艺术概括力，使其中的许多佳作在当时便传乎乐章，布在人口，历经千载，仍传诵不衰。

唐代边塞诗大多不是边塞军旅生活的写实，而是理想主义和英雄气概的赞歌。王维早期所作《少年行》便是这样的典型，诗中描写了游侠少年生活的几个片断，借以歌颂为国献身的崇高理想、不畏艰苦的乐观精神和建立不朽功名的强烈愿望。如其二：

出身仕汉羽林郎，初随骠骑战渔阳。
孰知不向边庭苦，纵死犹闻侠骨香。

诗人笔下塑造的这位曾跟随名将出征、经受过战争洗礼并有着非凡抱负的游侠少年形象，是那么光彩照人。诗中所表现的尚武轻生、为国献身的豪侠精神，更展现了一代人建功立业的追求，唱出了时代的最强音。当时许多人就是在这一理想的激励下向往边塞、走向边塞、歌唱边塞的。

陈子昂[20]《送魏大从军》是一首勉励友人从军报国、建功立业的诗：

匈奴犹未灭，魏绛复从戎。
怅别三河道，言追六郡雄。
雁山横代北，狐塞接云中。
勿使燕然上，惟留汉将功。

起句化用汉代名将霍去病“匈奴未灭，无以家为”（《史记·卫将军骠骑列传》）的壮语，次句以春秋时曾用和戎政策消除边患的晋大夫魏绛借指魏大，颂扬了友人御边保国、慷慨从戎的壮举。三、四句说魏大怀着分离的惆怅辞别了三河郡，上追古代六郡豪雄驰骋沙场、杀敌立功。五、六句设想他即将前往的边地雁门山横亘在代州北面，飞狐塞与云中郡连成一片，雄伟的山河关隘恰可使他施展才略，一显身手。末二句用东汉车骑将军窦宪大破北单于、刻石燕然山的典故，勉励魏大平寇立功，青史留名。整首诗语气慷慨昂扬，意境苍劲雄浑，既是对友人的赞扬和激励，也寄寓了诗人自己的豪情壮志。此外，将报效国家和朝廷的忠心与个人建功立业的理想紧密地结合在一起，也是唐代边塞诗的一个普遍倾向。

王昌龄[21]的边塞诗有很强的艺术概括力，其着眼点往往不在于具体的战事，而是把边塞战争作为一种历史现象，从不同的视角进行观照和思考，以丰富的内容、深刻的内涵，突破了六朝以来边塞诗主要就乐府旧题加以敷演的固有程式，使之具有鲜活的内容。他在方法上则创造性地采用了组诗形式，如《从军行》七首，从不同侧面展示了边塞生活的图景：或写征人久戍思家之念，或抒将士克敌卫国豪情，或表现战斗胜利的喜悦，或反思征战无已的历史，无不意态雄健，音节高亮，言近旨远。试看其四：

青海长云暗雪山，孤城遥望玉门关。
黄沙百战穿金甲，不破楼兰终不还。

青海湖上空，长云密布；雪山绵延千里，也暗淡无光。远远望去矗立着的一座孤城，乃是当时的军事要塞——玉门关。诗的前两句，用如椽大笔，勾画出从青海、甘肃到玉门关外整个西北边陲雄浑壮阔而又悲凉迷蒙的景象，这就是戍边将士生活和战斗的环境。边防形势之严峻、守边责任之重大、征人戍守之艰苦，自不言而喻。接下来说，在黄沙滚滚的大漠里，身经百战的将士们已经磨穿了铁甲。然而，战事越是频繁、激烈，环境越是艰难困苦，越能磨砺人的意志。“不破楼兰终不还”，既是戍边将士豪迈激昂的誓言，也是诗人对将士们爱国热情和昂扬斗志的崇高礼赞！写战争而不拘泥于具体的战役，也不去刻画残酷血腥的场面和细节，而是从广阔的时间、空间背景概括整个边塞战争，使之具有高度的典型性，这正是唐代边塞诗的特征之一。此外，诗歌声情壮烈，慷慨激昂，闪耀着豪壮乐观的色彩，也体现出鲜明的盛唐气象。

王昌龄的另一首诗《出塞》是被后人推为唐代七绝压卷之作的名篇：

秦时明月汉时关，万里长征人未还。
但使龙城飞将在，不教胡马度阴山。

首句用互文见义的手法写秦汉时期的明月和边关，雄浑苍茫的笔墨画出古塞的壮阔荒凉，已寓深沉的历史感于其中。次句写秦汉以来边烽不息、征戍无已，无数士兵不得生还，千载不变的明月、关山就是这一悲惨历史的见证。后两句借缅怀古代威震敌境的名将，表达了希望朝廷任用得人、平乱靖边、实现和平的愿望，措语含蓄，用意十分深婉。这首诗揭示了边防不固的重要症结在于将帅无能，具有深刻的现实意义；诗中热爱国土、同情士兵、渴望安定和平的感情，代表了进步文人和广大人民的心声；加上音节浏亮，格调高远，意境深厚，气势雄浑，达到很高的艺术境界，无怪为历代读者所击节叹赏。

王之涣《凉州词》也是边塞诗中极负盛名的杰作：

黄河远上白云间，一片孤城万仞山。
羌笛何须怨杨柳，春风不度玉门关。

关于这首诗，唐人薛用弱《集异记》中记载了一个“旗亭画壁”的故事。传说王之涣与王昌龄、高适一次同到旗亭（酒店）饮酒，适逢十几位伶人举宴唱曲，于是私下相约以伶人唱诗的多少来定诗名的高下。王昌龄、高适的诗都被唱到了，最后，一位色艺俱佳的伶人一开口唱的就是这首《凉州词》，这使王之涣大为得意。传说真实与否，已无法考证，但可以看出，这首诗在当时便广泛流传，受人喜爱。诗歌前两句写景：奔流不息的黄河，远远望去，宛如一条白练，迤逦而上，直挂云端；眼前万仞高山环抱着的，是兀然矗立的玉门关这一片孤城。这便是西北边地特有的自然景象，也是军旅生活的典型环境。苍凉雄浑、荒寒壮阔的山河关塞，该触发征人多少乡思愁情？在这样寂寞凄凉的心境中，征人忽然听到羌笛的声音，而且吹奏的是《折杨柳》乐曲，歌辞中说：“上马不捉鞭，反折杨柳枝。蹀坐吹长笛，愁杀行客儿。”这自然会激起他们心中更大的乡愁。然而诗人却没有这样直抒胸臆，而是从乐曲的名称想到杨柳，又从杨柳这一春天的使者想到催绿杨柳的春风，于是由眼前寸草不生的荒凉景象推想关内此时已是春风拂煦、杨柳吐绿，不禁埋怨起不肯给塞外带来春光的春风来。末句“春风不度玉门关”所透露的便是这样一种深沉的怨情。其实，对春风的怨艾也不曾直说，而是说“羌笛怨”，分明是怨，却偏要说“何须怨”，并以春风不度故塞外无春自我宽解，这就更深一层地写出征人久戍思家的愁怨。此诗表现的是边愁这样一种在征人中十分普遍的情绪，这也是盛唐边塞诗常见的内容。由于诗人们往往能以从容达观的态度、宽广开朗的心胸去对待边塞生活中的种种矛盾和苦难，因而不论是自然条件的恶劣艰苦、战场拼杀的激烈残酷，还是征人思妇的相思离愁，都表现得既真实动人、入情入理，又雄浑壮美、诗意浓郁。这正是盛唐边塞诗最大的艺术魅力之一。

与王之涣此诗异曲同工的边塞诗有李白的《塞下曲》：

五月天山雪，无花只有寒。
笛中闻折柳，春色未曾看。
晓战随金鼓，宵眠抱玉鞍。
愿将腰下剑，直为斩楼兰。

本题共六首，此首原列第一。诗中说五月的天山不见花开，只有寒意；将士们只能从笛中听到《折杨柳》曲，却看不到春色。诗人描写了边地寒冷荒凉的景象和紧张的军旅生活，以此衬托边塞将士不畏艰苦的乐观精神和英勇杀敌的爱国激情。整首诗声情慷慨悲壮，意境雄浑苍凉，是李白律诗中的佳作。

同样体现了盛唐时代精神和审美情趣的名篇，还有**王翰**[22]的《凉州词》：

葡萄美酒夜光杯，欲饮琵琶马上催。
醉卧沙场君莫笑，古来征战几人回？

这首诗一开始就描写了一个五光十色、气氛热烈的饮宴场面：晶莹剔透的玉杯，盛满葡萄酿成的美酒。乐工们在马上弹起了琵琶，激昂急促的旋律在四周回荡。在这样的酒宴上，一番豪饮之后，即将出征的将士究竟怀着什么样的心情呢？三、四句对此作了回答。然而对这两句诗的含义，历来有不同的理解。一种看法是将士放浪形骸、醉卧战场，皆因自古以来征人难得生还，故姑纵片时之乐。如沈德潜说“故作豪饮之辞，然悲感已极”（《唐诗别裁集》），李锳说“意甚沉痛，而措语含蓄”（《诗法易简录》），都属此类。另一种看法以施补华为代表，他认为此诗“作悲伤语读便浅，作谐谑语读便妙”（《岘佣说诗》），意思是诗人以谐谑的口吻表现了将士的豪情逸兴和置生死于度外的旷达。从诗中描写酒宴的绚丽色彩和热烈氛围，以及全诗有如琵琶弹奏般急促活泼的节奏，尤其是将其置于盛唐诗歌的大背景下，似不难看出后一种说法更接近诗人的本意，也更有助于读者理解盛唐时代审美理想的特色。

高适[23]是边塞诗派的代表人物，他的长诗《燕歌行》慷慨雄健、悲壮淋漓，全面反映了当时边塞征战生活的各方面内容，被推为唐代边塞诗的压卷之作，奠定了高适在边塞诗坛的杰出地位。

汉家烟尘在东北，汉将辞家破残贼。
男儿本自重横行，天子非常赐颜色。

摐金伐鼓下榆关，旌旆逶迤碣石间。
校尉羽书飞瀚海，单于猎火照狼山。
山川萧条极边土，胡骑凭陵杂风雨，
战士军前半死生，美人帐下犹歌舞。
大漠穷秋塞草腓，孤城落日斗兵稀。
身当恩遇常轻敌，力尽关山未解围。
铁衣远戍辛勤久，玉箸应啼别离后。
少妇城南欲断肠，征人蓟北空回首。
边庭飘飖那可度，绝域苍茫何所有。
杀气三时作阵云，寒声一夜传刁斗。
相看白刃血纷纷，死节从来岂顾勋。
君不见沙场征战苦，至今犹忆李将军。

此诗有感于开元二十六年（738）幽州节度使张守珪与奚族作战打了败仗却谎报军情一事而作，综合了诗人的见闻，以高度的艺术概括和极其凝练的笔墨，在更广阔的背景中描写了边塞战争，因而具有强烈的现实性和典型性。诗中以错综交织而又宾主分明的笔触，生动展现了从慷慨应征、转战绝域到战败被围、短兵相接等一系列场景，并通过这些描写，歌颂了广大士兵保卫边疆、奋不顾身的英雄气概，谴责了军中将领的骄纵轻敌、荒淫失职，揭示了军中苦乐的不均，慨叹边地将领不得其人。此诗用七言歌行，四句一转，气势流畅，笔力矫健，多处使用对比手法，加强了诗歌的批判力量。由此诗也可见高适七言歌行的特色，即不仅上承“四杰”以来歌行的体制，还汲取了汉魏古诗简老遒壮的特色，气势雄浑而腾跃自如，在驰骋纵横中以“筋骨”取胜。故殷璠称赞其诗：“多胸臆语，兼有气骨。”（《河岳英灵集》卷上）

高适边塞诗的成就和风格从一首反映塞外民俗风情的小诗《营州歌》也可略窥一斑：

营州少年厌原野，狐裘蒙茸猎城下。
虏酒千钟不醉人，胡儿十岁能骑马。

营州，在今辽宁锦州市西，唐时是汉族和少数民族杂居之地，高适曾经到这一带游历。此诗记载了他的见闻，借营州少年形象表现边民的豪侠尚武。世代以游牧为生的少年从小便精于骑射，喜爱原野。他们身着狐裘，竞相驰逐，射猎城下；举酒豪饮，千杯不醉。这是何等英武彪悍，豪放爽朗！诗人准确地捕捉到营州少年生活习性的典型特征，寥寥几笔便逼真地勾画出一幅具有浓郁民族风情和生活气息的速写，使人仿佛看到广阔无边的北方原野，以及活跃在那里的骁勇豪爽的人物，感受到扑面而来的新鲜气息。当然，这首诗的价值还不只在于描绘了这样一幅栩栩如生的塞上风情图画，也不只在于其艺术风格的粗犷雄健、自然真率；诗人能够摒弃狭隘的民族偏见，以欣赏的眼光和赞叹的笔调表现少数民族的形象和生活，在古代诗人中是更为难能可贵的，这自然是唐人的开阔胸襟和开放心态使然。

边塞诗与高适齐名的**岑参**[24]，一生中两度出塞，在安西、北庭、关西节度幕中从戎近六年，有丰富的边塞生活体验。充满异域情调的风土人情，尤其是西北边地雄奇壮丽的自然风光，深深吸引了这位生性“好奇”的诗人，成为他取之不尽的创作题材。他的边塞诗不仅数量多，而且题材新奇，风格独特。《白雪歌送武判官归京》《走马川行奉送出师西征》《轮台歌奉送封大夫出师西征》等代表作，想象奇特鲜明，语言雄奇瑰丽，善用比喻夸张，富有奇情异彩。在他怀着浪漫激情描绘出的绚丽多姿的边塞生活图画中，《白雪歌送武判官归京》无疑是最动人的一篇：

北风卷地白草折，胡天八月即飞雪。
忽如一夜春风来，千树万树梨花开。
散入珠帘湿罗幕，狐裘不暖锦衾薄。
将军角弓不得控，都护铁衣冷难着。
瀚海阑干百丈冰，愁云惨淡万里凝。
中军置酒饮归客，胡琴琵琶与羌笛。
纷纷暮雪下辕门，风掣红旗冻不翻。
轮台东门送君去，去时雪满天山路。
山回路转不见君，雪上空留马行处。

诗人将白雪和送别交织在一起，以瑰丽壮阔的雪景衬托出依依惜别之情。他饱蘸笔墨，描写了塞外天气的奇寒和大漠飞雪的奇观：变幻无常的气候，威猛凌厉的北风，八月骤降的飞雪，军营帐幕中的苦寒，冰雪纵横的瀚海……在这广阔无垠的白雪世界中，还点染了一面鲜艳夺目的红旗，使雄浑壮美的图画显得格外奇丽多姿。诗中对八月飞雪的描绘尤为传神，精巧的比喻加上丰富的想象，使诗人眼前漫天飞雪的北国风光一下子化为梨花怒放的江南胜景，从而唤起读者心中蓬勃浓郁的无边春意。从中不仅可以看出诗人惊喜好奇的心情、对久违了的内地春天的渴望，更可以感受到他开朗乐观的胸襟和对边塞自然风物的热爱。正是怀着这样一份真诚的感情，边塞的一切景象，不论多么单调、荒凉、艰苦、恶劣，在他笔下无不呈现出奇丽壮阔的意境和新奇动人的光彩。如“平沙莽莽黄入天”“一川碎石大如斗，随风满地石乱走”（《走马川行奉送出师西征》）的茫茫戈壁，“千峰万岭雪崔嵬……阑干阴崖千丈冰”（《天山雪歌送萧治归京》）的巍巍天山，“火山突兀赤亭口，火山五月火云厚。火云满山凝未开，飞鸟千里不敢来”（《火山云歌送别》）的火山奇景，“岸傍青草常不歇，空中白雪遥旋灭。蒸沙烁石燃虏云，沸浪炎波煎汉月”（《热海行送崔侍御还京》）的热海奇观等等。这些景色，与其说是客观景物的再现，不如说是诗人主观心灵的外化。将想象与现实、夸张与具体、奇妙与真实结合得如此和谐，唐代诗人中很少有人能与他相比。殷璠评其诗云："语奇体峻，意亦造奇。"（《河岳英灵集》卷上）这种奇，既是客观事物本身特质的再现，更是诗人丰富的艺术心灵的外化，是他追求建功立业的理想和豪爽开朗的性格在边塞题材中的开花结果。岑参以他独具一格的边塞诗，不仅开拓了边塞题材的崭新境界，也开拓了唐诗的新领域。正因为这些诗热情奔放，想象新奇，色彩瑰丽，高扬了盛唐的时代精神，鲜明体现了这一时代的审美理想，因而在当时便"每一篇绝笔，则人人传写，虽闾里士庶，戎夷蛮貊，莫不讽诵吟习"（杜确《岑嘉州集序》），对后世也产生了较大的影响。

与上引讴歌英雄主义和豪迈情感的边塞诗不同，**李颀**[25]的《古从军行》堪称盛唐边塞诗中的别调：

白日登山望烽火，黄昏饮马傍交河。
行人刁斗风沙暗，公主琵琶幽怨多。
野云万里无城郭，雨雪纷纷连大漠。
胡雁哀鸣夜夜飞，胡儿眼泪双双落。
闻道玉门犹被遮，应将性命逐轻车。
年年战骨埋荒外，空见蒲桃入汉家。

这首诗用托古讽今的手法揭示了战争的残酷。诗人放眼于历史上和亲与交战反反复复的现象，把笔触伸入积怨不解的胡汉双方，揭示了统治者好大喜功、穷兵黩武给人民带来的无尽无休的灾难，对被征讨的"胡儿"也给予了深切的同情，这就将边塞诗的思想境界提到了新的高度。此诗落笔沉痛，情调悲壮，结末两句写无数人的牺牲只不过换来君王所喜爱的"蒲桃"的引入而已，尤使人惊心动魄。强烈的对比，惨重的代价，从中可以感受到诗人同情下层人民的博大胸怀和民本精神。

战争不仅给征人带来流血牺牲的悲剧，也造成广大将士与妻儿生离死别的痛苦。因此，唐人边塞诗在表现征人思亲怀乡之情的同时，也有相当数量的作品表现了思妇的离愁别恨。李白《子夜吴歌》其三是其中情文并茂的佳作：

长安一片月，万户捣衣声。
秋风吹不尽，总是玉关情。
何日平胡虏，良人罢远征？

诗人没有像这类诗通常所做的那样在刻画思妇的形象和心理上着力，而是用浓郁的抒情笔调描绘了这样一幅图画：明月高照，银光满地，长安城沐浴在一派柔和的清辉里。月光下传来千家万户的捣衣声，此起彼伏，互相应和，连成一片，划破了夜空的寂静，一下下，一声声，震响在人们心头。一时间，仿佛整个长安城都沉浸在无比深沉而又浓烈的思念氛围之中。绵绵不断的秋风可以将捣衣声传得很远很远，却吹不尽征人思妇对远戍玉关的亲人的思念。她们是多么渴望有朝一日能够平定胡虏，使亲人们从此不再远征！这首诗不仅淋漓尽致地抒写了思妇的似水柔情和深长相思，而且表达了她们发自肺腑、梦寐以求的渴望。其实，“何日平胡虏，良人罢远征”又何止是思妇的心愿，它还代表着饱尝战争之苦的广大百姓的心声。由表现女子对征人的相思，拓展到表达人民迫切希望战胜敌人、赢得和平与幸福的良好愿望，这一主题的升华，使此诗达到这类题材的最高境界。诗中浑融的意境、清越的音调、悠长的韵味，更使作品拥有了令人吟哦不衰的艺术魅力。

中唐以后，与国势的衰落相联系，边塞诗题材逐渐减少，而描写战争苦难、表现非战思想主题的日益增多。大历时期诗人**李益**[26]的《夜上受降城闻笛》是其中的代表：

回乐峰前沙似雪，受降城外月如霜。
不知何处吹芦管，一夜征人尽望乡。

这首诗抒写戍边将士怀土思亲的感悟，前两句简笔勾勒孤城所见边塞夜景：一望无边的沙地，悬挂高天的明月，景色是那么凄凉冷清。“沙似雪”“月如霜”的联想，不仅真实表现了边塞的荒漠苦寒，而且透露出征人心境的悲凉。在这样的环境和氛围中，忽然听到“不知何处”传来的凄凉幽怨的笛声，自然格外触动了征人浓重的乡情。但这一层意思诗人却并不直说，而代之以鲜明可触的形象。“一夜征人尽望乡”，这是何等惊心动魄的景象，其中传达出征人何等深沉无尽的情思！与此诗内容相同而手法略有变化的还有《从军北征》一首：

天山雪后海风寒，横笛偏吹行路难。
碛里征人三十万，一时回首月中看。

在富有特征的天山、冰雪、海风等雄阔苍凉的景物组成的广袤背景下，诗人勾画出“征人三十万”一齐回首望月思乡的图景，同样写得感人至深、动人心魄。与同写边愁的盛唐七绝相比，这两首诗在境界阔大、格调高迈、音节响亮、婉转蕴藉等方面，都十分相似。所以王世贞说：“绝句李益为胜……‘回乐烽前’一章，何必王龙标、李供奉?”(《艺苑卮言》)① 他认为李益可与王昌龄、李白媲美。当然，两相比较，李益诗终究悲怆有余，雄放不足，这正是中唐衰乱时代的气息在边塞诗中的折射。

不仅悲怆，而且具有浓厚悲剧色彩的边塞诗是晚唐**陈陶**[27]的《陇西行》：

誓扫匈奴不顾身，五千貂锦丧胡尘。
可怜无定河边骨，犹是春闺梦里人。

---

① 回乐烽，一作回乐峰。

诚然，在唐人边塞诗中，揭示战争给人民带来的痛苦和灾难的作品并不少见，但像此诗这样将战争的残酷和反战的主旨表达得如此鲜明深刻的也并不多。诗的前两句概括描述了唐军奋不顾身英勇杀敌，却全军覆没，五千将士丧生“胡尘”的悲惨场景。后两句不直接控诉战争造成妻离子散、家破人亡的罪恶，而是别出心裁地写闺中妻子不知征人已死，仍在梦中与丈夫相见的情景。“无定河边骨”与“春闺梦里人”，一为现实场景，一为虚幻梦境，二者如电影蒙太奇般剪接在一起，形成强烈对比：现实是如此凄凉惨烈，梦境却是那样美好温馨。丑与美、恶与善的巨大反差令人触目惊心，震撼心灵的悲剧力量也油然而生。不论是化为枯骨的战士，还是不知悲剧降临仍沉浸在团圆的美好期盼中的少妇，无不令人同情。战争给人民带来的毁灭性打击和深重灾难也更让人刻骨铭心。故沈德潜说：“作苦诗无过此者。”（《唐诗别裁集》）着重表现战争的残酷，表达对饱受战争之苦的人民的同情以及对战争的反思，正是晚唐为数不多的边塞诗与以描写雄浑壮阔的战争场景、表达乐观豪迈的情感为主的盛唐边塞诗最大的不同。

宋词篇

秋到边城角声哀，烽火照高台

受唐代边塞诗影响，最早在民间曲子词中出现了边塞词，如敦煌曲子词《生查子》（三尺龙泉剑）、《菩萨蛮》（敦煌古往出神将）等。此后，文人边塞词相继问世，最有名的是**戴叔伦**[28]的《调笑令》（边草）和韦应物的两首同调词《调笑令》（胡马）、《调笑令》（河汉），其中或写边草、山雪、胡笳、胡马一类边地风物，或写“愁人起望相思，江南塞北别离”的幽怨边愁，承继了唐人边塞诗特有的风光中见出峻健清新的风格。

进入两宋，词日渐兴盛，然而与其他题材相比，边塞词却未得到很大发展。正因为如此，胡云翼在《宋词研究》一书中按题材将宋词归为十一类，即“艳情”“闺情”“乡思”“愁别”“悼亡”“叹逝”“写景”“咏物”“祝颂”“咏怀”“怀古”，却没有“边塞”一类。“边塞词”，顾名思义，指以描写边塞内容为主旨，包括描写边塞风光、边塞生活和抒写边塞情思的词作。用此标准衡量，严格意义的宋代边塞词只有二十多首。相比唐代边塞诗，宋代边塞词也不再有乐观的情调、昂扬的气势，这从它多采用风格纤柔的词调，如《望江南》《临江仙》《浣溪沙》《虞美人》《秋波媚》等中，可见一斑。

开宋代边塞词风气之先的是北宋政治家、文学家**范仲淹**[29]。他的代表作是《渔家傲·秋思》：

塞下秋来风景异，衡阳雁去无留意。四面边声连角起。千嶂里，长烟落日孤城闭。

浊酒一杯家万里，燕然未勒归无计。羌管悠悠霜满地。人不寐，将军白发征夫泪。

宋仁宗康定元年（1040），范仲淹任陕西经略副使兼知延州（治所在今陕西省延安市），镇守西北边疆四年，写了几首反映边塞生活的词，都以“塞下秋来”开头，这是其中的一首。此词通过对边塞荒寒萧条景象的描写，真切表现了坚守边塞的将士卫国守边的英雄气概和久戍思乡、功名未立的慨叹。上片写景，“雁去”“边声”“长烟”“落日”，这一连串意象的叠加，突出了塞外秋天迥“异”于内地的荒寒景象。北雁南飞，本是深秋的自然现象，词人却用拟人手法加以渲染，说它们毅然离去，毫“无留意”，这就为表现守边将士的思乡之情做了铺垫。黄昏时分，边声和军营的号角声仿佛充塞于天地之间，在屏障一般的群峰环抱中，落日烟霭笼罩着一座孤城，显得格外凄凉和悲壮。下片转入抒情，“万里”与“一杯”对举，形成强烈对照，一杯“浊酒”怎能消离家“万里”的浓重乡愁？但边患未平，何以还家？“燕然未勒归无计”一句透露了将士们矛盾、复杂的心情。燕然，即今蒙古国境内的杭爱山。东汉窦宪追击北匈奴，出塞三千余里，至燕然山勒石记功而回。而如今外侮未御，自然不能归家，这一句既可见将士久戍思乡的怨艾，也可见他们誓扫边尘、永熄边烽的责任感。结末“将军白发征夫泪”，写在浓霜遍地的夜晚，随着悠悠羌笛之声，将士们久久未能入眠。这一句感情极为沉重，将军和征夫的痛苦是久戍之苦与责任之重二者难以调和的矛盾造成的，它深刻反映了以范仲淹为代表的边防将士的报国理想，以及与朝廷昏庸腐败的政治之间的尖锐矛盾。彭孙遹评此句：“苍凉悲壮，慷慨生哀。”（《金粟词话》）这可以用来说明整首词的基调。故欧阳修戏称此为“穷塞主之词”（魏泰《东轩笔录》引）。此词在艺术上的显著特色是寓情于景，情景交融。上片以写景为主，而景中有情；下片以抒情为主，而情中有景。词人紧扣边塞的悲凉景色，刻画人物的内心世界，从而淋漓尽致地表现了主题，有很强的感染力。这首词语言精练，形象生动，意境开阔深沉，风格苍凉悲壮，是宋代第一篇表现边塞生活的杰作。它突破了五代词绮错婉媚的局限，为宋词开拓了新的领域，也开了宋代豪放词的先声。

宋代边塞词主要集中在北宋末年至南宋这一阶段。这一时期，金兵侵占中原，民族矛盾更加尖锐。宋王朝南迁宣告了北宋的灭亡。金军继续南侵，加上随后崛起的蒙古军队的侵略，南宋王朝也岌岌可危。在民族危亡之际，一大批仁人志士应运而生。他们一方面身体力行，为收复失地奔走呼号；另一方面将自己的理想和抱负付诸笔端，创作了许多优秀的边塞词作。词的风格也由此发生了迥异于传统的变化，慷慨悲歌取代了绮艳柔靡之音，英雄豪气冲刷了轻柔婉媚之调。边塞词的代表作家有陆游、辛弃疾、张元幹、张孝祥、陈亮、刘过、刘克庄及抗金名将岳飞等。

在宋代边塞词作者中，**陆游**[30]的成就是很突出的。他的作品渗透着炽热的爱国精神，并形成了悲壮、雄浑的诗风。试看这首《秋波媚·七月十六日晚登高兴亭望长安南山》：

> 秋到边城角声哀，烽火照高台。悲歌击筑，凭高酹酒，此兴悠哉！
> 多情谁似南山月，特地暮云开。灞桥烟柳，曲江池馆，应待人来。

孝宗乾道八年（1172）春，陆游受四川宣抚使王炎之邀，到南郑任职。当时长安还在金人的占领之下，南郑是抗金前线。王炎是主战派，正积极筹备收复长安。陆游一生怀着抗金救国的壮志，却长期受到当权的投降派的排挤压制；如今有机会亲临前线，眼看长安收复指日可待，真是备受鼓舞。一个秋天的月夜，当他登上汉中城西北的高兴亭眺望长安，胜利在望的喜悦使他兴奋得不能自已，即目抒怀写下了这首词。高兴亭在今陕西汉中市西北，正对南山。“南山”即终南山，主峰在长安之南。上片写登亭所见所闻所感。边城、画角、烽火，是典型的边塞景象，此时此刻都笼罩在一派浓郁的秋色里。首句化用杜甫《野老》诗句：“王师未报收东郡，城阙秋生画角哀。”长安未复，耳边传来画角声声，词人当与杜甫感同身受。遥望南山，烽火传来前线的消息。“悲歌击筑”用当年荆轲受命刺秦王，在易水河畔，高渐离击筑、荆轲悲歌的典故。中原沦陷四十七年了，眼看收复战争就要开始，词人与同僚“凭高酹酒”，怎能不兴致高涨，感慨万端！此中的“兴”，既表达兴奋的心情，亦兼切亭名。下片承接“此兴悠哉”展开抒情，却并不直抒胸臆，而是将目光投向“南山月”。此时终南山的月亮正将它皎洁的光芒投向大地，在词人眼里，这轮明月不仅明亮，而且是如此善解人意，它仿佛是“特地”将暮云推开，好让自己把渴盼已久的长安城看个清清楚楚。词人赞叹明月的“多情”，而且强调谁也不及它多情，这便更深一层地表达出词人思念长安、盼望早日收复的心情。接下来，词人因云开月出而想象长安城内的情景：“灞桥烟柳”和“曲江池馆”，这些昔日长安最令人向往的美好事物，在今夜的月光朗照下，想必也在等待我们的到来吧。一个“应”字，不由分说，语气是如此肯定，这就把词人渴望收复失地的心情表达得如此热切，把对抗金胜利前景的期待表达得如此坚定，堪称神来之笔。无知无情的“明月”“暮云”“烟柳”“池馆”在词人笔下是那样多情有知，读者正可以透过词人的想象，感受到他对长安、对故国山河的一片痴情。这一段经历在陆游生活中留下了极其深刻的记忆。他于第二年离开南郑到成都作的一首《汉宫春》中，提到这段从军的日子，仍是那样精神振奋，回味无穷：“羽箭雕弓，忆呼鹰古垒，截虎平川。吹笳暮归野帐，雪压青毡。淋漓醉墨，看龙蛇飞落蛮笺。”直到晚年，因主战被弹劾罢官而长期退隐山阴的陆游，在《诉衷情》中仍提到南郑这段经历，写道：“当年万里觅封侯，匹马戍梁州。关河梦断何处？尘暗旧貂裘。胡未灭，鬓先秋，泪空流。此生谁料，心在天山，身老沧洲。”从中可见他对这段汉中前线的生活是多么怀念。遗憾的是，时过境迁，词人请缨无路，白首无成，唯一不变的是他渴望报效国家、收复中原的执着信念和至死不渝的忠诚。

辛弃疾是南宋杰出的爱国词人，《破阵子》是他的名篇之一。这首词的副题为“为陈同甫赋壮词以寄之”，说明是寄给陈同甫的。同甫是著名爱国人士陈亮的字，他为人忠直，才气超迈，积极主张抗战，是辛弃疾志同道合的挚友。宋孝宗淳熙十五年（1188）冬，陈亮到江西上饶拜访罢职闲居带湖的辛弃疾，在此居留十日，别后互有唱和，这首《破阵子·为陈同甫赋壮词以寄之》便作于这一时期：

醉里挑灯看剑，梦回吹角连营。八百里分麾下炙，五十弦翻塞外声。沙场秋点兵。

马作的卢飞快，弓如霹雳弦惊。了却君王天下事，赢得生前身后名。

可怜白发生!

这首词写军中生活，抒发了杀敌报国、恢复山河、建立功名的激烈壮怀，表达了词人梦寐以求、终生不渝的抗敌救国理想，以及壮志未酬的悲愤心情，并与好友共勉。本篇打破了一般填词上片写景、下片抒情的传统写法，除首尾两句写现实外，中间全写梦境。开头一句，仅六个字，就勾画出一位壮志难平的英雄形象。词人平生志在驰骋沙场，力主收复中原，但在投降派主政的条件下有志难伸，只能借酒消愁，排遣精神上的苦闷。“挑灯看剑”的细节，表明词人难忘令他魂牵梦萦的战场和金戈铁马的岁月。这样，当他在酣饮沉醉之后，梦见自己又回到军营，便是顺理成章的事了。“梦回吹角连营”一句，引出词人的梦境：天已拂晓，连绵不断的军营里号角声此起彼伏。接下来词人进一步渲染军中高昂的士气。“八百里分麾下炙，五十弦翻塞外声”，写在雄壮的军营里，三军将士兴高采烈地分享大块的烤牛肉，乐队高奏雄壮激越的塞外军歌助兴。军歌嘹亮，军队威武，场面是何等壮观热烈！眼下正是秋高马壮的季节，身为主帅的词人意气昂扬地检阅着各路兵马，准备出征。“沙场秋点兵”既是对出征前场面的收束，也预示着战斗胜利的前景。接下来，磅礴大气，直贯后片：“马作的卢飞快，弓如霹雳弦惊。”词人连用两个比喻，写在将军的率领下，战士们跃马扬鞭，风驰电掣，万箭齐发，响如“霹雳”。虽没作更多的描写，但我军势如破竹、大获全胜的结局自可想见，将士们冲锋陷阵，所向无敌的英雄气概，也历历如在目前。大功告成，既“了却君王天下事”，又“赢得生前身后名”，岂不壮哉！这“天下事”，不言而喻，指的是收复中原，安定天下。这“生前身后名”，指的是为祖国和民族建立不朽功勋的令名。梦境写得如此酣畅淋漓，至此，一位踌躇满志、抱负宏伟的爱国志士的高大形象呼之欲出，诗情也随之达到高潮。然而接下来词人却笔锋陡转，发出一声长叹：“可怜白发生!”情绪一落千丈，从兴奋激昂的高峰跌落到悲愤无奈的低谷。原来，此前写到的闻角梦回、连营分炙、沙场点兵、克敌制胜、千秋功名，统统不过是梦境！梦境与现实，一个雄壮，一个悲凉，反差是如此强烈！它形象反映了词人理想与现实的尖锐对立。在苟安卖国的统治集团的压制下，词人请缨无路，报国无门，现已年老发白，只能抱负成空。结末这一声叹息包含着多少无可告语的悲哀、焦虑、痛苦和愤怒啊！诚如词人在副题中所说，这是一首“壮”词。前九句写得热情洋溢，酣畅淋漓，气势恢宏，慷慨激昂，就是为了加强结句的分量，词的情调也由雄壮转为悲壮。词到此戛然而止，既出人意表，又扣人心弦，产生了强烈的艺术效果。总体看来，在宋代边塞词中，只有以辛弃疾为首的辛派词人在情感豪壮方面接近盛唐边塞诗。

辛派词人中值得一提的有**刘过**[31]。他少怀志节，读书论兵，好言古今治乱盛衰之变；曾多次上书朝廷，屡陈恢复大计，却屡试不第，流落江湖，布衣终身。刘过与辛弃疾、陆游、陈亮等人有较深的交往，并与刘克庄、刘辰翁享有“辛派三刘”之誉，他们都力主北伐，实现国家统一，作品都以表现爱国主题为主旋律。但因刘过没有陆游和辛稼轩那样的战斗经历，所以他的爱国情感不像陆、辛那样常常通过对军旅生活的再现和抗敌情景的追忆来抒发，而更多的是借助想象和联想来展现他身边的人物和事件，特别是通过对英雄人物的赞美来寄托自己的理想，因而词中常流露出掩抑不住的一股狂气。《沁园春·张路分秋阅作》是其爱国词作的代表作：

万马不嘶，一声寒角，令行柳营。见秋原如掌，枪刀突出；星驰铁骑，阵势纵横。人在油幢，戎韬总制，羽扇从容裘带轻。君知否？是山西将种，曾系诗盟。

龙蛇纸上飞腾。看落笔、四筵风雨惊。便尘沙出塞，封侯万里，印金如斗，未惬平生。拂拭腰间，吹毛剑在，不斩楼兰心不平。归来晚，听随军鼓吹，已带边声。

路分，指路一级的地方武官。此词通过一位张姓长官举行“秋阅”的壮观场景，生动刻画了一位文武双全、志向高远的抗金儒将的形象，抒发了开禧北伐前夕将士斗志昂扬、摩拳擦掌的激动心情，寄托了词人北伐抗金的强烈愿望和金瓯一统的爱国激情。起句从听觉入手，“万马不嘶”与“一声寒角”对照，仿佛箭在弦上，一触即发，突出了演习之前军容整肃、紧张肃杀的气氛，扣人心弦。演习开始了，在平坦“如掌”的秋原上，吼声震天，刀枪齐鸣；铁骑飞驰，疾如流星；队形纵横，变化莫测：场面十分壮观。接下来，词人将“镜头”聚焦到总指挥张路分身上：与演兵场上龙腾虎跃、惊心动魄形成鲜明对比，这位调度千军万马的统帅此刻却是那样淡定，只见他手执羽扇，轻裘缓带，从容儒雅，一派身在军帐之中、决胜千里之外的气度。继而一句“是山西将种”，高度评价这位将领天生善于治军用兵的不凡才能。笔锋再一转，用“君知否”设问，渲染这位武将的文才，说他曾参加诗人社集，文思敏捷，草书绝妙，诗成惊风雨，下笔走龙蛇，使四座无不为之倾倒。一位既有文韬又有武略、文武双全的儒将形象便跃然纸上。词人并不就此止笔，接下来将笔触深入人物内心，写其不仅文武双全，更有不屑一己之荣升、视富贵如浮云的高尚情操及志在山河统一、“不斩楼兰心不平”的胸襟和志向，使人物形象更为高大丰满。这既是赞美张路分，也是讴歌词人心目中理想的抗金英雄。演兵结束时已是暮色苍茫，踏上归途，词人的心情难以平静，从萦绕耳畔的“随军鼓吹”中，仿佛听到了悲壮淋漓的“边声”。词就在这联想中戛然而止，令人回味无尽。整首词大气磅礴，情骋志逸，在“士大夫皆厌厌无气”（方孝孺《答俞敬德书》）的南宋时代，犹如黄钟大吕般振聋发聩。

在南宋爱国词中，著名抗金将领、民族英雄**岳飞**[32]的《满江红》不啻一首脍炙人口的千古绝唱。绍兴六年（1136），岳飞率军从襄阳出发北上，陆续收复了洛阳附近的一些州县，直逼北宋故都汴京，大有一举收复中原、直捣金国老巢之势，却由于宋高宗一心议和，半途而废，坐失良机。岳飞痛感收复失地、精忠报国的志向难以实现，百感交集，写下了这首气壮山河的《满江红》。词中表现了词人崇高的民族气节，以及扫荡敌寇、还我河山的坚定意志和必胜信念。这首词慷慨悲壮，气贯长虹，千百年来一直激励着中华民族的爱国志士。关于此词的真伪，历史上多有争议。有人认为出于宋人假托，有人认为出于明人之手。近年来渐趋一致，多认定为岳飞所作。

怒发冲冠，凭阑处、潇潇雨歇。抬望眼、仰天长啸，壮怀激烈。三十功名尘与土，八千里路云和月。莫等闲，白了少年头，空悲切。

靖康耻，犹未雪。臣子恨，何时灭？驾长车踏破，贺兰山缺。壮志饥餐胡虏肉，笑谈渴饮匈奴血。待从头，收拾旧山河，朝天阙。

上片抒发词人为国杀敌的英雄豪情和收复失地的凌云壮志。开篇破空而来，写词人独上高楼，凭栏远望，想到金军入侵，山河破碎，不禁悲愤难抑，“怒发冲冠”。当此之时，“潇潇雨歇”，词人更增壮怀，念及失地未收，心潮难平，不觉“仰天长啸”，报国之心愈加热切。这一发端为全词定下了气盖山河的总基调。作此词时，岳飞正值盛年，自从军以来，转战南北，风尘仆仆，披星戴月。“三十功名”两句，表现了词人蔑视功名，唯以报国为念的高风亮节，以及神州未复，任重道远，应奋起有为的自励之志。切莫让青春年华虚度，以致老大无成，空留下悲切和悔恨！“莫等闲”两句既是自励，也是激励他人，以早日驱除胡虏，实现匡复大业。句句铿锵有力，字字掷地有声，这是何等磊落的胸襟和过人的胆识！下片抒写词人誓欲报仇雪耻、重整乾坤的坚定信念和必胜信心。一开始就将全词的中心凸显出来：“靖康耻，犹未雪。臣子恨，何时灭?”这四句音节短促，语调铿锵，情感激烈。词人的一腔报国之情、忠愤之气，喷涌而出。想到此，他不由得展开想象：恨不得即刻驾战车长驱直入，直捣敌人巢穴，饥食敌人肉、渴饮敌人血，使“谈笑间，樯橹灰飞烟灭”（苏轼《念奴娇·赤壁怀古》）。这几句用夸张的手法，表达了与敌人不共戴天的仇恨及蔑视敌寇的大无畏精神。结尾“待从头”两句，形象抒发了词人对胜利的憧憬：到那时，失地收复、江山一统，再班师回京报捷，该是多么令人欣慰和振奋啊！词人的碧血丹心、浩然正气，溢于言表。诵读全篇，音调高亢，笔力沉雄，气势充沛，神完气足，如长虹贯日，一泻千里，撼人心魄，无愧是与名垂千古的词人相得益彰的古代爱国诗词中的不朽之作。

除上引名篇，宋代边塞词还有不少佳作，分别从不同角度反映了边塞风光、征人情感、战争场景，而贯穿其中的是词人的忧国伤时情怀。如**时彦**[33]《清门饮·寄宠人》通过军旅途中所见所闻，生动展现了北方边塞空旷荒寒的景象：“胡马嘶风，汉旗翻雪，彤云又吐，一竿残照。古木连空，乱山无数，行尽暮沙衰草。”

张孝祥[34]《浣溪沙》（霜日明霄水蘸空）① 借登临表达对山河破碎的痛惜。荆州本属内地，如今却成了塞外之地，怎不令人痛心？举目望去，又见“万里中原烽火北”，面对此情此景，拥有满腔爱国热忱而又报国无门的词人，只能“一尊浊酒戍楼东，酒阑挥泪向悲风”。同样写登楼的，还有**吴潜**[35]的《沁园春·多景楼》。镇江多景楼，本是文人士子登临游赏的名胜，宋室南渡以后，却成为忧国志士抒写复国之志，体现“忧患”意识的触媒。词中发出诘问：“凭栏久，问匈奴未灭，底事菟裘?”菟裘，地名，在今山东省泰安市东南楼德镇。《左传·隐公十一年》：“羽父请杀桓公，将以求大宰。公曰：‘为其少故也，吾将授之矣。’使营菟裘，吾将老焉。”后因以称告老退隐的居处。这几句表达了词人不灭敌寇誓不罢休的决心。**李曾伯**[36]所和之《沁园春·丙午登多景楼和吴履斋韵》亦叹道：“堪怜处，怅英雄白发，空敝貂裘。淮头，虏尚虔刘。谁为把中原一战收?”虔刘，乃劫掠、杀戮之意。在他们眼里，登楼所见的风光已退居次要，涌上心头的是由眼前景物触发的国恨家仇。

此外，还有通过写战争抒发爱国情怀的。如同出自张孝祥的两首词，写了战争两种不同的结局，却同样表现了词人的爱国情怀。先看作于宋高宗绍兴三十一年（1161）的《水调歌头·闻采石矶战胜》。当时宋军在采石矶大胜金兵，捷报传来，时任抚州知州的张孝祥欣喜欲狂，当即写下了这首词。词中赞美此次大捷是“雪洗虏尘静”，故以“吹角古城楼”来大张旗鼓地庆祝宋军取得的重大胜利。词中再现了采石矶激烈战斗的宏伟场面：“剩喜然犀处，骇浪与天浮。”这一场胜利更给“湖海平生豪气”的词人以巨大鼓舞和激励，“剪烛看吴钩”，“我欲乘风去，击楫誓中流”，从豪迈的语言中不难感受到词人恢复中原、报效国家的慷慨豪情。

再看作于两年之后的《六州歌头》（长淮望断）。宋孝宗隆兴元年（1163）北伐军在符离（治今安徽宿州市东北）大败，主和派由此占了上风，加紧与金国通使议和，词人为此极为忧虑。词中满怀悲悯地描写了中原故土沦于敌手的凄凉景象及百姓惨遭蹂躏的悲惨情景，以及金兵骄纵横行的嚣张气焰；抒发了词人不满于南宋统治的麻木不仁，关心国家前途命运，但壮志难酬，报国无门的悲愤。其中“闻道中原遗老，常南望、翠葆霓旌”三句，写中原人民殷切盼望王师北伐的情景，十分真切感人。故结末说：“使行人到此，忠愤气填膺，有泪如倾。”这里的“行人”既是词人自己，也是对当时无数爱国人士的概括。

---

① 题一作《荆州约马举先登城楼观塞》。

第三章

抒怀言志

在各种文学形式中，诗歌无疑是抒情性最强的一种文体，尤其是以《诗》《骚》为源头的中国古典诗歌更历来具有抒情言志的传统。同时，诗也是人类精神世界的一个窗口，更是映照民族灵魂的一面镜子。诞生于两汉时期的《诗大序》就规定了诗歌的本质："诗者，志之所之也。在心为志，发言为诗。"而"志"的内容取向，受以孔子为宗师的儒家的深刻影响，表现为追求理想抱负、关心社会进步、关怀国家民族命运、注重人的节操修养、追求人格的完美。《孟子·尽心上》所概括的"穷则独善其身，达则兼济天下"，成为不同时代进步知识分子的共同理念和人生价值观。由是，抒发渴望建功立业的理想抱负，倾吐仕途坎坷的悲愤无奈、怀才不遇的牢骚苦闷，以及理想幻灭的隐逸沉沦，便成为古代诗歌也是唐诗宋词抒怀言志这类题材的集中主题。不同时代，抒怀言志的内容也有所不同。唐代中前期，地主阶级一统天下的赫赫事功激发了知识分子的自豪感与上进心，他们带着一往无前的朝气，怀抱匡时济世的宏大志向，歌唱社会人生，歌唱时代理想。而从中晚唐以至北宋，社会现实的变化、入世理想的失落，激发了诗人伤春伤别、忧时伤世的悲哀和嗟叹。此后，南宋时期民族矛盾的尖锐、王朝的苟安和灭亡，则成为陆游、辛弃疾、文天祥等人爱国辞章得以产生的深厚土壤。

唐诗篇

永忆江湖归白发，欲回天地入扁舟

生活在封建社会鼎盛时期的唐人，不甘憔悴于圣明之代，他们积极用世，热切从政，以功业自许，并在诗歌中高扬了这一时代精神和主体意识。因此，抒写自己的不凡抱负和执着追求，倾吐理想在现实中碰壁的痛苦和不平，宣泄怀才不遇的失意和牢骚，成为贯穿有唐三百年间诗歌的一个主旋律。

陈子昂《登幽州台歌》最早唱出了具有强烈时代感的诗人的心声：

前不见古人，后不见来者。
念天地之悠悠，独怆然而涕下。

武则天万岁通天元年（696），陈子昂随武攸宜东征契丹，任军中参谋。次年，因武攸宜指挥失当，军队屡遭败绩。陈子昂怀着拳拳报国之心直言切谏，并自告奋勇请求率部为前驱，却不但不被采纳，反而遭到降职的处罚。一天，他登上幽州台，想起曾经在这里发生过的燕昭王礼贤下士的故事，面对悠悠苍天、茫茫大地，不禁悲从中来，写下了这首震撼千古的杰作。诗中感叹前代像燕昭王那样求贤若渴的君王既不可见，后来的那些重用人才的明君贤臣复又难期，自己有济世之才却不逢其时，吊古伤今，怎能不怆然泣下？这首诗只有寥寥四句，却成为千古绝唱，首先是由于诗中所表现的不被时人理解的深重孤独感和怀才不遇的深沉怨愤，不只是个人才能受到压抑的牢骚与不平，更代表了初盛唐时期才智之士积极进取、渴望有所作为的心声，因而有着深刻的典型意义。其次，诗人对自身不幸遭际不作具体描述，而着重抒发自己登高远眺、极目古今的感受，以含有深刻哲理的抒情，引起读者的思考和共鸣。同时，由历史长河及苍茫宇宙构成的广阔的时空背景，有力地烘托出诗人独立高台、慷慨悲歌的动人形象，具有强烈的艺术感染力。此外，劲健奔放的语言、长短参差的句式、抑扬变化的音节，也与诗歌的内容密切配合，相得益彰，生动传达出诗人的真切感情。这首诗同诗人振聋发聩的《修竹篇序》一样，不仅震撼了初唐诗坛，而且以它要求突破现实的豪迈气概和积极浪漫主义精神，呼唤着盛唐诗歌的到来。

伟大的浪漫主义诗人李白，一生以“济苍生”“安社稷”为宏大志向。歌唱崇高的政治理想和积极进取、奋发有为的精神，抒发理想失落、抱负成空的悲愤不平，成为他诗歌中最重要的主题。这些诗充满炽热的情感，具有强烈的主观色彩，极为鲜明地体现了诗人的独特个性。《行路难》其一是这类杰作中的一个代表：

金樽清酒斗十千，玉盘珍羞直万钱。
停杯投箸不能食，拔剑四顾心茫然。
欲渡黄河冰塞川，将登太行雪满山。
闲来垂钓碧溪上，忽复乘舟梦日边。
行路难，行路难，多歧路，今安在？
长风破浪会有时，直挂云帆济沧海。

这首诗是开元年间李白初入长安时所作。由于政治上没有找到出路，李白深感人生道路的艰难，于是借《行路难》这一乐府旧题酣畅淋漓地抒发了心中的郁积。全诗紧紧围绕着主观与客观、理想与现实的激烈矛盾展开，欲抑先扬，用极度夸张的数字铺陈宴席的华美，以此反衬诗人意兴阑珊、茫然无着的苦闷和迷惘。"停杯""投箸""拔剑""四顾"，这一连串动作生动刻画出他既悲愤郁闷又竭力从苦闷中挣脱出来的自我形象，这正是世路艰难所致。因此诗人接下来描述行路难：冰塞黄河、雪满太行两个意象阔大的比喻似已将前路写得山穷水尽，寸步难行，然而追求建功立业的执着和"天生我才必有用"的强烈自信又使之不甘自弃。诗人的思绪遥接上古，从吕尚、伊尹两位先贤的曲折经历中得到慰藉和启发，悟出人生遭遇的变幻莫测，于是对未来生出希冀和憧憬；但一想到荆棘丛生、举步维艰的现实，又即刻从希望的高天跌落失望的深谷，连声发出"行路难""多歧路"的深长嗟叹。然而尽管前途渺茫，莫知所从，积极用世毕竟是李白人生观的主导，他很快从茫然中清醒过来，振作起来，以古人乘长风破万里浪的崇高志向自勉。在诗的结尾，可以看出诗人是那么乐观、自信，在他眼前仿佛已经出现了生命之舟正乘风破浪扬帆远航的辉煌图景。此诗在揭示封建制度下普遍存在的世路艰难这一社会现象的同时，展现了盛唐一代士人追求理想、豪迈乐观的精神风貌，这正是我国古代进步知识分子的可贵品格和优良传统。艺术上，诗人将自己的内心情感不是掩抑收敛地而是痛快淋漓地喷薄而出，一泻直下，造成雄浑磅礴的气势；通过缤纷多彩、变幻莫测的形象，纵横开阖、跌宕起伏的章法，表现诗人时而苦闷、时而愤激、时而茫然无措、时而乐观旷达的内心冲突和心理变化。这些，既是此诗也是李白这类抒情诗所显示出来的最大特色。

生年稍后于李白的伟大现实主义诗人杜甫，不仅用叙事诗真实地记录了他所亲历的唐王朝由盛而衰的历史，而且在抒情诗中，也常常将个人的生活、遭遇和感情，同时代的风云和国家、人民的命运联系在一起，形成他所特有的沉郁顿挫的风格。如《岳阳楼》：

昔闻洞庭水，今上岳阳楼。

吴楚东南坼，乾坤日夜浮。
亲朋无一字，老病有孤舟。
戎马关山北，凭轩涕泗流。

诗一开头，用一“昔”一“今”两个对比句，自然流畅地传达出诗人久慕洞庭盛名、今日终于得偿夙愿的喜悦。接下来写登岳阳楼所见洞庭湖景色：只见湖水浩渺无际，仿佛将古代吴国和楚国的疆域从中划开；日月星辰就好像从这湖里浮沉出没，昼夜不息。“吴楚东南坼，乾坤日夜浮”这十个字，真切描绘出洞庭湖开阔壮伟的气势，与孟浩然的名句“气蒸云梦泽，波撼岳阳城”（《临洞庭上张丞相》）堪称咏洞庭的双璧。第三联由写景状物转而自叙身世。诗人写作此诗是在大历三年（768）流寓岳阳之时，时年已有五十七岁，加上疾病缠身，长年漂泊，亲友关系又完全断绝，境况十分凄苦。“亲朋无一字，老病有孤舟”，正是诗人贫病交加、老无所依境遇的真实写照。这两句所写的黯淡情景与以上描写的开阔境界形成极大的反差，这固然如清人俞犀月所说，获得了“于开旷处俯仰一身，凄然欲绝”（方回《瀛奎律髓汇评》引）的审美效应，但更主要的是诗人紧接着由个人身世的抒发自然转入对国家命运的忧虑。一想到关山以北至今兵荒马乱、干戈未休，诗人倚定窗栏，禁不住涕泪交流。这一老病孤愁却心忧天下的博大胸襟，适与洞庭湖的雄伟气象情景相浃，浑然一体，所以清人黄生说：“前半写景，如此阔大；五六自叙，如此落寞。诗境阔狭顿异。结语凑泊极难，不图转出‘戎马关山北’五字，胸襟气象，一等相称，宜使后人搁笔也。”（《杜诗说》）不过这一宏大意境的创造，也非单凭技巧所能达到，而主要是诗人忧国忧民的情怀使然。将个人身世之悲与对国家、民族命运的忧患结合在一起，使心中之情、眼前之景与时事风云相交融，这是杜甫诗歌特别是后期抒情诗忧愤特别深广的原因，也是他这类诗作的鲜明特色。

不同于李白的追求功业，也不同于杜甫的忧国忧民，潜心佛道、“半官半隐”的王维抒发的是另一种情怀。如《酬张少府》：

晚年唯好静，万事不关心。
自顾无长策，空知返旧林。
松风吹解带，山月照弹琴。
君问穷通理，渔歌入浦深。

这首诗写诗人晚年的隐居生活及闲适心境。开头两句便直截了当挑明自己的人生态度：晚年唯一的爱好就是清静，对世间一切都已漠不关心。但诗人并非心如止水，而是仍然有着矛盾和苦闷。三、四句表达了自知理想无法实现，只能回归山林的无奈。“松风”一联，写清风拂衣，山月朗照，表现了隐居生活的清幽和心情的闲适。结末用设问的方式，含蓄表达自己对“穷通理”的体悟。“穷通理”，即命运穷蹇和通显的道理。“渔歌”，典出《楚辞·渔父》：“渔父莞尔而笑，鼓枻而去，乃歌曰：'沧浪之水清兮，可以濯吾缨；沧浪之水浊兮，可以濯吾足。'遂去，不复与言。”这里暗用此典，表明世道清明，则宜出仕；世道昏暗，则宜隐遁。诗人的人生态度虽不免消极，但毕竟曲折地反映了封建社会中正直之士不愿与黑暗势力同流合污的苦闷心情，有一定的进步意义。此诗艺术性很高，“松风”一联，画面生动，意境优美，情景妙合无垠。结句以景结情，宕出远神，余味无尽。

不直抒怀抱，托物以言志，也是唐人抒怀言志诗的一种艺术手法，如**贾岛**[37]《剑客》：

十年磨一剑，霜刃未曾试。
今日把示君，谁有不平事？

此诗全用比喻。诗人以经十年工夫精心磨制的刃白如霜的剑比喻自己的才能，以见义勇为、豪爽侠义的剑客自喻。剑客跃跃欲试利剑锋芒的形象，便是诗人急欲施展才干、实现宏大抱负的生动写照。贾岛作诗向以苦吟著称，诗风清冷奇僻，此诗却率直豪健，语言明快，别具一格，说明诗中所表达的绝非冥搜苦想所得，乃是诗人真实情感的自然流露。同样托物寓志而又自出机杼的尚有**刘叉**[38]的《偶书》：

日出扶桑一丈高，人间万事细如毛。
野夫怒见不平处，磨损胸中万古刀。

诗中说，人世间每天都会发生成千上万纷繁复杂的事情，简直是细如牛毛，其中又有许多黑暗、不合理的现象，使人为之愤愤不平。然而由于封建制度等多方面的原因，尽管他义愤填膺、怒火中烧，却无法干预，更无力改变现实，这自然不能不使正直刚烈的诗人感到极度压抑、万分痛苦了。这首诗抒发了诗人对黑暗现实的深刻不满和强烈的正义感。“路见不平，拔刀相助”，是自古以来人所共推的侠义之举，也是自幼行侠尚义的诗人信奉的做人准则。“刀”就是正义的化身，如今却只能埋在胸中，任其销蚀磨损。诗中用“磨损胸中万古刀”来比喻诗人的内心情感，真是既新奇别致又自然贴切。与贾岛诗中用“剑”比喻自己的抱负才能，有异曲同工之妙。

以奇崛冷艳、“虚荒诞幻”（杜牧《李长吉歌诗叙》）的风格自成一体的**李贺**[39]诗歌，在抒怀言志时也表现出自己独超众类的鲜明特色。试看他的《秋来》：

桐风惊心壮士苦，衰灯络纬啼寒素。
谁看青简一编书，不遣花虫粉空蠹？
思牵今夜肠应直，雨冷香魂吊书客。
秋坟鬼唱鲍家诗，恨血千年土中碧。

秋风萧瑟，桐叶飘零。时光的流逝，使空怀壮心的诗人感到触目惊心；残灯照壁，秋虫哀啼，更激起诗人深长的愁思。志业无成，岁不我与，自己呕心沥血写成的诗作有谁来问津，不过是听凭蠹虫白白蛀蚀而已！世无知音、不被理解的痛苦使诗人迂曲百结的愁肠都牵直了，只有在鬼魂中找到知己，寻求慰藉。在凄风苦雨的长夜里，古代志士才人的幽魂前来吊问他了。他们吟唱着鲍照那抑郁不平的诗篇，遗恨像苌弘的碧血那样永远难以消释。偌大的人世间居然没有一个同调，只能与地下的鬼魂同病相怜，产生共鸣，现实是何等冷酷，诗人又是何等苦闷孤独，已可想而知！诗中所创造的幽冥世界，以及活跃于其中的有情有义的“香魂”，正是用来反衬现实世界的黑暗残酷的，揭示了包括自己在内的古今诗人的悲剧命运，强烈地抒发了诗人哀怨愤激乃至近乎绝望的心情，诗人的想象真可谓惊世骇俗！诗中遣词造句，也多未经人道，如写一闻秋风，就惊心光阴易逝，却将秋风说成“桐风”，是据梧桐“一叶落而知天下秋”自铸的新词；写自己的作品无人欣赏，说“花虫粉空蠹”，想象也颇奇特；“啼寒素”“肠应直”等形容描写，也都别具匠心，出人意表。此外，“秋坟鬼唱鲍家诗”的情景是据鲍照有挽歌，引申出“鬼唱”，又由“鬼唱”推衍出“秋坟”，也是诗人奇思妙想的产物。总之，从立意、构思到语言，都充分显示了李贺抒怀诗鲜明的个性。

生不逢时，怀才不遇，这一为唐人反复吟咏的主题，到了生当末世的诗人笔下，就化为更加沉重、感伤的叹息。如杜牧《将赴吴兴登乐游原一绝》：

> 清时有味是无能，闲爱孤云静爱僧。
> 欲把一麾江海去，乐游原上望昭陵。

这首诗作于大中四年（850）秋，杜牧出任湖州刺史，将离长安，登乐游原之时。湖州，在今浙江湖州市，唐时为吴兴郡。诗人劈头便说生于清明时世，却活得很有味，足见自己无能；紧接着解释所谓“有味”，指的是爱孤云的闲逸、慕僧人的清静。这两句从字面上看，似乎诗人在为自己无所作为而惭愧自责，实乃正话反说，大有深意。因为众所周知，杜牧所生活的晚唐藩镇割据，宦竖专权，党争激烈，内忧外患，绝非“清时”；杜牧生平抱负极高，而且有出色的政治、军事才能，更非“无能”；在京城任吏部员外郎，投闲置散、无所作为的生活，也不会令他感到“有味”。之所以这么说，是因为不如此便不能深刻地表达诗人对社会现实和自己处境极度不满却又无可奈何的心情。接下来写诗人在手持旌麾、远去江海之前登乐游原远眺。乐游原，在长安城东南，地势轩敞，全城景物可尽收眼底，是唐时登临胜地。然而诗人登临此处，却全然不理会四周的景色，唯独眺望唐太宗的陵墓。这表明诗人登高的目的不在于览胜，也不只是表达对京城的眷恋，其中更包含着对唐太宗贞观盛世的无限向往和深情追怀。“望昭陵”一笔，含蓄蕴藉地将诗人种种深沉复杂的思想情感尽寓其中。诗到此戛然而止，更给读者留下无尽的回味。

李商隐[40]《安定城楼》是抒怀言志诗中颇负盛名的一篇，其中的警句更是脍炙人口。诗云：

迢递高城百尺楼，绿杨枝外尽汀洲。
贾生年少虚垂涕，王粲春来更远游。
永忆江湖归白发，欲回天地入扁舟。
不知腐鼠成滋味，猜意鹓雏竟未休。

安定，即泾州（在今甘肃泾川县）。开成三年（838）李商隐入泾原节度使王茂元幕府，并娶王之女为妻，不意竟因此被牵入党争，这一年赴长安应博学宏词科考试无端受到排斥，落选而归。此诗表达了他的愤慨和志趣。登上绵延高耸的百尺城楼，纵目远眺，绿杨树外是广阔的洲渚。此情此景，使诗人不由联想起两位古人。西汉贾谊年少有为，却怀才不遇，徒然为时势痛哭流涕；东汉末王粲忧时伤乱，却寄人篱下，只能借《登楼赋》以伤怀。他们的遭遇同自己是何其相似！然而，尽管遭受挫折，诗人却不改初衷，虽然他一直怀有归隐之志，但一定要等到整顿乾坤实现济世的抱负，方才归老扁舟，泛游江湖，这便是功成身退。“永忆江湖归白发，欲回天地入扁舟”一联，用极为凝练的诗句，不仅表达了诗人自己的胸襟，而且形象概括了封建社会中一切才志之士的共同理想。相传王安石便深爱此联，称赞其“虽老杜无以过也”（《蔡宽夫诗话》）。不幸如此高尚的志趣却不被理解，反遭疑忌，着实令人愤慨。于是，在诗的结尾，诗人借庄子寓言，以禄位比腐鼠，将自己比作凤凰一类的鹓（雏），表明了自己坦荡的襟怀和淡泊的趣尚，对那些心胸狭隘、人格卑琐的猜忌者表示极端轻蔑和辛辣讽刺。这首诗意境开阔，风骨遒劲，诗思高远，寄托遥深。贾生垂涕、王粲远游、范蠡功成归隐等典故的运用，皆工巧贴切，富有表现力，显示出李商隐工于用典的高超艺术造诣。

宋词篇

竹杖芒鞋轻胜马，谁怕？一蓑烟雨任平生

王国维在《人间词话》里评论南唐后主李煜时曾说："词至李后主而眼界始大，感慨遂深，遂变伶工之词而为士大夫之词。"他区别了两种不同的主体身份创作的词：一种是歌女配乐演唱的歌词，一种是文人士大夫抒发内心情怀的词。词在唐五代时被称为"曲子词"，有词调，分上下片，而且句式长短不一。从内容上讲，词初创时以闺情风月、男女恋爱为主，后形成花间词风，带有很强烈的民间性，这些都是区别于近体诗之处。文人参与词的创作，不仅使词的体式、风格、境界发生了变化，也使词的内容、功能和社会地位有了明显的改观。在欧阳修那里，写诗和写词是两种不同的行为，前者抒情言志、经世致用，后者赏风弄月、流连歌舞。到了苏轼那里，写诗和写词基本上是一种行为，都可以用来抒情言志，承担起书写内心和书写外部世界的功能。

范仲淹有过四年的军旅生活，他的几首词多描写边塞风光和艰苦的军旅生活，抒发将士思归和杀敌报国之情。但也有一些词抒发了他深沉的人生感慨，例如《剔银灯·与欧阳公席上分题》：

> 昨夜因看蜀志，笑曹操、孙权、刘备。用尽机关，徒劳心力，只得三分天地。屈指细寻思，争如共、刘伶一醉？
>
> 人世都无百岁。少痴骙、老成尫悴。只有中间、些子少年，忍把浮名牵系。一品与千金，问白发、如何回避？

范仲淹胸有大志，曾经担任参知政事，主持了政治革新，即"庆历新政"，和他同朝为官的欧阳修与其政治倾向相似，于是二人成了莫逆之交。此处的欧阳公正是指欧阳修，这首词就是词人在酒席上与欧阳修谈论历史与现实的戏谑之词。范仲淹夜读《三国志》，感觉曹操、孙权、刘备机关算尽，各得了三分之一的天下，还不如像刘伶那样大醉一场呢。人生在世，七十者稀，遑论百岁，少年愚顽，老来衰残，只有中间的青年时代可以把握，又怎能用它来追名逐利呢？就算是身为一品大员，就算是腰缠万贯，谁又能躲过老去的那一天呢？乍一看，这首词充满了自嘲，笔调戏谑，词中认同的价值观和"先天下之忧而忧，后天下之乐而乐"（范仲淹《岳阳楼记》）的忧民情怀相去甚远，这还是"不以物喜，不以己悲"的志士仁人范

仲淹吗？不过仔细品读此词，词人之所以有点颓废和消沉，其实也是对政治改革徒劳无功所造成的沉闷心情的一种抒发吧。

词人**柳永**[41]延续了词中体现的市民意识，他的词题材多为男女恋爱，是婉约词的典型代表。他也有一些词如《望海潮》写了北宋繁华的都市风貌，另一些词则寄托着自己人生选择的无奈之情，例如《鹤冲天》：

黄金榜上，偶失龙头望。明代暂遗贤，如何向？未遂风云便，争不恣狂荡？何须论得丧。才子词人，自是白衣卿相。

烟花巷陌，依约丹青屏障。幸有意中人，堪寻访。且恁偎红倚翠，风流事，平生畅。青春都一饷。忍把浮名，换了浅斟低唱。

关于整首词还有一段公案。据南宋吴曾《能改斋漫录》卷十六记载："仁宗留意儒雅，务本理道，深斥浮艳虚薄之文。初，进士柳三变，好为淫冶讴歌之曲，传播四方，尝有《鹤冲天》云：'忍把浮名，换了浅斟低唱。'及临轩放榜，特落之，曰：'且去浅斟低唱，何要浮名！'"皇帝之所以罢黜柳永，也许并非因为柳永口出狂言，而是因为他的词淫冶浮艳，不登大雅之堂，这是他们观念上的差别。不过这首《鹤冲天》也因此成为柳永最直接最强烈的人生宣言，并且他也称自己为"奉旨填词柳三变"。词中不说自己落榜，而说"偶失龙头望"，隐含的意思就是说自己很有才华，自己是昌明时代暂时遗落在民间的贤才，只不过没有得到皇帝的赏识。既然不能够风云际会，建功立业，那就不去计较得失，遂了自己的心愿，做个专职词人吧。"才子词人，自是白衣卿相"，这是对科举制度的无言的抗争，认为写诗填词的文人才子，其功能价值不下于权臣宰相。既然奉旨填词，那就情愿沉迷于烟花巷陌，寻访意中人，偎红倚翠，逞一时之风流。既然青春苦短，那又怎能为了浮名而放弃浅斟低唱的赏心乐事呢？这首词包含着无奈，但更多的却是柳永对其词人身份和自身价值的体认。

王安石[42]是北宋政坛上影响深远的人物，同时也是文坛上不可忽视的巨星。他的词作不多，但要么借词抒发自己的政治抱负，要么在咏史怀古中寄寓自己的豪情壮志。例如《浪淘沙令》：

伊吕两衰翁，历遍穷通。一为钓叟一耕佣。若使当时身不遇，老了英雄。

汤武偶相逢，风虎云龙。兴王只在笑谈中。直至如今千载后，谁与争功！

"伊"指的是伊尹，"吕"指的是吕尚。前者辅佐商汤建立王朝，后者帮助武王灭殷立周，他们都是历史上的风云人物。但是词人开篇就说二人是"衰翁"，原来伊尹本是一个弃婴，后佣耕于莘，商汤娶莘地之女时，他作为陪嫁归属于商，这才有了以后的功业。吕尚，也就是太公望，他直到晚年还困顿不堪，垂钓于渭水之滨，后偶遇周文王，这才得以施展才华。王安石提及二人，认为他们如果不是偶然的机会遇到明主，那么只能遗憾地老死于默默无闻之中了。“遇”，不仅指伊吕二人得遇明主，更隐含着词人自己被宋神宗赏识，准备大展宏图，建立功业。下片“风虎云龙”，出自《易·乾·文言》：“云从龙，风从虎，对人作而万物睹。”暗含的意思就是伊吕二臣和汤武二王犹如“风虎云龙”，君臣遇合，振兴王道建立国家只不过是谈笑之间的事情。王安石这首词明写古人，实写自己，伊吕能够建立如此功业，自己自不甘落后，一定也会建立一番不世之功。这是王安石积极进取之心的坦然流露，伊吕的存在无疑也是王安石锐意政治改革的巨大的精神鼓舞。

苏轼是宋词发展史上起着决定性作用的词人，他全面革新了词学观念，使得词从“艳科”中独立出来，摆脱了音乐的限制，发展成同诗一样独立的抒情体裁。在《与鲜于子骏》一文中，苏轼提出了词“自是一家”的主张，认为词应该与诗一样，抒发自我的真实性情和独特的人生感受，这就大大提高了词在文学体裁中的地位，词从此光明正大地成为抒情言志的载体。苏轼一生经历了无数坎坷，由于“乌台诗案”，他被贬黄州，人生观也随着发生了一些变化，例如《临江仙》：

> 夜饮东坡醒复醉，归来仿佛三更。家童鼻息已雷鸣。敲门都不应，倚杖听江声。
>
> 长恨此身非我有，何时忘却营营？夜阑风静縠纹平。小舟从此逝，江海寄余生。

据叶梦得[43]《避暑录话》记载，东坡在黄州，一次“与数客饮江上，夜归，江面际天，风露浩然，有当其意，乃作歌辞，所谓‘夜阑风静縠纹平。小舟从此逝，江海寄余生’者，与客大歌数过而散。翌日，喧传子瞻夜作此辞，挂冠服江边，拏舟长啸去矣。郡守徐君猷闻之，惊且惧，以为州失罪人，急命驾往谒，则子瞻鼻鼾如雷，犹未兴也。然此语卒传至京师，虽裕陵（神宗）亦闻而疑之”。苏轼的这一举动居然震动了朝野，连神宗都知晓了。苏轼被贬黄州之后，居住在临皋，又在不远处开了一片荒地，名之曰东坡。上片首句“夜饮东坡醒复醉”，活脱脱写出了一个“醉鬼”的形象，在东坡他醒了又醉，醉了又醒，借酒浇愁，回到家里差不多是半夜三更了。到家之后发现家里的人早就睡熟了，敲门也没人回应，于是干脆不敲了，来到江边，拄杖听江涛声。要是换作官架子十足的人，肯定是大发雷霆：你们居然把主人锁在门外了。而苏轼却不以为意：不应就不应吧，那我就去享受这无边的夜色。从这件小事上也可以看出苏轼如何对待人生的挫折。下片的“长恨此身非我有，何时忘却营营?”，不仅是对自己之前刻意钻营追求名利的生活的痛苦反思，也是对一种人生普遍哲理的揭示：人应该忘却钻营，使自己真正属于自己，而不是属于外界的名和利。苏轼在江边，听着江涛声。夜阑风静了，他多想驾着一叶扁舟，“纵一苇之所如”（《赤壁赋》），到江海中度过自己的后半生。这是词人乐观旷达的襟怀，也是他向往自由的心声。

黄州成就了苏轼，也难怪苏轼晚年在《自题金山画像》中说："问汝平生功业，黄州惠州儋州。"在黄州，苏轼乐观旷达的情怀袒露无余。他又用如椽之笔书写着自己的乐观与旷达，在《赤壁赋》中，也在《定风波》中：

莫听穿林打叶声，何妨吟啸且徐行。竹杖芒鞋轻胜马，谁怕？一蓑烟雨任平生。

料峭春风吹酒醒，微冷，山头斜照却相迎。回首向来萧瑟处，归去，也无风雨也无晴。

这首词前有小序："三月七日，沙湖道中遇雨。雨具先去，同行皆狼狈，余独不觉，已而遂晴，故作此词。"途中遇雨，这是生活中常有之事，常人的做法就是赶快撑伞，没有伞的时候也是抱着头在雨中狂奔，寻找庇护之所。苏轼面对这种情况，表现出了常人难以企及的坦荡襟怀。"穿林打叶声"，说明雨来得迅疾，伴随着风，词人明明听到了，可是偏偏要"莫听"。主观上让自己不要去听，这不是自我欺骗，而是希望自己忽略这雨，同时也包括人生路上的风雨。雨中吟啸且徐行，这是何等达观！拄着竹杖，穿着芒鞋，一派平民打扮，可是词人丝毫没有感到卑微，而是感觉比马还要轻快。面对这突如其来的风雨，词人表态说："谁怕？"怕吗？不怕，披着蓑衣走在布满风雨的人生道路上，我早已习惯了。下片写雨停了，太阳也出来了，春风吹来，忽觉浑身发冷，头脑也清醒了很多。回头看看走过的路，原来人生路上的雨与晴，也不过如此，又何足挂齿呢？刘永济论及此词时评价苏轼说："盖有学养之人，随时随地，皆能表现其精神。"① 清人郑文焯也评论道："此足征是翁坦荡之怀，任天而动。琢句亦瘦逸，能道眼前景。以曲笔直写胸臆，倚声之能事尽之矣。"（《大鹤山人词话》）从他们的评论可以看出，苏轼正是通过这首词写出了自己无喜无悲、任天而动的处世态度。

两宋之交的词人大都经历了亡国之悲，经历了人生中的战乱，他们有的悲慨颠沛流离，有的希望建立功业却无从建起，于是有的转向消沉，有的转向闲适。词人叶梦得年轻时颇有作为，晚年退居湖州，但忧国忧民之心不改，时刻关注着时局的变化。例如这首《水调歌头》：

秋色渐将晚，霜信报黄花。小窗低户深映，微路绕欹斜。为问山翁何事？坐看流年轻度，拼却鬓双华。徙倚望沧海，天净水明霞。

念平昔，空飘荡，遍天涯。归来三径重扫，松竹本吾家。却恨悲风时起，冉冉云间新雁，边马怨胡笳。谁似东山老，谈笑静胡沙。

词的上片写词人退居湖州时居住的环境：时值金秋，黄花带来了霜降的消息，

① 刘永济. 唐五代两宋词简析. 上海：上海古籍出版社，1981：49.

小屋深映在花丛中，一条弯弯曲曲的小路通向居处。在这样的环境中，词人没有丝毫闲适，而是感叹时间流逝，人冉冉将老。“拼却鬓双华”，隐含着词人不甘心如此退隐但又无可奈何的悲慨。词人尽管在抗金方面有些成就，但大局主和，自己的理想又怎能彻底实现呢？走出屋门，望着浩瀚的太湖水，绮丽的彩霞倒映于湖中，如此美景也没有消除词人深深的遗憾。回首往昔，词人不禁感叹自己老来一事无成。“三径”，用陶渊明《归去来兮辞》“三径就荒，松竹犹存”的典故，一个“本”字暗示词人归隐的决心。既已决心归隐，谁料悲风时起，天空传来了断雁悲鸣声，耳边也似乎响起了夹杂着战马声的胡笳音乐。一个“却”字写出了词人不甘心归隐、希望自己能够再次出山的愿望。“谁似东山老，谈笑静胡沙”两句借用谢安的典故。东晋名相谢安也曾归隐东山，后进入仕途，并且在淝水之战中击溃苻坚大军，这就是“东山再起”典故的由来。词人其实还是希望自己能够像谢安一样东山再起，谈笑间将敌人消灭。这句其实是化用了李白的“但用东山谢安石，为君谈笑静胡沙”（《永王东巡歌十一首》其二），这首词就是词人这种矛盾、苦闷、欲罢不能心理的真实展示。

辛弃疾也是一位爱国词人，他也通过词来写收复失地的豪情壮志。当这种愿望落空之后，他又充满了惆怅和遗憾。例如《鹧鸪天》：

> 壮岁旌旗拥万夫，锦襜突骑渡江初。燕兵夜娖银胡䩮，汉箭朝飞金仆姑。
>
> 追往事，叹今吾，春风不染白髭须。却将万字平戎策，换得东家种树书。

这首词前有一个小序：“有客慨然谈功名，因追念少年时事，戏作。”名为戏作，其实暗含着词人痛苦的感慨。想当年，年轻的时候带着成千上万人的军队渡过长江，金人晚上准备箭袋，我军一大早就向敌人发射金仆姑的羽箭。可惜这一切都已成为过往，自己一生辛辛苦苦撰写的平戎之策，现在也毫无用处了，只能去换取东家两本关于种树的书。辛弃疾曾写下《美芹十论》《九议》等在政治军事方面很有见解的文章，可惜都没有用处，对于此时的他而言，这些文章还没有种树书的实用价值大。细味此语，我们也可以读出这句话隐含的词人的愤慨与无奈：既然朝廷不赏识这些有价值的东西，那就干脆去换一些没用的东西来吧。鲁迅曾说：悲剧就是将有价值的东西毁灭给人看。词人此时的行为不正隐含着悲剧性的因子吗？陈廷焯在《白雨斋词话》中评论说：“稼轩《鹧鸪天》云：‘却将万字平戎策，换得东家种树书。’哀而壮，得毋有‘烈士暮年’之慨耶？”此时的辛弃疾不知有没有“壮心不已”（曹操《步出夏门行》），但确实有英雄种菜之感。

综上，庶几可以得出这样的结论：词经过文人化的处理之后，其地位和价值已经远非此前的艳词所可比。于是词同诗一样，成为一个时代特定的文学体裁的标志，预示着其在书写人生方面有着不可替代的作用。

第四章

思亲怀乡

思亲怀乡是一切远游客子共同的情怀，也是人类拥有的一种美好情感。但与世界上其他民族相比，中国人的乡情格外深沉厚重。这既与中华民族独特的民族心理有关，又成为中华民族文化精神的一个重要特征。中华民族的农耕文化及宗法一体的社会结构，影响到人们的观念情感和心理，形成了本民族浓厚的重血缘、重乡土意识。加上古代交通不便，山长水阔，别易会难，更增加了人与人之间的间阻心理，从而产生浓郁的思乡情结，具体表现为对亲人、家庭、宗族、故土乃至国家的一种特别依恋的情怀。历代文人都表现出浓厚的恋乡情结，从《诗经》《楚辞》开始，抒发对家乡及亲人的眷恋，就成为中国古典诗词源远流长的一个永恒主题。

故乡既是人生旅程的出发点，又是人生旅程的最后归宿。当人们外出远行或旅居他乡时，不论个人际遇如何，得意或失意，顺利或受挫，都会魂牵梦萦于故土和亲人，内心充满强烈的思归和怀乡情绪。尤其当遭逢战乱、仕途失意或贬谪流亡之时，更是将家乡和亲人当作精神慰藉、消愁释闷的避风港。感情丰富、感受敏锐的唐宋诗人和词人，用诗词表达了自己眷恋故乡、思念亲人的生活体验和真情实感，谱写了一曲曲动人心弦而又风格各异的乐章，成为唐诗宋词中极具魅力而且最富有人情美的一个部分。

唐诗篇

乡心正无限，一雁度南楼

唐代是我国诗歌空前繁荣的时代，思亲怀乡题材的创作也达到高峰。中唐以前，处于封建社会鼎盛时期的文人胸襟开阔，积极进取，开朗自信。他们怀抱建功立业的理想，离开家乡，四处漫游，甚至远走边塞。在他们笔下，思亲怀乡诗呈现出豪迈乐观的特点。安史乱后，战乱频仍，百姓流离，这类诗又一转而为呈现哀婉之音。到了宋词里，对乡情的咏叹中又增添了怀念故国、收复失地的悲壮旋律。

唐代诗人每多乡情的咏叹，且佳作名篇俯拾皆是。如“乡书何处达，归雁洛阳边”（王湾《次北固山下》），“日暮乡关何处是，烟波江上使人愁”（崔颢《黄鹤楼》），“此夜曲中闻折柳，何人不起故园情”（李白《春夜洛城闻笛》），“不知何处吹芦管，一夜征人尽望乡”（李益《夜上受降城闻笛》），“万里悲秋常作客，百年多病独登台”（杜甫《登高》），“共看明月应垂泪，一夜乡心五处同”（白居易《自河南经乱关内阻饥……》），等等，都是人们至今吟哦不衰的名句。

在抒发乡情和亲情的作品中，最脍炙人口、流传最为久远的要数李白的五言绝句《静夜思》：

床前明月光，疑是地上霜。
举头望明月，低头思故乡。

一个月光朗照的秋夜，久客他乡的诗人久久不能寐。忽然于不经意间瞥见地上一片银白，起初还以为是铺了一层秋霜，抬起头才望见天上的明月，这明月一下子触发了他心中的情思，不觉低头思念起故乡来。诗里展现的情景是那样平常：一个常见的秋天的月夜，一个普通的旅人的情思。然而正因为表现的是寻常的生活和情感，它才能够调动起读者曾经有过的生活体验，也就容易在更多的读者心中激起巨大的心理效应和感情共鸣。即使是千载之后的今天，不论你境遇如何，身在何处，只要你远离了家乡和亲人，又恰好遇到这样一个月夜，你就会情不自禁地吟诵这首小诗，感到它是那么亲切，仿佛就是为你而写。此诗写的确实只是眼前景、口头语，但并不意味着毫无包孕，一览无余。如“疑是地上霜”一句，看似闲笔，实则巧妙，它一方面借人的错觉写出月光的皎洁，另一方面点出秋夜的清寒，以此托出孤身远客的凄凉之感，由此自然过渡到望月思乡。此外，“举头”“低头”连属用之，也生动传达出诗人俯仰之间的感情波澜，可谓“捕捉诗心，传神刹那”（富寿荪、刘拜山《千首唐人绝句》），“无意于工而无不工”（胡应麟《诗薮·内编》卷六）。当然，这首诗之所以打动人心，根本原因还在于它是诗人的真情流露，表现了他眷恋故乡的一片深情。

写思亲怀乡同样语浅情深而又别具机杼的，有**张籍**[44]的《秋思》：

洛阳城里见秋风，欲作家书意万重。
复恐匆匆说不尽，行人临发又开封。

起句点明客居的时、地，语气虽平淡，却颇有意蕴。在古典诗歌中，“月”与相思有着不解之缘，“秋”也极易使人产生羁旅漂泊的联想，所以“见秋风”三字既可见凄清萧瑟之景，更可见羁人摇落之情。思归不得，乡愁难遣，只有借家书以寄意。以下三句便展开寄家书时心理活动的描写。诗人提笔作书时，心中真有万千重情意，但等到行人就要出发的时候，却觉得还有话没说完，于是又取回打开信封。诗中写的就是这样一件生活小事，但透过诗人欲作家书时千言万语不知从何说起的情态，尤其是写好后又唯恐长言未尽而临发开封的心理，不难体味诗人心中浓重的思家之情。此外，这首诗同李白《静夜思》一样，写的都是人们在生活中可能经历过的情形，一经诗人拈出，自然能得到读者的认同，使读者获得审美快感。这也是此诗被后人备极推崇的原因。与李白诗的即景抒情有所不同的是，此诗有着叙事的成分，这正体现了富于浪漫气息的盛唐诗向注重写实的中唐诗的转变。

同写客中秋思的，还可举出**赵嘏**[45]的《寒塘》：

晓发梳临水，寒塘坐见秋。
乡心正无限，一雁度南楼。

赵嘏是晚唐诗人，因其《长安秋望》中有“残星几点雁横塞，长笛一声人倚楼”一联为杜牧所激赏，所以又称“赵倚楼”。这首诗写诗人晓临寒塘梳发，因见秋色而触动乡愁，正自乡心无限，又见孤雁南飞，更难为怀。诗中寓情于景，寒塘秋色的寥落凄清衬托出诗人的无边乡愁，一雁南归的情景反衬出人思归而不得归，写得情景交融，余味无穷。与前面两首诗相比，诗人的感情似乎显得格外沉重，这不仅同他抑塞不伸的经历有关，也是所处时代氛围使然。

思亲怀乡固然是人之常情，但在不同的环境下，这一情感的内涵也会有所不同。唐诗表现了人们在各种特定情境下的乡思亲情，使这一题材既真挚动人又丰富多彩。

如写节日思亲便是其中的一种，这方面的佳作首推王维的《九月九日忆山东兄弟》：

独在异乡为异客，每逢佳节倍思亲。

遥知兄弟登高处，遍插茱萸少一人。

九月九日重阳节，是古代传统节日。这一天，人们相聚登高、插茱萸、饮菊花酒。这首诗是王维旅居京华时所作，其家迁居蒲州（今山西永济），在华山以东，故称“山东”。首句点出他乡作客，先以一个“独”字领起，又连用两个“异”字，突出独居异地那种孤单无依的感受，为次句的直抒胸臆作了铺垫。“每逢佳节倍思亲”是全诗中的警句，因为它不但写出诗人此时此刻的心情，还透过“倍”字暗示出平日也无时不有的思亲之情，不但写出了个人的感受，而且高度概括了佳节在一切远离家乡的游子心中所唤起的浓重乡情。所以此句一经道出便万口传诵，成为最能表现节日思亲之情的常用语，直到今天还被人们广泛引用。后两句将境界一转，遥想故乡的兄弟此时正在登高，每人都插戴茱萸，而且在为少了自己而遗憾。不具体表现自己如何思亲，而从对面落笔写远在家乡的兄弟；也不直说兄弟怀念自己，只用“遍插茱萸”与“少一人”相对照。这样既曲折传达出家人对自己的思念，又更深一层地写出对家人的相忆和体贴之情。故俞陛云评此诗说：“诗到真切动人处，一字不可移易也。”①

白居易[46]《邯郸冬至夜思家》也是写节日思亲的名篇，诗云：

邯郸驿里逢冬至，抱膝灯前影伴身。
想得家中夜深坐，还应说着远行人。

冬至是一年将尽的一个节令，在唐代也是一个用来庆祝的节日。然而这一天诗人却孤身一人在邯郸的驿站里度过，其内心的孤独凄凉可想而知。起句开门见山点题，虽是叙事，却已埋下思家的伏笔。次句写客中过节的情景。邯郸在当时是相当繁华的都市，节日想必更加热闹，诗人却无心出门，只在客店里对着孤灯，抱膝独坐，与之相伴的唯“影”而已。虽不言思家，而思家之情溢于言表。后两句承上，正面写“思家”，却又不说自己如何想念亲人，而是想象家人直到夜深仍团团围坐，正在说着自己这个未归的“远行人”。这两句与王维“遥知兄弟登高处，遍插茱萸少一人”是同一作法，因时节、环境不同，思家怀亲的氛围更为悲凉沉重。这首诗虽不如王维诗著名，但诗中所写“抱膝灯前影伴身”的经历，凡稍有阅历的人都亲身体验过，加之诗歌全用口语，平易通俗，使人读来倍感亲切。

唐诗中用这一手法写思亲怀乡的，除白居易《客中守岁》“故园今夜里，应念未归人”以外，还有韦应物《寒食寄京师诸弟》“把酒看花想诸弟，杜陵寒食草青青”、罗邺《雁》“想得故园今夜月，几人相忆在江楼”等，都有异曲同工之妙。

沈德潜《唐诗别裁集》认为与张籍《秋思》一诗“同妙”的，是岑参写征途思家的《逢入京使》：

---

① 俞陛云．诗境浅说．北京：北京出版社，2003：188.

故园东望路漫漫，双袖龙钟泪不干。
马上相逢无纸笔，凭君传语报平安。

这首诗是天宝八载（749）岑参赴安西节度使高仙芝幕府任职途中所作。诗人越往西行，离故园越远，思家之情也越浓，到后来禁不住泪流满面，竟而至于浸湿了衣袖。恰在此时，遇到一位相识的正要返回长安的使者，可惜马上相逢，没有纸笔，只得托那位使者给家人捎一个“平安”的口信。此诗语言极为朴素自然，却极其真切感人，原因便在于“人人有此事，从来不曾写出，后人蹈袭不得，所以可久”（钟惺、谭元春《唐诗归》）。尤其是后两句，不仅生动再现了二人马上相逢、匆忙对话的情景，更重要的是真实贴切地表现出赴边征人在特定环境中的思家之情。一个“平安”，凝聚着征人对家人多少深情，其中既有思念，也有体贴和安慰。两个字竟胜过寻常的千言万语！无怪明人唐汝询、清人沈德潜均誉之为“绝唱”（唐汝询《唐诗解》，沈德潜《唐诗别裁集》）。

不论如张籍诗所写已“作家书”且长言“不尽”，还是像此诗这样仅传口信唯报平安，都真切传达出在不同情境中的思家之情，因此都能臻于妙境。

写离乱中思亲的作品，唐诗中也有不少，其中最为人传诵的是杜甫的《月夜》：

今夜鄜州月，闺中只独看。
遥怜小儿女，未解忆长安。
香雾云鬟湿，清辉玉臂寒。
何时倚虚幌，双照泪痕干？

安史之乱爆发后，杜甫携家逃难至鄜州（今陕西富县），然后只身北上，投奔在灵武（今属宁夏）即位的肃宗，不料中途被掳至长安，这首诗便是他在长安思念妻儿时所作。诗中写道：今夜在鄜州，只有妻子独自看月了。可怜我那幼小的儿女，还不懂得思念远在长安的父亲。夜雾沾湿了妻子浓密的头发，清冷的月光使她的玉臂感到寒意。什么时候我们才能够倚着薄帷望月，让月光照干彼此的泪痕？此诗的妙处，如明人王嗣奭所说：“意本思家，而偏想家人之思我，已进一层。至念及儿女之不能思，又进一层。”（《杜臆》）从对面落笔，写出两地相思，一种情怀，已被前引诸诗证明是一种成功的手法；此诗却不止于此，进一步写小儿女“未解忆”，这就不但衬托出妻子内心的孤苦，而且诗人怜惜儿女的一片慈父之情，也跃然纸上，感人肺腑。其他如对妻子看月形象的逼真想象、对家人团聚的渴望和憧憬，也无不流露出诗人的无限深情。此诗章法紧密，句句不离月夜，前后注意照应，如“何时”应“今夜”，“虚幌”应“闺中”，“双照”应“独看”；“独”“双”二字又为一诗之眼。此外，由于这首诗写的是乱离中的思家之情，因此所表现的就不单是一家一室之悲，其中还可见动乱时代的面影，因而具有更广泛深刻的意义。杜甫写乱离思亲的名篇还有《月夜忆舍弟》，抒发了他因战事阻隔、音讯不通而产生的对兄弟离散的深切忧虑和强烈的思亲之情。其中“月是故乡明”一句，用以幻作真的手法写眷恋家乡的心情，无理而妙，是人所共称的佳句。

这类诗中又有迁客思家一种，如**宋之问**[47]的《渡汉江》：

岭外音书断，经冬复历春。
近乡情更怯，不敢问来人。

中宗神龙元年（705），宋之问因谄事武则天宠臣张易之而坐贬泷州（今广东罗定）参军，次年春逃归洛阳。此诗是途经汉江时所作。前两句追叙诗人既久贬岭外又家书断绝的情形，虽是平平叙事，但贬客思家之苦、思归之切已尽寓其中。怀着这样的心情，一旦临近家乡，照理应该是满心激动，急切希望知道亲人的消息，不料诗人却出人意表，先说情“怯”，又道“不敢”。两句诗有悖常情，但它把诗人因音书久断、家人安危未卜的紧张、疑虑和忐忑不安刻画得极为逼真传神，非如此不能表达他此时此刻特有的心情。这种手法叫作反接。所谓“反接”，即看似与常情相反，实则表现了特殊情况下的一种正常心理。因为如果一个人所遭遇的经历是不寻常的，由此而引起的感情也必定是不平常的，而这种非常的经历和感情如果用一般的手法加以表现，势必难以有真切的效果。成功地运用反接法写思家的，还有杜甫的《述怀》：“自寄一封书，今已十月后。反畏消息来，寸心亦何有!”将战乱时期饱经丧乱的人既思念亲人又害怕听到不幸消息的心情，刻画得极为深切。这两首诗都将人物处在特殊情况下的特殊心态写得情真境真，所以感人至深。

同写贬客思乡而感情更为凄厉激越的，是柳宗元《与浩初上人同看山寄京华亲故》：

海畔尖山似剑芒，秋来处处割愁肠。
若为化得身千亿，散上峰头望故乡。

此诗作于柳州刺史任上，写的是诗人与名叫浩初的僧人一同看山的感受。登山临水，本是一种释闷遣怀的方式，但对柳宗元来说却并非如此，政治上的失意不平，被贬远荒的孤寂幽愤，无时无刻不在折磨他的心灵。特别是当他看到眼前“草木摇落而变衰”（宋玉《九辩》）的萧瑟秋景，更加触目伤怀，于是，四周那一座座耸削壁立的山峰，在他眼里仿佛都变成一支支锋利的剑尖，处处刺痛他的愁肠。人在痛苦的时候是最容易思亲怀乡的，然而从柳州到“京华”，其间迢迢千里，何其遥远！古乐府中不是说“悲歌可以当泣，远望可以当归”（《悲歌行》）吗？一念及此，或许是身边的浩初上人给了他灵感，诗人忽发奇想：佛经中不是有“化身”的说法吗？如果自己能够化身“千亿”，让每一个身子都飞上一座峰顶，不就可以更容易望到故乡了吗？诗人就是这样通过不可能实现的幻想，向京华亲故倾诉他痛苦的心情和强烈的归思，其中也包含着希望朝廷旧交能够施以援手，使他离开蛮荒之地返回京城这一层意思。

与以上诸作相比，写久客思乡而手法更为婉曲的有**刘皂**[48]《旅次朔方》：

客舍并州已十霜，归心日夜忆咸阳。
无端更渡桑乾水，却望并州是故乡。

此诗一作贾岛诗，题为《渡桑乾》。但贾岛不是咸阳人，而且与他有交往酬唱的令狐楚所选《御览诗》中也将此诗归于刘皂，所以此诗作者应为刘皂。诗的前两句写久客并州（今山西太原）的思乡之情。“十霜”，即十年，在人的一生中的确不是一段短时间，对一个旅人来说则尤其显得漫长。因为他不仅要饱尝羁旅之思、孤寂之苦，还要忍受乡愁的折磨。这种种感情化为沉重的精神负荷，使他日夜不能安宁。然而接下来诗人却不具体描述他如何思深忆苦，而是说正当他日夜思归的时候，却要由并州北渡桑乾河（在今河北、山西境内）远去，回望并州，又像是故乡了。对诗的最后一句，历来有不同的解释。一种说法是：“旅寓十年，交游欢爱，与故乡无殊，一旦别去，岂能无依依眷恋之怀，渡桑乾而望并州，反以为故乡，此亦人之至情也。”（谢枋得《注解唐诗绝句》）认为此句表现了对久居之地风土人情的留恋。另一种解读是：“其意恨久客并州，远隔故乡，今非惟不能归，反北渡桑乾，还望并州，又是故乡矣。并州且不得住，何况得归咸阳?”（王世懋《艺圃撷余》）认为此句表现了诗人久客不但不能归反而离乡更远的悲怨。两说相比，前一种说法虽也能道出久居自然生情这样一种人之常情，但不如后一种说法更能传达出诗人苦恋家乡而不得归的失望，因而后一种说法也更深刻动人。这叫透过一层的写法。唐诗中用这一手法的还有杜甫《无家别》，其中说：“家乡既荡尽，远近理亦齐。”意谓家乡既一无所有，远去或近行都没有什么差别，将征人家破人亡已无家可别的悲痛刻画得入木三分。

抒写行役途中的羁愁旅思，也是唐人寄托乡情的一种方式。这类诗往往将山水与行旅融为一体，有情景交融、意境浑成之妙。如**张继**[49]《枫桥夜泊》：

月落乌啼霜满天，江枫渔火对愁眠。
姑苏城外寒山寺，夜半钟声到客船。

枫桥，在今苏州城西。天宝末年，张继流寓江南，途经苏州夜泊于此，写下了这首名驰遐迩的七绝。前两句写景，残月、啼乌、霜天，点染出深秋将晓时一派凄清的景色。江岸上的枫树，渔舟中的灯火，伴着愁思萦绕、一夜无眠的旅人。这两句既是枫桥夜景，更是愁人不寐之所见、所闻、所感，一切莫不染上强烈的主观感情色彩。正因为终夜独对“江枫渔火”，所以听到从寒山寺传来的“夜半钟声”。寒山寺，在枫桥附近，始建于梁，相传唐代诗僧寒山曾住在此，因而得名。此诗后两句写钟声。这久久回荡的清冷钟声，划破了夜空的寂静，震响在“客船”游子的心头，更深地触动了他的愁怀。此诗几乎通首写景，只以“愁眠”二字贯穿，便深切表现了诗人作客他乡的羁愁，意境浑成，清雅可诵，在当时便广为流传，并远播海外。尤其是那为诗境平添了无穷韵味的“夜半钟声”，至今仍吸引着许多游客专程前往聆赏。

温庭筠[50]《商山早行》也是写羁旅的名篇：

晨起动征铎，客行悲故乡。
鸡声茅店月，人迹板桥霜。
槲叶落山路，枳花明驿墙。
因思杜陵梦，凫雁满回塘。

商山，在今陕西商洛市东南。这首诗写诗人离开长安途经商山早行的情景：一大早就响起车马出行的铃铎，远游的客子怎能不悲念故乡！残月未落，茅店里的旅客便被鸡鸣唤起，哪知铺满白霜的板桥上早已留下行人的足迹。山路上高大的槲树落叶飘零，驿墙边白色的枳花分外耀眼。眼前的景象不由使人回想起昨夜的梦境：故乡杜陵，正是春暖回塘，凫雁嬉游，一派明丽风光。此诗八句，句句扣题，以鲜明生动的艺术形象，展现了栩栩如生的商山早行图画，同时表达了旅人某些共同的感受。其中三、四两句写早行景色尤妙，每句都别具匠心地平列了三种景物，不用任何关联词语，便写得意象俱足，不仅突出了早行的景物特征，而且透露出旅途的艰辛，还为读者依据自己的生活体验去想象、补充留下了空白，所以千古传诵。宋人梅尧臣还以这两句诗作为“状难写之景，如在目前，含不尽之意，见于言外”的范例，说：“道路辛苦，羁愁旅思，岂不见于言外乎？”（欧阳修《六一诗话》）可谓意新而语工。

在唐诗宋词中，以异乡羁旅表现思亲怀乡之情的作品俯拾皆是，而从回乡角度表现这一主题的却不多见，即使有，也往往有着特殊的背景。以唐诗为例，宋之问《渡汉江》中的“近乡情更怯，不敢问来人”，是作于他被贬逃归接近家乡之时；杜甫《羌村三首》中的“夜阑更秉烛，相对如梦寐”，是写在劫后余生偶然得归之后。其中不论是忐忑不安还是悲喜交集，所表现的都是在特殊情形下回乡的特殊心理，像**贺知章**[51]《回乡偶书》这样描写平平常常的久客返乡情景的实不多见。但正因为它写的是平常的生活，表现的是普通人的情感，因此更具有普遍意义，也格外打动人心。诗共两首，脍炙人口的是其一：

少小离家老大回，乡音无改鬓毛衰。
儿童相见不相识，笑问客从何处来。

诗人三十七岁中进士，在此之前就离开了家乡，直到八十多岁告老还乡，其间一直没有回去过。因此当他回到阔别几十年的故乡，踏上这块既陌生又熟悉的土地，内心的复杂是不言而喻的。但诗人既不抒发感慨，也不大事渲染，只以“少小离家老大回”概述了这样一个事实。此句看来平平淡淡，意蕴却很深，它不唯紧扣题目中的“回乡”，而且以“少小”与“老大”对比，进一步说明是久客还乡，同时含蓄地透露出自伤“老大”之情。念及从“离家”到“回乡”所经历的漫长岁月，诗人首先想到而且感慨最深的自然是自身由“少小”到“老大”所发生的变化，次句中的“鬓毛衰”便紧承上句对这一变化作具体形象的描述。然而岁月的流逝只能催老客子的容颜，却无法改变他的乡音。诗人特别点出“乡音无改”，一方面真切地表现了久客初归之人听到熟悉的乡音时所产生的感触和联想，另一方面将它与“鬓毛衰”两相对照，既写出岁月流逝的无情，又表现了游子与家乡难以割断的联系。这一句与其说是诗人的自画像，不如说是对一切久客在外之人共性的高度概括。以上两句具有很强的概括性，它超越了时空，超越了阶层，不论是什么背景的人，只要有这样的经历，都会有这样的感受，都会对这首诗产生共鸣。三、四句由写“我”宕开一笔，展现了一个发生在“我”与乡人之间的戏剧性的场面，写家乡的小孩子们竟然把自己当成了远方来客，热情而又好奇地加以问讯。这似乎是信手拈来的一笔，十分精妙。首先，它情真境真，有浓郁的生活气息，诗人的老迈衰飒、儿童的天真烂漫都活灵活现，呼之欲出。所以宋宗元称赞说：“情景宛然，纯乎天籁。”（《网师园唐诗笺》卷十四）其次，它有问有答，戛然而止，含蓄蕴藉。它将儿童随意一问在诗人心中引起的久客伤老之情、反主为宾之感以及种种感触尽寓其中，给读者留下大段想象的空白。最后，它以轻松诙谐的笔调画出这样一个富有情趣的生活场景，这就在不知不觉中冲淡了诗人内心的迟暮之悲，摆脱了可能因此而产生的沉重气氛，显示了诗人豪放旷达的性情。诗人一生仕途顺利，此次告老还乡时，玄宗皇帝亲自作诗送行，太子和百官都为他饯别。但这首诗丝毫也没有流露出衣锦荣归的骄矜自得，只是以朴素的语言、白描的手法，记录了一位普通老人回归故里的真情实感。但正是这种来自生活具有普遍意义的内容、发自肺腑毫不做作的情感，以及朴素无华真切自然的描写，深深地打动了读者，使之获得了隽永的艺术生命力。

宋词篇

人有悲欢离合，月有阴晴圆缺，此事古难全

思亲怀乡，虽说是文学作品中常见的主题，但在不同时代不同作家笔下，却有着不同的情感内涵。与唐诗相比，宋词中单纯吟咏思亲怀乡的作品数量上明显减少，但这并不意味着对乡情的歌咏不是宋词吟唱的主题，也不意味着宋词在表现亲情乡思方面比唐诗逊了一筹。只要随手翻阅一下，就会被宋词中所表现的对亲人、家乡的深挚情感打动，如“不忍登高临远，望故乡渺邈，归思难收”（柳永《八声甘州》）、“天边金掌露成霜，云随雁字长。绿杯红袖趁重阳，人情似故乡”（**晏几道**[52]《阮郎归》）、“登临望故国，谁识、京华倦客”（**周邦彦**[53]《兰陵王》）、“落日楼头，断鸿声里，江南游子”（辛弃疾《水龙吟·登建康赏心亭》）等，都生动传达出游子对故国家乡的深深眷恋。

表现出鲜明的时代感，是宋代思亲怀乡词的一个特征。例如生当宋金对峙之际的南宋词人，他们的乡愁，便不单纯是一般宦游之人的羁愁旅思，而是在对故乡的刻骨怀念中，包含着一个国破家亡者缅怀故土的切肤之痛，体现出强烈的爱国情怀。**李清照**[54]便是其中的一个典型。她的怀乡词与其他词人作品既有相通的一面，又有其特殊历史背景下独特的一面。具体说来，她的乡愁，便包含了国破家亡、迁徙流亡、夫君早逝、晚景凄凉等多重内容，感情更为沉痛，内涵也更为复杂丰富。如《菩萨蛮》：

风柔日薄春犹早，夹衫乍着心情好。睡起觉微寒，梅花鬓上残。
故乡何处是？忘了除非醉。沉水卧时烧，香消酒未消。

这首词是词人晚年的作品，抒发了深切的思乡之情。词人通篇采用对比手法，上片写早春之欣悦，下片写思乡之难耐，以乐景写哀情，更突出了有家难归的痛苦。上片写道：早春时节，日光虽仍微弱，但春风和煦，天气渐渐回暖。脱去冬衣，换上夹衫，自然感到轻松喜悦。小睡起来，微寒侵肤，只见鬓发上插戴的梅花已经凋残。词人不说心情发生变化，只用天气轻寒和梅花凋残暗示；也不明说情绪变化的原因，但读者自不难揣度，在这乍暖还寒时节，词人的乡心想必是被春天拨动了，脑海中泛起关于故园春天的美好回忆。于是下片情调一变，转写思乡。一句“故乡何处是”的悲叹，不仅有故乡邈远之意，而且包含欲归不能的绝望。接下来一句“忘了除非醉”，语言极直白，情感却极沉痛。之所以要“忘”，恰恰说明词人

无法忘，也忘不掉，唯有在醉乡中或可暂时忘却，乡愁之强烈不言而喻。词的最后写道：醉卧时烧的沉香早已炉灭香消，词人却宿酲未解，可见醉到何种程度。然而，借酒浇愁只能使愁更愁，可以想见，酒醒之后的词人乡思的凄苦必是更加浓重。“香消”而“酒未消”，心情自然更加沉重。词人无一字言愁，只说酒，说沉醉，说熏香，而思乡之痛苦自见于言外。

赵长卿[55]《临江仙》也是于词中寄托了词人难忘故国的情怀：

过尽征鸿来尽燕，故园消息茫然。一春憔悴有谁怜？怀家寒食夜，中酒落花天。

见说江头春浪渺，殷勤欲送归船。别来此处最萦牵。短篷南浦雨，疏柳断桥烟。

靖康之变后，北宋灭亡，宗室纷纷南迁，定都临安（今浙江杭州）。杭州素有人间天堂的美誉，赵长卿乃宋朝宗室，生活也颇安逸，但他不能忘情于故土。这首词便是词人南渡后怀念家国所作，词中借暮春之景抒发自己的思乡之情。上片写思家。起首两句即点出思乡情绪，其中“鸿”“燕”的描写不仅点明时节，而且有更深的寓意。“鸿”即大雁，与“燕”皆具有随季节变化迁徙的特性，因而积淀为内涵独特的意象，在古典诗词中常被用来作为游子思亲怀乡的触媒。南宋词人更是如此，当他们看到大雁春天北飞，自己却滞留异乡杳无归期，想到人不如雁，倍觉难堪。句中连用两“尽”字，将词人苦盼“故园消息”的心情表现得淋漓尽致。试想，当词人怀着回返故乡的殷殷企盼，日复一日看鸿过燕来，希望与失望交织，内心该有怎样的失落与无奈？由此自然引出下句的嗟叹：“一春憔悴有谁怜？”整个春天词人都因思乡而备受煎熬，以致容颜憔悴，更可悲的是这种痛苦竟无人怜惜，无可告语。从词人的独白中，除了看到他的飘零悲凄，还可体味到他对南宋朝廷偏安一隅无所作为的怨艾。“一春”也与首句叠用的“尽”字相照应。接下来写词人在寒食夜倍感思家。寒食在清明前一天或两天，清明日为先人扫墓是我国传统的习俗，而此时词人祖茔所在的河南已沦入金人之手，不能祭扫先人以尽孝道，词人的悲苦可想而知。接下来却没有直接抒发，而是说在这一春将尽的落花时节自己独自饮酒。“中酒”，此指醉酒，饮酒以至于沉醉，词人内心的痛苦不言而喻。这两句一叙事，一写景，对仗工稳，耐人涵泳。上片中无论抒情还是写景，都切中思乡题旨，诗心也颇细密，如“憔悴”与“中酒”，“寒食夜”与“落花天”，都相互呼应。下片由思家转为思归。就在词人沉浸于思家的悲苦难以排遣之时，忽听人说钱塘江潮来浪涌，江水浩渺，一下子激起他回乡的热望。一时间他仿佛看到多情的江水正等待着他登船启程，马上就要送他回乡。不说自己归乡心切，却说江水“殷勤”送归，正是“以我观物，故物皆着我之色彩”（王国维《人间词话》）的一个例证。而一想到即将离开这里，词人的心绪又变得复杂起来，无论是流寓已久的临安，还是那些一道南下的亲朋好友，岂是一下子可以割舍的？一旦离开都分外使人留恋。“别来此处最萦牵”一句，真切表现了他虽急切盼归却又依依不舍的矛盾心理。这一人之常情，却可窥见南宋山河破碎给人们带来的纠结和痛苦。结末两句设想自己已登上渡船，在低矮的船舱里，雨点敲打船篷的声音声声入耳；断桥一带的杨柳，远远望去，一片烟雨迷蒙。“南浦”，诗词中常用来泛指送别之地；断桥，在杭州西湖东北，白堤上，遍植柳树。借“柳”表达离情别绪，是唐诗宋词的常见手法，此处的“柳”，既是离别的象征，也是实写，据宋代周密《武林旧事·湖山胜概》载：“断桥，又名段家桥，万柳如云，望如裙带。”这两句是以景结情，通过景物的点染，营造出凄冷孤寂的意境，含蓄地传达出词人内心的孤独和感伤，可谓空灵含蓄，饶有余味。整首词流露出难以排遣的绵绵愁思。赵长卿词作以感怀身世和思念故园为主，于此词可见一斑。而这类作品在南宋词中是有代表性的。

宋代词人中，较多创作此类题材的当推词坛大家苏轼。在他的词中，“思乡”是重要主题之一。如“一纸乡书来万里。问我何年，真个成归计。白首送春拚一醉。东风吹破千行泪”（《蝶恋花》），“天涯同是伤沦落，故山犹负平生约，西望峨眉，长羡归飞鹤”（《醉落魄》），“归去来兮，吾归何处，万里家在岷峨”（《满庭芳》），“此生飘荡何时歇？家在西南，长作东南别”（《醉落魄》），“天涯倦客，山中归路，望断故园心眼”（《永遇乐》），“吟断望乡台。万里归心独上来。景物登临闲始见，徘徊。一寸相思一寸灰”（《南乡子》），等等。这些词句都熔铸了苏轼对家乡的深深眷恋与归家的渴望。而在他所有的思乡词中，成就最高、影响最著的无疑是中秋词《水调歌头》：

> 明月几时有？把酒问青天。不知天上宫阙，今夕是何年？我欲乘风归去，又恐琼楼玉宇，高处不胜寒。起舞弄清影，何似在人间！
>
> 转朱阁，低绮户，照无眠。不应有恨，何事长向别时圆？人有悲欢离合，月有阴晴圆缺，此事古难全。但愿人长久，千里共婵娟。

此词作于熙宁九年（1076）中秋密州（今山东诸城）知州任上，词前小序云：“丙辰中秋，欢饮达旦，大醉，作此篇，兼怀子由。”子由，苏轼之弟苏辙的字，时在齐州（今山东济南）。兄弟情谊甚笃，却天各一方，当时二人已有六七年未见面了。值此中秋佳节，皓月当空，银光泻地，词人对月饮酒，通宵达旦，触景生情，思绪联翩，遂醉酒赋词，表达了对胞弟子由的殷殷思念。词中想象神奇美妙，境界寥廓清远，富于浪漫情调和哲理色彩，被后人誉为中秋词的绝唱。本词开篇即排空直入：“明月几时有？把酒问青天。”发问突兀，笔力奇崛。尽管这两句是从李白“青天有月来几时？我今停杯一问之”（《把酒问月》）脱化而来，但仍显示出词人的豪放性情和不凡气魄。词人仰望星空，遥想“不知天上宫阙，今夕是何年”，透露出对明月的赞美与向往。苏轼受道家影响较深，常有出世登仙的想法，此时见月光如此皎洁，自然兴起“我欲乘风归去”的想望。但“又恐琼楼玉宇，高处不胜寒”，既暗示月光的皎洁，也透露出词人既向往天上又留恋人间的矛盾心理。但词人最终还是从幻想上天回到他留恋的人间：“起舞弄清影，何似在人间!”上片笔势夭矫开阖，感情波澜起伏，反映了词人政治失意后天上与人间、幻想与现实、出世与入世的矛盾，也表明了他对人间生活的热爱、对家人亲情的深沉眷恋。下片由“人间”过渡到怀人的主题。换头三句写中秋月，“转”“低”“照”三字写足月光移动的神韵，暗示夜已深沉。“无眠”二字由中秋圆月联想到人间离别，“怀子由”之意也隐然而出。继用反诘语气向月亮发问：月本无情，自“不应有恨”，当圆则圆，该缺则缺；但对有情人而言，它偏偏“长向别时圆”，自不免使人感到遗憾。埋怨的口吻透露出词人对月圆之夜兄弟不能团圆的莫大遗恨，也含蓄表示了对普天下离人的体谅和同情。后来的中秋词中许多月圆人不圆的感慨，或由此发端。但苏轼毕竟是乐观通达之士，接下来他跳出个人思绪，从月亮推演到人生，认识到不应事事都求完美无缺，遂自我宽慰：“人有悲欢离合，月有阴晴圆缺，此事古难全。”既然人间的悲欢离合与月亮的阴晴圆缺，皆自古而然，无法更改，又何必为暂时的离别而感到忧伤呢？想到此，词人的感情从悲怨转为旷达：“但愿人长久，千里共婵娟。”虽然月圆人未圆，但只要人生长久，纵然千里阻隔，能让彼此的心灵在共对一轮明月中息息相通，让彼此的思念从同赏一轮明月中得到慰藉，又何尝不是一件美好的事呢？由此，在月圆之夜不能与亲人团聚的苦闷便得以消解，不圆满的人生也因词人豁达洒脱的人生态度而有了诗意与快乐。此词表达的是词人对兄弟子由的怀念之情，也可以看作词人在中秋之夜对普天下为相思所苦之人的美好祝愿。全词构思奇绝，意境优美，情理兼胜，耐人寻味，兼之以摇曳多姿、纵横开阖的笔墨，行云流水般的语言，予人以极大的审美享受，故在古代不胜枚举的中秋词里拔得头筹。胡仔《苕溪渔隐丛话》称赞说：“中秋词，自东坡《水调歌头》一出，余词尽废。”

宋词中写夫妻之情的不多，**吕本中**[56]的《采桑子》是其中引人注目的一首。词云：

恨君不似江楼月，南北东西。南北东西，只有相随无别离。
恨君却似江楼月，暂满还亏。暂满还亏，待得团圆是几时？

词中抒发了对夫妻长年分离的叹恨。上片写自己宦海浮沉，行踪不定，四处漂泊，常于月下思“君”，因生感叹，遗憾他的妻子不能像月一样“相随无别离”。这是借对月的赞美，希望“君”也能像月一样与自己相依相伴。下片写与妻子聚少离多，就像“亏”多于“满”的月亮，难得团圆。这是借对月的埋怨，表达对夫妻团圆的渴望。这里表面上说“恨君”，实际上是思君。而无论是赞月还是怨月，都是对“君”刻骨思念的真切表达。这首词在艺术上很有特色：一是富有民歌风味。通篇白描，不用典故，而且有意采取了民歌中常用的复叠手法。如上片的“南北东西”，下片的“暂满还亏”，都是叠用词语；上下两片中，“恨君不似江楼月”与“恨君却似江楼月”，也只有一字之差。这样写既对应工整，又流畅自然，具有回环往复之美。其中方位词“南北东西”的叠用，既生动恰当地凸显了相思的背景，又在营造词的意境上获得了特殊的审美效果。二是比喻新颖贴切。周振甫曾精辟地指出：“同样用‘江楼月’作比，一赞一恨，是在一篇中用同一个比喻而具有二柄。还有，上片的‘江楼月’，比‘只有相随无别离’，是永不分离；下片的‘江楼月’，比‘待得团圆是几时’，是难得团圆。命意不同。同用一个比喻，在一首词里，所比不同，构成多边。像这样，同一个比喻，在一首词里，既有二柄，复具多边，这是很难找的。因此，这首词里用的比喻，在修辞学上是非常突出的。”① 此词之所以在同类题材中脱颖而出，广为传诵，与巧用比喻有极大关系。三是构思精巧，联想丰富。词人将自己的一腔衷情全寓于月中，先从“君”联想到月，又从月联想到“君”，准确捕捉了月与相思之人的共通之处，以月喻君，以君喻月，“似”与“不似”的比喻十分精当。整首词既明白如话，又不流于浅露。其中情味，耐人咀嚼，故格外感人。

贺铸[57]《踏莎行·惜余春》也是一首离家在外、怀念妻子的词：

急雨收春，斜风约水，浮红涨绿鱼文起。年年游子惜余春，春归不解招游子。

留恨城隅，关情纸尾，阑干长对西曛倚。鸳鸯俱是白头时，江南渭北三千里。

作此词时贺铸已四十六七岁，正于江夏（今武汉一带）宦游，妻子赵氏却还在东京汴梁。此词抒发了夫妻两地分离、不能团聚的相思愁恨。“惜余春”语本李白《惜余春赋》：“惜余春之将阑，每为恨兮不浅。”上片紧扣题面，写春将归去而游子不得归的心情，借惜春将自己伤离盼归的情感抒写得情真意切，感人肺腑。起首三句写暮春景象——雨急风斜、落红缤纷、江上鱼游、波纹泛起，观察细致入微，摹写生动细腻。其中着一“收”字，造语生动，颇见功力。此乃拟人手法，仿佛风雨不顾游子的心情急于将春带走，这就加倍衬托出游子惜春的惆怅。“鱼文起”，不仅是春江特有的景象，还极易使人联想到古代鱼雁传书的故事，进一步暗示了游子的相思之情。有了以上景物衬托及氛围渲染，接下来直写游子惜春，说自己年年惜春，春却不理会自己的情义，归时也不懂得打个招呼一起结伴而还。春本无知无情，春去夏来，也是大自然的正常变化，这里却埋怨春无情，看似无理，却再真实不过地表达出词人因游宦不得归家的怅恨。下片自然过渡到对妻子的怀念。“留恨”两句，分写别时与别后。“城隅”，乃当年与妻子分袂之地，这里着意点出，可见分别情景之刻骨铭心。不忍离别，却不得不别，怎不“留恨”至今？人隔两地，山长

---

① 夏承焘，等．宋词鉴赏辞典．上海：上海辞书出版社，2003：923.

水阔，不能见面，只能从书信末尾的亲切叮咛感受到妻子的关切与柔情。两个细节，将词人对妻子的爱恋和思念表达得深挚动人。接下去回到眼前，词人在夕阳中久久凭栏远眺，想到自己与妻子俱垂垂老矣，有如“余春”，却山川阻隔，天各一方，竟不如朝夕相伴形影不离共白头的鸳鸯。末句化用杜甫《春日忆李白》中深情思念远方友人的诗句“渭北春天树，江东日暮云”，却如从己出，不着痕迹。词到此戛然而止，游子对妻子的一片深情及惜春伤离的情感，尽于言外见之。

前面已经说到在思亲怀乡的古诗词中，写离别的居多，写归家的很少见，表现在无贬谪、战乱等特殊背景下还乡的更是凤毛麟角，故贺知章的《回乡偶书》仅从题材就显示出它的难能可贵。同样，**万俟咏**[58]的《诉衷情》也是在题材方面显示出其独特性。更为特别的是，这类作品表达的情感多为羁愁旅思、伤感无奈，此词却度越常情，以清新明丽的色彩、轻快活泼的语调，使词人归家的喜悦跃然纸上，令人耳目为之一新。

一鞭清晓喜还家，宿醉困流霞。夜来小雨新霁，双燕舞风斜。

山不尽，水无涯，望中赊。送春滋味，念远情怀，分付杨花。

词一开头就直抒胸臆，点明“喜还家”的主旨。“一鞭清晓”，笔墨轻快流畅，它诉诸读者的绝不只是启程的时间和情状，更是词人刚刚踏上归途时的激动和欢欣，很富有感染力。次句补叙头天晚上在旅馆里饮酒，到今晨醉意还未全消。“流霞”，传说中是天上神仙的饮料，也用作酒的代称。从中不难想见词人因接近家乡而抑制不住内心的兴奋，不觉多饮了几杯。这种沉醉迷离的状态，也正是词人“喜还家”情绪的外化。接下来宕开一笔，写游子归程中的心情和沿途的景致：昨夜下了一场小雨，在天明前刚好停歇。雨后初晴，空气格外清新，令人神清气爽，好不惬意！只见一双燕子自由地上下飞舞。春风骀荡，飞燕凌空，写的虽是春天固有的景象，然而读者自不难从词人的简笔勾勒中感受到他愉悦的心情。看似不经意的对“双燕”的点染，未始没有包含着词人对夫妻团圆的憧憬和期盼。在即将到家的时候，词人不禁回想起旅程的艰辛：归途遥遥，山长水阔，绵延不断。不要说这一路走来，就是回望也是那么辽阔迢远。“山不尽，水无涯，望中赊”三个短句，生动精练地概括了归家路途的漫长、鞍马劳顿的艰辛。“赊”，在此形容距离远，如唐人吕岩《七言》诗：“常忧白日光阴促，每恨青天道路赊。”从中也不难理解上片溢于言表的喜悦之情。就在这百感交集的时刻，杨花扑面而来。一想到马上可以回到家中同妻子儿女团聚，从此再不用饱尝离家在外、年年客中送春的凄凉滋味，家中的妻子也可以免受思念远人的愁苦煎熬，词人精神不禁为之一振，情不自禁同杨花开起玩笑来：过去承受的一切，不论是分离岁月的难挨、两地相思的愁苦，还是风尘仆仆的疲惫，都请你一起带走吧。这幽默俏皮的结语，化解了因旅程辛劳带来的一丝沉重，使全词保持了轻快流丽的风格。史载万俟咏博学多识，为“元祐时诗赋老手”（王灼《碧鸡漫志》），由此词看，他当得此誉。

第五章

交游离别

人与人之间的友谊，是人类拥有的一种美好崇高的情感；珍视友谊，是我们中华民族的优良传统和宝贵品格之一。故在中国古代诗歌中，友情诗占有相当大的比重。朱光潜说：“中国叙人伦的诗，通盘计算，关于友朋交谊的比关于男女恋爱的还要多，在许多诗人的集中，赠答酬唱的作品，往往占其大半。”① 日本汉学家吉川幸次郎也将抒写友情称为“中国诗歌最为重要的主题”②。描写和表现朋友之间的情谊，也是唐诗宋词最重要的题材之一，而且名篇佳作俯拾皆是。这些作品情感丰富真挚，形式多种多样，其中以送别诗为最多，成就也最高。表现交游离别的唐诗宋词内容十分丰富，不仅有真挚纯洁的友情、深沉动人的离情，而且寓有世情、乡情、恋情、怀旧之情、热爱自然之情、忧国忧民之情等。诗人们倾注了自己的全部激情，并将抽象的、无形的感情化为具体可感的艺术形象，字里行间洋溢着动人心魄的魅力，使人有如置身山阴道上，应接不暇，美不胜收。这当中，不论是健康乐观、活泼开朗的唐诗，还是感伤执着、体贴入微的宋词，都表现了人与人之间的美好情谊和诗人的美好心灵，并在其中蕴含着人生哲理和生活底蕴，使读者体味美的心灵、美的情感，受到熏陶和感染，同时从中获得启迪，激发对人生和社会的领悟和思索。这些，或许就是唐宋交游离别诗审美价值的所在，也是它永葆艺术魅力的根本原因。

---

① 朱光潜全集：第2卷．合肥：安徽教育出版社，1987：74.

② 吉川幸次郎，著；高桥和己，编．中国诗史．章培恒，等译．合肥：安徽文艺出版社，1986：130.

唐诗篇

劝君更尽一杯酒，西出阳关无故人

唐人感情丰富，襟怀坦荡，最重友情，借送别表现友谊的深厚是最常见的一种情境。古代交通不便，别易会难，亲友一旦分离，从此山长水阔，会面难期，所以南朝作家江淹作《别赋》感叹："黯然销魂者，唯别而已矣！"唐人因应举、仕宦、从军、漫游等缘故，经常离别，分离在即的送别是最令人情灵摇荡的时刻，也最能表现友情的深笃，这正是唐宋时期送别诗格外发达且颇多妙作的原因。

王勃[59]的《送杜少府之任蜀州》是交游送别诗中享有盛名的佳作：

城阙辅三秦，风烟望五津。
与君离别意，同是宦游人。
海内存知己，天涯若比邻。
无为在歧路，儿女共沾巾。

王勃是初唐"四杰"之一，著名学者王通之孙。他自幼颖悟，有"神童"之称。为人传诵的《滕王阁序》，相传是他在洪州都督阎公举办的宴会上即席挥笔而成的，其中"落霞与孤鹜齐飞，秋水共长天一色"，动静相生，色彩相映，更是描写秋天晚景脍炙人口的名句。这首送别诗大约是王勃二十岁以前在长安作朝散郎和任沛王府修撰时所作，是送别一位姓杜的友人从长安往四川去赴任。诗一开头便说，从三秦护卫着的长安宫城遥望千里之外蜀中的五个渡口，只见烟雾弥漫，风尘滚滚，在点出送别地点和友人去向的同时，已透出依依别情。接下来为了减轻友人孤身远行的悲愁，诗人用自己也是为了求官而漂流在外，彼此处境、感受相同来宽慰对方，体贴、关怀之情溢于言表。然后把话题一转，说四海之内，只要是真正的知己，纵使远在天涯，也如同近在比邻。千万别学那些小儿女，在分手的路口涕泪沾巾。"海内存知己，天涯若比邻"这两句，发自肺腑，朴实无华，道出了友谊不为任何山川所阻隔的真谛。同时，它还带着少年人的情思矫健、爽朗洒脱，更带着初唐社会蓬勃向上、乐观开朗的时代精神，一扫以往送别诗的缠绵凄苦之音。还有什么样的话语比这两句诗更能使人得到慰藉和勉励呢？它不仅可以使杜少府顿释愁怀，还使得无数天各一方的友人从中感受到友谊的温暖和力量。

以送别写友情的名篇还有王维的《送元二使安西》：

渭城朝雨浥轻尘，客舍青青柳色新。
劝君更尽一杯酒，西出阳关无故人。

这是一个初春的早晨，一场细雨过后，道路上纤尘不扬，客舍的柳枝新绿，渭城的景色是如此美好清新！就在这样的时刻，友人即将踏上行程，面对此情此景，该是怎样的一种心情？诗的前两句明写春景，但在对渭城风物的描画，特别是对象征离别的“柳”的点染中，已蕴含着深长的离情。友人此行要去的安西，在今天的新疆库车县境，同时代的王之涣有“春风不度玉门关”（《凉州词》）的形容，何况安西更在玉门关之外呢？其荒凉迢远可想而知。如何表达自己送别的心情，又如何宽慰远行的友人呢？诗人在别筵将尽、分手在即的时候举杯祝道：请你再干了这杯酒吧，出了阳关就再也没有老朋友伴你长行、慰你寂寞了！这看来平平常常仿佛是脱口而出的劝酒词，将对友人的惜别、体贴、关切、祝福尽寓其中，情意极为真挚动人。同时，它十分真切地表现了人们分别时的一种普遍心理和共同情感，因而极易唤起读者曾经有过的生活体验，激起读者的共鸣。于是“此辞一出，一时传诵不足，至为三叠歌之”（李东阳《麓堂诗话》），在当时便广为流传。“阳关”甚至成了送别的代名词，如白居易说：“相逢且莫推辞醉，听唱阳关第四声。”（《对酒》）李商隐也有诗说：“唱尽阳关无限叠”（《饮席戏赠同舍》）、“断肠声里唱阳关”（《赠歌妓》）。不仅如此，它还历久不衰，传于后世。一直到今天，这两句诗是家喻户晓的名句不说，就连谱入乐曲的《阳关三叠》也受到人们喜爱，可见其影响之深远。王维另有《送沈子福之江东》一诗，同样写得情真意挚。诗人目送友人乘舟远去，惜别之情不能自已，“唯有相思似春色，江南江北送君归”。多情的诗人把自己无尽的相思比作眼前无边的春色，愿它在大江南北与友人相伴相随。何等美好的想象！何等真诚的祝福！这无处不在的春光，正是诗人真挚友情的象征。

同是写春天送友人下江南而更为出色的，是李白的名篇《黄鹤楼送孟浩然之广陵》：

故人西辞黄鹤楼，烟花三月下扬州。
孤帆远影碧空尽，唯见长江天际流。

孟浩然比李白大十二岁，李白《赠孟浩然》一诗说：“吾爱孟夫子，风流天下闻。”毫不掩饰他对这位前辈诗人的心仪。开元十六年（728），日丽花繁的阳春三月里的一天，孟浩然要到唐人称为“天下三分明月夜，二分无赖是扬州”（徐凝《忆扬州》）的繁华都会扬州去，李白在黄鹤楼为他送行，写下了这首诗。诗里没有一个字直抒别情，只说自己伫立江边目送友人登舟远去，越行越远，渐渐望不见了，只看得见一片孤帆；后来连孤帆也望不见了，只剩模糊遥远的帆影；最后连帆影也消失在碧空的尽头，眼前唯见一望无边的浩浩长江仿佛在天际流动。帆影的有尽衬托出诗人离思的无尽，水阔天空的苍茫传达出诗人惜别的情怀。刘永济《唐人绝句精华》中说："非交深之友，不能有此深情也。"可见不言情而别情弥笃。与王勃《送杜少府之任蜀州》和王维《送元二使安西》两诗相比，此诗同样表现了友情的真淳笃厚，同样显示出盛世诗所特有的青春活力和高华明朗的气象，但它又有别于王勃诗的意气慷慨和王维诗的深情体贴，而是更加潇洒俊逸、诗意盎然，艺术上也更加含蓄蕴藉。所以《唐宋诗醇》称赞它："语近情遥，有'手挥五弦，目送飞鸿'之妙。"

友谊是可贵的，患难中的真情尤足珍贵，高适的《别董大》堪称这类诗的代表：

千里黄云白日曛，北风吹雁雪纷纷。
莫愁前路无知己，天下谁人不识君？

董大，很可能就是当时的著名琴师董庭兰。李颀《听董大弹胡笳声兼寄语弄房给事》绘声绘色地描写了他出神入化的高超琴技。然而就是这样一位身怀绝艺的音乐家，却不受赏识，不得不凄然远行，而且是在这样一个风沙弥漫、黄云蔽天、大雪纷飞、北雁南归的冬日。作为他的知交，又"同是天涯沦落人"（白居易《琵琶行》）的诗人，会是怎样的一种心情，又该有怎样一番临别赠言呢？出人意料的是，他既不叙离情别绪，也不说安慰的话语，而是满怀信心地激励友人：别担心茫茫前路知己难逢，普天之下谁不知道你董大的声名，又何愁遇不到知音？"莫愁前路无知己，天下谁人不识君？"这两句诗声情慷慨，气势豪壮，一扫悲凉沉重的离别氛围，连眼前阴沉萧瑟的景色也变得天高地广，壮阔苍茫。同时，它既是对友人的安慰体贴，更包含着对友人的理解、信任和期待，而这一切都是基于盛唐文人对前途的乐观自信。此诗虽不以缠绵的离思动人，却催人振作，在体现了友谊美好的同时，更显示了友谊巨大的精神力量，这或许便是它千载之下仍为人所传诵征引的原因。

唐人送别诗写得情真意切的佳篇不胜枚举，而且各具特色。如严维《丹阳送韦参军》："丹阳郭里送行舟，一别心知两地秋。日晚江南望江北，寒鸦飞尽水悠悠。"诗人巧妙地用拆字法，以"心"上有"秋"点明离愁，并借寒鸦流水的萧瑟秋景寄托自己的伤感和相思。晚唐诗人许浑的《谢亭送别》："劳歌一曲解行舟，红叶青山水急流。日暮酒醒人已远，满天风雨下西楼。"诗中所烘染的"满天风雨"，不仅衬托出友人离去引起的满腹惆怅，其中甚至有着与盛世迥然不同的晚唐衰飒气象的投影，因此读来格外悲凉。

送别诗自以抒写相思离别之情为主，但不同诗人在不同环境里的感受又各不相同。有的怀抱壮伟，有的开朗洒脱，有的凄凉伤感，有的儿女情长。种种复杂的感情与惜别相思的深情交织在一起，使得唐人送别诗仿佛是一曲曲五彩缤纷而又音调谐和的交响乐章。有表现凄凉感伤之情的，如"猿啼客散暮江头，人自伤心水自流”（刘长卿《重送裴郎中贬吉州》），猿啼客散的暮江情景已使人黯然神伤，水流的无情更反衬出离人的伤心；“峡口花飞欲尽春，天涯去住泪沾巾”（司空曙《峡口送友人》），暮春时节，天涯送客，送者行者，莫不伤情；“雪晴云散北风寒，楚水吴山道路难。今日送君须尽醉，明朝相忆路漫漫”（贾至《送李侍郎赴常州》），“北风寒”更兼“道路难”，此情此景，人何以堪？有表现豪放慷慨之情的，如李白《金陵酒肆留别》：“风吹柳花满店香，吴姬压酒劝客尝。金陵子弟来相送，欲行不行各尽觞。请君试问东流水，别意与之谁短长？”语气豪迈，风调俊爽，既唱叹有情又壮而不悲，是典型的盛唐之音。又如陆龟蒙《别离》：“丈夫非无泪，不洒离别间。杖剑对樽酒，耻为游子颜。”意气飞扬，声情激昂，大丈夫以功名事业为重，不复以离别为念的壮伟怀抱，溢于言表。有表现劝勉慰藉之情的，如王昌龄《送柴侍御》写诗人为宽慰友人，减轻悲伤，竟别出心裁生出“青山一道同云雨，明月何曾是两乡”的奇思妙想，可谓用心良苦，体贴入微。李颀《送魏万之京》在以体贴关切之情想象游子羁愁的同时，亲切叮嘱：“莫见长安行乐处，空令岁月易蹉跎。”表达了前辈对后辈的殷切希望，可谓语重心长。写送别而不以缠绵离思动人，字里行间充满对友人的关切、理解、期待和信任，这正是友谊的真谛，因此不仅使人感到情感的美好，而且可以使人从中汲取力量。

唐人送别诗是一颗颗晶莹剔透的明珠，一朵朵千姿百态的奇葩。故清人宋顾乐《万首唐人绝句选评》说：“唐人多送别妙作。”明人敖英也说：“大抵送别诗妙在写情。”可谓相当准确地概括了唐人送别诗的成就和特色。正是对“情”的描写，使得寻常的送别在唐人笔下被表现得如此丰富多彩、感人肺腑。透过一首首送别诗，人们看到的不只是一个个动人的送别场景，感受到的也不只是一位位诗人的多情，更是唐人那广阔的心灵世界。诗里所表现的真挚的友谊、真诚的情感、坦诚的襟怀，正是人类美好崇高感情的一部分，充分显示了我们古老民族的优良传统和美德。

友人天各一方，遂生相思之情，相思既深，极易形诸梦寐，所以唐人有时也借记梦来表达友情。杜甫的《梦李白二首》无疑是其中最动人的篇章之一：

死别已吞声，生别常恻恻。
江南瘴疠地，逐客无消息。
故人入我梦，明我长相忆。
恐非平生魂，路远不可测。
魂来枫林青，魂返关塞黑。
君今在罗网，何以有羽翼？
落月满屋梁，犹疑照颜色。
水深波浪阔，无使蛟龙得。

浮云终日行，游子久不至。
三夜频梦君，情亲见君意。
告归常局促，苦道来不易。
江湖多风波，舟楫恐失坠。
出门搔白首，若负平生志。
冠盖满京华，斯人独憔悴！
孰云网恢恢，将老身反累。
千秋万岁名，寂寞身后事。

李、杜两位诗坛巨子，结成亲密的朋友，是古今中外文学史上少见的一段佳话。闻一多先生曾满怀激情地赞美道：

> 我们该当品三通画角，发三通擂鼓，然后提起笔来蘸饱了金墨，大书而特书。因为我们四千年的历史里，除了孔子见老子（假如他们是见过面的），没有比这两人的会面，更重大、更神圣、更可纪念的。[①]

他甚至将他们的会面比作“青天里太阳和月亮走碰了头”。李白和杜甫一见如故，结下深厚的友谊，“醉眠秋共被，携手日同行”（杜甫《与李十二白同寻范十隐居》）。杜甫对这位比他大十一岁的天才诗人十分崇拜，分别之后不断寄诗给李白。如作于天宝初的《春日忆李白》说：“白也诗无敌，飘然思不群。清新庾开府，俊逸鲍参军。渭北春天树，江东日暮云。何时一樽酒，重与细论文。”热烈赞美李白的诗歌清新俊逸，表达了对李白的倾慕怀念和渴望重聚的一片深情。当他听到乾元元年（758）李白因从永王李璘一事蒙冤下狱，后又长流夜郎的消息，不免担忧牵挂，接连三夜梦见了李白，于是写诗记下了梦境和梦醒后的心情。诗中抒发了长久得不到友人音讯的痛苦、梦中见到友人的惊喜、对友人路途遥远处境险恶的担忧，以及对他不幸遭遇的强烈不平和深厚同情。诗人将这种种情感交织在一起，写得波澜起伏而又淋漓尽致，其中写对友人的思念关切，尤真切传神，感人肺腑。如“故人入我梦，明我长相忆”“三夜频梦君，情亲见君意”，不说自己思友情深，而说故人有感于自己的长久思念而走入梦境；“落月满屋梁，犹疑照颜色”，说西斜的月光照在屋梁上，仿佛还看得见李白的面容，将梦醒后迷离惝恍亦真亦幻的情景刻画得极为逼真；“魂来枫林青，魂返关塞黑”“水深波浪阔，无使蛟龙得”，写对友人命运的殷忧和深情叮咛祝祷，无限深情，荡气回肠。此外，从“冠盖满京华，斯人独憔悴”“千秋万岁名，寂寞身后事”这些愤激不平的诗句中，不仅可以看出杜甫对李白的深刻理解和崇高评价，而且可以见出我们民族传统所提倡和推崇的“患难见真情”的美德。同杜甫一样，李白也很珍惜这份真挚的友情，他的《沙丘城下寄杜

---

① 闻一多．唐诗杂论：杜甫．北京：古籍出版社，1956：154.

甫》说："我来竟何事？高卧沙丘城。城边有古树，日夕连秋声。鲁酒不可醉，齐歌空复情。思君若汶水，浩荡寄南征。"将自己的思念比作浩荡南征的汶水，情意极为深长。

在唐代诗人中，差可与李白、杜甫的友谊相媲美的，是白居易与元稹的交谊。他们志同道合，不仅同安乐，而且共患难，一生中写下大量的酬唱和作。**元稹**[60]《闻乐天授江州司马》是其中相当感人的一首：

残灯无焰影幢幢，此夕闻君谪九江。
垂死病中惊坐起，暗风吹雨入寒窗。

元和十年（815），白居易因直言极谏，由左赞善大夫贬为江州（今江西九江）司马。此年元稹也因事被贬到通州（今四川达川区），消息传来的时候，元稹正卧病在床，闻讯内心极度震惊，不禁扶病披衣而起。"垂死病中惊坐起"乃传神之笔，将诗人的感同身受之情不加雕饰地自然表达出来，却有着强烈的感染力。白居易《与微之书》中说："此句他人尚不可闻，况仆心哉！至今每吟犹恻恻耳。"加之此时此刻残灯将尽，暗影摇曳，凄风冷雨，敲窗入室，更衬托出诗人强烈的愁苦和悲愤。唐汝询《唐诗解》说："非元、白心知，不能作此。"从中可见二人深挚的友情。元稹尚有《得乐天书》："远信入门先有泪，妻惊女哭问何如。寻常不省曾如此，应是江州司马书。"从自己读信时的流泪及妻女的惊哭猜测，透露出与白居易非比寻常的交谊。白居易也有大量诗寄赠元稹，最有趣的是这样一件事：元和四年（809）三月七日，元稹以监察御史的身份由长安往剑南东川（今四川三台）审案。元稹走后的一天，白居易与李建、白行简游曲江、慈恩寺，饮酒时作了《同李十一醉忆元九》："花时同醉破春愁，醉折花枝当酒筹。忽忆故人天际去，计程今日到梁州。"不久，元稹寄《梁州梦》及诗序来，果然是那一天到达梁州（今陕西南郑一带），并梦见同他们一道游曲江。此事看来有些离奇，实际上反映了两人平日友情的深笃和离别后相互思念的殷切。孟棨（一作孟启）《本事诗》记载了此事并感叹道："千里神交，合若符契。友朋之道，不期至欤！"这就是人们平时常说的心有灵犀。

唐代由于经济繁荣、国力强盛，同时对外来文化采取了兼容并包的开放政策，因此吸引了不少异邦人士。仅在长安一地，就有八千多名外国留学生。唐诗中也留下了关于与外国友人友好交往的动人记载，李白《哭晁卿衡》是其中的一例：

日本晁卿辞帝都，征帆一片绕蓬壶。
明月不归沉碧海，白云愁色满苍梧。

晁衡，原名阿倍仲麻吕，是日本人。开元五年（717），他随日本第九批遣唐使来中国求学，学成后留在唐朝做官，与王维、李白、储光羲等著名诗人都有交往。天宝十二载（753），晁衡以唐朝使者身份返回日本，舟行海上遇到大风，误传溺死，故李白作此诗哭悼。晁衡离京前，玄宗曾亲自作诗送行，王维等也有诗相赠，所以此诗先从送别晁衡返国的盛况写起，接着遥想他在海上航行的情景。第三句用明月沉海为喻，一则暗指晁衡遇难，同时明月又象征了晁衡品德的高洁，表达了对晁衡的高度赞美和无限痛惜。末句既是用拟人手法写云山同悲，也是以景结情，用愁云笼罩、苍梧惨淡的景色渲染出浓厚的悲剧气氛，寄托了诗人的沉痛哀思，令人回味无穷。虽然晁衡此后不久就返回长安，却不妨碍这首诗作为中日两国人民友好交往的历史见证，千古流传。

宋词篇

今宵酒醒何处？ 杨柳岸，晓风残月

诗人用诗表达离别之情，叙写交游之乐，这是“诗言志”的古老传统的延伸。而在北宋时期，词作为一种新兴的文学样式，似乎只是和“艳情”“花间”相联系的，它是不登大雅之堂的民间小调，是市民茶余饭后在歌楼妓馆的生活调节。随着文人参与到词的创作中，宋词的表达功能也发生了巨大的变化，词人用词这种文学样式在恋人远离时表达相思之情，在政治失意时抒发人生感慨，在退隐闲居时表达归隐之乐，在意气风发时抒发建功立业的豪情壮志，于是词的表现范围扩大了，词的表现功能增强了，词的文学价值被确认了，词的社会地位也提高了。其中，词人用来抒发离别之情、交游之乐的词不在少数。试看**王观**[61]的《卜算子·送鲍浩然之浙东》：

水是眼波横，山是眉峰聚。欲问行人去那边，眉眼盈盈处。

才始送春归，又送君归去。若到江南赶上春，千万和春住。

这首词笔调轻灵，用语活泼风趣，最值得一提的就是其新鲜别致的比喻：送别路上的水似乎是送别时流动的眼波，路上的山似乎也是紧蹙的眉峰。将水比成眼波，将山比成眉峰，既暗示了友人鲍浩然将要去的浙东路上的美景，又写出了送别时的一丝愁绪。“眉眼盈盈”，语带双关，既可以指友人所去的地方山明水秀，犹如女子的秀眉明目，也可以指有着盈盈媚眼的那个人。下片“送春归”和“送君去”，看似重复，其实正是诗词的回环往复之美。两个“送”字，层层递进，词人的离别之愁没有直接写，但是已经充溢全篇了。最后两句是对友人的温馨提醒与祝福：到了南方之后，一定要和美好的春光同住。这两句和黄庭坚的“若有人知春去处，唤取归来同住”（《清平乐》）有异曲同工之妙。宋人王灼《碧鸡漫志》评王观词是“新丽处与轻狂处皆足惊人”，这首词体现的“轻狂”和“新丽”也是很明显的。

词到了苏轼手里，其功能、价值和地位都与此前大不一样了。苏轼的词，有抒情言志的，有出游打猎的，有追忆悼亡的，也有与朋友酬赠的。例如《定风波·送元素》：

千古风流阮步兵。平生游宦爱东平。千里远来还不住。归去。空留风韵照人清。

红粉尊前深懊恼。休道。怎生留得许多情。记得明年花絮乱。须看。泛西湖是断肠声。

宋神宗熙宁四年至七年（1071—1074），苏轼任杭州通判，结交了当时政坛、文坛诸多名流，与先后两位太守陈襄（述古）、杨绘（元素）交游甚密。二人离任时，苏轼均有词相送。送陈襄的就是那首著名的《南乡子·送述古》（回首乱山横），而送杨绘的这一首，相对冷僻些，但艺术价值丝毫不在前者之下。杨绘，字元素，四川绵竹人，既与苏轼有通乡之好，政见与苏轼也颇为接近，故二人情交密切。上片写杨绘风流倜傥的风度，将其比作魏晋间的名士阮籍。阮籍好酒，闻步兵厨营人善酿，求为步兵校尉；入晋后，乐东平士风，又求为东平太守，至郡，“坏府舍诸壁鄣，使内外相望，然教令清当，十余日，便乘驴去”（晋张隐《文士传》）。苏轼用阮籍这个故事，一方面说明了杭州的士风民俗之纯雅，另一方面也赞美了杨绘无为而治的名士气派。而这样一位风流儒雅的太守，千里而来，却无缘久驻。然而，其留下的“风韵照人清”，也不愧为官一方了，但正因如此，又会让人感到遗憾与惆怅。一个“空”字，恰切地将这种心情表现了出来。下片略带调侃。苏轼在杭州与这些儒臣诗酒风流，留下许多佳话。如今风流太守一去，枉教多情佳人柔肠寸断。词以佳人角度着笔，谓既然如此，当初何必对侬情深义重。此即“情多累美人”（郁达夫《钓台题壁》）之意也。其实，不仅佳人肠断，那被杨太守如花妙笔描摹了无数回、被杨太守的才情打动了无数次的西湖，又何尝不怨太守处处留情呢？词写得风趣俏皮、幽默机智，既使杨太守名士气质更加丰满，又深化了依依惜别的不舍之情。同时，这样俏皮幽默的打趣，也说明了词人与太守亲密无间的友谊。

在送别杨太守的别筵上，影响了苏轼早期词作的词坛先辈**张先**[62]，也有一首《定风波·次子瞻韵送元素内翰》，不过，这次是张先步苏轼之韵：

浴殿词臣亦议兵。禁中颇牧党羌平。诏卷促归难自缓。溪馆。彩花千数酒泉清。

春草未青秋叶暮。归去。一家行色万家情。可恨黄莺相识晚。望断。湖边亭上不闻声。

张词上片突出了杨绘文武双全的才华及功绩。下片点明杨绘离杭的时间，以“一家行色万家情”，写杭州人对杨太守的依恋，侧面写其治杭之德政。结尾写太守一去，湖上庭边，从此听不到其吟咏之声了。此词构思不出苏轼原词机杼，且较原词质实，少了一份机智幽默。这可能是因为张先与杨绘之交谊不似苏轼与杨绘那般亲密，当然，也与词人的个性气质有关。

苏轼、张先送杨绘词，虽也不乏真情厚谊，但终究只是朋友间的交际应酬，而下面这首**张元幹**[63]送别胡铨的《贺新郎·送胡邦衡待制赴新州》，则完全出于政治上的志同道合，感情更显深挚诚恳：

梦绕神州路。怅秋风，连营画角，故宫离黍。底事昆仑倾砥柱，九地黄流乱注？聚万落千村狐兔。天意从来高难问，况人情老易悲难诉！更南浦，送君去。

凉生岸柳催残暑。耿斜河、疏星淡月，断云微度。万里江山知何处？回首对床夜语。雁不到、书成谁与？目尽青天怀今古，肯儿曹恩怨相尔汝？举大白，听《金缕》。

北宋灭亡，朝廷南渡，偏安一隅，有爱国热情的文人士大夫创作了大量的诗词来表达收复失地的决心与愿望。张元幹写过两首《贺新郎》词，其一“曳杖危楼去”赠予抗金名臣李纲，这首“梦绕神州路”赠给胡铨。胡铨因为反对议和、主张杀掉秦桧而被贬，张元幹以此词相送。上片首句说：“梦绕神州路。”这里的“神州”指的显然不是南渡之后的江山，而是未收复的大好河山。飒飒秋风中，一方面是军营里的号角声，一方面却是故都汴梁的萧瑟。“底事昆仑倾砥柱，九地黄流乱注？”这一问，振聋发聩：究竟为什么砥柱般的昆仑山竟然倾覆，而黄河竟然浊流泛滥，以致狐兔横行，国将不国？狐兔者，实指村落聚满狐兔，其荒凉之景可想而知。此处亦可借指流离失所的百姓。“天意从来高难问，况人情老易悲难诉”，化用了杜甫的“天意高难问，人情老易悲”（《暮春江陵送马大卿公恩命追赴阙下》）的诗句，将批判的矛头直指最高统治者。这几句可以说是悲愤交加，感人肺腑。下片设想别后之情景：“凉生岸柳催残暑。耿斜河、疏星淡月，断云微度。”这几句由当前景物写起，词人目送胡铨远去，独立岸边，感觉到了一丝秋凉。而此时星河耿耿，词人禁不住想起孟浩然的“微云淡河汉”（《省试骐骥长鸣》），想起苏轼的“时见疏星渡河汉”（《洞仙歌》），于是化出了“疏星淡月，断云微度”的名句。“万里江山知何处？”江山辽阔，此地一别，不知何时才能见面，以后再想对床夜语，谈论政事，似乎是遥不可及的了。古人认为雁飞到衡阳便折回，此时胡铨远在广东新州，连封书信也送不到。“肯儿曹恩怨相尔汝”出自唐朝诗人韩愈《听颖师弹琴》诗：“昵昵儿女语，恩怨相尔汝。”这句话的意思是：自己要和胡铨放眼天下，怀想今古，互相勉励，绝不像小儿女似的不肯分离。词结末两句充满豪情：让我们举起酒杯，一饮而尽，听我唱一首《金缕曲》来为你送行吧。“大白”是酒杯，《金缕曲》就是《贺新郎》的别称。据说张元幹写下这首词之后也被革除功名，可见此词笔锋之犀利、影响之深广。

与此类似的词还有**陈亮**[64]的《水调歌头·送章德茂大卿使虏》：

不见南师久，谩说北群空。当场只手，毕竟还我万夫雄。自笑堂堂汉使，得似洋洋河水，依旧只流东。且复穹庐拜，会向藁街逢。

尧之都，舜之壤，禹之封。于中应有，一个半个耻臣戎。万里腥膻如许，千古英灵安在，磅礴几时通。胡运何须问，赫日自当中。

宋孝宗淳熙十二年（1185），章森奉命出使金国，为金主完颜雍祝寿。词人深感耻辱，于是写下了这首词赠给友人章森。首句“不见南师久，谩说北群空”，是告诫金人，不要以为没有看见南宋的军队就以为没有人才带兵打仗。接下来是词人对章森的激励和告诫：只手举千钧的重任落在你的头上，希望你不辱使命，恢复堂堂汉使的身份与形象。“且复穹庐拜，会向藁街逢”，“穹庐”即游牧民族的帐篷，这里代指金廷；“藁街”，本是汉长安城南门内蛮夷邸所在地。这两句意为：暂且到金廷给金主祝寿，但终有一天会打败金人，将其首级悬挂于藁街。“会”，含有“一定”的意思，所谓“会当凌绝顶”（杜甫《望岳》）、“会挽雕弓如满月”（苏轼《江城子·密州出猎》）。“尧之都，舜之壤，禹之封”，互文见义，指的就是堂堂中华。在圣人相传的国度里，一定会有人耻于向金称臣的。“腥膻”，原指胡人牛羊难闻的气味，后指入侵的外敌。在遍地外敌的江山，古代杰出人物的英灵何在？国运何时能够伸张？最后两句是对未来充满信心的展望：胡人的国运还用问吗？宋朝的气数正如日中天呢！这首词略显直白，词人直抒胸臆，将内心的想法和盘托出，怪不得宋人叶适在《书龙川集后》中如此说陈亮填词：“每一章就，辄自叹曰：‘平生经济之怀，略已陈矣！’”

与唐代交游送别多发生在男性诗人的同性朋友之间不同，在宋代，交游离别常常发生在异性之间，词人送别的很可能是情人，因此宋代送别词和爱情词有时候是很难区别的。这也是宋词功能的又一表现。这类饱含爱情的交游送别词数量不少，名篇佳作也屡见。如**林逋**[65]的《长相思》：

吴山青，越山青。两岸青山相送迎，谁知离别情？

君泪盈，妾泪盈。罗带同心结未成，江头潮已平。

以名句“疏影横斜水清浅，暗香浮动月黄昏”（《山园小梅》）名驰遐迩的林逋，独居于杭州西湖边上的孤山。他种梅养鹤，以此为乐，人称“梅妻鹤子”。这首《长相思》将男女离别写得极其缠绵，带有浓厚的民歌色彩，“吴山青，越山青”“君泪盈，妾泪盈”，读起来回环往复，带有《诗经》复沓的韵律美。词中所写的是一对痴情的恋人，因为某种原因不能够长相厮守，无奈之下只能挥泪别离。“两岸青山相送迎”，青山绿水见证着这对恋人的别离，它们似乎看惯了这种分别的场景。这对恋人“罗带同心”，古人重“同心结”，此时他们却“结未成”，暗示他们爱情遭遇了不幸。末句用景物结尾，江头潮水似乎也蕴含着无尽的遗恨。

罗大经在《鹤林玉露》中曾引当时杨东山对欧阳修的一则评论：“文章各有体。欧阳公所以为一代文章冠冕者，固以其温纯雅正，蔼然为仁人之言，粹然为治世之音，然亦以其事事合体故也。”就是说欧阳修作为一代儒者，经世致用的文章固然值得称道，但即使偶尔写首小词，也能体现出其雅量，例如《踏莎行》（候馆梅残）：

候馆梅残，溪桥柳细，草薰风暖摇征辔。离愁渐远渐无穷，迢迢不断如春水。

寸寸柔肠，盈盈粉泪，楼高莫近危栏倚。平芜尽处是春山，行人更在春山外。

"候馆"就是迎宾送客的馆舍。梅残柳细，说明春天来临；草熏风暖，说明春意正浓。可是在这大好春光里，主人公迎来了一场别离，以乐景写哀情，倍增其哀乐。离愁随着恋人渐远而渐多，就像那迢迢不断的春水一般，这显然是化用了"问君能有几多愁，恰似一江春水向东流"（李煜《虞美人》）的词句。"寸寸柔肠，盈盈粉泪"说明是一位女子送别男子，而且愁肠百结，泪眼汪汪。"楼高莫近危栏倚"，显然是从"独自莫凭栏"（李煜《浪淘沙》）和"明月楼高休独倚"（范仲淹《苏幕遮》）化用而来。最后两句堪称名句，绵绵不断的原野之外是春山，而自己思念的那个人却在春山之外。王世贞《艺苑卮言》说这最后两句是"淡语之有情"。唐圭璋《唐宋词简释》中的品评更为精当，说："平芜已远，春山则更远矣，而行人又在春山之外，则人去之远，不能目睹，惟存想象而已，写来极柔极厚。"① 这些也多少能显露出欧阳修的儒者器量。

再如柳永这首脍炙人口的《雨霖铃》：

寒蝉凄切，对长亭晚，骤雨初歇。都门帐饮无绪，留恋处，兰舟催发。执手相看泪眼，竟无语凝噎。念去去千里烟波，暮霭沉沉楚天阔。

多情自古伤离别，更那堪，冷落清秋节！今宵酒醒何处？杨柳岸，晓风残月。此去经年，应是良辰好景虚设。便纵有千种风情，更与何人说？

这首词的主旨就是写别离之情，句句都围绕着"别离"展开。"寒蝉凄切"，秋风中，蝉已经叫得很微弱了，如果是夏天的蝉，声嘶力竭地在树梢鸣叫，激起诗人的就是"居高声自远"（虞世南《蝉》）的高傲或是"一树碧无情"（李商隐《蝉》）的愤慨。而此时，连蝉都失去了生命的热情，别离之人听到这种叫声肯定会感到凄然的。"对长亭晚"，长亭就是送别的地方，这个地方本来就会勾起人的别离之情，更何况现在天色将暮，更增一层愁绪。"骤雨初歇"，本来一场骤雨能够阻止这次离别，所谓"人不留客天留客"，可是此时骤雨刚刚停止，人还是不得不离开。"都门帐饮无绪"，都城外摆下了一桌好酒好菜，可惜人却没有任何心情；和恋人恋恋不舍地告别的时候，那边的船夫却在不停地催促着行路。种种愿望，都与现实相违，那种惆怅之情溢于言表。如果说上述的描写仅限于自己之外的人的话，那么一句"执手相看泪眼，竟无语凝噎"就是正面直接描写这对恋人。"相看泪眼"，就是钟情地对望，离别之情是如此凝重，千言万语却不知从何说起。词人想到所去之地如

① 唐圭璋，选释．唐宋词简释．上海：上海古籍出版社，1981：64.

此渺茫，楚天辽阔，对恋人的思念也恰如这千里烟波，无边无际，无止无休。下片“多情自古伤离别”，把自我的别离之情上升到一种普通的人生感受：离别是造成痛苦的原因。如果是一种普通的离别还好，“更那堪，冷落清秋节”，写出了此次离别的特殊之处：一个冷清的秋天。“今宵酒醒何处？杨柳岸，晓风残月”，这是历代传诵的名句。今晚何处酒醒呢？词人没有直接回答，只是设想醒来之后发现已来到杨柳岸边，伴随着料峭的晨风和天边的残月。“杨柳”意象在古代象征离别之意，此时看到，定会增加愁绪。爱人不在身边的时候，即使景色再美，也好像与我无关。即使内心有了万千愁情，也找不到人倾诉了，那些美好的时光不会再现，那个温柔的恋人以后再也不会拥有，于是纵有千种风情，也无人诉说，别离之后，韶华将一个人虚度，这难道不让人绝望吗？绝望是什么？绝望就是白居易的“天长地久有时尽，此恨绵绵无绝期”（《长恨歌》），绝望就是李煜的“流水落花春去也，天上人间”（《浪淘沙》），绝望就是秦观的“韶华不为少年留，恨悠悠，几时休”（《江城子》），绝望就是苏轼的“十年生死两茫茫，不思量，自难忘”（《江城子》），绝望更是林黛玉的“一朝春尽红颜老，花落人亡两不知”（曹雪芹《红楼梦》）。因此，这首词时时处处写别离，而又时时处处写绝望。

写恋人分离的经典之作还有**秦观**[66]的《满庭芳》：

山抹微云，天连衰草，画角声断谯门。暂停征棹，聊共饮离尊。多少蓬莱旧事，空回首，烟霭纷纷。斜阳外，寒鸦数点，流水绕孤村。

销魂，当此际，香囊暗解，罗带轻分。谩赢得青楼，薄幸名存。此去何时见也，襟袖上，空染啼痕。伤情处，高城望断，灯火已黄昏。

这也是写男女别离之情的，在意境和风格上都堪与柳永的《雨霖铃》相媲美。词人因为写了“山抹微云”一句而被苏轼称为“山抹微云秦学士”。首句中的“抹”确实传神，所谓“抹”，就是用一种颜色掩去了原来的底色。“山抹微云”其实是“微云抹山”的倒装句法，红学大师周汝昌也极力推崇这句话，并且分析说：“善用‘抹’字，一写林外之山痕，一写山间之云迹，手法俱是诗中之画，画中之诗，其致一也。”[①] “天连衰草”，一个“衰”字写出了气氛之萧瑟，而且一眼望不到边。“画角声断谯门”，加倍点出时间，即黄昏时分。因为古代城楼傍晚才吹角，“声断”意为吹角声已经停了，天已经渐晚了。词人接下来说：即将别离之时，希望你能够暂时停下来，喝一杯送别酒再上路。“多少蓬莱旧事，空回首，烟霭纷纷”，端起酒杯，思绪禁不住飞回过去。“蓬莱旧事”，意指美好的相处时光。词人感叹现在只能徒然回首，再也唤不回过去的美好的时光。“烟霭纷纷”，虚实相关：实者，山抹微云也；虚者，昨日就恰如这迷茫的烟霭，易聚又易散。“斜阳外，寒鸦数点，流水

① 周汝昌．千秋一寸心：周汝昌讲唐诗宋词．北京：中华书局，2006：3.

绕孤村”，夕阳西下，流水孤村，寒鸦要归巢，人却要离开，此景怎能不让词人感慨系之呢？下片抒情，“销魂”暗用“黯然销魂者，惟别而已矣”（江淹《别赋》）的典故，“香囊”是临别赠物，“青楼”则用到了杜牧“赢得青楼薄幸名”（杜牧《遣怀》）的典故。“此去何时见也”，意同“此去经年，应是良辰好景虚设”（柳永《雨霖铃》），有时候生离就是死别。有人说秦观的词是伤心人写的伤心词，此词也可见一斑。清人周济在《宋四家词选》中评论秦观说：“将身世之感，打并入艳情，又是一法。”通观此词，词中确实纠结着身世之感和男女艳情。

柳永的《雨霖铃》和秦观的《满庭芳》皆是宋词中描写送别之景的佳作，不过细味二词，还是有些许不同的。柳词上片多用实景，下片多用虚景，铺叙手法用得较多，间有点染之法。秦词并不纯用铺叙，而是融情于景，虚实相间，情景交融。这两首词均是宋词中的精品，后人论及柳永与秦观，这两首词都是绕不过去的。

宋代词人就是这样，不断探索，不断创造，不断开拓着词的境界和表现空间，从普通朋友乃至挚友的送别，再到男女送别，送别题材发展到宋词阶段，其领域有了更为宽广的延伸。诗歌具备的功能词也具备了，这与文人的参与是分不开的。尽管李清照曾对此有所批评，提出了“词别是一家”（李清照《词论》）的主张，但是这毕竟阻挡不住词的发展势头。词终于能够和诗一样，成为某一时代独特的文学体裁的标志。

第六章

婚姻爱情

爱情是人类拥有的最美好、最强烈同时也是最普遍的一种情感，因而成为古今中外文学作品的永恒主题。在我国古典诗歌中，爱情诗同样源远流长，丰富发达。早在诗歌的源头《诗经》中就有大量爱情诗，后来的南朝乐府民歌更是以情歌为主，文人也有不少描写爱情的篇什。但直到宋词出现以前，与亲情、友情的题材相比，爱情诗还是相对薄弱的。这不仅表现为数量比较少，也表现为在很多著名诗人的传世之作里找不到爱情诗。以李白为例，他存诗九百多首，可以当作爱情诗读的，篇什寥寥，著名的《长干行》写的也是他人的爱情。中唐白居易、元稹开始写自己的爱情经历，元稹的悼亡诗尤其情感真挚，感人肺腑。晚唐李商隐是唐代爱情诗成就最高的诗人，他的一些无题诗在表达男女之情方面达到很高的艺术境界。爱情毕竟是人的情感当中非常重要的方面，唐人未能充分开垦的这块园地，给宋词留下了开拓的空间和发展的契机。如果说诗的主旨是“言志缘情”，词则以“言情”为主。尽管其中的“情”并不等同于爱情，但男女之情无疑占有绝大的比重。由于城市经济的繁荣、市民阶层的需求，在纵情声色、浅斟低唱之中，词这种“小技”终于可以一显身手，文人们也终于可以用这种新兴的诗体畅快淋漓地纵情歌唱爱情了。于是由晚唐五代开始，历经两宋，爱情词终于形成浪涛涌动的春潮。即使在金人入主中原，宋室南迁，爱国词崛起的时期，爱情词也并未绝迹。李清照自不必说，辛弃疾在慷慨悲歌之余，也创作了缠绵婉约的情歌。宋代爱情词不仅数量多，而且风格多样，有的精练细腻、深婉蕴藉，有的通俗明快、清新自然，但无一不具新鲜清丽、韵味隽永的优长，耐人涵泳。

唐诗篇

曾经沧海难为水，除却巫山不是云

汲取了前人丰富营养的唐代爱情诗，与其他题材相比，数量不算多，但几乎篇篇佳构，多方面展示了唐人的爱情生活。其中既有民间少男少女真挚纯洁的恋情，也有文人缠绵细腻、刻骨铭心的相思；既有情人热恋时的甜蜜，也有爱情受到阻隔的痛苦；既有夫妻恩爱的幸福，也有失偶悼亡的悲凄。其中许多诗都达到了很高的艺术境界，有的甚至被誉为古代爱情诗中的绝唱。

借物寄托相思，是古代爱情诗中常见的手法。俞陛云说："折芳馨以遗所思，采芍药以赠将离。自昔诗人骚客，每借灵根佳卉，以寄芳悱宛转之怀。"[①] 在以兴寄手法写爱情的唐诗中，最脍炙人口的便是王维的《相思》：

红豆生南国，春来发几枝？
愿君多采撷，此物最相思。

红豆，又名相思子。相传古时有人死于边地，其妻思念他，哭于树下而死。后来此树化为相思木，结出红子。这一美丽动人的传说，赋予红豆以富有诗意的浪漫色彩，使鲜丽浑圆、晶莹可爱的红豆成为忠贞爱情的象征。正因为如此，诗的首句"红豆生南国"，便不单是介绍红豆的产地或暗指对方的所在之地，而主要是以红豆起兴，引出下文。同样，次句"春来发几枝"的设问，也不只是写红豆春天里的勃勃生机，更是借对红豆的格外关切，寄托诗人的相思之情。接下来，由咏物过渡到抒情，尽管诗人并未直抒己意，只是情真意切地希望对方多多采撷红豆，但读者自不难明白其中的蕴意。末句"此物最相思"，既说明了"愿君多采撷"的理由，又与开头相呼应，点出相思的主题。此诗用第一人称口吻，却不从自己下笔，完全从对方着墨，借愿人之毋忘，表达自己的相思。这样既兴寄自然，语近情遥，有盛唐诗歌的特色，又风神摇曳，韵致缠绵，体现了王维五绝独特的意境。

以上诗中没有出现相思的对象，甚至连相思者的性别其实也可以有不同的理解。与这种手法不同，不仅抒发了相思之情，而且描绘了恋人美好形象的，是

---

① 俞陛云．诗境浅说．北京：北京出版社，2003：124－125.

崔护[67]《题都城南庄》：

去年今日此门中，人面桃花相映红。
人面不知何处去，桃花依旧笑春风。

关于这首诗，唐代孟棨（一作孟启）《本事诗》记载了这样一个具有传奇色彩的故事：书生崔护到长安应进士试，未上第。清明这一天，他到城南郊外游玩，见一户人家花木葱茏而寂若无人，便上前叩门，半晌，见一少女从门缝里窥视。待问清姓名，知道他是讨水解渴，少女便开门设坐，端来茶水，自己倚在桃树斜枝下。崔护见她容貌姣好，姿态娇媚，想同她攀谈，少女却不作答，只是久久地凝视着他。崔护起身告辞，少女送至门口，若不胜情，崔护也眷恋而归。事隔一年，又到清明，崔护想起此事，情不可抑，径往寻访，但见门墙如故而大门紧锁，只得在门上题了这首诗，怅然而去。这样一个有人物、有情节，甚至带有戏剧性的爱情故事，是如何在一首抒情七绝中得到完美表现的呢？这主要得力于诗人用了对比映衬的手法。前后两联对照着描写了两个场景，一是去年今日的邂逅，二是今年今日的重寻。在两个场景中，诗人的笔墨都集中在“人面”和“桃花”上。“人面桃花相映红”，既是诗人“去年今日此门中”所见到的动人情景，也是他脑海中最不能忘情的一幕。试想，青春少女娇艳如花的面庞与春天盛开的绚丽桃花相映生辉，是多么美丽的一幅图画！诗人虽不言情却已情寓其中。如今，在同样的时刻、同样的地点，却是“人面不知何处去，桃花依旧笑春风”。从这两句所表现的物是人非的感慨，从今昔的对比，以及从“依旧”一词强烈的嗟叹意味中，不难体味诗人的极度失望和无限惆怅，也不难感受到他对那位不期而遇的美丽少女的深情爱恋。此诗自然明快而又意精法密，“人面桃花”不仅是贯穿全诗的线索，而且四字前后呼应，读来有一唱三叹、回环往复之妙，堪称古代爱情诗中的佳品，诗人崔护也因这首诗而名传后世。它还对后世的诗词产生了影响，如宋代欧阳修的名作《生查子》便与此意境相似：“去年元夜时，花市灯如昼。月上柳梢头，人约黄昏后。　今年元夜时，月与灯依旧。不见去年人，泪满春衫袖。”此词同是写自己一段刻骨铭心、难以忘怀的爱情，同样采用了去年与今年的对比手法，同样展现了情景相似却哀乐迥异的极大反差，同样抒发了物是而人非的失落与惆怅，同样明白如话、韵味深长，读来一唱三叹。略有不同的是，欧阳修的词更加注重对环境氛围的渲染，如“月上柳梢头，人约黄昏后”，将恋人在月光柳影下的幽会写得更富诗情画意，抒情也更加缠绵悱恻。再如“泪满春衫袖”的点染，传达出词人对昔日恋人的一往情深和旧情难续的沉重感伤。

与崔护同样因写作爱情诗而使本来名不见经传的自己名垂后世的，还有诗人**崔郊**[68]，他所写的也是自己的一段亲身经历。唐末范摅所撰笔记《云溪友议》中是这样记载的：崔郊是元和年间的秀才，他的姑母有一婢女，生得姿容秀丽，与崔郊互相爱恋，后却被卖给有钱有势的权贵于頔。崔郊念念不忘，思慕无已。一次寒食，婢女偶尔外出与崔郊邂逅，崔郊百感交集，写下了一首《赠婢》：

公子王孙逐后尘，绿珠垂泪滴罗巾。
侯门一入深如海，从此萧郎是路人。

后来于頔读到此诗，便让崔郊把婢女领去，成全了这一段姻缘，此事传为诗坛佳话。这首诗抒发的是自己与所爱者被隔绝的悲哀，但诗人的高度概括，使它突破了个人悲欢离合的局限，反映了封建社会里由于门第悬殊而造成的爱情悲剧。诗的寓意颇深，表现手法却含而不露，委婉曲折。首句用侧面烘托的手法，即通过“公子王孙”争相追求突出女子的美貌，次句以“垂泪滴罗巾”的细节表现女子深沉的痛苦。公子王孙的行为正是造成女子不幸的根源，然而这一点诗人却没有明白说出，只是通过“绿珠”一典的运用来曲折表达。绿珠原是西晋富豪石崇的宠妾，传说她“美而艳，善吹笛”（《晋书・石崇传》），赵王司马伦专权时，他手下的孙秀倚仗权势指名向石崇索取，遭到石崇拒绝。石崇因此被收下狱，绿珠也坠楼身死。用此典故，一方面形容女子拥有绿珠那样的美貌，另一方面以绿珠的悲惨遭遇暗示出女子被卖侯门的不幸命运，于看似平淡客观的叙述中巧妙地透露出诗人对公子王孙的不满、对弱女子的爱怜同情，写得含蓄委婉，不露痕迹。接下来两句，“侯门”指权豪势要之家，“萧郎”是诗词中习用语，泛指女子所爱恋的男子，此处是崔郊自喻。这两句没有将矛头明显指向造成他们分离隔绝的“侯门”，而是说女子一进侯门就视自己为陌路之人了。但有了前面的铺垫，诗人的真正寓意当然不难明白。之所以要这样写，一则切合“赠婢”的口吻，便于表达诗人哀怨痛苦的心情，二则可与全诗风格保持一致，突出它含蓄蕴藉的特点。诗人从侯门“深如海”的形象比喻，从“一入”“从此”两个关联词语所表达的语气中透露出来的深沉绝望，比直接抒情更哀感动人，也更能激起读者的同情。这首爱情诗带来的一个“副产品”是成语“侯门如海”的产生及广为流传。试想，在封建社会里，造成这类人间悲剧的，上自皇帝，下至权豪势要，用“侯门”来概括他们的权势，用“深如海”来形容百姓与他们之间无法逾越的距离，实在恰当不过。

与文人表达爱情的方式不同，民间男女相爱多借歌声传情，这正是古代民歌中情歌特别发达的原因。民歌清新活泼，通俗流畅，引起文人的模仿，**刘禹锡**[69]《竹枝词》便是其中的成功之作。《竹枝词》是巴渝（今四川重庆）一带的民歌，唱时用笛和鼓伴奏，声调婉转动人。刘禹锡《竹枝词》有不少是情歌，流传最广的是这样一首：

杨柳青青江水平，闻郎江上唱歌声。
东边日出西边雨，道是无晴却有晴。

此诗用第一人称写初恋少女微妙复杂的心理。首句写眼前所见之景：春风轻拂，杨柳吐绿，江水浩瀚，缓缓流逝，一切都令人赏心悦目。次句写耳中所闻：江上传来高亢而熟悉的歌声，一听便知是自己的心上人。这歌声一下子打破了她内心的平静，三、四句便写她闻歌后的心情。“东边日出西边雨，道是无晴却有晴”，这两句诗之所以为人所喜闻乐诵，就在于诗人非常巧妙地借“晴”与“情”谐音，用自然形象为喻，生动传达出少女因捉摸不透对方心思而既迷恋又犹疑的微妙心理。尽管比喻和谐音双关是民歌中习见的手法，但这两句诗仍然以它的新颖脱俗、贴切自然，使人产生审美的愉悦。刘禹锡《竹枝词》写恋爱中的少女心理同样出色的还有“山桃红花满上头，蜀江春水拍山流。花红易衰似郎意，水流无限似侬愁”一诗。前两句用景物起兴，写山头桃花盛开，春水依山流过。后两句即景设喻，隔句相承。第三句承首句，写男子的感情如桃花开后易谢，第四句承次句，写女子的愁苦似江水绵绵不绝，用比兴手法真实细腻地表现了少女纯真的爱情和失恋的痛苦。

我国民间广泛流传着这样一个古老动人的传说：古代有位女子，因丈夫远行未归，便天天到山头去守望，日久天长竟化为石头，一如女子生前翘首远望的样子。后人便把这座山称作望夫山，把这块石头称作望夫石。有感于思妇忠贞不渝的爱情，不少诗人描绘了这一传奇故事，**王建**[70]的《望夫石》和刘禹锡的《望夫山》（也作《望夫石》）便是其中颇为出色而又各具特色的作品。王建《望夫石》这样写道：

望夫处，江悠悠。化为石，不回头。山头日日风复雨，行人归来石应语。

望夫石屹立在大江边，悠悠不断的江水既是它的背景，也是它无言的见证，还是它绵绵无尽的相思的象征。诗一开头就渲染出浓郁的抒情气氛。望夫石定定地立在那里，一动不动，头也不回。第二句不仅交代了巨石的来历，而且用拟人的手法，使没有生命的石头仿佛化作了有血肉、有情感的人，出色地塑造了一位对爱情忠诚执着的思妇形象。接下来写山石日日夜夜经受着风吹雨打却岿然不动，既表现了山石的形象和品格，更歌颂了思妇历经磨难而不改初衷的坚贞节操。最后诗人由此展开想象：如果有一天行人归来，伫立在江边的石头一定会开口说话吧？这充满浪漫色彩的遐想，包含着诗人的审美判断，既有对思妇的同情，更有对这一至死不渝精神的感佩。石头到底会说些什么呢？诗到此戛然而止，留给读者的是悠然无尽的回味。

刘禹锡《望夫山》同样赞美了女子真挚执着的相思之情，而写作手法却有所不同。诗中说：

终日望夫夫不归，化为孤石苦相思。
望来已是几千载，只似当时初望时。

前三句叙述望夫山的故事，语言极通俗易晓而内容层层递进。先说女子“终日望夫”，继写她望而不至“化为孤石”，再说她化为孤石而仍望不止。最后一句将诗情推向高潮，写女子化为孤石后，虽历经几千载而感情一如当初。诗中连用三个“望”字，一步比一步深入地表现了女子痴迷苦望的相思之情。

《长干曲》属乐府《杂曲歌辞》，多描写江南水上生活及男女情爱。唐代崔国辅、崔颢等诗人均以此题写当时民间生活。而既继承传统，又从内容到形式都变革一新的是李白的《长干行》：

妾发初覆额，折花门前剧。
郎骑竹马来，绕床弄青梅。
同居长干里，两小无嫌猜。
十四为君妇，羞颜未尝开。
低头向暗壁，千唤不一回。
十五始展眉，愿同尘与灰。
常存抱柱信，岂上望夫台。
十六君远行，瞿塘滟滪堆。
五月不可触，猿声天上哀。
门前迟行迹，一一生绿苔。
苔深不能扫，落叶秋风早。
八月蝴蝶来，双飞西园草。
感此伤妾心，坐愁红颜老。
早晚下三巴，预将书报家。
相迎不道远，直至长风沙。

这首诗写一位商人妇的爱情及婚姻生活。通过她与丈夫从相识、结婚到婚后、别离这一连串具有典型意义的生活片断和细节，丰富而有变化地展示了她感情发展的历程，塑造了一位具有深挚情感和美好情操的少妇形象。诗中用婉转动人的笔调，在读者面前展现了一幅幅鲜明可触的画面：童年时，小儿女之间天真烂漫的亲昵嬉戏；长成少女后，情窦初开，为人新妇时的娇羞妩媚；婚后两情相悦，誓同生死，不愿分离的热烈爱恋；对丈夫远行经商，在风大浪险的长江上行舟的担心牵挂；整年在家等待的寂寞愁苦以及虽饱尝分离之苦，仍矢志靡他、急切盼归的情景。本篇既是抒情诗，其中又融合了乐府民歌叙事的手法，如用年龄序数法写女主人公生活和感情发展的几个阶段，用节序变化刻画她怀念远人的深长愁思，既是南朝乐府中的常见题材，又真实再现了唐代的社会生活，既有乐府民歌天真自然的韵致，又有汉魏五言古诗深沉委婉的情味。语言既自然本色，又富于独创。如从民谣“滟滪大如襆，瞿塘不可触”（《滟滪歌》）、“巴东三峡巫峡长，猿鸣三声泪沾裳”（《巴东三峡歌》）中提炼出“十六君远行，瞿塘滟滪堆。五月不可触，猿声天上哀”

四句诗，点出丈夫经商的路线和江上景色的险恶。至于从口语中提炼而成的“郎骑竹马来，绕床弄青梅。同居长干里，两小无嫌猜”，更是化为“青梅竹马”“两小无猜”的成语，流传至今。此诗通篇缠绵婉转，声情摇曳，是一曲纯真爱情的美好颂歌。

悼亡诗，顾名思义是为伤悼逝者而作，但自从晋代潘岳以“悼亡”为题写了三首悼念亡妻的佳作，悼亡诗就被赋予了特定的含义，也因此而成为古代爱情婚姻诗当中的一个品种。在古代诗人中，元稹是悼亡诗写得最多最好的一位，这些诗都是为伤悼与他相濡以沫的结发妻子韦丛而写的，表达了诗人真诚深挚的爱情。试看著名的《遣悲怀》三首中的第二首：

> 昔日戏言身后意，今朝皆到眼前来。
> 衣裳已施行看尽，针线犹存未忍开。
> 尚想旧情怜婢仆，也曾因梦送钱财。
> 诚知此恨人人有，贫贱夫妻百事哀。

韦丛是太子少保韦夏卿的小女儿，二十岁嫁给元稹，七年以后就去世了。她性情温柔贤淑，安于贫贱，夫妻感情甚笃。所以这组诗的第一首就是回忆韦丛生前与自己共同生活时的窘迫艰辛，流露出强烈的怀念之情和抱憾之意。这第二首着重写妻子死后诗人的悲悼心情。诗人想到往昔夫妻之间戏言身后的种种事情，如今不幸竟一一变成了现实，心情格外伤惨。为避免睹物思人，妻子生前穿过的衣服差不多施舍光了，留有她手迹的针线则封存起来，不忍打开。诗人想到妻子，对她身边的婢仆也平添了几分爱怜；日思夜想，在梦中都曾经给她送过几次钱财。诗中最后感叹：夫妻永诀，固然是人所难免的痛苦，但对共过患难的贫贱夫妻来说，更有无尽的悲哀！这首诗语言质朴平易，写的也不过是日常生活中常见甚至是琐碎的小事，却令人倍觉凄楚，感人至深。这首先是由于诗人对亡妻有着刻骨铭心、不能自已的深情，所以一字一句都仿佛饱和着血泪，从肺腑中汩汩流出。如果没有这份真挚的感情，那么，任你有多么高明的技巧，修饰多少华丽的词句，想要打动人心都是很困难的。其次，诗人所写的事情越平常，就越具有普遍性，也越容易表达出人人心中所有而笔下所无的意思，因而也更容易引起读者的共鸣。《遣悲怀》成为悼亡诗中的杰作，清代蘅塘退士甚至说：“古今悼亡诗充栋，终无能出此三首范围者。”（《唐诗三百首》）其原因正在于此。元稹的另一组诗《离思五首》中的第四首也是为悼念韦丛而作：

> 曾经沧海难为水，除却巫山不是云。
> 取次花丛懒回顾，半缘修道半缘君。

诗的前两句活用《孟子·尽心上》“观于海者难为水，游于圣人之门者难为言”和宋玉《高唐赋》巫山神女的典故，以沧海之水和巫山之云比喻妻子的美好和夫妻之间无与伦比的恩爱。此二句取譬极高，语言精警，同前一首中“诚知此恨人人有，贫贱夫妻百事哀”一样流传久远。正因为如此，三、四句说自己走过“花丛”懒于回顾，一半是为了亡妻，就在情理之中了。这一首小诗同样情真意切地抒发了诗人对妻子的忠贞和怀念，同样有很强的艺术感染力。

恩格斯曾经说过这样的意思：痛苦中最高尚、最强烈、最个人的，乃是爱情的痛苦。古代诗人中没有谁比李商隐更善于表现这种爱情的痛苦了。尽管对他传世的几十首《无题》历来有不同的理解和臆测，但至少从字面上看，它们大多是表现爱情的，而且主要写受到禁锢的青年男女对爱情的强烈渴望和执着追求，彼此间的痴情苦恋和矢志不渝，以及爱情受阻、会合无期的深哀巨恸。每一首诗都犹如一曲爱情的悲歌，使人凄绝。其中最为人传诵的一首是：

相见时难别亦难，东风无力百花残。
春蚕到死丝方尽，蜡炬成灰泪始干。
晓镜但愁云鬓改，夜吟应觉月光寒。
蓬山此去无多路，青鸟殷勤为探看。

此诗一开始便叠用两个“难”字，诉说相见的艰难和别离的难堪，暗示出爱情的凄楚辛酸。接着用东风无力、百花凋残的凄凉景象，进一步烘托出离别的无可奈何和深沉忧伤，已是字字血泪，令人断肠。颔联写因离别而发出的坚贞誓言。诗人用春蚕吐丝和蜡炬垂泪作比，形容自己那缠绵无尽的情思，犹如春蚕吐丝，只有到死，才会了结；又像蜡炬燃烧，忍受着煎熬，直到化为灰烬，泪才会干。两句诗将爱情的刻骨铭心和生死不渝刻画得入木三分，堪称千古绝唱。接下来由自己承受的痛苦转而推想对方：她清晨起来，揽镜自照，想必会担心自己容颜憔悴，青春虚度；夜晚，在清冷的月光下吟诗怀人，一定倍觉孤寂凄凉。话语中流露出无限体贴和深情。最后，尽管相思是如此令人痛苦，会合又如此渺茫难期，诗人仍暗自期待着有使者来为他们传递消息，互通情愫，以失望中的一线希望给自己也给对方一丝安慰。此诗既没有描摹人物的容貌、服饰，也没有描绘事件和人物行为，只是通过环境气氛的渲染，借助于比兴、象征的手法，表达人物内心缠绵、忧伤、焦灼、痛苦等种种深沉复杂的情感。诗歌富于暗示性，诗句之间又有较大的跳跃，形成李商隐抒情诗特有的曲折隐微、深情绵邈的意境。李商隐特别长于表现爱情受到阻隔、恋人被迫分离的痛苦，他在其他《无题》诗中咏叹的如“身无彩凤双飞翼，心有灵犀一点通”“刘郎已恨蓬山远，更隔蓬山一万重”“春心莫共花争发，一寸相思一寸灰”等诗句，都写得荡气回肠，令人唏嘘不已。李商隐不愧是唐代最杰出的爱情诗人。

说到唐代爱情诗，如果不提到白居易的《长恨歌》，将是莫大的遗憾。它不仅是爱情的千古绝唱，也是古代诗歌史上不可多得的叙事长诗。这首诗一问世就不胫而走，风靡天下。据白居易自己说，有一歌妓曾自夸："我诵得白学士《长恨歌》，岂同他妓哉！"（《与元九书》）由是身价大增。白居易去世后，唐宣宗写诗吊唁，其中说："童子解吟《长恨》曲，胡儿能唱《琵琶》篇。"（《吊白居易》）可见这两首长诗在当初流传之广。不仅如此，《长恨歌》千百年来一直深受广大读者的喜爱，后人还把它改编成戏曲长演不衰，元代白朴的《梧桐雨》、清代洪昇的《长生殿》就是据此而创作的经典剧目。

古代帝王有三宫六院七十二妃，很难说有真正的爱情。但白居易的《长恨歌》却表现了唐玄宗与杨贵妃之间一段轰轰烈烈、哀艳凄绝的爱情。唐玄宗在多年"思倾国"之后，终于得到了绝代佳人杨玉环。杨玉环天生丽质，一笑百媚，使"六宫粉黛无颜色"，集"三千宠爱在一身"。不仅她被封为贵妃，而且她的三个姐妹也被封为"国夫人"，哥哥杨国忠更是当了丞相，炙手可热，权倾天下，"遂令天下父母心，不重生男重生女"。玄宗与贵妃日日游宴，夜夜笙歌，"春宵苦短日高起，从此君王不早朝"。但好景不长，乐极生悲，正当玄宗沉迷于轻歌曼舞之际，一阵鼙鼓声从渔阳惊天动地而来，原来是野心家安禄山发动了叛乱，玄宗不得不带着杨贵妃等随从仓皇逃往四川。在离京城一百多里一个叫作马嵬的地方，卫队不肯继续前进，他们先杀了杨国忠和杨贵妃的两个姐妹，又逼着唐玄宗赐死杨贵妃。当此之时，玄宗身为一国之君，却不能使自己心爱的女人免于一死。"君王掩面救不得，回看血泪相和流"，在马嵬坡上演的这生离死别的悲惨一幕，是造成长恨的根源，也是他们爱情悲剧的开始。从此以后，唐玄宗对杨贵妃朝思暮想，深情缱绻。不论在逃往西南的路上，还是在返回京城的途中，抑或是在回宫以后的漫长岁月里，对贵妃的刻骨思念无时无刻不在折磨着他的心灵。蜀中的青山绿水、夜月雨铃，会使他伤心断肠；宫苑中的春花秋叶、阿监宫娥，会勾起他对往日的回忆。白天，他睹物伤情，感叹物在人亡；夜晚，他孤灯挑尽，辗转难眠。日思夜想而不得，只有寄希望于梦境，却又是"悠悠生死别经年，魂魄不曾来入梦"。大臣们看玄宗相思太苦，便请来道士帮忙，经过一番上天入地的追寻，终于在虚无缥缈的仙山打听到了贵妃的消息。听到玄宗派来了使者，贵妃激动万分，她"云鬓半偏新睡觉，花冠不整下堂来"，只见她神情寂寞，热泪长流，依然美丽动人，就像春天一枝带雨的梨花。她请使者把他们爱情的信物金钗和钿盒带给君王，并含情脉脉地说起当年在"七月七日长生殿，夜半无人私语时"的山盟海誓，表达了对玄宗的无限思念。诗就在"天长地久有时尽，此恨绵绵无绝期"的感叹中结束。这里的"长恨"，是爱情长存的同义语，它已经超越时空、超越生死而达到了永恒。

《长恨歌》千百年来传诵不衰，感动了无数读者，它的魅力究竟在哪里呢？说到底，可以用一个字来概括，就是"情"，正如白居易自己所说的："一篇《长恨》有风情。"爱情本来就是最能打动人心的，何况爱情的男女主人公不是一般人，而是位尊"九五"的皇帝和贵妃；这又是悲剧的爱情，就更容易感人肺腑、催人泪下了。更何况是唐玄宗的荒淫误国，造成了政治上的悲剧，反过来又导致了他自己的爱情悲剧，悲剧的制造者最后成了悲剧的承担者，这也增加了故事的特殊性和曲折性。此外，《长恨歌》所表现的爱情，已经远远超出了唐玄宗与杨贵妃这两个人物本身，而升华到了更高的层次，那就是爱的热烈、真挚，以及连生死也不能阻挡的忠贞、执着，这也是它为后人所喜闻乐见、广泛传诵的重要原因。

《长恨歌》的感人至深，不只是由于它的故事吸引人，还在于诗人高妙的抒情艺术。他用饱蘸感情的笔墨、诗情浓郁的语言，将李、杨之间缠绵悱恻的爱情、生离死别的悲痛、刻骨铭心的相思、绵绵不绝的长恨，抒发得婉转动人、淋漓尽致。如：

蜀江水碧蜀山青，圣主朝朝暮暮情。
行宫见月伤心色，夜雨闻铃肠断声。

归来池苑皆依旧，太液芙蓉未央柳。
芙蓉如面柳如眉，对此如何不泪垂？

含情凝睇谢君王，一别音容两渺茫。
昭阳殿里恩爱绝，蓬莱宫中日月长。

七月七日长生殿，夜半无人私语时。
在天愿作比翼鸟，在地愿为连理枝。

当我们读到这些美丽动人的诗句的时候，我们能不为玄宗的一往情深和苦苦相思所感动，能不对贵妃充满怜爱和同情吗？我们更不能不为他们忠贞不渝的爱情所震撼。这是一曲爱情的悲歌，这又是一曲爱情的颂歌，它将读者带进一个至善至美的纯情世界，它寄托了人们对爱情的崇高理想。正因为如此，这一首爱情的千古绝唱才获得了永恒的魅力。

宋词篇

两情若是久长时，又岂在朝朝暮暮

与唐诗相比，词中的爱情之作更为发达。敦煌曲子词中已有不少质朴清新、感情明快的爱情词；晚唐五代，以温庭筠为鼻祖的“花间”词派掀起了爱情词的第一个浪潮；到宋代，受“诗庄词媚”观念的影响，男欢女爱、相思恨别，便成为词人笔下的基本题材。词与诗相比，体裁更轻巧，笔触更灵活，句式更多变，因而也更适于表现人的心曲，尤其是适于表现丰富细腻的男女之情。王国维精当地概括了词体的抒情特色，指出：“词之为体，要眇宜修。能言诗之所不能言，而不能尽言诗之所能言。诗之境阔，词之言长。”正是词体具有精微幽深的内在之美这一优长，使词人找到了可以尽情抒发自己心灵的文学载体，爱情题材也因此从在唐代的附庸地位而蔚为大国。

早在敦煌曲子词里就有为数不少的爱情词，最著名的是一首无名氏的《菩萨蛮》：

枕前发尽千般愿，要休且待青山烂。水面上秤锤浮，直待黄河彻底枯。

白日参辰现，北斗回南面。休即未能休，且待三更见日头。

此词写爱情的盟誓，抒情主人公一连列举了六件自然界和现实生活中绝不可能发生的事来说明“不能休”的理由，表达自己对爱情的忠贞执着，想象新奇，联想丰富，无理而妙。此首与汉乐府民歌中的《上邪》以“山无陵，江水为竭，冬雷震震，夏雨雪，天地合”五件事盟誓命意相似，都用比兴，而语气更为决绝，态度更为鲜明，情感更为热烈，口吻也更为泼辣。此词语言质朴，感情真率，反映了民间词与深婉曲折、含蓄蕴藉的文人词风格的不同。

但这并不意味着凡文人爱情词都以婉约含蓄见长，五代词人**韦庄**[71]虽与温庭筠同为“花间”派的代表，词作却呈现出清丽疏淡风格。如《思帝乡》：

春日游，杏花吹满头。陌上谁家年少足风流？妾拟将身嫁与一生休。纵被无情弃，不能羞。

这首词写一位怀春少女对爱情的热烈追求和大胆表白。在杏花怒放的春天，她看到一位风流少年，便一见倾心，虽是萍水相逢，却一心要嫁给他。其狂热决绝到了义无反顾，即使被抛弃也在所不辞的程度。正像当今流行歌曲中唱的："不求天长地久，但求曾经拥有。"从一千多年前一位封建时代的女性之口中听到如此赤裸裸的爱情宣言，真可谓空谷足音，振聋发聩。这首词抒情酣畅淋漓，句式长短错落，有浓郁的民歌风味，在花间词中别具一格，即使在五代文人词中也很少见。清人贺裳说："小词以含蓄为佳，亦有作决绝语而妙者。如韦庄'谁家年少足风流？妾拟将身嫁与一生休。纵被无情弃，不能羞'之类是也。"（《皱水轩词筌》）这个评价道出了此词的特点，也道出了它独具的魅力。

用疏朗清丽之笔写深情，同样深得民歌清新明快风味的有北宋词人**李之仪**[72]的《卜算子》：

我住长江头，君住长江尾。日日思君不见君，共饮长江水。

此水几时休，此恨何时已。只愿君心似我心，定不负相思意。

李之仪，字端叔，自号姑溪居士，是苏门文士之一，词风清新委婉。此词以长江水为抒情线索，抒发了女子的相思离愁及对爱情的坚贞执着。悠悠长江水既是隔绝恋人、引发相思的触媒，又是抒情主人公寄托相思离恨的载体，同时还象征了爱情的永恒与绵长。此词构思巧妙，词人抓住"水"与"情"的共性，将二者非常自然地融合在一起，主人公丰富复杂的情感变化全借长江水表达。上片写相思之切，"我"之所以"日日思君"却"不见君"，是因为"我"与"君"同在长江边而一"头"、一"尾"，相隔遥远。相见之难，带来相思之深。接下来说"共饮长江水"，虽是叙事，但也仍是借江水抒情。至于这一句蕴含的意思，究竟是对思而不见的聊以自慰，还是虽"共饮"一江水却"不见君"的怅恨呢？词人没有说破，就任凭读者去玩味揣度了。下片仍紧扣长江水来写，承上"思君不见君"进一步抒写别恨。以"水"之长流不断喻"恨"之无尽无休，并以反诘的语气出之，表现了主观愿望与客观现实矛盾的无法调和，更加强了情感表达的力度。既是江水不竭，愁恨无已，庶几陷于绝望的主人公又该如何解脱呢？词人却不作答，而是翻出新意："只愿君心似我心，定不负相思意。"意思是空间的距离尽管无法跨越，但彼此的心灵却可以超越时空的界限一脉相通。这样一来，不可逾越的江头江尾的遥隔，不仅不再是爱情的障碍、铭心刻骨的情感折磨，反而使爱情在坚定的信念与热切的期待中得到升华。一首看似明白如话的小词，却有很深的包孕。它成功刻画了一位女子相思的痴情苦意，表现了她情如江水、长流不断的忠贞信念。语浅情深，曲折委婉，复叠回环，一唱三叹。既有文人词的新巧含蓄，又有民间词的自然质朴，故明代毛晋《姑溪词跋》中称赞说："小令更长于淡语、景语、情语。……至若'我住长江头'云云，直是古乐府俊语矣。"

在古代爱情诗中不少时候是"男子而作闺音"（《西圃词说》），宋代爱情词却不同，多抒发男子对女性的相思。这些词体现了男性对爱情的追求、渴望和执着，开辟了我国古代爱情词的新天地。柳永便是其中将爱情表达得最真挚动人的一位。不少写爱情的名句都出自他的笔下，如“衣带渐宽终不悔，为伊消得人憔悴”（《蝶恋花》）、“系我一生心，负你千行泪”（《忆帝京》）等，都表达了对爱情的忠贞执着。被推为其婉约词代表作的《雨霖铃》更是极为出色的一首爱情词。此词是柳永在汴京与恋人分别时所作。词中以冷落清秋为背景，以“伤离别”为主线，淋漓尽致地描绘并渲染了别前的氛围、惜别的场景、别后的思念，从不同层面曲折尽致地道尽了羁旅愁苦和离情别恨，同时在其中融入了自己怀才不遇、漂泊无归的人生感慨。这首词以铺叙为主，以白描见长，写景描摹如画，抒情极尽渲染；叙事抒情极有层次，既步步推进，又起伏跌宕，读来却如行云流水，一气贯注。柳永是北宋第一位专业写词的词人，也是北宋时期大量制作慢词的第一人。他善于将写景、叙事、抒情融为一体，使慢词发展为与小令双峰并峙的成熟的文学样式。他所达到的成就从这首《雨霖铃》也可见一斑。

诚然，柳永是爱情词的高手，但不能推而广之说爱情词就是婉约派的专利。如苏轼是以开创豪放词风著称的大家，却不乏婉丽动人的言情之作，而且这类词往往格调高远。他作爱情词不同于婉约派词人喜用香艳词语，而是多用白描手法抒写真挚的情感。如他的一首小令《蝶恋花》：

花褪残红青杏小。燕子飞时，绿水人家绕。枝上柳绵吹又少，天涯何处无芳草？

墙里秋千墙外道。墙外行人，墙里佳人笑。笑渐不闻声渐悄，多情却被无情恼。

这首词上片写春末夏初景象，透露出惜春、伤春之情；下片抒发对“墙里佳人”的爱恋，以及情愫不为人理解的烦恼，感情真挚动人，表达真切细腻。尽管其中不无借“香草美人”抒发自己政治失意的寄托，但“天涯何处无芳草”一句还是成为安慰失恋者最经典的词句而流传至今。

苏轼最有名的爱情词还属悼亡词《江城子·乙卯正月二十日夜记梦》。词作于宋神宗熙宁八年（1075）苏轼任密州（今山东诸城）知州不久。题为记梦，实则通过梦境抒写对亡妻的真挚爱情和深沉思念。苏轼十九岁娶王弗为妻，二人恩爱和睦，伉俪情深。不料天命无常，王弗不幸于宋英宗治平二年（1065）五月亡故，年仅二十七岁，归葬于眉山东北的彭山县（今彭山区）。多年来苏轼与朝中权贵不和，悒郁失意，孤独寂寞，适逢亡妻十年忌辰，便写下这首情深意切、凄楚哀婉的悼亡词。

十年生死两茫茫，不思量，自难忘。千里孤坟，无处话凄凉。纵使相逢应不识，尘满面，鬓如霜。

夜来幽梦忽还乡。小轩窗，正梳妆。相顾无言，惟有泪千行。料得年年肠断处，明月夜，短松冈。

词的上片写对亡妻的无限怀念和人世沧桑的悲戚。十年，是短暂人生中一段漫长的历程。然而岁月的流逝不仅没有冲淡词人对亡妻的怀念，反使这种思念历久弥深。起句“十年生死两茫茫”，是词人从心底发出的深长悲叹，为全词定下了悲怆凄哀的主调。“不思量，自难忘”，是说彼此阴阳两隔，纵然不刻意思量，又岂能忘怀？只无奈“千里孤坟，无处话凄凉”，词人内心无可告语的巨大悲哀溢于言表。十年来，自己颠沛流离，饱经忧患，已是“尘满面，鬓如霜”，不复当年的模样，即使相逢，妻子怕也认不出自己来了。这一分明是多余的担忧，令人酸楚，既表达了词人对亡妻的思念之深，又写出了生者宦海沉浮的辛酸、逝者独卧黄泉的凄凉。下片承接上片的刻骨相思，同时照应题目“记梦”来写，一句“夜来幽梦忽还乡”，自然过渡到入梦。“幽”字写出了梦的缥缈朦胧，“忽”字表现了梦境的飘忽虚幻。在梦里，词人见妻子临窗而坐，对镜梳妆，这正是妻子生前的模样。这一闺房生活的细节，生动表现了昔日夫妻生活的温馨甜蜜，更反衬出如今生死隔绝的凄惨悲伤。十年来对妻子朝思暮想，“无处话凄凉”，一朝相逢不知有多少话要倾诉，然而却是“相顾无言，惟有泪千行”。这看起来似乎不合常情，但唯其如此，才更入木三分地刻画出“十年生死两茫茫”的恩爱夫妻在此时此刻、面对此情此景的复杂心情，无言的悲泣胜过有声的语言！最后三句写梦醒后的感慨。从梦境回到现实，词人的思念不但未得到稍许排遣，反而更加伤痛。“明月夜，短松冈”，既是妻子的长眠之地，也是自己日思夜想、年年痛断肝肠的地方。这一融情于景的收束，将感情推向高潮，并与开头遥相呼应，全篇浑然一体。综览全词，词人将现实与梦境、生者与死者、悼亡与伤己结合在一起，极为真实地表现了夫妻间生死不渝的恩爱及幽冥永隔的悲哀。诚如唐圭璋所说：“真情郁勃，句句沉痛，而音响凄厉，诚后山所谓‘有声当彻天，有泪当彻泉’也。”① 该词堪称悼亡词中的绝唱。此外，苏轼这首《江城子》，也是词史上第一首以悼亡为题材的词作，其所具有的开拓意义更不言而喻。

此后继承苏轼这一传统写作悼亡词的有贺铸，如其《鹧鸪天》：“重过阊门万事非，同来何事不同归？梧桐半死清霜后，头白鸳鸯失伴飞。　原上草，露初晞，旧栖新垅两依依。空床卧听南窗雨，谁复挑灯夜补衣？”此调又名《思越人》，贺铸自题调名曰《半死桐》，取词中“梧桐半死清霜后”句意。词中选取了往昔妻子挑灯补衣的生活细节，以及如今梧桐半死、鸳鸯失伴、空床夜雨等触目皆伤的种种悲凄情景，表达了对妻子的深爱之情及丧妻之痛，于平静的笔端饱含深情，风格凄婉动人。

秦观出于苏轼之门，诗词却能自成一家，尤以词名为盛。他的词多写男女恋情，含蓄委婉，清丽淡雅，别具一格。《鹊桥仙》被明人李攀龙称为“最能醒人心

① 唐圭璋，选释．唐宋词简释．上海：上海古籍出版社，1981：96.

目”（吴从先《草堂诗余隽》引）的一首：

纤云弄巧，飞星传恨，银汉迢迢暗度。金风玉露一相逢，便胜却、人间无数。

柔情似水，佳期如梦，忍顾鹊桥归路。两情若是久长时，又岂在、朝朝暮暮。

借牛郎织女的故事，表现人间男女的悲欢离合，古已有之，但大都表现“欢娱苦短”的传统主题，格调凄楚哀婉。秦观这首《鹊桥仙》却别出新意，赞美了真挚纯洁、忠贞如一的爱情，尤其是“两情若是久长时，又岂在朝朝暮暮”所表达的爱情观深刻警策，独标高格，成为千古绝唱。上片写佳期相会，抒发了牛郎织女的相思离恨；下片写依依惜别，揭示出爱的真谛。词中渲染了牛郎织女每年一度相会的氛围，叙述了他们在七夕渡河欢会的动人情景，想象他们久别重逢的缠绵悱恻及梦幻般的心境，描绘了他们相会的短暂与欢乐、分别的怅惘与依恋，风格既自然流畅又婉约蕴藉。使本词在同类题材中脱颖而出的是词中的议论。上片开端用两个对句：“纤云弄巧”，把初秋的云和织女的巧结为一体；“飞星传恨”，又将飞流的星与牛郎织女的恨紧密相连。星流如飞，可见相会心情之急不可待，一年一次的渡河相约等待良久，疾飞之中，恨意未消。接下来感叹他们的相聚虽如“金风”“玉露”般短暂，但只要能心心相印，互诉衷肠，就胜过尘世间那些朝夕相处的夫妻。这一感慨，使得词的格调清高而奇绝。下片由佳期相会自然转到依依惜别。过片“柔情似水，佳期如梦”两句，写出了牛郎织女爱情之缠绵与相会之匆促，表现了二人相会时的柔情缱绻及梦幻般的感觉。一夕良宵转瞬即逝，牛郎织女不得不面对再次生离。一个“忍”字写尽了分手时二人含情脉脉、顾盼流连的惜别情状。下片将上片结语的意思更翻进一层：“两情若是久长时，又岂在朝朝暮暮。”这既是对牛郎织女的深情慰勉，更一语道出了爱情的真谛：只要两情相悦，至死不渝，又何必贪求朝夕相守的欢乐呢？词人指出真正的爱情在于忠贞不渝，地久天长，可谓字字珠玑，落地有金石声。这一立意，自出机杼，超拔新颖，使古老的题材焕发出新的光彩，也使本词的主题得到升华。此词流传久远、历久不衰的魅力正在于此。王国维在《人间词话》中说：“有境界，则自成高格，自有名句。”此之谓也。

秦观的爱情词更多是写男女之间的相思离愁。前引《满庭芳》（山抹微云）自不必说，《八六子》（倚危亭）也是秦观写爱情的名篇之一：

倚危亭，恨如芳草，萋萋刬尽还生。念柳外青骢别后，水边红袂分时，怆然暗惊。

无端天与娉婷。夜月一帘幽梦，春风十里柔情。怎奈向、欢娱渐随流水，素弦声断，翠绡香减。那堪片片飞花弄晚，濛濛残雨笼晴。正销凝，黄鹂又啼数声。

这首词写离别相思之情，抒发了词人对往昔美好爱情的追怀及与情人分别后的相思离愁，其中亦寓含了对自己坎坷身世的感怀。整首词缠绵悱恻，音调凄婉，融情于景，体现了秦观词“专主情致”的特征及情韵兼胜的婉约风格。上片由临亭远眺见春日胜景而回忆起与情人分别的情景。发端突兀，以情直入，用一“恨”字巧妙绾合了离愁与芳草，被词论家周济叹为“神来之笔”（《宋四家词选》）。“恨如芳草”二句，以铲尽还生的芳草比喻剪不断的离情别恨，虽是化用李后主《清平乐》中“离恨恰如春草，更行更远还生”，却恰到好处地表达出词人愁恨深切而又难以排遣的心境，有化故为新、空灵含蓄之妙。接下来以“念”字引出生“恨”之缘由。“柳外青骢”，“水边红袂”，忆别时情景，色彩明丽，画面清晰，既表现了词人的无限眷恋与追怀，更反衬出现实的残酷无情，是以乐景写哀情，为以下的“怆然暗惊”作了伏笔。换头处，写词人“无端”怨天，看似无理，实则表达了他不可抑制的一片痴情，可谓无理而妙。接下来追思当时欢聚的乐事，“夜月”二句写得风情摇曳，意境优美，同时暗示出好景不长。而“怎奈向”的一转，则明白抒写了词人的感叹：欢娱如同流水，无处寻觅，如今已是梦断香消，好景已逝。抚今追昔，词人正自伤心惨淡，又见“飞花弄晚”“残雨笼晴”，愈增怅惘伤感。而正当词人凝视飞花残雨黯然神伤之际，耳际忽然又传来数声黄鹂的啼鸣，情何以堪？“正销凝，黄鹂又啼数声。”一“又”字，既与发端遥相呼应，又借不堪听到黄鹂的啼声，将自己无可名状、无可告语的相思愁绪抒发得淋漓尽致。至此，词人通过飞花、残雨、黄鹂等多个凄美感伤的意象，今昔交替、情景交融的手法，以及“怎奈向”“那堪”“又”等转折词语的运用，步步深入而又委婉曲折地将自己的相思离“恨”演绎得酣畅淋漓，感人至深。此词语言清新自然、含蓄优美，情辞相称，达到很高的境界。如多处化用前人诗词之句，却不着痕迹，如由己出。再如多用对句，使形式匀称和谐，典雅整饬，生动真切地表现了词人情绪的跌宕起伏。蔡伯世称：“子瞻辞胜乎情，耆卿情胜乎辞。辞情相称者，惟少游而已。”（黄苏《蓼园词评》引）由此词可见一斑。

在古代诗歌史上，李清照是不可多得的爱情词人。她有良好的家庭教养和出色的才情，尤其是作为女子，以女性特有的真切细腻抒写了自己的爱情体验和内心感受，表达了对美满爱情和婚姻真率热烈的追求，为人们展示了知识女性丰满的内心世界，在一向是“男子作闺音”的爱情诗词领域独领风骚，焕发出夺目的光彩。这不但在宋词中，即便在整个诗词史上也不多见。表现闺中女子的爱情心理及夫妻间的真挚情意，是李清照爱情词中最独特也最动人的部分。她所塑造的多愁善感、缠绵凄婉的自我形象，大大丰富了古典诗词人物画廊中的女性形象。她对女性的心灵和感受作了前所未有的生动展示，不论是“见有人来，袜刬金钗溜，和羞走。倚门回首，却把青梅嗅”（《点绛唇》）写少女的娇羞，还是“花自飘零水自流，一种相思，两处闲愁”（《一剪梅》）写闺中少妇相思的煎熬，又或是“梧桐更兼细雨，到黄昏，点点滴滴，这次第，怎一个愁字了得”（《声声慢》）写丧夫的伤痛，莫不形象生动，感人肺腑。《醉花阴》是其中的佳作：

薄雾浓云愁永昼，瑞脑消金兽。佳节又重阳，玉枕纱厨，半夜凉初透。

东篱把酒黄昏后，有暗香盈袖。莫道不消魂，帘卷西风，人比黄花瘦。

词中，词人以清丽优美的语言、细腻含情的笔触、新颖独特的比喻，通过对重阳佳节的典型描绘，婉转含蓄地抒发了她秋闺独居的寂寞无聊和相思惆怅之情。关于这首词，相传有这样一个故事，据元代伊世珍《琅嬛记》载：“易安以重阳《醉花阴》词函致明诚。明诚叹赏，自愧弗逮，务欲胜之。一切谢客，忘食忘寝者三日夜，得五十阕。杂易安作，以示友人陆德夫。德夫玩之再三。曰：‘只三句绝佳。’明诚诘之。答曰：‘莫道不消魂，帘卷西风，人似黄花瘦。’正易安作也。”① 这个故事不仅说明李清照有过人的才华，同时也说明此词以结末这三句为最佳妙。这三句之所以历来为人击节叹赏，是因为有以下几方面妙处：一是它把抽象的、不易表达的感情化为了具体可感的形象。一个“比黄花瘦”的呼之欲出的鲜活形象，极为传神地表现了封建时代贵族妇女多愁善感的心理状态。二是比喻新颖、形象，富于独创。古典诗词中用花比女子屡见不鲜，但多用以形容女子的美丽，这里却用黄花比人的憔悴，用瘦说明自己的相思之苦，可谓未经人道。同时，词人用高雅素淡的菊花自比，一则切合重阳之景，二则象征了贵族妇女的高情逸韵，不落俗套，十分恰切。三是它真切表达了相思的痛苦，与柳永的“衣带渐宽终不悔，为伊消得人憔悴”（《凤栖梧》）寓意相同，手法却更含蓄委婉。四是句式安排精巧，匠心独具。“莫道不消魂”一句，作为末三句词的引子，造成跌宕起伏的气氛，再以好似信手拈来的“帘卷西风”一句造势，最后托出“人比黄花瘦”一句，既联成一气而又极尽吞吐之妙。五是“人比黄花瘦”是一篇中的警句，它的出现使全词既如出水芙蓉般清丽自然，又警策凝练，表现了词人很高的艺术造诣。“瘦”更是一句中的词眼，既富于形象性、创造性，又启人联想。李清照很喜欢用“瘦”字，她词中还有几处用到，如“知否？知否？应是绿肥红瘦”（《如梦令》）、“新来瘦，非干病酒，不是悲秋”（《凤凰台上忆吹箫》），都是脍炙人口的名句。

南宋著名爱国诗人陆游，一生遭遇了许多波折，不唯报国理想成空，个人仕途坎坷，而且爱情生活也很不幸。陆游的原配夫人**唐婉**[73]是同郡士族的一位大家闺秀，婚后，二人琴瑟谐和，伉俪情深；不料却招致陆母的反感，陆母逼迫陆游休弃唐氏。陆游迫于母命，万般无奈，与唐婉忍痛分离，另娶王氏为妻，唐婉也迫于父

① 人似黄花瘦，“似”又作“比”。

命改嫁同郡赵士程，一桩美满姻缘就这样生生被拆散了。几年以后的一个春日，陆游在家乡绍兴城南之禹迹寺附近的沈园，与偕夫同游的唐婉不期相遇。唐氏以美酒佳肴款待，陆游触景生情，抚今追昔，不禁悲从中来，遂借着酒意在沈园壁上题下《钗头凤》这首千古绝唱[①]：

红酥手，黄縢酒，满城春色宫墙柳。东风恶，欢情薄。一怀愁绪，几年离索。错！错！错！

春如旧，人空瘦，泪痕红浥鲛绡透。桃花落，闲池阁。山盟虽在，锦书难托。莫！莫！莫！

整首词始终围绕沈园这一特定的空间着墨，上片由追昔到抚今，先从眼前情景追忆往昔夫妻春日同游沈园的美好时光，想当初唐氏把盏欢饮，夫妇间何等和谐甜蜜，这情景多么令人陶醉！无奈好景不长，犹如繁花被东风吹落，欢情难再。别后几年，自己一直心境索寞，愁绪满怀。但大错既已铸成，无可挽回，只有抱恨终身。“错！错！错！”三个叠字将词人悔恨、内疚、痛惜而又难以言表的情感抒发得淋漓尽致。下片代唐氏拟言，说眼前春色依旧，而人事全非。自己消瘦憔悴，终日以泪洗面，不管花开花落，都意兴阑珊。当年山盟海誓虽言犹在耳，如今却碍于各自的处境情愫难通。这里对唐氏与自己分离后内心巨大伤痛的设想，表现出诗人对爱妻的深情体贴。欲爱不能，欲罢难休，全词就在“莫！莫！莫！”这无奈绝望的叹息中结束，凄楚哀怨，催人泪下。为加强抒情的力度，更深刻地表达他们的眷恋之深和相思之切，上下片用了照应和对比，如“春如旧”与“满城春色”、“桃花落，闲池阁”与“东风恶”的照应。这样一来，更加凸显了被迫离异给双方带来的巨大精神折磨和痛苦，也越发显出世事之难料、“东风”之无情。上下片均用三个仄声叠字收束，节奏急促，声情凄紧，荡气回肠，令人不忍卒读。

唐婉的应和之词与陆游的《钗头凤》息息相通，句句呼应，同样悲凄感人：

世情薄，人情恶，雨送黄昏花易落。晓风干，泪痕残。欲笺心事，独语斜阑。难！难！难！

人成各，今非昨，病魂常似秋千索。角声寒，夜阑珊。怕人寻问，咽泪装欢。瞒！瞒！瞒！

上片写被迫离异后孤寂、悲痛、怨愤等种种复杂心情，下片紧承上片叠用的三个“难”字，具体叙写与陆游分手后的境遇和心情。“病”“寒”“泪”等悲凄的字眼，充分展现了一个受封建礼教迫害的女子，被迫与心爱的人分离的深沉痛苦。哀莫大于心死，从中不难预感到她的悲剧结局。果然，此后不久她便郁郁而终。唐婉

---

① 对这首词是否为感怀唐婉而作，一直存在争议。如清人吴骞认为这是“好事者因其诗词而附会之”（《拜经楼诗话》卷二）。

虽香消玉殒，但对她的挚爱却伴随陆游直至其生命的终结。陆游七十五岁告老还乡时，还怀着深切的思念故地重游，并写下了两首《沈园》诗：

城上斜阳画角哀，沈园非复旧池台。
伤心桥下春波绿，曾是惊鸿照影来。

梦断香销四十年，沈园柳老不吹绵。
此身行作稽山土，犹吊遗踪一泫然。

直到逝世那年，已八十五岁高龄的陆游仍前往沈园凭吊他一生挚爱的女子，并写下最后一首沈园诗。可见他对有情人难成眷属的遗憾，至死都不曾释然。陆游与唐婉的悲欢离合，是他一生中镂心刻骨难以忘怀的情结，故而身世与爱情交相纠缠。这样，当他抒写往日的悲欢时，就常于其中引发出对人生意义的诘问和慨叹，爱情词也因之具有了哲理的深邃。爱情诗词中，悲剧的爱情一向特别受人关注，而陆游这首《钗头凤》用如泣如诉的词笔，讲述了词人自己一段凄美的爱情故事，因而格外感人肺腑，不仅被推为“风流千古”的佳作，而且被后人改编成戏曲演绎至今。

姜夔[74]是一位以写爱情著称的词人，爱情词不仅在他作品中占有相当的比重，而且其中一部分还写的是他自己刻骨铭心的爱情经历。姜夔年轻的时候曾在合肥结识了一位善弹筝琶的歌女①，对音乐的共同爱好沟通了彼此的心灵。此后虽天各一方，但他对心上人的思念从未中断过，在近二十首词中记下了他的相思情怀。《鹧鸪天》是其中的一首：

肥水东流无尽期，当初不合种相思。梦中未比丹青见，暗里忽惊山鸟啼。

春未绿，鬓先丝。人间别久不成悲。谁教岁岁红莲夜，两处沉吟各自知。

这首词作于宁宗庆元三年（1197），记元宵之夜与情人梦中相见情事。此时距他们相遇相恋已过去了二十多年，可见时光流逝并未使词人的相思怅恨稍有冲淡。起句中“肥水”东流无尽，正是他无尽思念的象征。梦中情人的容颜虽依稀可辨，朦胧迷离的梦境却被鸟啼无情打断，怎不令人黯然神伤！但词人却说“当初不合种相思”，“人间别久不成悲”，仿佛自己悔不当初，心已麻木。其实不然，不仅“春未绿，鬓先丝”透露出词人岁月蹉跎、旧情难忘的伤感，而且反语正说，更深刻地表达了他内心难以言说的爱之深与痛之切。结语却一转，说在“岁岁红莲”、灯火灿灿的元宵之夜，个中的滋味只有两人各自去细细品味了。一首字数不多的小词蕴

---

① 一说所怀者为一对姊妹。

含了丰富的内容和复杂的心理活动，以淡语写深情，婉转曲折，空灵幽隐，正是姜夔爱情词的特色。这一特色在其他词中亦有体现。如此前十年所作《踏莎行》（燕燕轻盈），同是怀念合肥歌女，同将情思托之于梦境，结末同样以淡语出之，含蓄不尽。因之得到王国维的赞赏，说："白石之词，余所最爱者，亦仅二语，曰'淮南皓月冷千山，冥冥归去无人管。'"（《人间词话》）这两句无一字言情，只是描绘了想象中女子不远千里来与自己相会，别后在冷月千山中踽踽独行、黯然归去的情景。但情融景中，词人对其恋人孤苦伶仃凄凉况味的怜爱与关切，词人蕴藏心底的无限深情及魂牵梦萦的思念尽寓其中，对梦境的渲染既耐人寻味，又感人至深。

在爱情意识空前活跃的宋代，连一向作黄钟大吕、慷慨悲歌之音的豪放词人辛弃疾，也写作了不少情真意切、缠绵婉约的爱情词。如他在临安任职期间所作的《青玉案·元夕》，以极其华美的语言渲染了元夕灯火交辉、流光溢彩的富丽场景，人们盛装华服、彻夜歌舞的繁华热闹场面，以及雾鬓云鬟、欢声笑语、暗香飘忽的丽人们。灯月、烟火、歌舞交织成了元夕欢腾，而这一切只不过是铺垫，词人真正留意的是阑珊的灯火以及阑珊灯火后的那个人："众里寻她千百度，蓦然回首，那人却在灯火阑珊处。"周汝昌对这三句所表达的情感作了精彩的解析："这发现那人的一瞬间，是人生精神的凝结和升华，是悲喜莫名的感激铭篆。"[①] 而对这三句的诠释不仅有爱情说，还有寄托说，如梁令娴在《艺蘅馆词选》中便说："自怜幽独，伤心人别有怀抱。"王国维则更借来比喻"古今之成大事业、大学问者，必经过三种之境界"（《人间词话》）中的第三境界，亦即最高境界，认为它表达了非常人所能体会的喜悦，足见这三句包孕之深厚。

宋词中还有不少写爱情的名篇佳句，如张先《一丛花令》（伤高怀远几时穷）的最后三句"沉恨细思，不如桃杏，犹解嫁东风"，借羡慕桃杏犹解嫁东风，与之相依相随，感叹伊人一去，音讯全无，表达了对青春的珍惜、对美满爱情的向往，想象翻新出奇，一时盛传。词人竟被戏称为"桃杏嫁东风郎中"。再如周邦彦《风流子》（新绿小池塘）写对情人抑制不住的爱恋渴念，竟而至于祈求苍天，说："天便教人，霎时厮见何妨?"至情至性发自肺腑，喷涌而出，读之令人动容。

在以抒情为其"当行本色"的宋词中，爱情词反映了那一时期人们的精神风貌、心理状态，表现了人类共通的美好情感，并以其优美的风格和优雅的品位让人耳目一新，具有很高的认识价值和审美价值。

---

① 周汝昌，等．唐宋词鉴赏辞典：南宋·辽·金．上海：上海辞书出版社，1988：1512.

第七章

闺愁宫怨

在中国漫长的封建社会里，妇女的命运是可叹可悲的。封建道德和礼教的禁锢，依附于男子的卑微地位，使她们丧失了人格的独立和尊严，承受了比男子远为深重的痛苦。因此，同情妇女被奴役摧残的处境，反映她们的生活和心声，一直是《诗经》以来进步文人的传统，由此产生了大量闺怨或曰闺情诗。闺情，顾名思义即闺中之情。闺情诗写情窦初开的少女或闺中思妇的情怀，而以后者居多。以愁怨的主人公而论，既有居于深闺的贵族女子，也有寻常百姓家的妇女，此外还有征妇、商妇、弃妇等。

宫怨也是表现妇女生活际遇和情感的一种重要题材。与闺怨稍有不同的，是主人公具有比较独特的宫女身份，这批女性幽禁深宫、青春空逝的不幸命运，为有正义感和同情心的进步文人所关注，宫怨题材由是而生。其中或描写宫中女子幽闭深宫的寂寞悲苦，或揭露封建宫闱制度对宫女精神的摧残，对这一部分特殊女性的不幸遭遇给予深切的同情。

闺怨与宫怨诗词在内容与艺术表现方面，都有不少共同之处。如作者多站在女性的立场，或以第三人称客观描述，或代女子立言，抒发自己的寂寞悲愁。他们有时或隐或显、有意无意于女主人公的言辞情怀中寄托自己现实人生的某些遭遇或感受，如命途多舛、壮志难酬的悲愤，“感士不遇”的牢骚，韶光易逝的悲叹等，正如刘克庄所说，是“借花卉以发骚人墨客之豪，托闺怨以寓忧时感事之意”（《跋叔安感秋词》）。正因为闺怨、宫怨均多有寄托，遂使原来相对单一的题材突破了表现儿女之情的狭小格局，反映了更为丰富的人生及深刻的主题，激起广大文人读者尤其是怀才不遇者的共鸣。“怨”通常是这两类诗词的基调，构思精巧、笔触细腻、手法婉曲是其共性；同时又各具匠心，各臻其妙，名篇迭出，堪称诗词之苑中一枝多彩多姿、美不胜收的奇葩。

唐诗篇

忽见陌头杨柳色，悔教夫婿觅封侯

唐代是闺怨诗写作的高峰期，这是因为唐代诗人具有比前人更为开明的民主思想和更为进步的妇女观，因而妇女问题在他们笔下被表现得更加充分。著名诗人李白、杜甫、白居易、王昌龄、李贺、元稹、刘禹锡等，都有不少这类作品，表达了对女子不幸命运的深切同情，如白居易在《太行路》中说："人生莫作妇人身，百年苦乐由他人。"这些诗大多代女子立言，深入揭示了她们的内心世界，表现了她们的孤独寂寞、相思苦闷、青春怨旷，以及对爱情和幸福的渴望。"怨"，是这类诗的基调。艺术上则表现出构思精巧、笔触细腻、手法婉曲等特征，具有独特的审美风貌。唐代闺怨诗中还有些出自女子之手，它们数量虽然不多，却因作者有生活体验而更加真实可信，不唯具有很高的社会价值和历史价值，也因突破封建势力禁锢、展露女子的才华而显得弥足珍贵。

在描写闺中少妇青春怨旷的作品中，王昌龄《闺怨》是极负盛名的一首：

闺中少妇不知愁，春日凝妆上翠楼。
忽见陌头杨柳色，悔教夫婿觅封侯。

诗题为"闺怨"，起句却偏说少妇"不知愁"。何以知之呢？你看她在春光明媚的日子里盛装打扮，登楼赏景，是那么兴致勃勃！不料第三句却用"忽见"陡转笔锋，写当她于不经意间瞥见"陌头杨柳色"时，心情突然发生了变化，由无忧无虑而生出悔意来。诗人只点出使少妇感情转折的触媒，并不具体揭示其中的原因，这就给读者留下充分想象的余地，使人不难想见少妇因见杨柳而念及久别不归的丈夫，进而想到韶华易逝、青春难驻，于是后悔当初不该鼓励丈夫去求取功名，误了自己的大好青春。此诗构思巧妙，含蓄蕴藉，无愧"闺情之作，当推此首为第一"（黄生《唐诗摘钞》）之誉。

刘禹锡《和乐天春词》亦写闺中少妇的幽怨，手法与王昌龄《闺怨》同中有异。诗云：

新妆宜面下朱楼，深锁春光一院愁。
行到中庭数花朵，蜻蜓飞上玉搔头。

这是一首和诗。白居易原作为："低花树映小妆楼，春入眉心两点愁。斜倚栏杆背鹦鹉，思量何事不回头。"借对女子情态的描绘暗示出她的愁怨，含而不露。和诗则更胜一筹，起句写女子赏春前的心情，与王昌龄诗前两句命意相同。次句写女子因孤寂而引起春愁，却没有说破，只用"一院愁"加以暗示。三句用"数花朵"极尽人物无聊意绪之形容。末句妙笔生花，极为精彩：一来说明女子有如花的美貌，以至于蜻蜓误把她当作花朵；二来可见女子沉思伫立良久，比原诗"思量何事不回头"更为含蓄；三来以蜻蜓犹能欣赏反衬无人欣赏的失落苦闷。可谓一石三鸟，烘染无痕，虽不言怨而怨意尤深。

李端[75]《闺情》与这两首诗写法都不相同：

> 月落星稀天欲明，孤灯未灭梦难成。
> 披衣更向门前望，不忿朝来鹊喜声。

此诗主要着笔于女主人公的活动。起句交代人物活动的背景，并用倒插法写女子在孤灯下一夜无眠。"梦难成"三字，透露出她辗转反侧、难以入寐的情状，却未点破其中的原因。接下来写她突然下床出门张望，从"披衣"一词可见她行动的匆促。最后一句方才揭出谜底：原来是门前传来喜鹊的叫声。中国古代民间历来有鹊声报喜的说法，如《西京杂记》便有"乾鹊噪而行人至"的记载。此诗却一翻前人旧案，写鹊声只带来了一场空欢喜，使主人公为自己受了捉弄而迁怒于喜鹊，这就再真实不过地写出了女子等待丈夫的一片痴情和空闺独守的极端苦闷。诗人构想的这一情节，别开生面，不落俗套，有浓郁的生活气息。稍后的施肩吾《望夫词》说："自家夫婿无消息，却恨桥头卖卜人。"与此诗同一机杼而含蓄不如。

这类诗还有不正面刻画人物，只以景物透露情思，写法更为空灵蕴藉的，如温庭筠《瑶瑟怨》：

> 冰簟银床梦不成，碧天如水夜云轻。
> 雁声远过潇湘去，十二楼中月自明。

此诗除首句用"梦不成"三字微露人物怨情外，其余三句都着笔于景，借女主人公长夜难寐之所见所闻画出秋天的长夜。其中不论是空明澄澈、云絮轻拂的如水碧天，还是南去潇湘、只在长空留下一串叫声的大雁，莫不渲染出凄清冷寂的氛围，衬托出女子孤凄索寞的意绪。末句更宕出远神，写秋闺之中唯见亭亭孤月，流光徘徊，不言愁而愁自现，女主人公枕冷衾寒、独寝寤叹之状也尽寓其中，可谓"不着一字，尽得风流"。

写征妇之怨，是闺怨诗中的一种，却与一般闺怨有所不同。这是因为作为征人妇，不仅要饱尝思妇所遭受的相思之苦、离别之恨，还要时刻牵挂远在边塞的丈夫的冷暖安危，承受的感情折磨格外沉重，因而这类诗写来也格外痴情。如**张仲素**[76]《秋闺思》其一：

碧窗斜日蔼深晖，愁听寒螀泪湿衣。
梦里分明见关塞，不知何路向金微？

斜阳透过碧纱，照进屋里，光线十分暗淡，窗外不时传来寒蝉凄切的哀吟。此情此景使独守闺中、怀念远人的女子更添愁苦，以至于泪落难禁，湿透衣衫。日思夜想，极易形诸梦寐，所以后两句接写梦境。说女子在梦中清清楚楚见到了关塞，然而却不知道哪一条路通往金微。“金微”，山名，在今蒙古国境内，是唐朝边防要塞所在地。这一笔既出人意料又入情入理，因为对于深闺少妇来说，边塞尚可想象，“金微”就很难知晓了。这样写，可以真切地刻画出思妇的心态；同时，连梦魂都无法到达，就更深一层地揭示了人物的怨情，倍觉沉挚动人。梦，常常是人主观愿望的曲折反映，征人思妇，会合难期，只有将相思愁怨托之于梦境，这大概是这类诗多喜写梦的原因。如令狐楚《长相思》：“绮席春眠觉，纱窗晓望迷。朦胧残梦里，犹自在辽西。”以思妇醒来犹沉浸在甜蜜的梦境里，反衬现实的残酷，表达强烈的相思。又如沈如筠《闺怨》：“雁尽书难寄，愁多梦不成。愿随孤月影，流照伏波营。”这是以梦都难成表现征人妇愁怨之深重、思念之无以慰藉。这些诗手法各尽其妙，都深刻有力地表现了思妇的怨情。这类作品中最出色的要数**金昌绪**[77]的《春怨》：

打起黄莺儿，莫教枝上啼。
啼时惊妾梦，不得到辽西。

辽西，即今辽宁省西部、辽河以西，是当时东北边防重地。这首诗不直写妻子如何思念丈夫，而是写梦中要与他相会，又怕难得的好梦被惊扰，于是把枝上的黄莺赶走，构思巧妙，语意含蓄。试想思妇唯有在梦中方可到辽西，则相见无期可想而知；而不怨在辽西的征人不得归，却迁怒于黄莺惊了自己的好梦，这就更深一层写出了怨情。此诗章法亦颇佳妙，通篇采用倒叙，一句一接，意连句圆，蝉联而下，引人入胜，被后人誉为“纯是天籁，唐人中不易得也”①。

《寄夫》（也作《寄外征衣》）一诗，据《全唐诗》记载出自晚唐诗人王驾之妻**陈玉兰**[78]的手笔，诗云：

夫戍边关妾在吴，西风吹妾妾忧夫。
一行书信千行泪，寒到君边衣到无？

此诗完全是女子的内心独白，通过寄衣、修书时的心理活动，表达了对丈夫的深情体贴和殷殷忧念。全诗句法极富特色，诗中的每一句都由两层意思组合，或相互关联，或相互对照，使内在联系十分紧密，各句又有所变化，造成回环往复、一

① 俞陛云．诗境浅说．北京：北京出版社，2003：165.

唱三叹的效果。清人黄叔灿在《唐诗笺注》中高度评价此诗说：“情到真处，不假雕琢，自成至文，且无一字可易，几于天籁矣。最好在第二句，绝似盛唐人语。”随着社会生产力的发展，唐代城市空前繁荣，商业也十分发达，经商的人越来越多。他们长年在外，行踪不定，妻子在家则不免独守空闺，饱尝孤寂，于是在古代怨妇中又添了新的一族——商妇。写商妇怨情最为真切绝妙的当推李益《江南曲》：

嫁得瞿塘贾，朝朝误妾期。
早知潮有信，嫁与弄潮儿。

诗中展示了商人妇因丈夫久去不归，由失望而生怨艾，又由怨艾进而生出悔恨的心理活动。前两句叙事，语气虽平实，但从“朝朝”二字已不难体味女子积怨已久；后两句更翻新出奇，竟将涨落有时的潮水与归期无定的丈夫对比，于是悔不当初，说早知如此还不如嫁给弄潮儿呢。此虽荒唐之想，却既切合商人妇的身份和处境，又格外深刻地表现了她的痴情苦意，可谓无理而妙。此诗语言平易通俗、爽朗明快，有浓厚的民歌色彩。

刘采春[79]是伶工之妻，中唐时著名歌手。元稹《赠刘采春》说：“更有恼人肠断处，选词能唱望夫歌。”据《云溪友议》载：“《望夫歌》者，即《啰唝曲》也。……采春一唱是曲，闺妇行人，莫不涟泣。”可见其影响之大，感人之深。刘采春《啰唝曲》共六首，试看其一：

不喜秦淮水，生憎江上船。
载儿夫婿去，经岁又经年。

诗写商人妇与夫婿长期分离的愁怨，不怪夫婿久去不归，却怨水、船载之而去的无情，可谓常中见奇。诗中“不喜”与“生憎”、“经岁”与“经年”等口语的重复，真切表达了人物的怨情，同时生动传达出少妇天真活泼的口吻。《啰唝曲》中的另外几首写商妇怨也各具特色，如其三：“莫作商人妇，金钗当卜钱。朝朝江口望，错认几人船。”以卜掷金钗、朝朝相望以及错认船只等一连串细节，刻画出思妇的望归之殷和失望之深，语言朴素而情感真切。再如其四：“那年离别日，只道住桐庐。桐庐人不见，今得广州书。”生动表现了女子因夫婿行踪无定而生出的怅惘忐忑之情，也是商人妇容易遭到遗弃这一社会现实的真实写照。这几首诗均用白描手法，不事雕琢，而姿致天然，饶有风趣，所以为历代诗论家所推重。

唐代宫怨诗也相当发达，有不少名篇佳作，大多反映了女子幽闭宫中的痛苦，表达了她们对爱情和幸福的渴望。这些诗较少长篇，多为短章，手法婉曲，用意含蓄。如王昌龄《长信秋词》：

奉帚平明金殿开，且将团扇共徘徊。
玉颜不及寒鸦色，犹带昭阳日影来。

长信，为汉宫殿名，汉成帝的嫔妃班婕妤失宠后自请到此宫侍奉太后，唐人因借此题写宫怨。前两句写宫中一个常见的生活场景，中间暗含了与班婕妤有关的两个典故：一是班婕妤居长信宫曾作《百悼赋》，中有“供洒扫于帷幄兮”之句；二是她失宠后作《团扇歌》，以秋来团扇被捐弃喻君恩断绝。这两个典故都有助于揭示宫女生活的单调刻板和内心的无聊苦闷，却又化用自然，如盐着水，浑然无迹。后两句更是别出心裁，用寒鸦的粗俗丑陋与宫女的玉颜花容对比，慨叹人不如物，羡慕寒鸦尚且可以带着昭阳殿的日影飞来，自己却身居冷宫得不到君主一顾。诗人巧妙地捕捉了寒鸦从宫中飞过这一富有蕴意的片断，深刻揭示出宫女无比深沉的怨愤。此诗命意既新，措辞亦婉，清人沈德潜称赞说：“优柔婉丽，含蕴无穷，使人一唱而三叹。”（《唐诗别裁集》）它不愧是唐人宫怨诗的代表作。

刘方平[80]《春怨》同具蕴藉之致，手法却又不同：

纱窗日落渐黄昏，金屋无人见泪痕。
寂寞空庭春欲晚，梨花满地不开门。

此诗除第二句外，其余三句都用来刻画环境，着意渲染深宫的凄凉空寂。于一日之中选择了最触人愁思的“黄昏”，于一年之中选择了最使人伤感的晚春，则身处这一特定环境中的人物心情自可以想见。此外，诗写女子虽贵居“金屋”却面有“泪痕”，已可知她内心的愁惨；而含悲落泪竟“无人见”，就愈加可悲可怜。这样写不唯表现了她的孤独寂寞，也突出了她满怀凄苦却无可告语的极度悲哀。末句写“梨花满地”，屋门深掩，既切诗题“春怨”，又使宫人的身世之悲见于言外。此诗用心极细，体情极切，情寓景中，哀怨动人。同样含蓄蕴藉的还有杜牧《秋夕》：

银烛秋光冷画屏，轻罗小扇扑流萤。
天街夜色凉如水，卧看牵牛织女星。

此诗选取了后宫的一个场景，从初夜写到夜深，层层深入地展现了一位失意宫女孤寂无聊的生活和内心的凄苦愁怨。诗中不论是暗淡幽冷的环境描写，还是“小扇扑流萤”的情节刻画，都暗示了宫女生活的孤独和无聊。尤其是末句“卧看牵牛织女星”的细节，透露出她深沉的哀怨及对爱情生活的渴望。富丽堂皇的居住环境与她孤独悲凉的心情适成鲜明对照，无一愁字而愁情自见。

宫怨诗词惯以写景达情见长，结尾多为以景结情。如李白《玉阶怨》：“玉阶生白露，夜久侵罗袜。却下水晶帘，玲珑望秋月。”通篇写景，“无一字言怨，而隐然幽怨之意见于言外”（萧士赟《分类补注李太白诗》）。

与一般宫怨诗的怨而不怒有别，刘皂《长门怨》语气直露，感情愤激：

宫殿沉沉月欲分，昭阳更漏不堪闻。
珊瑚枕上千行泪，不是思君是恨君。

长门，亦汉宫名，汉武帝陈皇后失宠后退居于此，有托名司马相如的《长门赋》咏其事，后人因以《长门怨》为题写失宠宫女的愁怨。此诗起句说深宫寂寥，月已西斜，点出人物活动的环境，在此基础上展开抒情。次句说不堪听到昭阳殿传来的更漏之声，暗用昭阳宫人的承欢与自己的失意对比，透露出人物的心情。三句紧承其上，写宫女长夜难寐，泪落千行，用夸张手法进一步表现她极度悲伤的心情。如果说以上描写虽然生动，但毕竟是宫怨诗习见的手法，末句说流泪的原因是“恨君”，则出乎意料、脱尽常套。其语言的锋利、感情的激愤，均为此类诗所少见。同时，能意识到君王是造成自己不幸的根源，既怨且怒，思想的深刻也超过了一般的同题作，故能脱颖而出。

罪恶的宫闱制度，不仅葬送了无数宫女的青春和幸福，而且剥夺了她们的人身自由，使她们与世隔绝，形同囚徒，动辄得咎，如履薄冰。试看**朱庆馀**[81]《宫词》：

寂寂花时闭院门，美人相并立琼轩。
含情欲说宫中事，鹦鹉前头不敢言。

花开时节，院门深锁，一片岑寂。两位宫女相并而立，正“含情欲说”，却又怕鹦鹉学舌，于是终“不敢言”。诗人别出心裁构思的这首七绝，既像一幅形象生动的图画，又像一个情节生动的小故事。其中虽无一句议论，但宫女生活的寂寞无聊、内心的压抑苦闷，以及宫禁的森严、君王的淫威，均于言外得之，极尽含蓄吞吐之致。三、四两句尤以“善写宫人心事，宜为世所称”①。**张祜**[82]的《宫词》也表现了宫女所受的残害：

故国三千里，深宫二十年。
一声何满子，双泪落君前。

《何满子》，一作《河满子》，乃乐曲名。相传以乐人何满子而得名。白居易有《何满子》诗说：“世传满子是人名，临就刑时曲始成。一曲四词歌八叠，从头便是断肠声。”可见其声哀婉欲绝。张祜这首诗通过宫人在君王殿前唱《何满子》的一个生活片断，揭示了她一生的悲惨命运。前两句用极凝练的笔墨，高度概括了宫人远离故乡、幽闭深宫的痛苦遭遇。“三千里”，是从空间着眼，言其离家之远；“二十年”，是从时间着笔，写她入宫之久。正因为如此，她内心的积怨已极深极重，也极易被触发，所以后两句写她唱《何满子》，一声才发而双泪难禁，表现了她内心感情的不可抑制，有强烈的打动人心的力量。此诗遣词造句也很有特色：一是四句中有三句为名词性词组；二是连用“三千里”“二十年”“一声”等数量词，造成了简括凝练的效果，使寥寥二十字，意蕴极为深厚。著名诗人杜牧《酬张祜处士见寄长句四韵》中说：“可怜故国三千里，虚唱歌词满六宫。”可见这首诗当时在宫中

① 俞陛云．诗境浅说．北京：北京出版社，2003：251.

已广为传唱。

《题红叶》一诗相传是宣宗时宫人韩氏所作，诗中写道：

流水何太急，深宫尽日闲。
殷勤谢红叶，好去到人间。

关于这首诗，《云溪友议》记载了一个颇为动人的故事。故事说的是诗人卢渥赴长安应举，偶然来到御沟，见水中一片红叶上题了这首绝句，便捡起来收藏在巾箱里。后来他娶了宣宗遣放出宫的韩姓女子，才知道她原来就是红叶题诗的人。此诗起句着笔于御沟流水，接着以深宫之闲与水流之急形成鲜明对照，从中透露出人物的怨思。对流水的诘问，尤意味深长，似乎水亦如人，不耐深宫寂寞而急于流向人间。后两句借对随波而去的红叶的殷勤嘱咐，寄托了宫人对幽囚生活的不满以及渴望冲出牢笼回到人间获得自由的心情，情深语挚，曲折尽致。钟惺《名媛诗归》评此诗说："只此四句，波波折折，深情委曲，微而淡，宕而远，非细心女子写不出如此幽怀，做不出如此幽事。"高度评价了这首诗所具有的真情实感。红叶题诗的故事，唐人笔记小说中还有一些记载，朝代和主人公姓名虽与此不同，情节则大同小异。这说明残酷的现实使宫人们看不到任何改变自身悲惨命运的机会，唯有借美好的幻想来表达自己的心声，慰藉痛苦的心灵。与此作意相近的有署名天宝宫人的《题洛苑梧叶上》："旧宠悲秋扇，新恩寄早春。聊题一片叶，将寄接流人。"其中充满了对宫外自由生活的强烈向往和追求，使人不难想见她们在宫中备受折磨和摧残的痛苦。

需要指出的是，宫怨诗中有一特殊的品种，即标有"宫词"之名或与之相类的作品，自唐及宋都有。宫词一般被认为定型于王建之手，《唐才子传》载："建初与枢密使王守澄有宗人之分，守澄以弟呼之，谈间故多知禁掖事，作《宫词》百篇。"王建之后，写作者代不乏人，且其诗作多为大型七绝组诗，如后蜀主孟昶贵妃花蕊夫人有《宫词》一百首，宋徽宗有《宫词》三百首。宫词内容大抵以反映宫廷生活和宫中秘事为主，也抒写了宫人的幽怨之情，总体而言，具有一定的认识价值及历史价值，艺术价值则难与其他唐代宫怨诗争衡。当然也有少量为人传诵的佳作，试看王建《宫词》中的一首：

树头树底觅残红，一片西飞一片东。
自是桃花贪结子，错教人恨五更风。

此诗写宫女幽怨。前两句写暮春的早晨，桃花被"五更风"吹散，纷纷坠落，满地"残红"。宫女徘徊树下，掇拾花瓣，其惜花伤春之情可想而知。不料，后两句却出人意表地一转，说不怨东风无情，只怪桃花自己，这就由惜花一变而为羡花甚至妒花了。试想，宫女长年深闭禁苑，不仅青春虚度，而且连作为女人最起码的结婚生子的权利都被剥夺了，这是何等悲惨的命运！这一层意思诗人却不直说，而是用“桃花贪结子”加以暗示，这就更深一层地揭示出宫女难言的隐衷和痛苦。此诗构思新颖，语言平易，朗朗上口，有民歌风致。尤其是诗语明快而不流于浅易，流丽之中寓委婉顿挫，正如翁方纲《石洲诗话》所说：“其词之妙，则自在委曲深挚处别有顿挫。”故能于诗人百首宫词中脱颖而出。宋代陈辅之也说：“王建宫词，荆公（王安石）独爱其‘树头树底觅残红’云云，谓其意味深婉而悠长也。”（《陈辅之诗话》）

唐代闺愁宫怨诗数量颇丰，从以上挂一漏万的介绍中已可见唐代妇女命运之一斑。而唐代是中国几千年封建社会政治最开明、经济最繁荣的时期之一，妇女的命运尚且如此，其他朝代妇女的苦难和不幸就更可以想见了。

宋词篇

莫道不消魂，帘卷西风，人比黄花瘦

与唐诗相同，唐宋时期词中的闺怨题材也很发达，颇多名家名作。最早写作闺情词的文人当推温庭筠，十四首《菩萨蛮》和六首《更漏子》奠定了他闺情词鼻祖的地位。这些词主要写闺中之情、女性之美，风格阴柔含蓄，词采秾丽香艳，为婉约词风开了先河。其中最著名的是《菩萨蛮》：

小山重叠金明灭，鬓云欲度香腮雪。懒起画蛾眉，弄妆梳洗迟。
照花前后镜，花面交相映。新贴绣罗襦，双双金鹧鸪。

这首词内容很简单，既无具体事件，亦无一字言情，词人只以浓艳的笔墨，描写了一位闺中女子晨起梳妆打扮的情景，在读者面前展示了她从醒来、懒起、画眉、梳洗，到簪花、照镜、穿衣这一系列动作。开头两句写女主人公初醒的隔夜残妆：她头一天修饰过的眉晕、额黄已然褪色走样，浓黑的鬓发几乎要遮盖她雪白的面颊。一说，“小山重叠”比喻相连的屏风，朝阳透过窗纱照到屏风上，色彩有明有暗。三、四句写女子慢吞吞地起床，懒洋洋地梳洗妆扮。五、六句写她梳洗完毕，对镜簪花。最后两句写她穿衣时忽见衣服上有新贴的“双双金鹧鸪”，词至此戛然而止。含蓄蕴藉，是此词最鲜明的艺术特色。此词通篇只对人物动态作客观描绘，无一字言及女子的心情，读者却不难从词人的描写和暗示中体味其中的寓意。如从一个“懒”字及一个“迟”字，可以看出女主人公的百无聊赖、娇媚慵懒；从她对镜簪花的举动，可以了解她的孤芳自赏、顾影自怜；从结句“双双金鹧鸪”中，可以体会到她触景伤情的哀伤。尤其是“双双”二字，乃全篇的点睛之笔。试想当她满怀心事、勉为其难地梳洗妆扮罢，刚要着衣时，映入眼帘的却是成双成对的金鹧鸪，情何以堪！这一笔不仅反衬出女子形单影只的孤独，也使上片中女子“懒”和“迟”的原因有了合情合理的注释。正因为词人为读者提供了丰富的想象和无穷回味的空间，所以常州派词人张惠言对此词作了另一种解读，认为不是写闺情，而是“此感士不遇也”（《词选》）。辞藻华丽浓艳，刻画细密精工，是此词的另一显著特征，也是温词的一贯风格。词人对女子形象及所居环境的描写，宛如一幅色泽秾丽、笔墨精工的仕女图。如女子初醒，妆容褪色，鬓发散乱，在词人笔下却是那样美丽动人：“鬓云欲度香腮雪”，形容她长长的鬓发像流云一样飘过她雪白的脸庞；她妆成后的样子是“花面交相映”，其容颜明艳如花历历可见；连衣服上贴的那一双双鹧鸪也是金线绣成的，耀人眼目。温词所写的虽是闺怨和艳情，却委婉含蓄、风流蕴藉，体现出士大夫文雅、精美的文学趣味，契合了正统文人“温柔敦厚”的审美爱好。

北宋第一个专业写词的词人是柳永。他一生写过不少闺情词。这些词善于铺叙景物、抒发心曲，不加雕琢，以白描见长。其《定风波》一词可见一斑。

> 自春来，惨绿愁红，芳心是事可可。日上花梢，莺穿柳带，犹压香衾卧。暖酥消、腻云亸，终日厌厌倦梳裹。无那！恨薄情一去，音书无个。
>
> 早知恁么，悔当初，不把雕鞍锁。向鸡窗，只与蛮笺象管，拘束教吟课。镇相随，莫抛躲，针线闲拈伴伊坐。和我，免使年少光阴虚过。

词的主人公是一位少妇，有研究者更进而确定其身份是一名歌妓。词分上下两片，上片通过烂漫春光反衬少妇的孤寂苦闷。春天来了，花红草绿，在少妇眼中却尽变为触目伤心的“愁”“惨”之色，她的一颗芳心竟整日价没着没落，无处安放。尽管窗外已是艳阳高照、莺飞柳舞，她却拥衾高卧，慵懒困倦，任鬓发散乱，容颜憔悴。值此良辰美景，她为何如此意绪阑珊、恹恹似病？原来是那位“薄情”的人儿一去连个音信也没有。至此方揭示了少妇慵懒的原因，而且自然引出接下来人物内心活动和情感的直接抒发。“无那!”，女主人公发出的这一声叹息，透露出她心中爱恨交织却又无可奈何的深沉怨艾。下片用第一人称直抒女主人公的内心独白：早知如此，真后悔当初没有把他留在身边。在“悔”字后面又着一“锁”字，真切表现了人物感情的真挚、热烈与坚定。接下来诉说她对理想的爱情生活的憧憬：他在书斋里写字读书，我坐在他身边做做针线活，闲来陪他说说话，不离不弃，整日相随。这是一幅多么甜蜜温馨的生活图画！在她心目中，青春年少，男欢女爱，才是人间最可贵的，至于什么功名富贵，统统可有可无。她担心自己就这样一天天将青春年少的光阴虚度。由此可见少妇对青春的珍惜和对爱情的追求高于一切。其实，与心上人相依相伴、形影不离，原本是夫妻间最普通最平常的生活样态，此刻在女子心中却成了可望而不可即的幻想，可见她的孤寂苦闷已到难以忍受的地步。至此，一个心直口快、敢爱敢恨、率真泼辣的女性形象跃然纸上。

关于这首词，流传着这样一则故事。宋人张舜民《画墁录》载：柳永因作《醉蓬莱》词忤逆仁宗，吏部不放改官。柳永因求谒当时的政府长官晏殊，晏殊问他：“贤俊作曲子（词）么？”柳永答：“只如相公亦作曲子。”晏殊道：“殊虽作曲子，不曾道：‘针线慵拈伴伊坐。’”柳遂退。为什么柳永这首词会遭到同样善写闺情的晏殊嘲笑呢？究其原因，是柳永这首词不论表现的内容还是艺术，都不同于传统的文人士子笔下的闺情。首先，从人物形象塑造看，不论女主人公的具体身份如何，总之是一位被抛弃、被遗忘的不幸女子，在柳永笔下，她的懊恼、她的悔恨与痴情，都是坦坦荡荡、和盘托出、毫不含糊，显然这是一位生活在现实社会的世俗女子，她与传统同类题材中描写的那种温柔敦厚的思妇形象迥异。此外，她的生活愿望和爱情追求以及毫不掩饰的表达方式，反映了市民阶层的情爱意识和审美趣味，这在以晏殊为代表的贵族文人看来，自然也是离经叛道和俗不可耐的。其次，从艺术表现看，这首《定风波》既无意于意境的营造或气氛的渲染，也不讲求文雅含蓄，而是注重表情达意的生动逼真和酣畅淋漓。此词在语言风格上也表现出明显的俚俗化，如"是事可可""无那""音书无个""早知恁么""伴伊坐""和我"等市井社会中日常生活用语的大量使用，听来如叙家常，活灵活现，如闻其声，如见其形，有浓厚的民歌风味，充满世俗气息和生活情趣。正是世俗化、平民化的特征和浓郁的市民文学色彩，使这首词广泛流传，尤其深受青楼歌妓的喜爱，自宋元以来传唱不衰。而柳词虽不受正人雅士青睐，却能达到凡有井水饮处皆能诵歌的境地，原因也在于此。

宋代闺情词颇多名篇佳构，同写闺怨，同为代言体，却各具机杼，各擅胜场。然而，这些作品的一个共同点是均有情文并茂的佳句流传人口。如**晏殊**[83]《鹊踏枝》：

槛菊愁烟兰泣露，罗幕轻寒，燕子双飞去。明月不谙离恨苦，斜光到晓穿朱户。

昨夜西风凋碧树，独上高楼，望尽天涯路。欲寄彩笺兼尺素，山长水阔知何处？

此词写思妇深秋怀人之情。在用"菊愁""兰泣"及"燕子双飞"点染了秋天的景物，并于其中暗寓思妇愁思之后，引来明月作进一步的烘托。在古典诗词中，明月历来是触发相思之情的媒介、怀念远人的寄托，这里却受到嗔怪，怨其无情，不了解人间的离恨之苦，竟至彻夜朗照。这一句出自思妇的怨叹，看似无理，却深刻表现了她独对明月一夜无眠的煎熬和怅恨。接下来写西风骤起，碧树凋残，思妇独上高楼，望断天涯，不见所思，眼前唯有天地一片苍茫。这几句堪称绝唱，它纯然写景，却将思妇无法言说、无处倾诉的悲伤写得仿佛充塞着整个天地，同时又表现了女主人公情感的深挚与执着，所以被王国维借以形容人生及治学的境界。既是天涯望尽而不见，转而想到音书寄远，却又是"山长水阔知何处"！词就在这愁怀难遣、渺茫难期的怅惘中结束，令人回味无尽。

再如欧阳修《蝶恋花》：

庭院深深深几许？杨柳堆烟，帘幕无重数。玉勒雕鞍游冶处，楼高不见章台路。

雨横风狂三月暮，门掩黄昏，无计留春住。泪眼问花花不语，乱红飞过秋千去。

此词写一位深闺少妇暮春怀人的怨情。在词人笔下，暮春三月的一个黄昏、门墙深锁的庭院、层层叠叠的杨柳、飞过秋千的落花，与满怀愁绪、苦苦等待的女子，构成一幅凄风苦雨、令人伤感的图画。整首词如泣如诉，凄婉动人，特别是开头和最后两句，向为词评家所称道。开头叠用三个“深”字，别出心裁，将庭院的幽深、人物的幽闭表现得淋漓尽致。最后两句，写女子“无计留春住”，含泪而问花，花却乱落而不语。这里写出花与人同一命运，惜春实为自惜，伤花实为自伤，物我合一，情景交融，含蕴深沉，无怪在众多闺怨词中脱颖而出。

又如秦观《浣溪沙》：

漠漠轻寒上小楼，晓阴无赖是穷秋，淡烟流水画屏幽。
自在飞花轻似梦，无边丝雨细如愁，宝帘闲挂小银钩。

同样描绘了一幅画面，与欧词相比，此词则笔墨轻淡，感情平淡得多。词人拈出具有春天特征的“轻寒”“晓阴”“画屏”“飞花”“丝雨”“宝帘”“小银钩”等意象，编织成一幅色彩淡雅的图画，构成迷茫凄美的意境。此词不仅表现出词人纤细敏锐的艺术感觉，而且遣词造句也很见功力。如用“漠漠”形容寒意的无处不在，用“轻”表现寒的程度，贴切而优美，再加上拟人化的“上小楼”，更予人丰富生动的联想。此词尤为人称赏的是过片两句：“梦”与“花”、“愁”与“雨”本无关涉，词人却发现它们在“轻”与“细”方面有着共性，以此构成比喻，独特而新颖。不仅如此，文学作品中通常是用具体的物象比喻抽象的情感，这里却反其道而行之，用抽象的“梦”和“愁”比喻具象的“飞花”和“丝雨”，说自在飞花之轻似梦，无边丝雨之细如愁。这样写便借可知可感的飞花、丝雨，传达出难以捉摸的春梦的无凭与愁绪的无际，使读者感受到女主人公那无边的寂寞和淡淡的哀愁。此词画面清丽，诗情浓郁，韵律流转，即在婉约派词中亦不可多得。

宋代一些女性因从小受到浓厚的文化氛围的熏陶，故与男性文人一样富有文学才情。闺情，这一历来为男性文士所占据的领地在她们笔下得到突破，使人耳目一新。李清照自不必说，自号“幽栖居士”的朱淑真也是其中的一位代表。这是一位才华横溢、成就卓著的女词人，在她笔下，传统的代女子立言的闺怨一变含蓄委婉、怨而不怒而为直抒情怀，语言流畅，浑然天成。《减字木兰花·春怨》便是其中著名的一首：

独行独坐，独唱独酬还独卧，伫立伤神，无奈春寒着摸人。
此情谁见？泪洗残妆无一半，愁病相仍，剔尽寒灯梦不成。

词一开头连用了五个“独”字加以铺排，写自己无论是走是坐，是吟诗还是唱和，甚至卧于床榻，都是孤零零的一个人，这就将无处不在、无时不有的孤独强调到极致，词人茕茕孑立、形影相吊的孤寂形象也鲜明地凸现于读者面前。这一别出心裁的发端，很容易使人想到李清照《声声慢》的开头：“寻寻觅觅，冷冷清清，凄凄惨惨戚戚。”令人惊叹于这两位天才女词人对人生孤境的体验是如此敏感真切，驾驭语言和创造情境的本领又是如此独到和不同凡响。接下来词人通过她“伫立”的姿态和“伤神”的心态，将自己从外在到内心、从形体到精神的孤独具体化。“无奈春寒着摸人”一句，写乍暖还寒时节词人的感觉，极为生动传神。“着摸”一词尤富创意，“着摸”，即“着莫”，有引惹、牵缠之意，在此显然将春拟人化了。它既真切传达出女词人对季节的异常敏感，又表现了她在春天里独有的复杂心绪和无奈怨怅。下片“此情谁见”四字，承上启下。“此情”，既总括上片的孤独神伤，也包含了下文的“泪洗残妆”。而身处这样孤凄的境地，却得不到任何人的慰藉，自己的痛苦甚至无人知晓，这就更深一层写出词人无人倾诉、更无法排遣的深重悲哀。词人因愁而病，因病更愁，“愁”“病”相续，情何以堪！故每每夜不能寐，直到夜深人静、寒灯燃尽仍是“梦不成”。透过“剔尽寒灯”的动作，仿佛可见词人满含幽怨的目光、彻夜难眠的凄苦。此词将一位多愁善感的女子的凄独之状描绘得历历如见，使她内心的孤独愁苦及悲怆情怀，渗透到作品的字里行间，令人不忍卒读。本篇意象鲜活，语浅情深。冯煦称晏几道是“古之伤心人”，所以其词“淡语皆有味，浅语皆有致”（《宋六十一家词选・例言》），这一考语亦可用来形容朱淑真词的艺术特色。她对闺怨的体会之深、含蕴之厚，较之代女子立言的男性作家有过之而无不及。

豪放派词人辛弃疾也有闺怨词，但与一般闺怨词不同的是，辛弃疾这类词不仅有寄托，而且突破了单纯对个人命运悲怨的局限，寄托了他对国家民族命运的关注和忧虑，具有批判现实的精神，从而使原来相对狭隘的主题得到升华。如《祝英台近・晚春》：

宝钗分，桃叶渡，烟柳暗南浦。怕上层楼，十日九风雨。断肠片片飞红，都无人管，倩谁唤、流莺声住。

鬓边觑。试把花卜归期，才簪又重数。罗帐灯昏，哽咽梦中语：是他春带愁来，春归何处，却不解、带将愁去。

这首词抒发了深闺女子暮春时节伤别念远的相思惆怅。上片写情人分别情景及伤别情怀。开头连用三个有关送别的典故，渲染了南浦赠别、烟柳迷蒙的离别氛围。继而写别后心情，之所以“怕上层楼”，乃是不忍目睹在春意阑珊、风雨交加的日子，那令人肠断的落红片片、莺啼声声。“都无人管”与“倩谁唤”的喟叹，吐露了留春无计的无奈及哀怨，女主人公眷恋之深、心境之苦溢于言表。下片抒发思妇的盼归念远之情，分别写了两个细节。一是写她白日以花瓣卜归期。透过“才簪又重数”这一遍遍重复的动作，可见少妇盼望远人的一片痴情。二是写她夜深梦呓。日有苦思必夜有所梦，在梦中犹自“哽咽”，责问春天为何带来了忧愁，离去时却不把忧愁带走，这一看似“痴人说梦”的情景，却最真实深刻地表现了女子盼归的痴情苦意，可谓无理而妙。此词从“南浦”赠别、“怕上层楼”、“花卜归期”到“哽咽梦中语”，从惜春到怀人，以春归而人不还绾合上下两片，层层推进词意，笔法曲折顿挫，将思妇感情的执着、相思的愁苦表达得极为生动传神。通篇不着“怨”字，而笔笔含“怨”，意欲弭怨而怨情更深。词人就在这萦绕不去、难以排解的怨情中寄寓了忧心国事的悲愤感情，故清人黄苏明确指出：“此必有所托，而借闺怨以抒其志乎！”（《蓼园词评》）

闺怨词中女主人公的身份不像唐诗中那样多样，如写征妇怨的主题，在宋词中就不多见。所以贺铸的《捣练子》，可谓难得的珍品。此题共五首，虽各自成篇，但都是以捣衣为中心，写闺中少妇思念远戍边地的亲人。如其一《夜如年》：

斜月下，北风前，万杵千砧捣欲穿。不为捣衣勤不睡，破除今夜夜如年。

此词通过思妇相思难寐、彻夜捣衣的情景，表现她们对征人的刻骨思念及内心的孤寂痛苦。秋夜里，月已西斜，如水的月光洒满大地，勾起思妇对戍边亲人的思念；凛冽北风，吹来阵阵寒意，催促思妇尽快赶制寒衣。在这样寥廓凄凉的背景下，响起此起彼伏的捣衣声。这声音是如此急促沉重，震人心魄，仿佛要将石板捣穿。这哪里是砧杵声？分明是思妇对征人刻骨铭心的思念。歇拍进一步深入思妇的内心世界，说她们不是为了捣衣长夜不寐，而是因思念征人不能入眠才起来捣衣，以此熬过这漫漫长夜里难以忍受的孤寂，减轻自己心灵上无法承受的重荷。“夜如年”的夸张，深刻表现了思妇内心无法言喻的执着思念和肝肠欲断。但这痛苦又岂是“捣欲穿”的砧杵声所能消除的呢？词人用曲折的笔法，通过衬托对比，突出了思妇难以言状的痛苦和对远方征人的深挚情意，使人对思妇的不幸命运油然而生同情。此首很容易使人想起李白《子夜吴歌》其三中的诗句：“长安一片月，万户捣衣声。秋风吹不尽，总是玉关情。”同是写思妇对征夫的深切思念，同样写月下捣衣的情境，气局却截然不同，这正是盛唐与北宋大不相同的社会背景使然。

贺铸《捣练子》的另外几首也异曲同工，各具妙处。如：“收锦字，下鸳机。净拂床砧夜捣衣。马上少年今健否，过瓜时见雁南飞。”（《夜捣衣》）通过“收锦字”“下鸳机”“拂床砧”“捣衣”这一连串动作，概括了思妇一天的辛勤劳作，而她所做的这一切，无一不是为了征人。这就塑造出一个勤劳贤惠的思妇形象。词人并不就此止笔，而是进一步开掘思妇的内心活动，写她一边捣衣，一边忐忑不安地思忖：自己的丈夫如今可体健平安？为什么服役期限已过，却只见大雁南归，不见丈夫北返呢？“马上少年”，指所思念之人，即征人。“瓜时”，乃瓜代的时候，指征人服役期满换人来接替。思妇的担忧揭示出当时随意延长戍卒役期的现象非常普遍，征人归期无望，则思妇日织锦字、夜捣寒衣的生活将永无休止。此词前四句皆用直笔，至收尾处使一折笔，便有含蕴不尽之妙。五首词在构思上有相似之处，均先写思妇如何饱含深情地赶制征衣寄给亲人，后两句再一转折，深入刻画思妇的内心活动。如《砧面莹》一首说："寄到玉关应万里，戍人犹在玉关西。"意思是玉门边关距此该有万里之遥，征人戍守的地方还在玉关以西更为遥远的地方，自己寄出的征衣何时才能送达呢？这表现了思妇对远征丈夫的关怀和惦念。《望书归》一首说："连夜不妨频梦见，过年惟望得书归。"写路途如此迢远，连邮寄征衣都很困难，更不用说重逢了，思妇只得将自己的刻骨相思寄托于梦境和书信。这样写，显而易见比直接写盼望征人早日归来感情更深沉，哀怨更深重。这几首写征妇怨的作品，既有民歌情味，又以清婉见长。语言浅近自然、通俗流畅，每首虽只五句，却语近情遥，寓意深长，耐人寻绎。张炎《词源》中说："词之难于令曲，如诗之难于绝句。"于此可见贺铸词的功力。

宋代宫怨词，从数量上看也远逊于唐代宫怨诗。试看温庭筠《清平乐二首》其一：

上阳春晚，宫女愁蛾浅。新岁清平思同辇，争奈长安路远。

凤帐鸳被徒熏，寂寞花锁千门。竞把黄金买赋，为妾将上明君。

上阳宫在唐东都洛阳，白居易有《上阳白发人》悯宫人之怨旷。此词抒写宫女被幽闭的痛苦与寂寞望幸的心情。封建统治者荒淫无度，为了满足一己之私欲，广征民间女子供自己御使，使得无数花季少女被幽闭在深宫冷院中，不仅摧残了她们的花样年华和美妙青春，还扭曲了她们的心灵。词中所说的"竞把黄金买赋，为妾将上明君"，便揭示出她们争宠的情景。温庭筠此词用细腻的笔触，从不同于一般宫怨题材的独特角度表现出了宫女可悲可怜的命运，令人震撼！

韦庄的《小重山》也是一首宫怨词：

一闭昭阳春又春。夜寒宫漏永，梦君恩。卧思陈事暗销魂。罗衣湿，红袂有啼痕。

歌吹隔重阍。绕庭芳草绿，倚长门。万般惆怅向谁论。颙情立，宫殿欲黄昏。

昭阳、长门都是汉代宫殿名，此词借汉宫故事，抒写失宠宫女的寂寞幽怨。结句描绘宫女黄昏伫立的形象，仿佛一幅剪影。汤显祖评云："何等凄绝！宫词中妙句也。"(《花间集》卷二评语)

陆游有近十首宫怨诗词存世，如《长门怨》《长信宫词》《铜雀妓》等。这与他一生创作的近万首诗词相比，自然微不足道，但值得注意的是其中体现了他的爱国思想。如《夜游宫·宫词》：

独夜寒侵翠被。奈幽梦、不成还起。欲写新愁泪溅纸。忆承恩，叹余生，今至此。

簌簌灯花坠，问此际、报人何事？咫尺长门过万里。恨君心，似危栏，难久倚。

本篇在词调下注“宫词”二字，点明词中的主人公为宫女。上片以寒侵翠被、幽梦不成、泪溅新纸等细节，层层渲染女主人公的“新愁”，且明白点出愁的根源是往日“承恩”而今日失宠的巨大失落。下片直抒心中幽恨。灯花坠落，本是生活中的常见现象，民间有报喜的说法，而此时在愁人眼中也仿佛成了对她不幸处境的嘲弄。一想到自己与君王虽近在咫尺却有如万里之遥，今生再不得亲近，她不由得恨君心无常，叹命运不公，一腔怨愤再难抑制，从胸中奔涌而出：“恨君心，似危栏，难久倚。”态度如此鲜明，语气如此决绝，显然不是逞一时口舌之快，而是从无数失宠妃嫔的悲惨遭遇中总结出来的人生经验，其中更包含着词人自己对南宋统治者软弱无能、动摇不定本质的认识。这里显然是借失宠妃嫔的不幸和痛苦，寄托自己报国无门、壮志难酬的悲愤，批判南宋王朝抗金政策的摇摆不定。夏承焘、吴熊和说：“陆游这首词自悼壮志不酬，也是慨叹王炎的君臣遇合不终。”[①] 此论颇中肯綮。这几句还会使人联想起辛弃疾在《摸鱼儿》中的嗟叹：“休去倚危栏，斜阳正在，烟柳断肠处。”二者同样表达了对屈辱投降的上层统治集团的失望，只不过辛词较为含蓄蕴藉，而此词更加明白直露罢了。

① 陆游，著；夏承焘，吴熊和，笺注．放翁词编年笺注．上海：上海古籍出版社，1981：前言 8.

第八章

忧时悯乱

关心国家和民族的命运，以天下为己任，是我国古代知识分子一脉相承的优良传统。唐宋时期的进步诗人怀着积极用世的人生观和深厚的爱国感情，把自己的命运与感情同王朝的兴亡盛衰紧紧地联系在一起。在国家处于空前强盛繁荣的历史阶段，他们怀着高涨的热情和强烈的自豪感讴歌时代，讴歌理想，表现出兼济天下、昂扬向上的精神风貌；而当帝国由盛转衰时，他们怀着强烈的正义感和同情心，用诗词写下无数忧时悯乱的作品，真切反映了战乱、苛政、官吏的残暴及统治集团的腐败给人民带来的深重苦难，并深刻揭示了造成他们痛苦的社会和阶级根源。这些诗词不仅像时代的一面镜子，反映出当时社会的真实面貌，具有不朽的历史价值和社会价值，而且像一幅幅具体生动的图画，具有很高的审美价值。唐宋时期忧时悯乱的诗词主要集中于安史之乱之后朝纲不振、国势渐颓的中唐时期，朋党倾轧、宦官擅权的晚唐时期，以及靖康之乱的宋廷南渡时期。

唐诗篇

感时花溅泪，恨别鸟惊心

盛唐时期国力强盛，经济繁荣，强大的国威激励着一代诗人追求匡时济世的理想。如李白在漫游求仕生涯中，对自己能够“谈笑安黎元”（《书情题蔡舍人雄》）满怀信心，在诗中屡屡高唱：“长风破浪会有时，直挂云帆济沧海”（《行路难》），“天生我材必有用，千金散尽还复来”（《将进酒》）。岑参为了建立功业，两度出塞，他满怀热情慷慨从戎：“万里奉王事，一身无所求。也知塞垣苦，岂为妻子谋。”（《初过陇山途中呈宇文判官》）不为妻子儿女谋，谋的当然是国家大事。杜甫青年时代就立下了“会当凌绝顶，一览众山小”（《望岳》）的远大志向，他终生追求的是像稷、契那样去辅佐明主。然而当奸佞当道、国君昏聩的时候，他便将昂扬的政治热情转化为对现实清醒的认识、对时局的关注、对权贵的鞭挞以及对民瘼的同情。

生活于盛唐之世的李白，尽管性情浪漫，纵酒求仙，但内心从来没有忘怀过政治，而且凭着诗人特有的敏感，比较早地觉察出现实社会中为表面繁荣所掩盖着的种种危机和矛盾，预感到盛世即将逝去。《远别离》一诗便是借湘妃、舜帝的神话传说，抒发了他对玄宗大权旁落、权奸得势、政局日渐混乱的深沉忧虑。诗人在描写了二妃生离死别的痛苦之后，写道：

> 日惨惨兮云冥冥，猩猩啼烟兮鬼啸雨。
> 我纵言之将何补？
> 皇穹窃恐不照余之忠诚，雷凭凭兮欲吼怒，尧舜当之亦禅禹。
> 君失臣兮龙为鱼，权归臣兮鼠变虎。

诗人笔下潇湘洞庭日色惨淡、云天晦暗、猩啼鬼啸的自然景象，正象征着天宝后期昏昧阴暗、动荡不安的政治局面。对此，诗人不禁忧心如焚。但他想到皇帝听信谗言不能明察自己的忠心，那阵阵雷声就像是在发出震怒，自己还有什么可说的呢？但目睹唐玄宗贪图享乐、荒废朝政，李林甫、杨国忠等权奸当道的现实，联系历史上的教训，诗人还是忍不住发出警告：君主如果失去贤臣，就会像蛟龙化而为鱼，任人摆布；而小人一旦窃取权柄，便会由老鼠变成凶恶的猛虎。事实证明，李白绝非杞人忧天或危言耸听，其后发生的安史之乱、唐玄宗与杨贵妃在马嵬的生离死别，都被李白不幸而言中。此诗写得扑朔迷离，杳冥惝恍，似断若连，一唱三叹，笼罩着凄迷悲凉的氛围。它既是诗人在大祸降临之前为最高统治者敲响的警钟，也是伤悼唐王朝即将由盛而衰的一曲悲歌。

杜甫生活在唐王朝政治急遽变化的历史转折时期，他饱经忧患的一生始终与国家的治乱兴衰紧密地联系在一起。他时刻忧念国事，同情人民，不论痛苦还是欢乐，都与国家民族的命运息息相通。他的一千四百多首诗大多忧国伤时，缘事而发，凝聚着他对祖国和人民的一片深情。《春望》是其中脍炙人口的名篇之一：

国破山河在，城春草木深。
感时花溅泪，恨别鸟惊心。
烽火连三月，家书抵万金。
白头搔更短，浑欲不胜簪。

这首诗作于至德二年（757）春天杜甫困居长安之时。当他亲眼看到被安史叛军劫掠的都城已是繁华消尽、满目荒凉，不禁触物伤怀，以饱蘸血泪的笔墨抒发了感时忧乱、思亲伤己的沉痛感慨。起句说国都残破，世事全非，唯有山河依旧；春回城中，人烟寥落，益见草木深茂。诗人在点明时地和背景的同时，透过望中所见，表达了对国破家亡的无限悲痛。接下来具体写春日的独特感受。花繁叶茂，燕舞莺歌，是春天的特征，本令人赏心悦目，但对感时伤乱、怅恨离别的诗人来说，反会因触景伤情而溅泪惊心。对这两句诗也还可以作另一种解释，即诗人移情于物，于是在愁人眼里，花草也有知，因感时而流泪，春鸟也有情，因恨别而惊心。将诗人强烈的忧国思家之情表达得如此生动形象、感人肺腑，正是这两句诗广为传诵的原因所在。五、六句紧扣“感时”“恨别”合写国难、家愁。上句说整个春季三月，烽火连绵不息；下句说因干戈阻绝，与家人消息难通，抒发了战乱之中所特有的刻骨铭心的思亲之情，是人皆可能有之情而又非人皆可道之语，所以跨越了时空，引起后人的强烈共鸣。结末诗人写自己不堪愁苦，搔首踟蹰，而白发已日渐稀疏，几不胜簪，形象地表现了他内心忧国、思家又兼伤老的极度焦虑和痛苦。此诗感情深沉，字里行间都跃动着诗人忧国忧民的赤子之心，加上出色的表现手法，因而达到了思想性与艺术性完美结合的高超境界。

生活在内忧外患、万方多难的时代，杜甫的诗歌表现出强烈的忧患意识，如“穷年忧黎元，叹息肠内热”（《自京赴奉先县咏怀五百字》）、“乾坤含疮痍，忧虞何时毕”（《北征》）、“不眠忧战伐，无力正乾坤”（《宿江边阁》）。但当他听到安史之乱平定的消息，却欣喜若狂，写下了他“生平第一首快诗也”（浦起龙《读杜心解》），这就是著名的《闻官军收河南河北》：

剑外忽传收蓟北，初闻涕泪满衣裳。
却看妻子愁何在？漫卷诗书喜欲狂！

白日放歌须纵酒，青春作伴好还乡。
即从巴峡穿巫峡，便下襄阳向洛阳。

此诗淋漓尽致地抒发了诗人闻捷后由衷的喜悦。其中，不论是“初闻”消息时的喜极而泣、泪满衣襟，还是欢喜欲狂时“漫卷诗书”的动作，抑或是高歌纵酒、神驰故乡的狂放，以及想象中展现的还乡路线和轻快旅程，都表现出诗人少有的发自肺腑的开朗喜悦之情。与此相适应，诗歌在艺术上也一改沉郁顿挫的常调，变得爽朗明快、畅达奔放。尤其末联连用四地名而绝无滞碍，一气流走，极为真切地表达了诗人归心似箭而又轻松愉快的心情。从这首诗可以看出，杜甫将自己的命运与国家的命运紧紧联系在一起，正因为如此，他的感情便远远超出一己一家的范围，而代表了人民的心声。杜甫不愧是时代的歌手、伟大的爱国诗人。

刘长卿[84]《穆陵关北逢人归渔阳》也是一首忧国伤乱之作，诗中说：

逢君穆陵路，匹马向桑乾。
楚国苍山古，幽州白日寒。
城池百战后，耆旧几家残。
处处蓬蒿遍，归人掩泪看。

穆陵关，在今湖北麻城北；渔阳，即今天津蓟州区。作于大历年间的这首诗，通过诗人对一位陌路相逢即将北归的行客的劝告，真实再现了安史乱后国破家残的悲惨现实，表达了他对山河破碎、生灵涂炭的沉重忧思。此诗赋兼比兴，三、四联用赋的手法具体描绘了渔阳一带在历经“百战”后满目疮痍的残破景象：城市、都邑尽遭破坏，大族凋残、人烟稀少，蓬蒿遍地，一片荒芜。这一惨景使回乡的人莫不悲伤流涕，不忍目睹。所写情景十分逼真，语意极为沉痛。第二联运用比兴手法，在山水景物描写中暗寓政治形势。从“楚国苍山古”与“幽州白日寒”的对照中，不难体味南北形势的不同，从而委婉地表达了劝人不归之意。对“苍山古”的含义，历来有两种不同的理解：一说青山依旧而人事全非，谓江南形势也已不堪设想；一说以苍山面目依旧喻江南较为稳定。喻指的不确定性正说明它的含蕴丰富，兴余象外。这一联也因其既境界阔大又耐人寻味而为人所传诵。

到风雨飘摇、江河日下的晚唐时期，忧国伤时更成为诗歌的一个主旋律。晚唐诗人徒有用世之心，而无回天之力，对时代和国家的前途都怀着深沉的绝望，因而诗中普遍流露出浓重的悲观情绪和感伤情调。试看**许浑**[85]《咸阳城东楼》：

一上高楼万里愁，蒹葭杨柳似汀州。
溪云初起日沉阁，山雨欲来风满楼。
鸟下绿芜秦苑夕，蝉鸣黄叶汉宫秋。
行人莫问当年事，故国东来渭水流。

秋日的傍晚，诗人登楼远眺，眼前只见蒹葭杨柳丛生，宛如故乡风物，顿时引动万里乡愁。一会儿，乌云从溪上飘然升起，夕阳悄悄隐没在楼阁背后。顷刻之间，楼上风声飒飒，一场山雨已迫在眉睫。诗人仍独倚危楼，凭栏纵目，曾经繁盛一时的秦苑汉宫，如今在秋夕里却只见蔓草丛生，黄叶飘零，飞鸟出没，寒蝉哀吟，一片萧条。此情此景不由使诗人伤心喟叹：行人还是不要追索前朝兴亡的事罢，往事就像那东流的渭水一样一去不返了。这首诗所表现的不仅有离家万里的乡愁，更有对唐王朝衰亡命运的深刻担忧。其中“山雨欲来风满楼”一句，是千古传诵的名句，俞陛云赞其“善状骤雨欲来，风先雨至之景，可谓绝妙好词”①，还不过是从写景状物的技巧着眼，而此句为人所称道的更重要的原因在于，这一使人感到沉重不安的自然景象，恰是即将在农民起义暴风骤雨中分崩离析的晚唐社会的写照。正因为如此，这一诗句后来更多地被用于政治生活中，用来比喻重大事件即将发生的气氛和征兆。

李商隐《曲江》同样抒发了对唐朝国运衰微的极度伤痛，诗云：

望断平时翠辇过，空闻子夜鬼悲歌。
金舆不返倾城色，玉殿犹分下苑波。
死忆华亭闻唳鹤，老忧王室泣铜驼。
天荒地变心虽折，若比伤春意未多。

曲江，在长安东南，是唐代著名的游览胜地，于安史之乱后荒废残破，于是曲江的兴废便成为唐王朝盛衰的象征。杜甫便有《哀江头》一诗说：“江头宫殿锁千门，细柳新蒲为谁绿?”借曲江的今昔变化抒写国破家亡的深哀巨恸。大和九年(835)，唐文宗想恢复升平故事，下令修复曲江，十一月即发生宦官大肆屠杀朝官的“甘露之变”，只得下令罢修曲江亭馆。此诗便作于事变发生的第二年。前半追忆安史之乱这一“天荒地变”的巨大变乱，说皇帝车驾临幸曲江的盛况再也看不到了，只能听到鬼唱《子夜》的悲歌。安史之乱使玄宗金舆不返都城，贵妃又被缢死在马嵬，只有曲江的水依然从玉殿前流过。五、六两句写甘露之变，上句借西晋陆机临死悲叹华亭鹤唳不复可闻的典故，暗写事变中朝臣被戮、太监擅权的悲惨现实；下句用荆棘铜驼的典故，隐含对唐王朝国运将倾的深重忧虑。在诗人看来，安史之乱虽大伤了国家的元气，唐王朝毕竟还有中兴的希望，而到了甘露之变以后，政局则已无法收拾，国运也已无法挽回，这是更为可悲的事。所以结末两句说：政治上的巨大变故固然令人心伤，但还比不上“伤春”使人痛心。伤春，即悲叹春天的消逝，而在李商隐诗里几乎成了伤悼唐王朝没落的代名词。

诗人采用对比、衬托的手法，以曲江的今昔变化暗寓时事，又以对“天荒地

---

① 俞陛云．诗境浅说．北京：北京出版社，2003：108.

变”的心摧意折衬托对国运衰微的感慨，从而鲜明地表达了极其沉痛的伤时忧乱的感情和卓越的政治识见。

作于唐亡前夕的**韩偓**[86]的《故都》，也是一首哀婉激越的感时诗：

故都遥想草萋萋，上帝深疑亦自迷。
塞雁已侵池籞宿，宫鸦犹恋女墙啼。
天涯烈士空垂涕，地下强魂必噬脐。
掩鼻计成终不觉，冯驩无路学鸣鸡。

故都，指唐都长安。天祐元年（904），河南节度使朱温胁迫昭宗迁都洛阳，后又弑昭宗、废哀帝，篡唐自立。此前韩偓已被朱温排斥，流寓南方，听到迁都的消息极为悲愤，遂作此诗。开篇即写诗人遥想故都凄凉荒芜的景象：历经数百年繁华盛景的长安如今唯见野草萋萋，这一令人触目惊心的变化，恐怕连天帝也会疑惑不解。接着由总写长安衰败转入对宫中苑囿的具体描绘：塞外野雁已经侵入宫池栖宿，园中乌鸦犹自傍着宫墙凄啼。具体逼真的想象，倾注了诗人对长安的无限眷恋；细致传神的刻画，流露出诗人对长安沦为故都的极大哀伤。以上两联通过想象中自然景物的变化，写出人事的沧桑巨变，情景交融，感人至深。第三联转入抒情，上句中的“烈士”，乃诗人自谓。他虽身在天涯，却时刻忧念国事，无奈徒有报国之心而无救国之力，只有空自垂泪。下句中的“地下强魂”，指昭宗时宰相崔胤。当初他为铲除宦官势力，召朱温入长安，结果导致皇帝大权旁落，崔胤自己也被诛杀。诗人想象，如果崔胤地下有知，想到自己引狼入室，一定会追悔莫及吧？这一联感情由哀伤转为愤激，笔力也随之振拔遒劲。清人吴汝纶高度评价说：“提笔挺起作大顿挫，凡小家作感愤诗，后半每不能撑起，大家气魄所争在此。”（《吴评韩翰林集》）末联由长歌当哭转入深沉喟叹，上句以楚王夫人郑袖用掩鼻计得以专宠的故事，揭露朱温阴谋篡权的奸诈；下句以冯驩（即冯谖）自况，慨叹自己无法像孟尝君的门客那样解救君主脱离危难。慷慨悲凉，情见乎词，一片忠愤之心，溢于言表。这首诗抒写家国将亡的悲愤，感情跌宕起伏，刚柔相济；在艺术上既继承了杜甫、李商隐的传统，又体现了韩偓诗于清丽柔婉中见苍凉悲壮的独特风格。

在唐人感时伤事诗中，李商隐《乐游原》是极富包蕴的一首。此诗只有寥寥二十字：

向晚意不适，驱车登古原。
夕阳无限好，只是近黄昏。

傍晚的时候，诗人因意绪不佳而驱车出游。当他登上乐游原，望见夕阳灿烂、晚霞似火，不禁发出由衷的赞美。但一想到这无限好景正在渐渐消逝，又不免感到惋惜怅惘。此诗用意在首句“意不适”中有所透露，并未说明，但后两句所创造的既是无限好景却又为时不久的意境，包蕴极广，并寓有深刻的哲理，极易使人由此自然现象联想到社会人生。所以清人纪昀评此诗说："百感茫茫，一时交集，谓之悲身世可，谓之忧时事亦可。"（《李义山诗集辑评》）然而尽管其中寓有诗人的迟暮之悲、沉沦之感，但只要联系到他所生活的日趋没落的晚唐时期，以及他在诗中一再抒写的对旭日繁花般的盛唐的无限追怀，人们似乎就更有理由将这无限美好却已近黄昏的夕阳看作大唐帝国命运的写照，为它光荣的历史感到自豪，也为它不可挽回的衰落而痛惜。此诗情调悲凉而不颓唐，除得力于意境阔大、情景浑融外，还在于其中表达了诗人热爱美好事物、执着于崇高理想的健康明朗的感情。

忧时悯乱这一主题除了表现为对国运的关切和忧虑，还表现为对广大百姓生存状态的关心与同情，这方面的诗作为数相当不少。以李白为例，他是浪漫诗人，较少描写客观现实，但从他为数不多的反映民生疾苦的作品中，也不难看出他对人民的关心和同情。如《丁都护歌》：

云阳上征去，两岸饶商贾。
吴牛喘月时，拖船一何苦！
水浊不可饮，壶浆半成土。
一唱都护歌，心摧泪如雨。
万人凿磐石，无由达江浒。
君看石芒砀，掩泪悲千古。

这首诗用乐府旧题而别出新意，描写河上纤夫拖船运石的苦况。诗人用白描手法，在交代了人物活动的地点和背景之后，一层比一层深入地揭示了纤夫的悲惨处境。先是写他们于盛夏酷暑之中逆水挽舟的艰苦，继写水浊难饮、生活条件的恶劣和纤夫悲歌落泪心境的凄苦，最后写磐石采之不尽、输之难竭给纤夫造成的无穷悲苦。此诗处处用形象代替概念，如用"吴牛喘月时"代表夏季，用"壶浆半成土"表现天旱水浅和纤夫生活的艰苦，都富有表现力。这就使"拖船一何苦"的议论于具体典型的细节和生动可感的画面中自然生发，诗人对纤夫们的深切同情也倾注在这些形象描写之中。由于此诗真实地反映了纤夫的生活场景，故《唐宋诗醇》评曰："落笔沉痛，含意深远，此李诗之近杜者。"

唐代另一位浪漫诗人李贺虽只活了二十七岁，却也在他有限的生命历程中将目光和笔触投向社会底层百姓。但与《丁都护歌》的现实主义风格不同，他的一首《老夫采玉歌》写得想象新奇，极富浪漫色彩：

采玉采玉须水碧，琢作步摇徒好色。
老夫饥寒龙为愁，蓝溪水气无清白。
夜雨冈头食蓁子，杜鹃口血老夫泪。
蓝溪之水厌生人，身死千年恨溪水。
斜山柏风雨如啸，泉脚挂绳青袅袅。

村寒白屋念娇婴，古台石磴悬肠草。

长安附近的蓝田山产玉，山下溪水中尤其出产一种名贵的碧玉。中唐时期，百姓被迫冒着生命危险到蓝溪开采，不少人溺水身亡，此诗即反映了这一悲惨的社会现实。对于这样一个取材于现实生活的题材，诗人却采用了浪漫手法加以表现，如不直接写采玉劳役的繁重，而说连水中的龙都不堪其扰，蓝溪之水也变得浑浊不清。更为奇特的是，诗人将役夫纷纷葬身溪水这一事实，说成是被污染了的蓝溪厌恶生人，枉死的冤魂也同溪水结下了千年不解的怨恨。想象真是度越常情，出人意表，而统治者不过是为了贵妇头上的装饰好看便不顾百姓死活的罪恶也暴露无遗。在构思上，诗人着意通过对一位采玉老人形象的刻画来表现民工的艰辛和痛苦，用“夜雨冈头食蓁子”的具体画面展现他饥寒交迫的悲惨境遇，以“杜鹃口血老夫泪”展示他血泪交迸的痛苦心灵。诗人对老夫采玉时的心理描写尤其生动细致。在风雨如啸的山崖柏林边，泉水下注汇成道道瀑流，老夫身系长绳坠下深溪，他的生命就依托在这样一根飘摇不定的绳索上，这情景真是令人惊心动魄！就在这十分危险的生死关头，他忽然看见古台石磴上生长的别名“思子蔓”的悬肠草，不由忧念起他那寒村茅屋中幼小的儿女来。对老夫内心世界的深入开掘，着实震撼人心，更加深刻地揭示了人物的悲剧命运。关注生命问题，善于体味和抒写人在生死关头的心理变化，也是李贺诗歌的一个特征。这是一首叙事诗，却有很强的抒情色彩，对统治者荒淫残酷的愤慨，对劳动者身受苦难的同情，都跃然纸上。不论就思想还是艺术而言，《老夫采玉歌》都是同类题材中别开生面的杰作。

儒家民本思想的影响，被战乱卷入社会下层的贫困生活的体验，使杜甫始终把关心和反映人民的苦难当作自己的神圣使命。深切同情百姓的疾苦，表达他们的愿望和要求，像一根红线几乎贯穿了他的全部诗作。《兵车行》和“三吏”“三别”这类反映重大历史事件的名篇自不必说，即在描写日常生活小事的诗歌中也鲜明地体现了杜甫的人道主义精神和对人民的深厚爱心。如《又呈吴郎》：

堂前扑枣任西邻，无食无儿一妇人。
不为困穷宁有此？只缘恐惧转须亲。
即防远客虽多事，便插疏篱却甚真。
已诉征求贫到骨，正思戎马泪盈巾。

杜甫写这首诗有这样一个背景：代宗大历二年（767），杜甫客居夔州（今重庆市奉节县），起先住在瀼西，邻家一位穷苦的寡妇常来堂前打枣。后杜甫迁至东屯，瀼西的草堂便让给姓吴的亲戚居住。谁知这人一迁来就在草堂四周插上篱笆，意在防人前来打枣，杜甫便写了这首诗委婉地劝告他。诗人先从自己说起，他告诉吴郎，堂前的枣树任凭邻人打枣，自己从来不加以干涉，因为这是一个“无食无儿”的可怜寡妇。在现身说法之后，诗人进一步说明自己之所以如此的原因：她如果不是因为穷得没有法子，哪会做这样的事？而正因为她担心害怕，所以更应该对她亲切和气才是。可谓同情极深，体贴极细。有了这一番铺垫，接下来诗人才将话题引向吴郎，责怪他不该插篱防人，措辞仍十分委婉含蓄，说老妇人害怕你不让她打枣，固然未免多心；但你一来就插上篱笆，倒像是真的不让她打枣了。说老妇人多心，显然是有意为吴郎开脱，以免引起他的反感，从而使他能够听从自己的劝告。最后，诗人从老妇对于官府搜刮已使她穷到极点的哭诉，进而想到绵延不断而使人民陷于水深火热之中的战乱，于是禁不住热泪盈巾。这就更深一层地揭示出造成老妇生活如此贫困的根本原因。当然，老妇只是千千万万穷苦百姓中的一员罢了。仇兆鳌称此诗“直写真情至性，唐人无此格调，然语淡而意厚，蔼然仁者痌瘝一体之心，真得三百篇神理者”（《杜诗详注》），便是看出了诗中所体现的对人民的一片赤诚。的确，在这样一件微不足道的小事上，对待这样一位普通的穷苦寡妇，杜甫竟能如此关怀体贴入微，自可见杜甫忧国忧民的博大胸怀，也正体现了杜甫作为人民诗人的精神境界，这种精神对后世进步诗人产生了极其深远的影响。

继承杜甫诗歌的现实主义精神，讽喻社会现实，反映民生疾苦，成为中唐诗坛的一种潮流，白居易是其中有力的倡导者和最杰出的代表。他明确提出了“惟歌生民病”（《寄唐生》）的主张，并将其付诸实践，除著名的《新乐府》五十首、《秦中吟》十首外，还有不少诗歌反映了他对下层人民特别是农民命运的极大关注，如《采地黄者》：

麦死春不雨，禾损秋早霜。
岁晏无口食，田中采地黄。
采之将何用？持以易糇粮。
凌晨荷锄去，薄暮不盈筐。
携来朱门家，卖与白面郎：
与君啖肥马，可使照地光。
愿易马残粟，救此苦饥肠。

这首诗写荒年农夫的遭遇。前四句交代农夫采地黄的原因，由于“春不雨”“秋早霜”，造成“麦死”“禾损”，农民到岁末没有口粮，只好到田里去采地黄。地黄，乃是一种植物，根可入药，有滋补效用，却不能代替粮食，采来又有何用呢？五、六句用一个设问引出采地黄的目的在于用来换粮食。七、八句写采地黄的辛苦和艰难，从“凌晨”到“薄暮”还不满一小筐。后半写农夫到富人家里去卖地黄的情景。农夫对身居“朱门”的“白面郎”说：“用地黄喂您的肥马，可以使它的皮毛光润得照亮地面。我请求用地黄来换马吃剩的饲料，填饱饿得难过的辘辘饥肠。”农夫因灾荒食不果腹的遭遇已经够悲惨的了，用地黄去换马的饲料充饥就更令人触目惊心。结末借农夫之口道出来的这一事实，深刻反映了封建社会里人不如畜的惨痛现实，揭示了压迫者与被压迫者之间境遇的悬殊。不作任何阐释，不发一句议论，运用对比的方法，把两种对立的现象并列在一起，使题旨自见，是这首诗的显著特征，也是白居易这类讽喻诗的常用手法。如《轻肥》写达官贵人“樽罍溢九酝，水陆罗八珍；果擘洞庭橘，脍切天池鳞”奢侈生活的同时，指出：“是岁江南旱，衢州人食人!”《重赋》写百姓无衣御寒，“幼者形不蔽，老者体无温”，而官府从他们身上搜刮来的财物，却是“进入琼林库，岁久化为尘”。《买花》写富贵人家不惜重金购买牡丹，而“一丛深色花”，便是“十户中人赋”！这些诗都揭示了封建剥削制度的罪恶本质，是对杜甫揭示阶级对立的名句“朱门酒肉臭，路有冻死骨”（《自京赴奉先县咏怀五百字》）的具体化。这首诗不事藻饰，纯用白描，语言明白晓畅，体现了白居易诗特有的通俗平易的风格。

不仅后世流传千古，而且在当时即已“传诵人口”的还有**李绅**[87]的《悯农二首》：

春种一粒粟，秋收万颗子。
四海无闲田，农夫犹饿死。

锄禾日当午，汗滴禾下土。
谁知盘中餐，粒粒皆辛苦。

两首诗分别写农民的劳而无获和稼穑艰难。第一首说由于农夫辛勤劳作，不仅庄稼有了收成，而且四海之内都由荒地变成良田。在一连三句层层递进地渲染了丰收之后，突然一个反跌，说到头来农夫仍不免饿死。强烈的对照，巨大的反差，令人震撼，也发人深省。后一首以烈日下锄禾挥汗如雨的形象，具体再现了“春种”“秋收”过程中农夫的辛劳，并抓住“汗滴”与“粒粒”米的形状相似抒发议论，慨叹耕稼之艰辛、粮食的来之不易。两首诗反映的不是个别人的遭遇，而是广大农民的痛苦生活和被剥削的命运，因而具有高度的概括性和深刻的典型意义。此外，这两首诗并非像清代李锳所说“纯以意胜，不在言语之工”（《诗法易简录》），而是既有具体生动的形象，又有寓意深远的论述，语言既通俗质朴，又深刻精警，同时字里行间又凝聚着诗人强烈的愤慨和真挚的同情。这两首悯农诗深入人心，脍炙人口，的确不是偶然的。

以“苦吟”著称的诗人**孟郊**[88]，一生“拙于生事，一贫彻骨”（辛文房《唐才子传》），因而对下层百姓的疾苦也有切身体会，《寒地百姓吟》是其中的杰作：

无火炙地眠，半夜皆立号。
冷箭何处来，棘针风骚劳。
霜吹破四壁，苦痛不可逃。
高堂槌钟饮，到晓闻烹炮。

寒者愿为蛾，烧死彼华膏。
华膏隔仙罗，虚绕千万遭。
到头落地死，踏地为游遨。
游遨者是谁，君子为郁陶。

诗一开始便展现出寒地百姓悲惨生活的图画：贫苦百姓无火炉取暖，只得炙地而眠。到了半夜，热气消散，地面冰凉，个个冻得站起来号哭。冷风如箭破壁而入，刺人肌骨苦不堪言。而就在同一时刻，富贵人家的高堂华屋中却是另一番景象：明烛高照，钟乐齐鸣，宴饮通宵达旦，烹炮香气弥漫。鲜明的对比展示出贫富之间的天壤之别。接下来由对外在现象的描写转入人物的内心世界，写寒地百姓在冻馁难耐之时，竟然愿意变成飞蛾，为了换取片时的温暖而拼死接近华灯。这一想象是那么令人惊心动魄，却又是那么合情合理，它真实地反映了寒地百姓在特定环境下产生的变态心理，入木三分地揭示出百姓生不如死的悲惨处境。但诗人并不就此止笔，而是进一步写灯烛罩在华丽的纱罗中，飞蛾徒然地在四周绕来绕去而无法接近火烛。这一比喻再形象不过地说明了百姓不仅求生不得，连求死也不能的可悲命运。最后写飞蛾在历尽磨难之后终不免落地而死，死后还要被那些整天吃喝游乐的富贵者践踏。这首诗在揭示贫苦百姓的非人生活和绝望心情的同时，尖锐地指出了造成穷人苦难的原因，表达了诗人对吮吸劳动者血汗的、穷奢极欲的"游遨者"的愤慨和对挣扎在死亡线上的穷苦百姓的深刻同情。此诗不仅立意新颖深刻，而且在选材、构思、设譬等方面都不落常套，体现了孟郊苦吟的匠心和奇僻的诗风。

晚唐社会政治更加黑暗腐败，民不聊生，一部分有正义感的诗人继承了杜甫和中唐诗人写实讽喻的传统，并在反映民生疾苦的同时，表达了自己对现实的强烈不满。因之深刻的揭露、犀利的批判、尖锐的讽刺，便成为这一类诗歌的共性。如反映赋税苛重的**陆龟蒙**[89]的《新沙》：

渤澥声中涨小堤，官家知后海鸥知。
蓬莱有路教人到，应亦年年税紫芝。

诗的前两句叙事，说在不断起落的潮声中，海边涨起了一片新的沙洲，终日在海上飞翔的海鸥还没有发现，官府却已追踪而至。这两句虽是写实，语气平淡，但从"海鸥"与"官家"的有意对照中不难体味蕴含其中的讽意。接下来却不写官府如何横征暴敛，而是宕开一笔别出奇想：如果蓬莱仙岛不是虚无缥缈而有路可到的话，只怕仙人种的灵芝也要年年收税了。诗人以高度夸张的手法和诙谐冷隽的口吻，入木三分地刻画了官府对民间无孔不入的剥削，收到强烈的讽刺效果，体现了诗人嬉笑怒骂皆成文章的一贯风格。赋敛之重是唐末政治的一大弊端，不少诗反映了这一社会现实，杜荀鹤《山中寡妇》便是其中的名篇。作品通过对山中寡妇悲惨生活的描述，揭露了敲骨吸髓的赋役剥削，结末所云"任是深山更深处，也应无计避征徭”，尤为深刻警策，与《新沙》有异曲同工之妙。**杜荀鹤**[90]《再经胡城县》也是一首具有强烈批判意识的力作，诗只有四句：

> 去岁曾经此县城，县民无口不冤声。
> 今来县宰加朱绂，便是生灵血染成。

此诗前三句记叙自己先后两次经过胡城县的经过：去年经过这里时，百姓没有不喊冤叫屈的；今年再经此地时，这一怨声载道的县宰却居然加官晋爵。可见封建官场已黑暗到何种地步！但诗人并未直抒感慨，而是巧妙地抓住升官后的官服颜色与人血相同这一特点，有意将二者联系起来，使县民“无口不冤声”与县宰“加朱绂”之间的因果关系被揭示出来，收到了撼人心魄的效果。这首诗笔锋十分犀利，鞭挞极其有力，对唐末官吏令人发指的虐民邀功岂止是揭露而已，简直是愤怒的控诉和声讨！诗人所反映的也不只是唐末的社会现实，而是封建社会里统治者与被统治者关系的真实写照。

在揭露地主残酷剥削的晚唐诗歌中，**聂夷中**[91]《咏田家》是最深刻动人的一篇，尤其是诗的前四句可独立成篇，堪与李绅《悯农》诗前后辉映：

> 二月卖新丝，五月粜新谷。
> 医得眼前疮，剜却心头肉。

残酷的阶级剥削使广大农民濒于破产，无法生存，只得忍痛卖青苗聊救眼前饥寒。对这样一个惨痛事实，诗人用了一个极为生动形象的比喻：剜肉补疮。对于揭露剥削的极端残酷和揭示农民处境的极度悲惨来说，的确没有比这一比喻更贴切、更深刻也更震撼人心的了。“医得眼前疮，剜却心头肉”，也因之成为流传千古的名句，至今仍脍炙人口。有感于眼前民不聊生的惨状，关心民瘼的诗人希望引起统治者的注意以改良现实，所以在诗的后半首陈情道：“我愿君王心，化作光明烛。不照绮罗筵，只照逃亡屋。”尽管把改良的希望寄托在君王身上极不切实际，反映了诗人的局限，但诗中所体现的对穷苦百姓的深厚同情以及对统治者不体恤民情的委婉谴责，是有相当的进步性的。同时，诗人以“逃亡屋”和“绮罗筵”鲜明对照，揭示了贫富的两极分化及严重后果，更表现出对现实的深刻认识，并有着警醒当世的作用。这首诗篇制虽短，但寓意深刻，语言警拔，故沈德潜称其“言简意足”（《唐诗别裁集》），认为可与柳宗元的杰出散文《捕蛇者说》相媲美。

宋词篇

多少新亭挥泪客，谁梦中原块土

词在一般人心目中，只是抚花拈草、吟风弄月或者是表现私人情感的一种文体，因此北宋时期的文人词多为樽前浅斟低唱、儿女花前月下之作，涉笔时事、政治这类大题目的很少。即便是像苏轼这样的豪放词人，以戎马报国、抵御外侮为主题的爱国壮歌也不多。只有到靖康国难和宋金对峙局势严峻之际，词坛才勃发出一股强劲的忧时悯乱思潮；也只有在那些诞生于家国多事之秋的词作中，词人的社会责任感和历史使命感才获得前所未有的释放和张扬。

来看苏轼的《江城子·密州出猎》：

> 老夫聊发少年狂，左牵黄，右擎苍。锦帽貂裘，千骑卷平冈。为报倾城随太守，亲射虎，看孙郎。
>
> 酒酣胸胆尚开张，鬓微霜，又何妨。持节云中，何日遣冯唐？会挽雕弓如满月，西北望，射天狼。

熙宁八年（1075）冬天，苏轼祭常山归来，与同官习射狩猎，遂作此词。全词以酣畅淋漓的笔墨，描写会猎习射的雄壮场面，抒发御敌报国的英雄襟怀。此词并非一般的少年狂气的发泄，而是借内心深处狂放之气流露出忧国忧民之感叹。从当时的社会背景来看，从熙宁三年（1070）到七年（1074），辽和西夏数次南侵，北宋政府只是一味丧权辱国，用割地赔银来解决，长此以往，真的是国将不国了。所以苏轼借出猎之豪情，将深埋心中的夙愿和盘托出，想象着自己会像“挽雕弓如满月”的壮士一样，将西北边陲的侵略者驱逐出境。此词境界阔大，风格豪放，是苏轼现存词作中较早的一首豪放词。关于这首词，他曾在《与鲜于子骏书》中提到：“近却颇作小词，虽无柳七郎风味，亦自是一家。呵呵！数日前猎于郊外，所获颇多。作得一阕，令东州壮士抵掌顿足而歌之，吹笛击鼓以为节，颇壮观也！”

稍后于苏轼的贺铸《六州歌头》也是此类词作的代表：

> 少年侠气，交结五都雄。肝胆洞，毛发耸。立谈中，死生同。一诺千金重。推翘勇，矜豪纵。轻盖拥，联飞鞚，斗城东。轰饮酒垆，春色浮寒瓮，吸海垂虹。闲呼鹰嗾犬，白羽摘雕弓，狡穴俄空。乐匆匆。

似黄粱梦。辞丹凤，明月共，漾孤篷。官冗从，怀倥偬，落尘笼。簿书丛，鹖弁如云众，供粗用，忽奇功。笳鼓动，渔阳弄，思悲翁。不请长缨，系取天骄种，剑吼西风。恨登山临水，手寄七弦桐，目送归鸿。

此词作于哲宗元祐三年（1088）秋，时贺铸在和州（辖今安徽和县、含山等地）管界巡检任上。词人以第一人称的自叙方式，通过对少年生活的回忆，表现了壮志难酬、报国无门的苦闷，揭露并声讨了朝中投降派的卑劣行径。上片塑造出一个肝胆相照、千金一诺、意气风发、豪情满怀的侠士形象，换头却用“似黄粱梦”一语，写词人的少年意气在不得重用的琐屑事务中消耗殆尽，暗示已今不如昔。异族入侵、国难当头之际，本该是英雄大有用武之地之时，然而神宗去世后，西夏人得寸进尺，步步南侵，朝中则投降派当道，爱国将士报国无门。“笳鼓动”六句，抒发了词人空怀满腔爱国之情却壮志难酬的悲愤，写得荡气回肠，掷地有声。整首词悲壮苍凉，豪放之中不乏沉郁，堪与苏、辛豪放词风媲美。俞陛云评曰：“此与《小梅花》调皆雄健激昂，为集中希有之作。上阕‘酒垆’以下七句，下阕‘长缨’以下六句，尤为警拔。”①

南宋初期词人在国事剧变中历经血与火的洗礼，一批具有强烈民族忧患意识的词人在国难当头和民族危亡之际，唱出一曲又一曲忧时伤世的时代悲歌。张元幹便是其中的一位，来看他的《贺新郎·寄李伯纪丞相》：

曳杖危楼去。斗垂天，沧波万顷，月流烟渚。扫尽浮云风不定，未放扁舟夜渡。宿雁落、寒芦深处。怅望关河空吊影，正人间、鼻息鸣鼍鼓。谁伴我，醉中舞。

十年一梦扬州路，倚高寒、愁生故国，气吞骄虏。要斩楼兰三尺剑，遗恨琵琶旧语。谩暗涩铜华尘土。唤取谪仙平章看，过苕溪尚许垂纶否？风浩荡，欲飞举。

宋高宗绍兴八年（1138），李纲上书反对议和，被罢居福建长乐。这时，张元幹正寓居福州，惺惺相惜，故寄以此词。词中表达了对国事的殷切关怀，抒发了为国建功立业的热切情怀。开篇便以辽阔苍凉的夜晚景象衬托自己深感抗金无人的孤寂心情。接下来写自己登上高楼，怅望故国，而此刻的人间正鼻息如鸣鼓，这里暗指那些麻木不仁、苟且偷安之辈，表达了词人对于现状的悲愤。下片运用典故和暗示手法表明对朝廷屈膝议和的强烈不满。追根溯源，词人明确指出，从宋高宗开始的投降路线发展到签订称臣纳贡的《绍兴和议》，国势每况愈下。他感慨抗金义士遭到排挤，痛恨投降派的求和媚敌。而在和议已成定局、国运堪忧的形势下，只能凭浩荡长风，怀着气冲云霄的壮志雄心，对李纲坚持主战、反对和议的

① 俞陛云．唐五代两宋词选释．上海：上海古籍出版社，1985：256.

主张表示最大的支持。此词赋景入情，苍凉雄深，“慷慨悲歌，声动简外”（《四库全书简明目录》卷下），将个人的身世之感与家国之忧打成一片，成为辛弃疾、陆游词的先声。

生于民族矛盾尖锐、国势危迫之际的陆游亲身感受到金人入侵带来的灾难，直到暮年，仍心心念念不忘关注国事。来看他的《诉衷情》：

当年万里觅封侯，匹马戍梁州。关河梦断何处？尘暗旧貂裘。
胡未灭，鬓先秋，泪空流。此生谁料，心在天山，身老沧洲。

这首词通过当年与如今的对比，表现了词人的报国之心与不遇之悲。全词从回忆年轻时代的英雄壮举开始，“万里”与“匹马”对举，重现了词人当年单枪匹马万里征战的英姿，并用东汉名将班超的典故，抒发了自己勇赴国难、报效国家的壮志。而这一切如今都已成为梦境，旧时的战袍已满是灰尘、暗淡无光。写这首词时，词人已年近七十，然而他关心国家的政治热情、以身许国的忧国精神并未有所减少。所以接下来转入情感的抒发：他痛心于“胡未灭”，而自己“鬓先秋”，除了伤心流泪，自己还能有什么作为呢？一个“空”字，写出了词人内心的无奈、绝望和痛苦。最后三句说满怀复国壮志的自己如今竟然报国无门，只落得个心系前线、闲老家乡的凄凉下场，失意之情溢于言表。胡云翼说：“‘心在天山，身老沧洲’两句概括了词人晚年生活和思想矛盾的悲愤情绪。”① 此词运用对比手法，通过当年与如今、理想与现实、心与身的对比，抒发了对南宋统治者卖国投降的愤慨及自己“烈士暮年，壮心不已”的情怀，读之令人感慨。

与张元幹并称“二张”的张孝祥，同样系心国事，将一片忧国忧民之心发之于词。其词直抒胸臆、慷慨悲歌、气势豪迈，《六州歌头》鲜明体现了这一特点：

长淮望断，关塞莽然平。征尘暗，霜风劲，悄边声。黯销凝。追想当年事，殆天数，非人力；洙泗上，弦歌地，亦膻腥。隔水毡乡，落日牛羊下，区脱纵横。看名王宵猎，骑火一川明，笳鼓悲鸣，遣人惊。

念腰间箭，匣中剑，空埃蠹，竟何成！时易失，心徒壮，岁将零。渺神京。干羽方怀远，静烽燧，且休兵。冠盖使，纷驰骛，若为情！闻道中原遗老，常南望、翠葆霓旌。使行人到此，忠愤气填膺，有泪如倾。

这首词作于宋孝宗隆兴元年（1163），时张浚都督江淮军马，张孝祥为都督府参赞军事，并继张浚兼领建康留守。词中表现了国土沦丧之时，朝廷却安于现状，自己无所作为的悲愤。上片写沦陷区的凄凉惨景和敌人的横暴骄纵。遥望淮河一带，映入眼帘的是尘土飞扬、寒风凛冽的景象，靖康亡国之痛，使中原大地沦为金兵的天下。敌军气焰嚣张，他们手持火把照亮整片山川，胡笳的悲鸣更是令人胆战

① 胡云翼注．宋词选．上海：上海古籍出版社，1962：253.

心寒。下片说腰间的弓箭、匣中的宝剑空被尘染虫蛀，时光流逝，一年将尽，而恢复故国的希望更为渺茫。“干羽”三句借典故辛辣地讽刺朝廷放弃失地、安于现状的行径，矛头直指朝廷正在推行的和议政策。接下来写自绍兴和议之后，被派遣求和的使臣们充塞道路，饱受屈辱，忠直之士还有被扣留或被杀害的危险。继而笔墨转向沦陷区的遗民，说中原的百姓向往故国，每每南望，殷切盼望复国的消息，更反衬出朝廷弃民苟安的罪行。想到此，怎不令人悲痛欲绝，义愤填膺？此词以短句为主，节奏急促，情调悲壮，淋漓尽致地抒发了词人的激昂情绪和深沉感慨。陈廷焯赞此词：“淋漓痛快，笔饱墨酣，读之令人起舞。”（《白雨斋词话》）以“二张”为代表的积极主张抗金复国的士大夫词人，构成一个“英雄豪杰词派”，以英雄豪杰之气和时代忧患精神灌注于词章，成为由苏轼“东坡体”到辛弃疾“稼轩派”的一个重要的枢纽与桥梁。

在南宋，将忧时悯乱主题发挥到极致的是著名的爱国词人辛弃疾，他的词激昂慷慨、感情奔放，寄寓了广阔的社会内容和深沉的爱国情感，如他的《摸鱼儿》：

> 更能消几番风雨？匆匆春又归去。惜春长怕花开早，何况落红无数。春且住。见说道、天涯芳草无归路。怨春不语。算只有殷勤，画檐蛛网，尽日惹飞絮。
>
> 长门事，准拟佳期又误。蛾眉曾有人妒。千金纵买相如赋，脉脉此情谁诉？君莫舞，君不见、玉环飞燕皆尘土！闲愁最苦。休去倚危栏，斜阳正在、烟柳断肠处。

淳熙六年（1179）春，词人由湖北调往湖南，同僚置酒为他饯行。词人想到南归至此已有十七年之久，其间，不仅扶危救亡的壮志无从施展，而且反因此招致投降派的排挤打击，于是即景生情，写下这首词。此词全篇皆用比兴手法，借惜春伤春及后宫争宠，抒发了长期郁积于胸的苦闷，表达了对国事的深重忧虑及对南宋小朝廷昏庸腐朽的强烈不满。上片写眼前春意阑珊的景象，抒发了见春归去的复杂心情，笔致千回百折。“风雨”送春归去，满地“落红无数”，这既是眼前暮春景色，更是处于风雨飘摇之中的南宋王朝的真实写照；其中未始没有寄寓词人光阴虚掷、事业无成的感叹。惜春便欲留春，而春色难留，于是“怨春”，但怨又有何益？无可奈何之际，词人甚至羡慕起眼前的“画檐蛛网”来。蜘蛛以微薄之躯拼尽全力挽留春光，自己不也是如此吗？明知无力回天，仍怀一腔“殷勤”报国之心。这四句将从“惜春”到“留春”再到“怨春”的复杂感情写得波澜起伏，曲折顿挫。下片借汉武帝陈皇后长门失宠的典故，写自己忠而见疑、不被信用的失意，抒发了蛾眉见妒的感慨；借杨玉环、赵飞燕的故事比喻权奸当道、小人得志的现实，抒发了自己一片爱国深情无处倾诉的苦闷。最后三句，以烟柳斜阳的凄迷景象，象征了南宋王朝日薄西山、岌岌可危的形势，以景作结，余味无尽。这首词缠绵曲折，沉郁顿挫，看起来写得很婉约，正如唐圭璋所说，“此词以太白诗法，写忠爱之忱，宛转怨慕，尽态极妍”①，表达的情感却极沉痛。可以说是明为婉约，实为豪放，而将婉约与豪放统一于一篇之中，乃词中所少见，充分显示了辛弃疾这位大家的才能。

作为辛派词人之一的**刘克庄**[92]词中也常表现关心国家命运的爱国情怀，《贺新郎·送陈真州子华》就是其中的一首：

北望神州路，试平章、这场公事，怎生分付？记得太行山百万，曾入宗爷驾驭。今把作握蛇骑虎。君去京东豪杰喜，想投戈下拜真吾父。谈笑里，定齐鲁。

两河萧瑟惟狐兔。问当年、祖生去后，有人来否？多少新亭挥泪客，谁梦中原块土？算事业须由人做。应笑书生心胆怯，向车中、闭置如新妇。空目送，塞鸿去。

此词是为陈子华到真州上任所作的临别赠言。陈真州，字子华，他懂军事，善谋划，当时朝廷派他知真州兼淮南东路提点刑狱。真州，今江苏仪征市，在长江北岸，是当时的国防前线。词中并未把故友交情作为重点来写，而是结合历史和时事，批评朝廷不与起义军合作，讽刺当权者的软弱无能，鼓励陈子华勇往直前，收复失地，也委婉表达了自己的北伐夙愿及爱国之情。上片说，靖康之难后，中原地区人民纷纷起义抗金，其中以太行山一带的“八字军”最为突出。时为东京留守的宗泽将这些起义军一一招降，与他们共同抗金。“宗爷”，指宗泽，他作战勇猛，令金人不敢进犯，被人称为宗爷。而如今的朝廷对待起义军却如握着蛇、骑着虎，左右为难，不知所措。现在你陈子华去了，京东那里的抗金义士一定很高兴，尊你为领袖，听从你的调遣，收复失地指日可待。下片着重写当今形势，感叹国土沦丧，满目萧瑟，却看不到像祖逖那样的志士仁人了。“祖生”，指祖逖。晋元帝时他统兵北伐，击败石勒，收复了黄河以南地区。如今所见的多是那些只会流泪空谈的人物。“新亭挥泪客”，出自《世说新语·言语》：“过江诸人，每至美日，辄相邀新亭，藉卉饮宴。周侯中坐而叹曰：‘风景不殊，正自有山河之异。’皆相视流泪。唯王丞相愀然变色曰：‘当共勠力王室，克复神州，何至作楚囚相对！’”接下来指出，事在人为，不需颓丧，再次把陈子华推向抗金的最前方。词人最后说自己就像关在车里的新娘子，纵有对时局的担忧和焦虑，也无法摆脱现实的困境，只有寄希望于陈子华振作豪气、勇于作为，完成收复国土的重任。此诗直抒胸臆，笔调跌宕，闻之令人振奋，是典型的豪放作风。杨慎评曰：“壮语亦可起懦。”（《词品》）

对词人来说，时世变异，昔荣今悴，最易引发忧时伤乱的情怀，并寓托于作品

---

① 唐圭璋释．唐宋词简释．上海：上海古籍出版社，1981：175.

的字里行间。如姜夔的这首《齐天乐》：

> 庾郎先自吟愁赋，凄凄更闻私语。露湿铜铺，苔侵石井，都是曾听伊处。哀音似诉，正思妇无眠，起寻机杼。曲曲屏山，夜凉独自甚情绪？
>
> 西窗又吹暗雨。为谁频断续，相和砧杵？候馆吟秋，离宫吊月，别有伤心无数。豳诗漫与。笑篱落呼灯，世间儿女。写入琴丝，一声声更苦。

从题材分类上说，这是一篇咏物词，咏的是蟋蟀。词前小序交代了写作背景：宋宁宗庆元二年（1196）秋，词人与张功父（名镃，抗金名将张浚之孙）、张达可会聚饮酒，听到蟋蟀鸣声，相约以此为题作词。姜词就是这样写成的。上片以直写为主：秋凉的深夜，本来已自忧愁，这时听到蟋蟀凄凄恻恻的鸣叫，其情可知。“露湿”数句，写闻蟋蟀凄鸣之地；“哀音”数句，写其凄鸣之声令人倍感凄凉。下片曲写：笔触从蟋蟀宕开，以西窗暗雨、离宫冷月相烘托，写客馆中的凄凉冷清。从所用典故、词语中明显能看出词人借咏蟋蟀而伤故国的忧世情怀。如“庾郎”指庾信，他羁留北方，被后世文人看成是离家去国的经典意象；“露湿铜铺”之“铜铺”，指失意人幽居之所。“离宫”与“豳诗”，也都是故国之思的象征。篇末以“篱落呼灯”的“世间儿女”来作比，更见词人一番忧国伤时之情，无人可以诉说。陈廷焯说：“以无知儿女之乐，反衬出有心人之苦，最为入妙。”（《白雨斋词话》）诚哉斯言。

在偏安一隅的南宋，这种忧时悯乱乃是士大夫最为普遍的情怀，也是南宋后期词作萦回不去的一个主题。如**蒋捷**[93]的这首《贺新郎·兵后寓吴》，就用伤感的情调，低回掩抑地诉说身世之哀与家国之恨，深寓亡国的哀音和遗民的叹息：

> 深阁帘垂绣。记家人、软语灯边，笑涡红透。万叠城头哀怨角，吹落霜花满袖。影厮伴、东奔西走。望断乡关知何处，羡寒鸦、到着黄昏后。一点点，归杨柳。
>
> 相看只有山如旧。叹浮云、本是无心，也成苍狗。明日枯荷包冷饭，又过前头小阜。趁未发、且尝村酒。醉探枵囊毛锥在，问邻翁、要写《牛经》否。翁不应，但摇手。

这首词反映的是在元兵南侵兵荒马乱背景下词人流离失所的生活。“深阁”三句是对词人记忆中温馨氛围的描写，在漂泊中的词人多么希望回到故乡和家人团聚，可是城头上反复吹奏着哀怨的号角，国土沦陷，江山易主，家乡在何处？这几句写出了面对国破家亡时的伤恸。黄昏之后，“寒鸦”尚可归巢，令人产生人不如鸦之感！“相看只有山如旧”句流露出物是人非的悲痛心情。“叹浮云”比喻世事和人生的变幻无常，从而将词人的漂泊孤凄之感与亡国之痛融合在一起。更为凄苦的还在于被迫逃离家园的词人连食宿都无法保证，只得“明日枯荷包冷饭，又过前头小阜”。身为书生，词人幸喜那唯一的谋生工具毛锥还在。他询问邻近的老翁是否需要抄写《牛经》之类，然而在战后凋败的社会中，很难找到买主。此词通过对战后萧败景象以及词人悲惨遭遇的描写，有力控诉了战争和亡国带给百姓的深重灾难。

综上可见，忧时悯乱的诗词创作极为宽泛，几乎涵盖了唐宋所有的创作群体，并且在政治斗争越是激烈、社会环境越是动荡不安的时期，表现忧国忧民的作品就越是繁富深刻，这大概就是对“国家不幸诗家幸”的最好诠释吧！

第九章

羁旅行役

在我国古代文学中，羁旅行役一直是重要的题材和传统的主题。钟嵘在《诗品》中说到诗歌感荡心灵的种种情形，有“楚臣去境，汉妾辞宫”之语，指的就是羁旅行役。早在《诗经》中，《小雅·采薇》《王风·黍离》《豳风·东山》等篇，就反映了徭役和兵役带来的痛苦，表现了征人对家乡和亲人的思念。汉乐府和古歌中，也有不少作品或揭露战争的罪恶和徭役的繁重，或抒发征人、游子对故乡的思念。至于文人的羁旅行役之叹与怀乡念亲之思，在魏晋诗歌中已有较多的表现。曹操、曹植、陶渊明等大诗人，都有数量可观的羁旅行役之作。到了唐朝，科举制度的实行，激发了中下层文人对功名和事业的种种幻想，漫游求官、出入边塞蔚成风气，羁旅行役诗大量产生。这些诗抒发了旅途劳顿、漂荡不定的艰辛，仕途失意、事业无成的焦虑，背井离乡、思亲怀友的苦闷，以及对宦游生活及仕宦功名的无奈与厌倦。羁旅行役题材在宋词中得到了更大的发展，名篇佳什屡见不鲜。柳永、周邦彦的词更以高超的抒情艺术及深广的意蕴，达到此类题材前所未有的高度。

由于羁旅行役诗词的具体内容多与离愁别恨、思乡念友相关，举凡宦游、思乡、山水、边塞，都每每与羁役之感相融合，故其与交游、酬赠、送别等题材在内容上有很大交叉重合。本篇所选羁旅行役诗词，至少要满足旅途、客地两要素之一，在此前提下，尽量减少及避免与交游、酬赠类诗词过多重合。

唐诗篇

鸡声茅店月，人迹板桥霜

严羽《沧浪诗话》说："唐人好诗，多是征戍、迁谪、行旅、离别之作，往往能感动激发人意。"其中提到的四类皆包括在羁旅行役之中。在宦游干谒的行役羁旅中，自然不乏美丽的憧憬和闯荡的豪情，但一般说来，抛家别亲、东游西荡的生活，一旦置身处地，总是让人百味杂陈。情之所之而发为吟咏的，大多还是行旅的孤苦和奔波的辛劳。

跨越隋唐两代的王绩极度推崇陶渊明，作诗师法汉魏及陶诗，开始改变六朝绮靡习气，注重于抒写个人真实的情感与生活。《在京思故园见乡人问》就是因羁留京华、思念故乡而作：

旅泊多年岁，老去不知回。
忽逢门前客，道发故乡来。
敛眉俱握手，破涕共衔杯。
殷勤访朋旧，屈曲问童孩。
衰宗多弟侄，若个赏池台？
旧园今在否？新树也应栽？
柳行疏密布？茅斋宽窄裁？
经移何处竹？别种几株梅？
渠当无绝水？石计总生苔？
院果谁先熟？林花那后开？
羁心只欲问，为报不须猜。
行当驱下泽，去剪故园莱。

在满耳的异乡口音中，偶遇一个操着乡音、来自故乡的人，那份欣喜激动可想而知。"敛眉俱握手，破涕共衔杯"，形象地写出了诗人这份千里他乡遇故知的喜悦之情。"屈曲问童孩"之下，一连十一个问句：家里的弟侄现在怎样了？老花园还在吗？今年春天有没有种树呀？……絮絮叨叨，不厌其烦，正是客子，尤其是诗人这样"老去不知回"的老年客寓者最真实的心态。王维曾有一首《杂诗》——"君自故乡来，应知故乡事。来日绮窗前，寒梅着花未？"也是写羁旅客寓之情，闻名遐迩，而表达路数与本诗完全一致。

王绩始变六朝绮靡，而使唐诗真正开始呈现出自身风貌的，则是“四杰”与陈子昂。闻一多说“四杰”的贡献是将诗笔“由宫廷走到市井”“从台阁移至江山与塞漠”①，羁旅行役正是承载这一转变的重要诗歌题材。“四杰”以草根之身，游历四方，上下求索，所作羁旅行役诗也较多。如王勃《山中》：

长江悲已滞，万里念将归。
况属高风晚，山山黄叶飞。

寥寥二十字，写尽了诗人的旅愁与归思。长江滞缓，黄叶纷飞，说明时令是在深秋。李商隐《滞雨》云：“故乡云水地，归梦不宜秋。”对于客子来说，秋天是一个最容易引发离愁别恨的季节。本诗以长江悲滞开篇，取境阔大。秋季水位下落，水流缓慢，故显得迟滞。诗人想到用“滞”这个字，当是由江流之滞缓而想到自己留滞他乡，含有双关；而一“悲”字，赋予长江以情感，实则是以我观物而产生的自身感受。诗人面对此时此景，思乡之情油然而生。后两句以一“况”字转折层进，高风黄叶，时间上加一“晚”，空间上是“山山”，以景结情，不落言诠，然思乡之情随着眼前景而推进加深，则可想而知。王勃还有一首《羁春》：“客心千里倦，春事一朝归。还伤北园里，重见落花飞。”与《山中》韵脚完全一样，只是一写秋，一写春；一是黄叶飞，一是落花飞；主题也是羁旅情怀，但境界阔大则稍逊于前一首。

“四杰”中同以五言著称的**杨炯**[94]，一生辗转游宦，故特多赠别怀人、思乡念友之作。如《途中》：

悠悠辞鼎邑，去去指金墉。
途路盈千里，山川亘百重。
风行常有地，云出本多峰。
郁郁园中柳，亭亭山上松。
客心殊不乐，乡泪独无从。

本诗当是杨炯左迁梓州司功参军，离京而作。“鼎邑”指的是洛阳，典出《左传·桓公二年》：“武王克商，迁九鼎于雒邑。”“金墉”指贬谪之地。金墉本是洛阳城西北角的一个小城，魏晋以来朝代更迭，废君往往迁居于此，故成为贬谪废居之所的代称。二至六句写贬谪之远，途路千里，山川万重，风云变幻。七、八句为途中所见之实景，柳郁松苍，风景本自怡人；然而“客心殊不乐”，美景也不能阻止诗人思乡的眼泪。所谓以乐景写悲，倍增其悲，正此之谓也。

“四杰”中的另外两位也多有极其出色的羁旅行役诗，如**卢照邻**[95]的《早度分

① 闻一多．唐诗杂论：四杰．北京：古籍出版社，1956：28.

水岭》：

丁年游蜀道，斑鬓向长安。
徒费周王粟，空弹汉吏冠。
马蹄穿欲尽，貂裘敝转寒。
层冰横九折，积石凌七盘。
重溪既下漱，峻峰亦上干。
陇头闻戍鼓，岭外咽飞湍。
瑟瑟松风急，苍苍山月团。
传语后来者，斯路诚独难。

卢照邻本以七言最为擅长，但从本诗来看，其五言诗的成就当不在王、杨之下。本诗将旅途所历、所见、所感一一道来，备极辛苦之状。骆宾王也擅七言，但其羁旅行役诗却多五言，如《早发诸暨》《早发淮口望盱眙》《边夜有怀》等等，成就与另外三杰在伯仲之间。

羁旅行役诗情调偏于伤感是普遍情形，但正如前文所说，其中也会有美丽的憧憬和展望未来的豪情。陈子昂《度荆门望楚》便属此类：

遥遥去巫峡，望望下章台。
巴国山川尽，荆门烟雾开。
城分苍野外，树断白云隈。
今日狂歌客，谁知入楚来。

本诗大约是陈子昂由家乡赴长安而作。唐人出蜀，一般顺江而下，出三峡，过荆门，转汉水。三峡滩险流急，一过荆门则豁然开朗。中间四句写出了从蜀江进入楚江、由高原进入平原的地理风光。可以想象，一个对未来充满憧憬的蜀地才子，当他翻越重重山峦，历尽惊涛骇浪，面对无边广阔的江汉平原、茫茫大江，那施展才干的阔大舞台似乎近在咫尺，该是怎样的激动欣喜。“今日狂歌客，谁知入楚来”，诗人昂扬澎湃之情，溢于言表，也给羁旅行役诗带来明朗热烈的新风貌。后来李白出蜀，在荆门也留下一首名篇《渡荆门送别》，其中写道：“山随平野尽，江入大荒流。月下飞天镜，云生结海楼。仍怜故乡水，万里送行舟。”境界更显阔大，既有飞腾展翅的豪情，也有对故乡的依恋，情感更为丰富。

除“四杰”与陈子昂之外，初唐其他著名诗人的羁旅行役之作也都很多。如宋之问《度大庾岭》：

度岭方辞国，停轺一望家。
魂随南翥鸟，泪尽北枝花。
山雨初含霁，江云欲变霞。

但令归有日，不敢恨长沙。

宋之问因媚附武则天的宠臣张易之而获罪。中宗复位后，宋之问于神龙元年（705）春被贬为泷州（今广东罗定）参军。本诗即其前往贬所途经大庾岭时所作。大庾岭为粤、赣分界，唐代贬官多“配流岭外”，即时人眼中为瘴疠蛮荒之地的岭南。起句“度岭方辞国”，直接点题，“停轺一望家”写出度岭辞家的不舍情状；颔联紧承，把这种不舍之情直接抒发出来；颈联笔触再次宕开写景，山雨含霁，江云变霞，稍改前半凄凉；尾联透示情调稍转明朗的原因，原来是抱着赦归的期望。全诗对仗工稳，情韵和谐，说明五言律诗在此时已达到成熟的境地。

与宋之问同时的沈佺期、杜审言，也都有过远贬岭南的经历。**沈佺期**[96]有《遥同杜员外审言过岭》：

天长地阔岭头分，去国离家见白云。
洛浦风光何所似，崇山瘴疠不堪闻。
南浮涨海人何处，北望衡阳雁几群。
两地江山万余里，何时重谒圣明君。

其所过之岭并非大庾岭，但去国怀乡之悲忧、远适蛮荒贬所的凄凉恐惧，以及渴望赦归的热切心情，与宋之问略无二致。

杜审言[97]在渡湘江赴岭南贬所的途中，有一首《渡湘江》：

迟日园林悲昔游，今春花鸟作边愁。
独怜京国人南窜，不似湘江水北流。

虽然湘江的春天一样花开鸟鸣，但在沦谪人眼中，只是一片悲愁。诗的前二句用昔游与今春对比，以今春之愁眼回顾昔游，则昔游之乐愈显今春之悲。后两句以湘水北上来反比自己的南迁，似乎带点欣羡的口吻，其实是诗人对自己遭贬谪命运的自伤自怜。本诗是初唐较早的一首七绝，情韵悠长，天然动人。胡应麟说：“初唐七绝，初变梁陈，音律未谐，韵度尚乏，唯杜审言《渡湘江》《赠苏绾》二首，结皆作对，而工致天然，风味可掬。”（胡应麟《诗薮·内编》）道出了本诗在唐初文学史上的重要价值。

盛唐的羁旅行役诗，名篇也极多。文学史在论述唐诗发展时，一般都会提到**王湾**[98]的《次北固山下》：

客路青山外，行舟绿水前。
潮平两岸阔，风正一帆悬。
海日生残夜，江春入旧年。
乡书何处达，归雁洛阳边。

时在岁末年初，而游子依然漂流在外，按理当有无限忧思。但本诗却格调明朗，情感豪迈，没有因岁末的萧飒而消沉，而是对新春充满期待。“海日生残夜，江春入旧年”一联，曾被张说悬于政事堂，历来被看成是唐诗新时代到来的写照。本诗和前面提到的陈子昂《度荆门望楚》相似，均是羁旅行役诗中情调相对明朗的。在盛唐时期，这种类型的羁旅行役诗不在少数，当是积极昂扬之时代精神的反映。比如孟浩然的《宿建德江》：

移舟泊烟渚，日暮客愁新。
野旷天低树，江清月近人。

此诗虽然没有陈子昂、王湾那样的豪迈，但也清旷洒脱。这是孟浩然长安落第归来，漫游吴、越期间所作。仕途的失意，反而使诗人的心更贴近自然，在美丽的山水中抚慰心灵。故本诗中虽也写到客愁，却并不那么沉重，只是一种淡淡的思绪。以一颗冲淡平和的心来领略旅途中的风景，那无边的旷野、天边的树丛、清澈的江水、倒映水中的明月，似乎与诗人是那样亲近。而在另一首诗中，大概是不能摆脱落第的失落，诗人的情绪就忧伤得多了。这就是《宿桐庐江寄广陵旧游》：

山暝听猿愁，沧江急夜流。
风鸣两岸叶，月照一孤舟。
建德非吾土，维扬忆旧游。
还将两行泪，遥寄海西头。

首句点明时间是从傍晚到深夜，诗人夜宿舟中。猿声愁苦，江流湍急，两岸风鸣萧萧，一叶小舟在月下的江中显得是那样孤独、零丁。这一情调极其忧伤，充满了失意衰飒之情。颈联叙写思乡怀友之情。建德是桐庐邻县，此处代指浙西南一带，这里山清水秀，景物迷人，但“虽信美而非吾土”（王粲《登楼赋》），没有友朋相伴，再美的风景亦不足怡人。人在失意落魄之中，家乡与朋友是最好的慰藉。“还将两行泪，遥寄海西头”，不管远方的朋友是否收到，在这个孤独的夜晚，诗人在异乡的舟中，都注定了一夜无眠，以泪洗面。

与孟浩然同执盛唐山水田园诗大擘的王维所留下的一些羁旅行役诗，在他的诗集里可以说是脍炙人口的名篇。如《九月九日忆山东兄弟》写客居思乡之情，就是千古绝唱。再如《使至塞上》，是开元二十五年（737）河西节度副使崔希逸战胜吐蕃，王维奉使出塞宣慰，于途中所作。这首诗历来都放在边塞诗中讨论，实际上也完全可以当作行役诗来读。

盛唐最杰出的诗人当然是李白与杜甫。客观地说，李白的羁旅行役诗并不算多。这位天才诗人虽自二十五岁就离开家乡，浪迹天下，足迹踏遍大半个中国，但他四海为家，有羁旅行役之苦恨，却少浓郁之乡思；尤其是在青壮年时，甚至连羁旅之苦恨也没有，只是充满着对异乡风物与美丽自然的无限热爱。如《秋下荆门》：

霜落荆门江树空，布帆无恙挂秋风。
此行不为鲈鱼脍，自爱名山入剡中。

这首诗是李白离开蜀地，出三峡，过荆门，打算漫游吴、越时所作，与前述李白另一首诗《渡荆门送别》，大约作于同一时期。抛家作远游，却没有多少离愁，也没有什么挂念，因为前方的名山大川、风土人情，正对诗人产生巨大的吸引力。与陈子昂的《度荆门望楚》一样，青春期的诗人总是为未来世界的新奇而激动欣喜，没有多少心理空间留给乡思。再如《峨眉山月歌》：

峨眉山月半轮秋，影入平羌江水流。
夜发清溪向三峡，思君不见下渝州。

峨眉山月，是诗人故乡的月色，无论千里万里，都将长伴诗人。这月色会令诗人感到温暖，也会让他涌起淡淡的乡愁；更何况与乡情、亲情相联系的，还有浓浓的友情。但是，诗人的忧愁如烟似雾，了不萦心，或者说诗人没有沉湎于伤感的思乡念友，而是将这份感情埋在心底。打点行装，前方的路还很长。不是诗人不热爱故乡，而是诗人更热爱世界。当李白经历大半生风雨挫折，到晚年时，羁旅之感才越来越凸显。如《宣城见杜鹃花》：

蜀国曾闻子规鸟，宣城还见杜鹃花。
一叫一回肠一断，三春三月忆三巴。

这是李白晚年流落江南，在宣城所作。他经过永王事变，从夜郎流放归来，似乎是从鬼门关走过一遭。豪情壮志消磨之后，故乡对诗人的重要性就显现出来了，于是，当宣城杜鹃花绽放的时候，诗人很自然地就想起家乡的子规鸟。子规，又名杜鹃，每当杜鹃花开的时候，子规鸟就开始啼鸣。相传它是古蜀帝杜宇的精魂化成，杜宇因为德薄，于是禅让帝位而出亡，死后化为杜鹃鸟，每于暮春时节悲鸣，鸣声仿佛是呼叫着："不如归去！不如归去！"昼夜不止，一直啼叫得嘴边淌出血来。杜鹃啼血，声声哀怨，诚可谓"一叫一回肠一断"，一声声归去，叫得诗人也愁肠百结。然而，故乡路遥，思归不得，正因为如此，乡思之感才更令人纠结苦闷。用"三春三月忆三巴"对前一句，点明了时间、思乡之主题，用"一""三"将两句串起连属，显得纡结萦回，令人倍感乡思袭来时无比的悲切伤痛。

与李白相比，杜甫除了青年时有过一段豪放的壮游之外，从困守长安时的旅食京华，到陷贼脱逃时的颠沛流离，再到漂流西南之际的山高水远，都充满艰辛与苦涩。他的《自京赴奉先县咏怀五百字》、《北征》、"三吏"、"三别"等，写自己途中所历所感，所见所闻，即便不是完全意义上的羁旅行役诗，其中的羁愁旅恨也是诗歌中最能打动读者的地方。如《奉赠韦左丞丈二十二韵》中，杜甫曾这样描述其十年困守长安的生活境况："骑驴三十载，旅食京华春。朝扣富儿门，暮随肥马尘。

残杯与冷炙，到处潜悲辛。”说尽了羁旅的困顿与辛酸，这也是这首长诗中最动人的部分。再如《羌村》中的第一首：

峥嵘赤云西，日脚下平地。
柴门鸟雀噪，归客千里至。
妻孥怪我在，惊定还拭泪。
世乱遭飘荡，生还偶然遂。
邻人满墙头，感叹亦歔欷。
夜阑更秉烛，相对如梦寐。

叙写远游归来的情状与心情，可以看作是羁旅行役诗的一种变体，这首诗就属于此类。首四句写羌村之景——夕阳西下，鸟雀喧腾，也写出归客回家的温馨喜悦。中间写归家后的情景：“妻孥怪我在，惊定还拭泪。世乱遭飘荡，生还偶然遂。”长期得不到亲人的消息，家人甚至以为诗人已遭不测，这时突然归来，既让妻子喜出望外，也让她简直不敢相信。其中包含了乱世中黎民百姓的多少辛酸。后面通过邻人的唏嘘感慨，侧面展现诗人一家相聚时悲喜交加的情形。通过邻人之眼，我们似乎能看到这一家人抱头而泣、涕泪交加、又是笑又是哭的情景。结尾秉烛相照，犹疑是梦，进一步说明世乱生还之偶然，也说明战乱对普通百姓的心理摧残。

乾元间，杜甫携家客秦，留下二十首《秦州杂诗》，从中可见他度陇时的苦况与客愁。如其中的第一首：

满目悲生事，因人作远游。
迟回度陇怯，浩荡及关愁。
水落鱼龙夜，山空鸟鼠秋。
西征问烽火，心折此淹留。

首联大致介绍到秦州的原因，乃避乱游秦。所谓“满目悲生事”，指触目疮痍，一片萧条。次联以下叙述进入秦州后的所感所见。“迟回”一联表现诗人在接近秦州时犹豫不决、不敢进入的心情：关愁浩荡，此地果真可以避乱吗？“水落”一联写所见秦州之景：落水的河道、空旷的山谷都笼罩在萧瑟凋敝的气氛中。鱼龙，即鱼龙河，发源于陇县西北；鸟鼠，即鸟鼠山，在渭源县西。此处以鱼龙河、鸟鼠山代指秦州的山水。尾联写诗人一边向西跋涉，一边不断打听前方战事消息，最后以此地令人伤心结束全诗，也呼应了前文的“度陇怯”“及关愁”。从本诗中可以看到，杜甫的羁旅行役诗总是能将个人流离飘荡之命运与国家社稷的局势相联系，从而超越了个体的悲辛，具有博大的悲悯情怀。这也是老杜之所以成为“诗圣”，而杜诗能无愧于“诗史”的重要原因。

杜甫晚年移家夔州，孤舟一系，支离漂泊，尝尽羁旅滋味，在《秋兴》《咏怀古迹》等著名组诗中都有表现。《咏怀古迹》的第一首表面上咏的是庾信宅，实则咏诗人自己半生漂泊的羁旅情怀：

> 支离东北风尘际，漂泊西南天地间。
> 三峡楼台淹日月，五溪衣服共云山。
> 羯胡事主终无赖，词客哀时且未还。
> 庾信平生最萧瑟，暮年诗赋动江关。

庾信奉使西魏，其间因侯景之乱而羁留。由于这种境遇，庾信晚年诗赋多表现乡关之思，即本诗所云“暮年诗赋”。这种境遇与杜甫漂泊西南极其类似，也是最打动杜甫的地方。故本诗写庾信，实则写诗人自己。首联二句，最为形象地展现了杜甫晚年羁旅流寓的凄凉处境，是其颠沛流离生涯的真实写照，也成为羁旅行役诗最显眼的关键词。颔联写流寓之地风物人情，蛮方异域，只会加深乡思。颈联将庾信与自身合并叙写，“羯胡”指安禄山，安禄山叛唐犹如当年侯景叛梁，庾信因侯景之乱而羁留，诗人则因安史之乱而漂泊，故尾联哀庾信实为自哀。庾信暮年的诗赋因为乡关之思、羁旅之恨而尤为动人，杜甫晚年的诗文又何尝不是如此！

中晚唐以后，世积乱离，羁旅行役之苦吟更是不绝于耳。如大历间**司空曙**[99]《云阳馆与韩绅宿别》，叙写乱离中的离别与相守，动人肺腑：

> 故人江海别，几度隔山川。
> 乍见翻疑梦，相悲各问年。
> 孤灯寒照雨，湿竹暗浮烟。
> 更有明朝恨，离杯惜共传。

山川之隔，即便承平之日，会面也不容易，更何况在兵戈战乱之中，故有颔联“乍见翻疑梦”的心理。“相悲各问年”则指离别时间之长。颈联写相聚情景：雨夜挑灯夜话，孤灯、寒雨、湿竹，暗含各自境遇的凄凉。相聚诚属不易，转瞬却要离别，今夜的酒杯，是为相聚，也是为送别。战乱中人如飘蓬，偶然相聚，转眼纷飞，再会又是何年？无限感慨寓于言外。

韦应物《寄李儋元锡》，是唐诗中的名篇，写羁旅之情也极其动人：

> 去年花里逢君别，今日花开又一年。
> 世事茫茫难自料，春愁黯黯独成眠。
> 身多疾病思田里，邑有流亡愧俸钱。
> 闻道欲来相问讯，西楼望月几回圆。

本诗是韦应物任苏州刺史时所作，时在德宗贞元初。首联点明寄赠对象，中间两联抒发自己的宦游思乡之情。安史之乱的烽火虽已平息，但战乱后的社会千疮百孔，士人心情黯淡，游宦在外时非但没有雄心壮志，反而充满羁旅客愁。尾联是对友人即将到来的期盼，情殷意切，也进一步说明诗人心境的孤苦。

与韦应物的期盼友人到来不同，**戎昱**[100]的《征人归乡》，则是客中送友归乡：

三月江城柳絮飞，五年游客送人归。
故将别泪和乡泪，今日阑干湿汝衣。

游子的羁旅之感，也许会随着时间的流逝而有所淡薄，五年的客中岁月，该洗去多少乡愁。可是，忽然身边的朋友就要回去了，客中送别，本已淡忘的乡思一下子又被勾了起来，乡愁叠加离愁，羁旅之苦可谓雪上加霜。

羁旅行役与贬谪有着不可分割的关系。柳宗元远贬柳州时，写的一些羁旅诗就特别感人，如《柳州二月榕叶落尽偶题》：

宦情羁思共凄凄，春半如秋意转迷。
山城过雨百花尽，榕叶满庭莺乱啼。

春半，即仲春时节，本是柳暗花明、春光最为动人的时候，而对于羁宦者而言，却泛起丝丝秋意。雨过花落，群莺乱啼，更进一步缭乱了羁游者的心绪。再如《别舍弟宗一》：

零落残魂倍黯然，双垂别泪越江边。
一身去国六千里，万死投荒十二年。
桂岭瘴来云似墨，洞庭春尽水如天。
欲知此后相思梦，长在荆门郢树烟。

这首诗可以与其贬柳州后所写的《登柳州城楼寄漳汀封连四州》对读，二者所表现的情绪极其类似。首联开篇点明别离，并描叙兄弟惜别之情。“越江”，即粤江，这里是指柳江。两句意思是说：自己的心灵因长期贬谪生活的折磨，已经成了“零落残魂”；而这残魂又遭逢离别，更是加倍黯然神伤。在送兄弟到越江边时，双双落泪，依依不舍。颔联“六千里”写贬谪之远，“十二年”写贬谪时间之长。颈联“桂岭瘴来”写贬地险恶的自然环境，“洞庭春尽”写所送之人将往之地，从此山高水远，后会无期。尾联承颈联而来，预叙别后相思。诗人远谪之痛、羁旅之苦与对兄弟的依恋深情，交糅在一起，伤别而复自伤，读之令人倍感沉痛。

晚唐名相**李德裕**[101]，本不以诗名，然其远谪海南，留下《登崖州城作》，却不逊于唐代任何一位诗人的作品：

独上高楼望帝京，鸟飞犹是半年程。
青山似欲留人住，百匝千遭绕郡城。

唐宣宗即位后，一反会昌之政，李德裕被一贬再贬，最后以崖州司户参军窜逐于海南。作为一位政治家，其羁旅之恨超越了个体的穷通得失，首句“独上高楼望帝京”，不仅是怀乡念土，更是出于政治的向往与感伤。次句既是写所贬之地的遥远，也暗喻归京重新执政遥不可期。后两句写登高所见：重峦叠嶂，阻碍重重，百匝千遭的重围，似乎也象征了诗人处境的艰难。然而，“事到艰难翻澹漠”（孙尔准《泰云堂集》），当一切希望都已经破灭，人反而会平静下来。故这里不说山峦的重重阻隔，却说“青山留人”，是强作欢颜的自我解脱，还是归心任命的无奈，或者是看破得失的超然？无论作何解，诗中那一股苍凉气息，都已经丝丝入扣地渗透在字里行间。

李德裕的被贬，说明牛党在宣宗朝的得势。晚唐的牛李党争，影响并改变了多少诗人的命运。李商隐无疑是其中最突出的一位。李商隐一生因为党争的牵连，辗转幕府，沉沦下僚，无形中却促进了他羁旅行役诗的创作。如《出关宿盘豆馆对丛芦有感》：

芦叶梢梢夏景深，邮亭暂欲洒尘襟。
昔年曾是江南客，此日初为关外心。
思子台边风自急，玉娘湖上月应沉。
清声不逐行人去，一世荒城伴夜砧。

这首诗大约是开成四年（839）李商隐由秘书省校书郎调任弘农尉，作于赴任途中。由秘书省清职降为俗吏，是李商隐仕途一大挫折，其心情之苦闷可想而知。诗的前四句由丛芦而忆及江南，再由江南折出“关外心”，在曲折的思绪活动中，回溯了漫长悠远的时间、空间和有关生活内容。这种回忆，以及暂时因环境清幽而尘烦乍释的心境，对于逐渐萌生的“关外心”，起着引发和映衬的作用。所谓“关外心”，用汉武帝时楼船将军杨仆事：杨仆耻居关外，请武帝移函谷关于新安，去弘农三百里。在这里，其实就是去国远适的羁旅漂泊之心。后四句则由“关外心”扩展开去，思绪连绵，融合了对亲人的思念和长夜难眠之中对外在环境的感受，使“关外心”表现得更加充分和形象。尾联的荒城寒砧，使羁旅凄凉的情味显得绵远悠长。再如《滞雨》：

滞雨长安夜，残灯独客愁。
故乡云水地，归梦不宜秋。

长安，作为唐代的政治中心，是多少士人的向往与追求，也埋葬了多少士人的热望与理想。羁滞长安，本身就包含了梦想、追求、挫折、失意等种种复杂的因素。诗由滞雨长安而生独对残灯的客愁，由思归不得而转生梦归故乡的想望，但值此秋霖苦雨之际，故乡恐也为层云叠雾、凄风苦雨所笼罩，故有“归梦不宜秋”的感慨。清人姚培谦评论说：“大抵说愁雨，皆在不寐时，此偏愁到梦里去了。”（《李义山诗集笺注》）因愁而梦，可苦雨凄风入归梦，又怎免梦中亦愁！这真是一种眉间心上、梦里梦外都无可避免、无计消除的浓愁深恨了。而《风雨》一诗，可以说是李商隐一生漂泊畸零命运的写照：

凄凉宝剑篇，羁泊欲穷年。
黄叶仍风雨，青楼自管弦。
新知遭薄俗，旧好隔良缘。
心断新丰酒，销愁斗几千。

本诗写诗人的羁泊沉沦，自伤自怜，却也在这自伤中流露出郁勃不平之气。颔联“黄叶”“青楼”写景中寓含比兴，谓己之身世遭遇正如眼前黄叶，飘零中更遭风雨摧残，而青楼豪贵之家，却管弦歌吹，自顾享乐。上句触景兴感，赋中含比，与下句实写形成一寂一喧的强烈对比。“仍”“自”开合相应，见风雨之无情、不幸之重重以及苦者自苦、乐者自乐的世态人情，其中蓄愤自不待言。诗中用典也深见作意。“宝剑篇”指唐前期大将郭元振（郭镇）所作托物寓志之诗，又名《古剑篇》，以宝剑尘埋借喻才士飘零沦落的遭遇和郁勃不平之气，在这里暗寓诗人的用世才志。宝剑被弃的凄凉即诗人“有志不获骋”（陶渊明《杂诗》其二）的凄凉。末联借新丰酒一销落魄之愁而恐不可得，更见命运沉沦之甚。“新丰酒”用唐初大臣马周事：马周深得唐太宗赏识，官拜监察御史。但其在未显之时，西游长安，宿新丰旅社，却饱受店主轻慢。无论郭元振还是马周，虽也曾落魄，但最终都壮志得酬，对比之下，诗人沉沦之悲愤又加深一层。诗题“风雨”，然除了颔联点出“风雨”二字外，并无着墨于自然风雨之处。透过新知遭毁、旧好情绝、穷年羁泊的沉沦诗人形象，透过他凄凉、孤孑、苦闷、愤郁等心理感受的折光，原来，诗人所写的“风雨”，其实是笼罩着诗人一生的冰冷的人生风雨、世态风雨。

宋词篇

无情画舸，都不管、烟波隔前浦

关于唐诗中的羁旅行役，本章以区区万余字，何能尽其于万一。但因为篇幅的限制，惊鸿一瞥之后，我们还是要把眼光转到宋词。羁旅行役，同样是宋词中最为华彩的乐章。我们想到的第一首出色的羁旅词，就是范仲淹的《苏幕遮》：

碧云天，黄花地，秋色连波，波上寒烟翠。山映斜阳天接水。芳草无情，更在斜阳外。

黯乡魂，追旅思。夜夜除非，好梦留人睡。明月楼高休独倚。酒入愁肠，化作相思泪。

词上片写景：天色青碧，正是秋高气爽的时节；“黄花地”，一作“黄叶地”，满地落叶堆积，愈发增添了游子的乡愁。视线再由近而远，延伸开去，只见秋波渺渺，寒翠凝碧，给人一种清冷萧瑟之感。秋波尽处是青山，斜阳一抹，画面稍许多了一丝暖意。这几句写所见之景，由上而下，由近而远，依视线次序一一写来。“芳草无情，更在斜阳外”，则虚实相生，天水相接的斜阳之外，已为视野所不及，芳草实乃想象中之虚拟；但视线尽头，天水相接，青芜朦胧，犹如芳草萋萋，则词云芳草在斜阳之外，又不能说全属虚拟。更重要的是，“芳草”在这里是故乡的象征，是羁旅离别的写照。《楚辞·招隐士》：“王孙游兮不归，春草生兮萋萋。”江淹《别赋》：“春草碧色，春水绿波，送君南浦，伤如之何?”故由芳草斜阳外，自然过渡到下片集中抒发羁旅思乡之情。“黯乡魂”，化用江淹《别赋》“黯然销魂者，唯别而已矣”，点出离别乡思之主题。后面几句最堪玩味，写出羁旅者纠葛难解的复杂思乡情绪。故乡渺茫，唯有梦里归乡以聊慰离愁。日有所思，夜有所梦，留人睡之好梦，当为归乡之梦，不仅日思，而且梦想，可见思乡之情殷。然而，正因思乡情殷，夜不成寐，好梦又难以觅得。“明月楼高休独倚”，正是好梦难成，倚楼望月。词云“休独倚”，乃因登楼怀远，只能徒增忧伤，但没有倚楼怀远的体验，又怎知不能独倚楼呢？故“休独倚”者，“正独倚”也。愁到极处，似乎唯有借酒方可浇愁，然而，“酒入愁肠”，只能愁上加愁，这一份相思，可以说是无计排遣。乡愁旅思，曲曲写来，委婉层深，透入骨髓。全词融合了羁旅诗词诸多意象，除了前面指出的《楚辞》《别赋》外，像登高怀远、借酒浇愁等，也多见于六朝诗文及李、杜诗；同时也启迪了后人羁旅词的写作。如柳永《玉蝴蝶》“月露冷，梧叶飘黄”、李清照《声声慢》“满地黄花堆积”之与本词“碧云天，黄花地”，欧阳修《踏莎行》“平芜尽处是春山”之与本词“芳草无情，更在斜阳外”等，均可看出义脉及构思上的关联。尤其是《西厢记》“碧云天，黄花地，西风紧，北雁南飞”，更可看出本词绵远悠长的影响。

宋人羁旅行役词成就最为突出的，可能要数柳永了。除了后期做过屯田员外郎的闲官外，柳永基本上一生白衣，四方游幕，辗转流浪。其《乐章集》中叙写羁旅行役之情的，占到总数的四分之一以上，达六十多首，这类词不仅在柳词中，甚至在整个宋词中，也多为名篇。如《八声甘州》：

> 对潇潇暮雨洒江天，一番洗清秋。渐霜风凄紧，关河冷落，残照当楼。是处红衰翠减，苒苒物华休。唯有长江水，无语东流。
>
> 不忍登高临远，望故乡渺邈，归思难收。叹年来踪迹，何事苦淹留？想佳人、妆楼颙望，误几回、天际识归舟。争知我，倚栏杆处，正恁凝愁。

本篇上片写景，下片抒情，是双调词的基本套式。清秋、暮雨、霜风、残照、花谢、水流，是上片所写之景及其突出特征，一片萧瑟、肃杀之气扑面而来。结尾长江水的无语东流，似乎也是在“问君能有几多愁”（李煜《虞美人》）。此时此景，触目伤心，故下片“不忍登高临远”，呼之而出。然思乡情殷，虽说是不忍登高，但终究还是忍不住登高远眺。极目故乡的方向，只见水天渺渺，帆影点点，只能在想象中勾勒家乡的模样。家乡的亲人一定也如我此刻，在那里登楼远望，盼望着一叶轻帆捎来远方的游子。这首词章法绵密，情景交融，层层铺叙，曲曲道来，思乡怀人之意绪，展衍尽致。通篇没有一个典故，纯以白描，再加通俗的语言，使这种复杂的羁旅思乡之情表达得明白如话，极富感染力。苏轼本来对柳词颇有不服，但却盛赞本篇“不减唐人高处”（赵令畤《侯鲭录》引），本词在宋词中的地位与价值于此可见一斑。再如《轮台子》，写宦游奔波情状，极其生动：

> 一枕清宵好梦，可惜被、邻鸡唤觉。匆匆策马登途，满目淡烟衰草。前驱风触鸣珂，过霜林、渐觉惊栖鸟。冒征尘远况，自古凄凉长安道。
>
> 行行又历孤村，楚天阔、望中未晓。念劳生，惜芳年壮岁，离多欢少。叹断梗难停，暮云渐杳。但黯黯魂消，寸肠凭谁表。恁驱驰、何时是了。又争似、却返瑶京，重买千金笑。

鸡鸣声唤醒旅途倦梦，天不亮就披衣起床，生活的重压，一枕清梦也难以到晓。清晓的霜风凄紧，连鸟儿都还在梦中，长安古道，一副轻轻的行囊，一个茕茕孑立的身影，在孤独地跋涉。上片给我们勾勒了这么一幅征尘碌碌的劳生奔波图，其状凄凉，其情凄怆。下片紧承，抒发词人的羁旅之情，表达对“离多欢少”的羁旅行役生活的厌倦，希望能早日结束漂泊生涯。这种情绪，在柳词中多次出现，如《安公子》中“当此好天好景，自觉多愁多病，行役心情厌”，《过涧歇近》中“厌行旅。数幅轻帆旋落，舣棹蒹葭浦”，《戚氏》中“远道迢递，行人凄楚，倦听陇水潺湲”，等等。“厌”“倦”之字眼直接出现在词中。本词虽没有出现这两个字眼，然羁旅行役之苦况与倦旅盼归之心情，同样极其强烈显豁。柳永羁旅行役词还有《夜半乐》（冻云黯淡天气）、《玉蝴蝶》（望处雨收云断）等，皆一般词集必选之名篇，本章便不一一介绍了。

在词作上与柳永一直暗中较劲的苏轼，一生穷达升沉，起伏不定，其羁旅词数量也不少，其中也不乏羁旅迁谪的凄凉或怀才不遇的苦闷。如《沁园春》：

孤馆灯青，野店鸡号，旅枕梦残。渐月华收练，晨霜耿耿，云山摛锦，朝露漙漙。世路无穷，劳生有限，似此区区长鲜欢。微吟罢，凭征鞍无语，往事千端。

当时共客长安。似二陆初来俱少年。有笔头千字，胸中万卷，致君尧舜，此事何难。用舍由时，行藏在我，袖手何妨闲处看。身长健，但优游卒岁，且斗尊前。

这首词是熙宁七年（1074）苏轼由杭州通判移守密州，于途中寄赠弟弟苏辙所作。虽然由通判到太守，官职有所上升，但熙宁年间，王安石主持变法，苏轼一直郁郁不得志。故赴密途中，词人情绪比较低落。上片写景，触目所见，孤馆、野店、残梦、晨霜，情调皆冷清孤寂。下片抒情，回想当年父亲携带词人与弟弟一起进京，三人同时高中，兄弟二人一时名声大噪，犹如西晋令三张（张载、张协、张亢）减价的二陆（陆机、陆云）入洛。词人怀揣着致君尧舜的理想，本指望能匡扶社稷，舒展宏图，孰料变法派当道，政见不合而被排挤出权力中心。思念及此，心中当然无限感慨惆怅，但事已至此，也无可奈何。“用舍由时”以下，以优游事外、把酒逍遥来宽慰解脱，实际上却是满腹牢骚。

王安石罢相之后，新党中宵小当权，苏轼迭遭迁谪，下面这首《西江月》就是第一次贬谪到黄州时的作品：

世事一场大梦，人生几度秋凉。夜来风叶已鸣廊。看取眉头鬓上。

酒贱常愁客少，月明多被云妨。中秋谁与共孤光。把盏凄然北望。

本词大概作于元丰三年（1080）谪居黄州初期。乌台诗案差一点让词人死于政敌的迫害，死里逃生，惊魂未定之际，词人情绪极其低落。故全词充满悲凉虚幻的人生如梦之感。词没有采取写景、抒情两分的双调词写作套式，而是将情、景打成一片，以景寓情，情景交融。景则风鸣落叶、冷月阴云，情则愁眉霜鬓、凄然把盏，吟咏节序与感慨身世、抒发悲情水乳交融，情殷意切，令人低回不已。不过，苏轼性格开朗豁达，像这类情调比较凄凉苦闷的作品数量并不多。他的羁旅行役之作与他人不同的地方，即在于他最善于将羁旅行役之苦情转化为超脱豪迈之旷放。如下面这首《临江仙·送钱穆父》：

一别都门三改火，天涯踏尽红尘。依然一笑作春温。无波真古井，有节是秋筠。

惆怅孤帆连夜发，送行淡月微云。尊前不用翠眉颦。人生如逆旅，我亦是行人。

钱穆父，名勰，又称钱四。元祐三年（1088），因坐奏开封府狱空不实，出知越州（今浙江绍兴）。五年，又徙知瀛州（治所在今河北河间）。六年春，钱穆父赴任途中经过杭州，苏轼作此词以送。“三改火”，指三年。古人钻木取火，因四季不同而改用不同的木材，称为“改火”，后以“改火”指一年。上片谓与友人相别三年以来，对方情操志向依然如故。“无波真古井，有节是秋筠”，用白居易《赠元稹》“无波古井水，有节秋竹竿”句，赞对方的节操。下片写送别。其实，杭州对于词人来说也是异乡，词人是在客地送人。故词人用自己的经历感受来宽慰对方：人生如逆旅，大家都是漂泊在他乡的行旅者，何必为羁旅漂泊而惆怅呢？这就一改以往羁旅行役词缠绵感伤、哀怨愁苦的格调，显得旷达超脱。再如《醉落魄·席上呈杨元素》：

分携如昨。人生到处萍飘泊。偶然相聚还离索。多病多愁，须信从来错。

尊前一笑休辞却。天涯同是伤沦落。故山犹负平生约。西望峨嵋，长羡归飞鹤。

天涯孤旅，亲旧零落，聚少离多。种种漂泊的苦辛、沦落的忧伤，把酒一笑，便如蛛丝一般轻轻抹去。那一点淡淡的乡思，存留在心里，不会忘却，也无须执着。在这类羁旅行役词中，最能看出苏轼那种洒脱旷放的情怀，委运即顺，行止无心，只有这样，才能笑对生活，无论它是多么的不幸。

被认为是苏门学士的秦观，长期游宦于穷方鄙所，也多羁旅行役之作。如《踏莎行》：

雾失楼台，月迷津渡，桃源望断无寻处。可堪孤馆闭春寒，杜鹃声里斜阳暮。

驿寄梅花，鱼传尺素，砌成此恨无重数。郴江幸自绕郴山，为谁流下潇湘去。

元祐八年（1093），太皇太后高氏崩，哲宗亲政，新党吕惠卿、章惇等专权，大肆打压持不同政见者。绍圣元年（1094）四月，苏轼落职知英州，秦观被指为影附苏轼，随之被贬为杭州通判。三年，转徙郴州。本词即其郴州任上所作。上片写景，情调凄惨，并具有象征意义。“雾失楼台，月迷津渡”，一“失”一“迷”，也是词人心境及现实处境的写照。孤馆春寒，杜鹃斜阳，落寞、凄清而又哀怨。这既是词人自己的心声，又引起词人更多的羁愁别恨。下片抒情与写景结合，无形之恨而能重重“砌成”，突出恨的多与深，一层一层压在心头。结尾以郴江绕山而流，既有李后主愁恨绵绵如江水的意思，也有恨怨堆积却无人诉说的难言苦衷。故王士祯说：“高山流水之悲，千载而下，使人腹痛。”（《花草蒙拾》）

北宋词坛格律派集大成的词家周邦彦，作品以闺情、羁旅、咏物为主。他的羁旅词含蓄清雅，哀而不伤，自有一种典雅体格。如这首《尉迟杯》：

> 隋堤路。渐日晚、密霭生深树。阴阴淡月笼沙，还宿河桥深处。无情画舸，都不管、烟波隔前浦。等行人、醉拥重衾，载将离恨归去。
>
> 因念旧客京华，长偎傍疏林，小槛欢聚。冶叶倡条俱相识，仍惯见珠歌翠舞。如今向、渔村水驿，夜如岁、焚香独自语。有何人，念我无憀，梦魂疑想鸳侣。

周邦彦在政治上拥护新法，因此在旧党当政的元祐年间，颇不得志。元祐二年（1087），他被排挤出京，任庐州州学教授，本词即作于其南下庐州途中。上片写路途情景：傍晚时分，淡月渐上，雾霭蒙蒙，给全词笼上一层迷蒙凄清的气氛。画舸、烟波，皆极美之景象，但与离别相联系，这一美景又变得无比伤感。下片回忆京城生活，灯酒歌舞，无限繁华；而当下却是渔村水驿，孤灯夜坐。两相对比，愈显今日孤旅之清冷。周邦彦的词作善于铺陈，本词将凄凉的羁旅之情蕴含在不动声色的情景描述之中，情感内敛，意蕴则更显丰厚。

两宋之交及渡江之后，时势动荡，不少词人身世流离，不遑起居，羁旅行役词较北宋更为丰富。如李清照的后期词作，不少就是叙写兵荒马乱中流离飘零的愁苦，如著名的《声声慢》：

> 寻寻觅觅，冷冷清清，凄凄惨惨戚戚。乍暖还寒时候，最难将息。三杯两盏淡酒，怎敌他，晓来风急！雁过也，正伤心，却是旧时相识。
>
> 满地黄花堆积，憔悴损，如今有谁堪摘？守着窗儿，独自怎生得黑！梧桐更兼细雨，到黄昏，点点滴滴。这次第，怎一个愁字了得！

这是李清照经历了亡国之痛、家破夫亡之哀，饱受孀居飘零之苦，作于晚年的名篇。全词将情、景融成一片，将秋景进行极度悲情化的渲染，以烘托、映衬自己的心境。上片首三句，连用七个叠音词，角度各有不同：“寻寻觅觅”写人的行为、动作，突出抒情主人公的无聊苦闷；“冷冷清清”写环境的孤寂、冷清；“凄凄惨惨戚戚”则写内心世界的悲凉。徐釚在《词苑丛谈》中称这些叠音词的运用犹如“大珠小珠落玉盘”，错落回环，增添了词的音乐美。以下通过晚风、大雁、黄花、细雨、梧桐等清秋特有的景物，来抒发词人悲凉的情感，层层铺叙，最后逼出“怎一个愁字了得”，戛然而止，收束全篇。本词有两个地方较有争议：一是“乍暖还寒时候”，一般应该是初春气候特点，这里可能是从一天的角度来说，清晨是一天天气里的“乍暖还寒时候”；另一个就是“晓来风急”，不少版本皆作“晚来风急”，俞平伯《唐宋词选释》根据《草堂诗余别集》、《词综》、张氏《词选》等各本，作“晓来”，其理由是本词写一整天，非一晚之事，若云“晚来风急”，则反而重复。这是很有道理的。梁启超在《中国韵文里的情感》中也说：“这词是写从早到晚一天的实感，那种茕独凄惶的景况，非本人不能领略。所以一字一泪，都是咬着牙根咽下。”他也认为本词是写一天之事，并揭示了本词是词人感时伤世、身世流离的血泪之笔。

因为时势国运的关系，南宋羁旅行役词在身世之叹的背后，每每能读出感时忧世的沉重。如抗金名将岳飞有一首《小重山》：

昨夜寒蛩不住鸣，惊回千里梦，已三更。起来独自绕阶行。人悄悄，帘外月胧明。

白首为功名。旧山松竹老，阻归程。欲将心事付瑶琴。知音少，弦断有谁听？

本词当是和戎诏下，抗战受阻，词人于军营之中深夜不寐，情绪失落时所作。上片即叙写自己深夜不寐的烦躁心情，寒蛩惊醒了睡梦，再也难以入眠，于是披衣起来绕阶散步。“千里梦”似暗喻梦的内容是关山辗转，千里征战，即《满江红》中所谓“八千里路云和月”。下片借高山流水故事，抒发自己报国之心无人理解、报国之志无处实现的孤寂苦闷，在低回哀恻的悲吟中，蕴含着壮志难酬的孤愤。缪钺论岳飞词作曾说：“将军佳作世争传，三十功名路八千。一种壮怀能蕴藉，诸君细读《小重山》。”[①] 他指出岳飞除了慷慨激昂的《满江红》之外，还有如本词这样低沉蕴藉的一种。

南宋词人姜夔一生游幕、四方漂泊的生涯颇似柳永，但由于身处国破家亡的南宋，羁旅之音中杂有更为深广的悲凉。《扬州慢》是其中最为著名的一首：

淮左名都，竹西佳处，解鞍少驻初程。过春风十里，尽荠麦青青。自胡马窥江去后，废池乔木，犹厌言兵。渐黄昏、清角吹寒，都在空城。

杜郎俊赏，算而今重到须惊。纵豆蔻词工，青楼梦好，难赋深情。二十四桥仍在，波心荡，冷月无声。念桥边红药，年年知为谁生。

词前小序交代了写作背景：“淳熙丙申至日，予过维扬。夜雪初霁，荠麦弥望。入其城则四顾萧条，寒水自碧，暮色渐起，戍角悲吟。予怀怆然，感慨今昔，因自度此曲。千岩老人以为有《黍离》之悲也。”“淳熙丙申至日”，即南宋孝宗淳熙三

① 缪钺，叶嘉莹．灵溪词说．上海：上海古籍出版社，1987：359.

年（1176）冬至，其时离金兵第二次南侵已过了十五年。词人时年二十二岁，自汉阳出游，途经金人两次蹂躏、惨遭兵燹的扬州，看到昔日繁华的商业都城，已是市尘尽荠麦，号角吹宵寒，行役之感转为亡国之痛，遂自度此曲，寄托哀思。词上下两片皆采用对比手法，上片开头点出扬州作为一座历史名城，有诸多风景名胜，旅次少驻，自不免寻幽访胜之想。然而触目所见，却是青青野麦，再也没有那春风十里的繁华。“自胡马窥江去后”，指出扬州的衰败，原来是胡骑的蹂躏。最后以黄昏时清凉的号角吹遍空城收束上片，渲染了萧索的气氛，并为下文的抒情作铺垫。下片则将唐时杜牧笔下的扬州与今日作对比。在杜牧笔下，“春风十里扬州路”（《赠别二首》其一），那是烟柳繁华地，温柔富贵乡；如今二十四桥仍在，而波心冷月无声，似乎还在诉说它们曾经见证的繁华。词人突发奇想，若杜牧起死回生，看见扬州今日的破败，必然大吃一惊，即便他才华依旧，却也写不出过去那么美的诗句了。真是时移景迁，物是人非，通过这样的对比，抒发了词人浓重的“黍离之悲”。

羁旅行役之词，如能将身世之感与旅次见闻相结合，则往往能增加一层深度，因为生命也是一段旅程。辛弃疾《丑奴儿·书博山道中壁》，题于旅次道中，写的不仅仅是旅途中的心情，更是生命旅程中的体悟与慨叹：

> 少年不识愁滋味，爱上层楼。爱上层楼，为赋新词强说愁。
> 而今识尽愁滋味，欲说还休。欲说还休，却道天凉好个秋。

博山在今江西广丰区西南，因状如庐山香炉峰，故名。淳熙八年（1181），辛弃疾罢职，退居上饶，常过博山。罢职闲居，对辛弃疾来说，也是抗金理想的覆灭，本词所谓“愁”，是其一生志向和理想覆灭的“愁”，是个人生命之愁，也是家国之愁。“少年不识愁滋味”，是指少年满怀理想，充满自信，认为凭一己之才能，就可以驱逐鞑虏，收复中原。有时虽也仿效前人，写一些春恨秋悲哀哀切切的句子，实则从不知愁为何物。下片写今日心情处境，经过大半生坎坷的经历，终于感觉到现实是多么沉重，理想又是何等脆薄。如今家国之愁、身世之愁集于一体，百般滋味在心头，却又不知从何说起，因为那愁已经渗进骨髓肌肤，成为生命的组成部分了。结尾的“欲说还休”，胜过了喋喋不休，无限苍凉，蕴于言外。

山水行役与生命苦旅相结合，在词中表达得最为完美的，无疑是南宋后期蒋捷的《虞美人》，我们不妨以之来作为这一节的代表：

> 少年听雨歌楼上，红烛昏罗帐。壮年听雨客舟中，江阔云低，断雁叫西风。
>
> 而今听雨僧庐下，鬓已星星也。悲欢离合总无情，一任阶前，点滴到天明。

词的写作套式与辛弃疾的《丑奴儿》相似，只是结构更为完整全面，将一生的各个阶段串联起来。歌楼、客舟、僧庐，分别是每一人生阶段中羁旅行役之所。少年轻浮，追慕繁华，故沉湎歌楼；壮年游历，四海为家，故舟马劳顿；老年衰颓，心境寂灭，故听雨僧庐。每一阶段的相关意象，也经历了一个由绮丽、清壮到萧飒的演化，正如人之一生的几个发展阶段，少年婉媚、壮年雄阔而老年萧疏。虽然词中少年、中年、晚年情境，可能与宋室由繁华到动荡、从抗争到寂灭的局势以及词人与之相应的心情、情绪有关，却能够为普通人的生命行旅作一形象写照。它让人们了解，从更广泛的意义上说，生命也是一段行旅。

第十章

都邑城市

唐宋时期，中国的城市发展进入一个新的阶段，出现了百万人口的大都市。唐都长安不仅是中国而且是世界的经济与文化中心；距长安不远的东都洛阳，也是一座国际性都市；此外，商业城市扬州、益州，港口城市泉州、广州，沿江城市金陵、苏州……犹如颗颗璀璨的珍珠，闪耀在大唐帝国宏阔的版图上。宋代虽然整体国力不比大唐，但城市却取得长足的发展，《清明上河图》生动再现了当时汴京的繁华。虽然宋廷南渡之后，偏安一隅，然而“暖风熏得游人醉，直把杭州作汴州”（林升《题临安邸》），城市依然延续着畸形的繁荣。中国传统上是农业社会，本无所谓真正意义上的城市文学，直到唐宋时期，随着上述城市的兴起、繁荣，才出现了大批反映城市风光和各阶层市民生活、情感的文学样式，以传奇小说、话本、词曲为主，也有不少诗歌将笔触延伸到城市。这里，有繁华的楼阁、喧阗的灯火，也有破败的陋巷、孤寂的街衢；有五陵少年、巨贾名流，也有失意士子、落魄文人。这里是梦想的摇篮，也是欲望的渊薮；是追金逐银的名利场，也是演尽人生悲欢的大舞台……它为文学发展打开了无限广阔的空间，催生了传奇、话本等新的文学样式；同时，也给诗词这一传统文学，带来了别样的丰富性。

唐诗篇

当时百万户，夹道起朱楼

长安作为隋、唐都城，经过隋朝两代统治者的建设，已形成基本的规制与格局，唐代又在其基础上作局部的修建与扩充。初唐时期，长安就已经是一座人烟辐辏、市井繁华的特大都市。卢照邻《长安古意》，为我们留下了最生动的写照：

长安大道连狭斜，青牛白马七香车。
玉辇纵横过主第，金鞭络绎向侯家。
龙衔宝盖承朝日，凤吐流苏带晚霞。
百尺游丝争绕树，一群娇鸟共啼花。
游蜂戏蝶千门侧，碧树银台万种色。
复道交窗作合欢，双阙连甍垂凤翼。
梁家画阁天中起，汉帝金茎云外直。
楼前相望不相知，陌上相逢讵相识？
借问吹箫向紫烟，曾经学舞度芳年。
得成比目何辞死，愿作鸳鸯不羡仙。
比目鸳鸯真可羡，双去双来君不见？
生憎帐额绣孤鸾，好取门帘帖双燕。
双燕双飞绕画梁，罗帏翠被郁金香。
片片行云着蝉鬓，纤纤初月上鸦黄。
鸦黄粉白车中出，含娇含态情非一。
妖童宝马铁连钱，娼妇盘龙金屈膝。
御史府中乌夜啼，廷尉门前雀欲栖。
隐隐朱城临玉道，遥遥翠幰没金堤。
挟弹飞鹰杜陵北，探丸借客渭桥西。
俱邀侠客芙蓉剑，共宿娼家桃李蹊。
娼家日暮紫罗裙，清歌一啭口氛氲。
北堂夜夜人如月，南陌朝朝骑似云。
南陌北堂连北里，五剧三条控三市。

弱柳青槐拂地垂，佳气红尘暗天起。
汉代金吾千骑来，翡翠屠苏鹦鹉杯。
罗襦宝带为君解，燕歌赵舞为君开。
别有豪华称将相，转日回天不相让。
意气由来排灌夫，专权判不容萧相。
专权意气本豪雄，青虬紫燕坐春风。
自言歌舞长千载，自谓骄奢凌五公。
节物风光不相待，桑田碧海须臾改。
昔时金阶白玉堂，即今惟见青松在。
寂寂寥寥扬子居，年年岁岁一床书。
独有南山桂花发，飞来飞去袭人裾。

这首诗写到长安城的布局、结构、建筑、风光，更写到生活在这座城市中的官吏、歌妓、士子、游侠等各色人等，可以说是初唐长安人情世态、城市生活的一幅全景图。长安城布局严整，道路经纬交错，坊、市俨然有序，犹如棋盘。杜甫《秋兴》其四云“闻道长安似弈棋”，以棋局喻世事，其联想却建立在长安城布局的结构特点上；白居易《登观音台望城》云“百千家似围棋局，十二街如种菜畦”，则明白地将这一特点写了出来。本诗中“长安大道连狭斜”“南陌北堂连北里，五剧三条控三市”，则更为具体地将那宽阔的大道、高耸的楼阁、纵横相错的交通，立体而形象地展现在读者眼前，可与上述诗句及史著中关于长安城格局的描述相参照。“复道交窗作合欢，双阙连甍垂凤翼。梁家画阁天中起，汉帝金茎云外直”，则写建筑的富丽华贵，气势夺人，写出帝京不同于其他城市的特点。更重要的，是诗中所描述的恣肆享乐的城市生活：身着华衣的达官贵戚，执“金鞭”、乘“玉辇”，出入于王侯第宅，逍遥于南陌北里。香车宝马，川流不息，罗帷翠被，纸醉金迷，城市作为一个声色场，在诗中得到淋漓尽致的铺陈展演。从传统道德上说，这种“玉辇纵横过主第，金鞭络绎向侯家”“俱邀侠客芙蓉剑，共宿娼家桃李蹊”的骄奢、腐靡的生活，并不具备正面意义，但这里洋溢着一种生命的激情，诚如闻一多先生所言：“颠狂中有战栗，堕落中有灵性。”[①] 结尾对今日都市贵少的骄奢生活提出批判，曲终奏雅，实际上却是劝百讽一，并不能改变诗人对城市生活的迷恋、向往，不能改变轰轰烈烈尽情享受人生、青春的生活态度。毫无疑问，这是一首对城市生活的颂歌，拥抱世俗，回到健全的欲望，其正面意义是人性的复归，在“颠狂的战栗”与“堕落的灵性”中，焕发出创造的激情。

皇甫冉[102]《长安路》比卢诗短小精练，但同样见证了唐都长安一如既往的繁华：

---

① 闻一多．唐诗杂论：宫体诗的自赎．北京：古籍出版社，1956：14.

长安九城路，戚里五侯家。
结束趋平乐，联翩抵狭斜。
高楼临远水，复道出繁花。
唯见相如宅，蓬门度岁华。

与卢诗一样，本诗也是写五侯七贵联翩去往平乐里寻欢作乐。高楼复道，写出了贵族骄奢豪阔的气势。结尾以相如宅的寂寞来作对比，愈发渲染了长安城贵族生活的纸醉金迷。

作为唐代的都城，长安有着其他城市所不具备的政治特色，成为一道特殊的风景。据《旧唐书》记载，唐肃宗至德二年（757）九月，广平王李俶率朔方、安西、回纥、南蛮、大食之兵二十万人收复长安。十月丁卯，肃宗还京，入居大明宫，次年改元乾元，大赦天下。中书舍人**贾至**[103]有一首朝省诗，可见复辟后的朝堂气象：

银烛朝天紫陌长，禁城春色晓苍苍。
千条弱柳垂青琐，百啭流莺满建章。
剑佩声随玉墀步，衣冠身染御炉香。
共沐恩波凤池里，朝朝染翰侍君王。

首联从上朝前的天色、环境写起：长长的街道，蒙蒙的天色，官舍中静静的灯烛，京城还在惺忪睡意之中，而早朝的官员们，可能早早地就起来准备了。颔联写宫殿周围景象：天色慢慢变亮了，柳枝飘拂着宫门前青色的连环花纹，流莺声声围绕着宫城。颈联写百官上朝，济济多士，一片雍容和熙景象，尾联点出朝省主题。整首诗以时间为序，从上朝前到上朝之时的情形，依次道来，辅以环境烘托，写出了唐朝大乱之后，朝纲初整、兴废振作的精神气象。诗题《早朝大明宫呈两省僚友》中，所谓“两省”，指门下省和尚书省。看到贾至这首诗之后，当时两省著名的诗人王维、岑参、杜甫都有和诗，其中当以王维《和贾舍人早朝大明宫之作》名气最大：

绛帻鸡人报晓筹，尚衣方进翠云裘。
九天阊阖开宫殿，万国衣冠拜冕旒。
日色才临仙掌动，香烟欲傍衮龙浮。
朝罢须裁五色诏，珮声归到凤池头。

诗也是写早朝景象，但笔墨远比贾至集中，全部围绕朝堂描写。首联写君王临朝前的准备。绛帻鸡人，指宫中司晨报晓之人。天将亮时，头戴红巾的卫士，于朱雀门外高声喊叫，如鸡鸣报晓，以警醒百官，故名鸡人。尚衣，官名。隋唐有尚衣局，掌管皇帝的衣服。君王装饰停当，准备上朝接受朝拜。颔联最为著名。“九天阊阖开宫殿”，一下子就把唐宫室那宏大的气势渲染了出来；“万国衣冠”，指当时协助唐军平定安史之乱的契丹、吐蕃、回纥、南蛮等少数民族，说明唐王朝又逐渐成为四夷臣服的中央大国。颈联写朝堂中景象。“仙掌”以承露盘代指宫门前陈饰。汉武帝曾铸金铜仙人，掌托一个承接露水的铜盘，放在宫殿之前。衮龙者，指皇帝绣有龙纹的黄袍。阳光照临到殿前的承露盘，薰炉中的香烟袅袅，似乎龙袍上的衮龙就要随烟飞舞。尾联写诗人朝罢之后回到中书省，为皇帝起草各种诏书，收束全篇。胡应麟说本诗“颔联高华博大而冠冕和平，前后映带宽舒，遂令全首改色，称最当时”（《诗薮·近体中》），这一联往往被作为盛唐气象的代表，实际上是个误会。不过，既然战乱初平的朝堂能有此番气象，则盛唐时代的都城、朝堂之煌煌赫赫，可想而知。

不妨看一看盛唐时的长安城气象。以下出自王维的《奉和圣制从蓬莱向兴庆阁道中留春雨中春望之作应制》：

渭水自萦秦塞曲，黄山旧绕汉宫斜。
銮舆迥出千门柳，阁道回看上苑花。
云里帝城双凤阙，雨中春树万人家。
为乘阳气行时令，不是宸游玩物华。

长安城东南有著名的风景区曲江。为了帝王贵戚游玩方便，开元二十三年（735），朝廷从大明宫筑阁道，经兴庆宫联通曲江。唐玄宗经阁道游曲江，途中赋诗，从游群臣奉和，本诗就是王维奉和的一首应制诗。诗从长安外围写起，渭水环绕，黄山依偎，写出帝都地理之形胜。颔联写出游看花事，热闹喧腾。颈联写长安最为有名。巍峨的凤阙耸拔于云霄，写其高峻，似乎能给人一种天上宫阙的错觉；烟雨朦胧中，只见城中人家鳞次栉比，写出长安城的富庶繁华，人户众多。尾联收束，不免应制诗阿谀之习。王诗能从宏观的视野，对长安城作全景式扫描，写出颈联那样的名句，以至于成为长安最形象的写照，难怪能够超越同侪，独拔头筹。

长安不仅有着帝都特有的辉煌朝堂、赫赫威仪，而且作为一个国际性都市，五方杂处，万国来朝，大街上时见黄发碧眼的胡人，以及操着异域口音的外侨。甚至有不少胡人在这里安居置业，比如胡姬酒店，就是一道独特的风景。李白《白鼻騧》：

银鞍白鼻騧，绿地障泥锦。
细雨春风花落时，挥鞭且就胡姬饮。

卖酒的胡姬、名马白鼻騧、豪华的银饰马鞍、障泥锦，一起构成长安快意市井生活的重要元素。在细雨、春风、落花之中，喧腾着世俗的欢乐与奢华。

同为李白所作的《少年行》其二，再现了类似的场景：

五陵年少金市东，银鞍白马度春风。

落花踏尽游何处，笑入胡姬酒肆中。

五陵，指五陵原，在长安城郊。汉代在五个帝王陵寝附近置城邑，迁徙高官及豪富居住，故五陵原一带，皆显贵居所。五陵少年，即长安贵少，他们骑着银鞍白马，春风得意，游荡在繁华的金市（长安西市），谈谈笑笑进入胡姬酒肆，是何等洒脱豪爽。李白写胡姬的诗歌还有很多，如《送裴十八图南归嵩山》：“胡姬招素手，延客醉金樽。”《前有一樽酒行》其二：“琴奏龙门之绿桐，玉壶美酒清若空。催弦拂柱与君饮，看朱成碧颜始红。胡姬貌如花，当垆笑春风。”……其他诗人写胡姬的也不少，可以说，只要涉及城市生活，乃至街市日常景象，往往就有胡姬的出场。如王绩的“来时长道贳，惭愧酒家胡”（《过酒家》），岑参的“胡姬酒垆日未午，丝绳玉缸酒如乳”（《青门歌送东台张判官》）、“送君系马青门口，胡姬垆头劝君酒”（《送宇文南金放后归太原寓居因呈太原郝主簿》），温庭筠的“金钗醉就胡姬画，玉管闲留洛客吹”（《赠袁司录》），等等。从这些诗句，能看出胡姬在唐代大中城市中普遍存在。她们皮肤白皙，貌美如花，而且能歌善舞，不仅卖酒，还以自己的美貌及才艺招徕顾客，侑酒佐欢。可以说，胡姬是唐代城市服务行业的从业者，在唐诗中，她们总是与春风、少年、歌舞、美景联系在一起，点缀着大唐繁华的城市，诠释着盛世旖旎的风光。

洛阳，唐朝的东都，繁华富庶丝毫不逊长安。宋之问《明河篇》中曾这样描写洛阳的壮观堂皇：“洛阳城阙天中起，长河夜夜千门里。复道连甍共蔽亏，画堂琼户特相宜。”张籍《洛阳行》也写道：“洛阳宫阙当中州，城上峨峨十二楼。”

城阙巍峨，宫门高耸，画堂雕栋，复道连甍，洛阳的大气雄伟，让人由衷地发出赞叹。不过，都市不仅仅有高楼大道，每一个城市的独特的风情，更在日常生活之中。白居易晚年退居洛阳，对这个城市的风情韵味，有着最为真切的感受。不妨看他的这首《洛阳春赠刘、李二宾客》：

水南冠盖地，城东桃李园。
雪销洛阳堰，春入永通门。
淑景方霭霭，游人稍喧喧。
年丰酒浆贱，日晏歌吹繁。
中有老朝客，华发映朱轩。
从容三两人，藉草开一樽。
樽前春可惜，身外事勿论。
明日期何处，杏花游赵村。

这是一个祥和安乐的城市，人们追逐声乐与酒食的享受。每逢春天桃李盛开，满城人都簇拥着去城东头的赵村看花，那里有著名的桃李园。诗人已然老迈，但也杂在看花的市民中，其乐融融。诗人还会偶尔约三两好友，喝点小酒，看着眼前花开、天外云浮，尽情享受这退居的悠闲生活。明天又是一个清闲的日子，不妨还是去赵村，看看那里的杏花开了没有。本诗生动地再现了洛阳市民春日赏花的胜景，那“淑景方霭霭，游人稍喧喧”的场景，宛如今天城市中随时可见的游园会；而“年丰酒浆贱，日晏歌吹繁”，也让我们对洛阳的繁华富庶有着最为直观的感受。诗人生活在这样一个城市，安逸而又自得，诗中表现出的诗人心态，一如今日城市街头的退休老伯。本诗因而充满了尘世味与烟火气，热闹而又亲切，一千余年前的洛阳，仿佛就在窗外，是我们居住的城市。

按照今天城市圈的概念，唐代的长安与洛阳可以说是京、洛城市圈，另外一个重要的城市圈就是金陵与扬州。早在南朝，谢朓《入朝曲》就这样赞美金陵：“江南佳丽地，金陵帝王州。逶迤带绿水，迢递起朱楼。飞甍夹驰道，垂杨荫御沟。凝笳翼高盖，叠鼓送华辀。……”但金陵又是一个亡国之都，故唐人的金陵诗，实以怀古居多，即便是写到市容市景，其着眼点也在于政治兴衰的感慨。如杜牧著名的《泊秦淮》：

烟笼寒水月笼沙，夜泊秦淮近酒家。
商女不知亡国恨，隔江犹唱后庭花。

烟雾笼罩着夜晚的秦淮河，沿岸酒家的灯火渐渐亮了起来。远处传来《玉树后庭花》的歌声，婉转悠扬，不知是来自那挂着红色灯笼的江心小舟，还是来自对岸那垂着珠帘的青楼。这些唱歌的商女，哪知道此地经过了多少回朝代更迭，只管浅斟低唱，点缀着城市的夜色。诗中所写乃城市灯红酒绿的场所，而用意是批判这种纸醉金迷的生活消磨了人们的意志，导致国破家亡。但不管怎么说，本诗让我们窥到金陵夜生活的一鳞半爪，无论诗人在不在那里感慨兴亡，这个城市的红男绿女，依旧追逐着脂粉、美酒与柔靡的音乐。

李白《金陵三首》具体写到了金陵市容的富丽雄伟，虽然他在诗中所指的是作为南朝都城的金陵。如其中的第二首：

地拥金陵势，城回江水流。
当时百万户，夹道起朱楼。
亡国生春草，离宫没古丘。
空余后湖月，波上对江洲。

本诗从题材上说当是怀古诗，但诗中所写的金陵具有依山傍水的雄伟气势，城中居户百万，朱楼夹道，足见这个城市是何等富庶繁华。

相比较而言，与金陵相隔不远的扬州，在唐人的笔下，就没有那么多历史的沉重感了。杜牧的“春风十里扬州路，卷上珠帘总不如”（《赠别二首》其一），似乎成了扬州的名片：一个奢靡的消费城市，这就是扬州予人的印象。张祜在《纵游淮南》中表现出无限歆羡，一往痴绝：

十里长街市井连，月明桥上看神仙。
人生只合扬州死，禅智山光好墓田。

十里长街，市井相连，商业之发达可见一斑。“月明桥上看神仙”的“神仙”指歌妓，也就是杜牧诗中那些豆蔻年华的女子。自南朝以来，就有“腰缠十万贯，骑鹤上扬州”① 的说法，在这个销金窟与安乐窝中，可以尽情享受世俗的安乐。诗人发出老死扬州的感慨，足见这个商业城市的魅力。

许浑《送沈卓少府任江都》则写得更为具体生动：

炀帝都城春水边，笙歌夜上木兰船。
三千宫女自涂地，十万人家如洞天。
艳艳花枝官舍晚，重重云影寺墙连。
少年作尉须兢慎，莫向楼前坠马鞭。

诗的前六句，都是在描绘扬州的绮丽奢华，生动展示了其“温柔富贵乡”的特点。正因此，作尉扬州，尤其需要抵制腐蚀，不能迷失于其繁华温柔之中。诗之作意本在警戒，但扬州的无限魅惑，让人又如何自拔。

“扬一益二”，益州即成都。内陆都市成都，是一个极其适合生活的休闲城市。这里有美酒佳肴：“美酒成都堪送老，当垆仍是卓文君”（李商隐《杜工部蜀中离席》）；有轻歌妙舞：“锦城丝管日纷纷，半入江风半入云”（杜甫《赠花卿》）；有旖旎风光：“晓看红湿处，花重锦官城”（杜甫《春夜喜雨》）、“锦江近西烟水绿，新雨山头荔枝熟”（张籍《成都曲》）……对于大诗人杜甫来说，这个城市，不是故乡，胜似故乡。在《成都府》中，诗人细致地描摹了这个收容他半生漂泊的城市：

翳翳桑榆日，照我征衣裳。
我行山川异，忽在天一方。
但逢新人民，未卜见故乡。
大江东流去，游子去长。
曾城填华屋，季冬树木苍。
喧然名都会，吹箫间笙簧。
信美无与适，侧身望川梁。
鸟雀夜各归，中原杳茫茫。
初月出不高，众星尚争光。
自古有羁旅，我何苦哀伤！

---

① 南朝梁殷芸《殷芸小说》卷六《吴蜀人》：“有客相从，各言所志，或愿为扬州刺史，或愿多赀财，或愿骑鹤上升。其一人曰：‘腰缠十万贯，骑鹤上扬州。’欲兼三者。”（汉魏六朝笔记小说大观．上海：上海古籍出版社，1999：1039.）

对于成都来说，诗人只是万千来到她怀抱的游子之一。然而，对诗人来说，这个城市给了他一处安定的草堂，以一个名都大城的宽和与雍容，收容了诗人惶恐漂泊的心，给他信心与希望。“曾城填华屋，季冬树木苍。喧然名都会，吹箫间笙簧。”你看诗人在成都怀抱里是多么欣喜，他一下子就发现这个城市不同寻常的大气、丰富。诗最后说：“自古有羁旅，我何苦哀伤!”其实在这里，他乡已经变成故乡，羁旅的劳顿化作回家的安闲。“我何苦哀伤”，确实，诗人已经不再有羁旅的哀伤，因为在他的心里，已经归乡。

其实，大唐城市的繁荣，并不局限于京、洛、扬、益这些一线城市。我们不妨看一看李白《南都行》中描写的地理位置稍偏一点的南阳：

南都信佳丽，武阙横西关。
白水真人居，万商罗鄽阛。
高楼对紫陌，甲第连青山。
此地多英豪，邈然不可攀。
陶朱与五羖，名播天壤间。
丽华秀玉色，汉女娇朱颜。
清歌遏流云，艳舞有余闲。
遨游盛宛洛，冠盖随风还。
走马红阳城，呼鹰白河湾。
谁识卧龙客，长吟愁鬓斑。

该诗系李白游览南都（今河南南阳，东汉时为陪都）所作。诗歌全方位地描述了南阳的历史、现实、市容市貌。历史上的英雄与美女，在这里共同演出过一幕幕盛大的情景剧。“遨游盛宛洛，冠盖随风还”，其极盛之时，繁华超过洛阳。而现在的南阳，“万商罗鄽阛”“高楼对紫陌，甲第连青山”，依然商旅云集，人烟辐辏。

南阳毕竟还算是有一定的级别，唐代繁荣的城市，除了这些通都大邑之外，还有无数的小集镇乃至临时集市，如繁星一般散落在唐帝国每一个角落。杜甫在《忆昔》中曾有这样的名句：“忆昔开元全盛日，小邑犹藏万家室。稻米流脂粟米白，公私仓廪俱丰实。……齐纨鲁缟车班班，男耕女桑不相失。……”写的就是偏远的一个小县城，然其熙熙攘攘，物阜民丰，市井同样热闹繁荣。杜甫回忆的是盛唐景象，经过安史之乱，唐朝的经济遭到一定的打击，但很快又得以恢复，中唐的市镇经济再度繁荣。王建《汴路即事》：

千里河烟直，青槐夹岸长。
天涯同此路，人语各殊方。
草市迎江货，津桥税海商。
回看故宫柳，憔悴不成行。

汴梁在唐、五代时经济已相当发达，史载："河南，汴为雄郡，自江淮达于河洛，舟车辐辏。"（《旧唐书·齐澣传》）不过，这里所写的"草市"，是指村、镇定期集市，尚未形成成熟的商业区。但从这首诗中，我们可以看到这个草市的规模已经不小，四面八方的人都集中在一起，操着天南海北的方言。船来船往，大家都在忙碌地交易着，足见其繁荣。

宋词篇

绿窗朱户，十里烂银钩

唐宗宋祖，王朝更迭，城市也不断地被战火摧毁而衰败，又不断随着局势的平定、经济的发展而复苏、繁荣。唐诗过后是宋词，我们看看宋词里城市的风光吧。洛阳，唐诗已经写得很多了，而宋词，依然在把它吟唱。欧阳修《少年游》写道：

玉壶冰莹兽炉灰。人起绣帘开。春丛一夜，六花开尽，不待剪刀催。

洛阳城阙中天起，高下遍楼台。絮乱风轻，拂鞍沾袖，归路似章街。

本词主要写洛阳游乐生活。上片盼春。玉壶美酒，兽炉香暖，室内已是春光旖旎。而在室外，一场春雪过后，百花就该登场了。下片游春。“洛阳城阙中天起”，取自前述宋之问《明河篇》，巍峨的洛阳城高耸入云，遍地是高下错落的楼阁亭台。柳絮纷飞，春风拂面，花瓣飘落到骑着雕鞍宝马的游子身上，拂了一身还满。“章街”，用“章台”典故，汉代长安有章台街，乃艳游之所。孟棨《本事诗》载唐代诗人韩翃与名妓柳某相狎，别后曾寄赠《章台柳》诗。此处指游冶之所，意谓衣马光鲜，穿花拂柳，一路上的风景与人物，恍惚犹如章台。欧阳修在其名篇《蝶恋花》中再次提到章台：“玉勒雕鞍游冶处，楼高不见章台路。”而在另一首写洛阳的《浪淘沙》中，他这样写道：“垂杨紫陌洛城东，总是当时携手处，游遍芳丛。”章台、游冶、艳情，洛阳的春天不仅仅是柳拂花飞。在这里，章台成了游冶艳情的符号，也是浮靡的象征，它代表了一个城市的热情与温度。

两宋的都城分别是汴梁与临安，即今天的开封和杭州，宋词中有不少对这两个城市的歌咏。如**毛滂**[104]的《临江仙・都城元夕》：

闻道长安灯夜好，雕轮宝马如云。蓬莱清浅对觚棱。玉皇开碧落，银界失黄昏。

谁见江南憔悴客？端忧懒步芳尘。小屏风畔冷香凝。酒浓春入梦，窗破月寻人。

宋词中写元夜的极多。如苏轼的《蝶恋花・密州上元》：“灯火钱塘三五夜，明月如霜，照见人如画。帐底吹笙香吐麝，更无一点尘随马。”周邦彦的《解语花・上元》：“因念都城放夜，望千门如昼，嬉笑游冶。钿车罗帕，相逢处，自有暗香随马。”最著名的是辛弃疾的《青玉案·元夕》：“东风夜放花千树，更吹落，星如雨。”元夜的灯火见证着一个城市的繁华，都城的元夜无疑最为热闹绚丽。《临江仙·都城元夕》这首词上片集中描绘了汴京元夜的灯火盛况。长安即指汴京，“雕轮宝马如云”，写京城街道上的灯市，可谓盛况空前。“蓬莱”，本是长安的蓬莱宫，这里指北宋皇宫。“觚棱”，宫殿屋角上的瓦脊。“玉皇开碧落，银界失黄昏”，“玉皇”指皇帝，这两句写皇宫中大摆酒宴，庆祝元宵佳节，灯火辉煌，使天上的银河都失去了颜色。下片写词人的孤寂落寞，与上片形成鲜明的对比。毛滂晚年因言坐罪，待罪于河南杞县旅舍。故其心境落寞，容颜憔悴。本词热、冷相映，汴京元宵灯火的辉煌程度与词人凄凉落拓之感恰成对比，下片幽怨落寞，从反面见出汴京的繁盛奢华。

柳永《破阵乐》是刻画汴京场景的又一力作：

露花倒影，烟芜蘸碧，灵沼波暖。金柳摇风树树，系彩舫龙舟遥岸。千步虹桥，参差雁齿，直趋水殿。绕金堤、曼衍鱼龙戏，簇娇春罗绮，喧天丝管。霁色荣光，望中似睹，蓬莱清浅。

时见。凤辇宸游，鸾觞禊饮，临翠水、开镐宴。两两轻舠飞画楫，竞夺锦标霞烂。罄欢娱，歌鱼藻，徘徊宛转。别有盈盈游女，各委明珠，争收翠羽，相将归远。渐觉云海沉沉，洞天日晚。

上片写汴京金明池的优美景色。含露的鲜花在池中显现出清晰的倒影，烟霭笼罩的草地延伸到碧绿的池边，池水中似泛出浓浓春意。风景如画，且使人感到有一股春晨的清新气息扑面而来。苏轼曾赞叹说：“露花倒影柳屯田。”（叶梦得《避暑录话》引）可见开头这一句的生动传神。垂柳临风翩翩起舞，彩舟龙船争奇斗艳，而池上的仙桥凌波而起、雄跨池上，真可谓“参差雁齿，直趋水殿”。不仅如此，池中上演的百戏花样繁多，变幻莫测，歌者舞者，急管繁弦，升平歌舞，让人感觉似乎是到了仙境。下片描写皇帝临幸金明池并赐宴群臣的景况。金明池上龙舟竞渡，双桨飞举；而临岸的宴会上，君臣咏唱应合，丝竹悠扬，极尽欢娱。池边还有士子游女，相偕赏玩，互相遗赠信物，这该有多少浪漫的故事将要展开啊。天色慢慢暗了下来，云海沉沉，亭台楼阁笼罩在朦胧的暮霭中，如同神仙所居的洞府。全词由晨景始，以晚景终，叙写了池上一天的游玩盛况，京城之行乐，于此可见一斑。

汴京的繁华，深深印在宋人的脑海中，孟元老《东京梦华录》就是一代人的集体记忆。而在南渡后的宋词中，也时时能见到“梦华录”，叙说着他们对旧京的思念。如**曾觌**[105]的《金人捧露盘》：

记神京，繁华地，旧游踪。正御沟、春水溶溶。平康巷陌，绣鞍金勒跃青骢。解衣沽酒醉弦管，柳绿花红。

到如今、余霜鬓，嗟前事、梦魂中。但寒烟、满目飞蓬。雕栏玉砌，空余三十六离宫。塞笳惊起暮天雁，寂寞东风。

该词题为“庚寅岁春奉使过京师感怀作”，是词人从南宋都城临安出发，前去执行与金人和谈的任务，经过北宋旧都汴京，引发感慨而作。上片以“记神京，繁华地”兴发，描写沉淀在记忆中的旧时欢乐情景。溶溶春水环绕着宫墙，宫中的妃嫔媵嫱，日日莺歌燕舞。街上也繁华热闹，骑着绣鞍金辔高头大马的公子王孙、豪商富贾们，穿行平康里巷，出入青楼歌院，在歌姬的丝竹管弦声中沉沉大醉，享受着年轻时代的风流欢乐。下片从缅怀中跳出，回到了现实中来。四十年前的风光无限，而如今，却是青春逝、人已老，空留下两鬓苍苍如同飞霜。往昔的种种美好，只能在梦中重温。词作对于一去不返的年少轻狂岁月的追忆，成为词作最深沉的底色。

南宋建炎三年（1129），高宗南渡至杭州，升杭州为临安府。绍兴八年（1138），定都于此。虽然南渡后才成为都城，但杭州在唐代就已经是大城市，北宋时得到进一步发展繁荣。柳永《观海潮》写的是北宋时的杭州，不妨来看一看：

东南形胜，三吴都会，钱塘自古繁华。烟柳画桥，风帘翠幕，参差十万人家。云树绕堤沙。怒涛卷霜雪，天堑无涯。市列珠玑，户盈罗绮，竞豪奢。

重湖叠巘清嘉。有三秋桂子，十里荷花。羌管弄晴，菱歌泛夜，嬉嬉钓叟莲娃。千骑拥高牙。乘醉听箫鼓，吟赏烟霞。异日图将好景，归去凤池夸。

首句点明杭州历史的悠久、地理位置的重要，集东南之形胜，为三吴之中心，自古就是繁华的大都市。接着详叙杭州之形胜与繁华。“烟柳画桥”摹写街巷河桥的美丽，“风帘翠幕”叙述居民住宅的雅致，“参差十万人家”展现出整个都市人口的繁庶。钱塘江堤上树木重叠，郁郁苍苍，犹如云雾一般，环绕在迤逦曲折的长堤之上，江水澎湃浩荡，拍打江堤，令人想起壮观的钱塘江潮。结尾词人的笔触再次回到杭州城内，珠玑罗列，罗绮盈户，具体展现了街市的富庶繁盛。西湖是杭州的灵魂，从来没有写杭州的诗词会忽略西湖，词的下片就将重点转向那里。“重湖”指西湖中的白堤将湖面分割成的里湖和外湖；“叠巘”指重重叠叠的山峦，从西湖边望去，灵隐山、南屏山、慧日峰，峰岭相连，绵绵不绝，故云。西湖的美，不分四季，不分早晚，不分阴晴。你看她夏有荷花秋有桂，昼闻羌管夜闻歌。而且，西湖的美是无私的，不论是打鱼的渔翁、采菱的村姑，还是千骑高拥的达官，都可以在她的怀抱里嬉戏、流连。整首词，描绘了一幅岁月静好、安逸和乐的市井图像，生动形象。据称，金主完颜亮听到“三秋桂子，十里荷花”以后，便歆羡钱塘的繁华，从而加强了他侵吞南宋的野心。虽然这只是一个传说，但足以印证这首词的艺术感染力之强。

南宋定都之后，杭州成为南部中国的政治、经济与文化中心。据《武林旧事》等书记载，当时商业繁荣，万物阜集；对外贸易相当发达，有日本、高丽、波斯、大食等五十多个国家和地区与之有使节往来和贸易关系，朝廷专设“市舶司”以主其事。城内西溪“三堤”、西湖“十景”，吸引了无数富商和词客，城市发展达到鼎盛。对此，**陈克**[106]的《菩萨蛮》有生动的描绘：

赤栏桥尽香街直，笼街细柳娇无力。金碧上青空，花晴帘影红。

黄衫飞白马，日日青楼下。醉眼不逢人，午香吹暗尘。

这首词没有具体提到是哪座城市。陈克是浙江临海人，绍兴中为敕令删定官，以此揆之，本词所写为杭州之可能性极大。“赤栏桥”，本为长安桥名，在宋词中多指约会场所，此处当指杭州某地。上片尽情渲染富丽绮艳的街景。赤栏桥前是一条笔直的大道，曰“香街”者，是这条大道聚集了众多歌楼酒馆，是温柔富贵之乡。故道旁细柳叶显得娇软无力，这既是写柳之形态，也有比喻之意。细柳掩映的大道两旁，则是一排排高大的楼阁，朱帘翠幕，金碧辉煌；暖日娇花，珠帘外红影绰绰。下片人物出场，集中展现了城市的奢靡生活。黄衫贵少骑着高骏的白马，穿行于花街柳巷，喝得醉眼蒙眬，在闹市上横马乱撞旁若无人，冲过人丛，只留下马蹄扬起的冲天尘土，融入正午的花香之中。词之作意，颇类林升的《题临安邸》：“暖风熏得游人醉，直把杭州作汴州。”带有几分讥讽。骄奢淫靡消磨了斗志，也许在南宋这个特殊的时代，越是繁华的城市，越易招致志士的批判。

在中心城市之外，宋代的其他一些城市也颇为繁华。还有一些城市，基于某种机缘，出现在词人的笔端，如**韩琦**[107]《安阳好》，对其故乡安阳倾注了毫无保留的颂美：

安阳好，形势魏西州。曼衍山川环故国，升平歌吹沸南楼。和气镇飞浮。

笼画陌，乔木几春秋。花外轩窗排远岫，竹间门巷带长流。风物更清幽。

韩琦，相州安阳（今河南安阳）人，北宋著名政治家，与范仲淹齐名，史称“韩范”。曾三次为官于相州，故对于家乡安阳，有着深厚的感情。本词首句交代了安阳的地理位置，山川环绕，形势巍峨，自古为兵家要地。在群山环抱中的安阳城，歌舞升平，一派祥和瑞气。下片具体写城中景象。街衢阡陌交错，富丽如画，乔木高大，花果丰盈，红绿交错掩映之间，露出秀美的楼阁。小轩窗望去，远处青山一发，如诗如画。曲巷深深，小河潺潺，人家三三两两，其情其境之清幽，宛若桃源胜境。这首词，既写到安阳的热闹繁华，也写到其清幽闲逸，全方位、多角度展现了安阳的美，令人无限神往。

城市因政治安定、经济发展而繁荣，也会因战争、动荡或自然灾害而衰落，一部城市史，是盛衰交替演变的轮回。随着异族铁蹄的入侵，宋朝的诸多城市都蒙受毁灭性的劫难。**徐君宝妻**[108]的《满庭芳》，既叙写了城市的繁荣，也倾诉了城市的劫难，不可不读：

> 汉上繁华，江南人物。尚遗宣政风流。绿窗朱户，十里烂银钩。一旦刀兵齐举，旌旗拥、百万貔貅。长驱入，歌楼舞榭，风卷落花愁。
>
> 清平三百载，典章人物，扫地都休。幸此身未北，犹客南州。破鉴徐郎何在，空惆怅、相见无由。从今后，断魂千里，夜夜岳阳楼。

南宋末年，徐君宝之妻与丈夫离散，被元兵掳掠，不幸罹难。这首词是其去世前所作。上片前半写南宋城市的繁华，后半写异族的入侵，导致城市毁灭。“宣政”，指北宋宣和、政和年号。“绿窗朱户，十里烂银钩”，甚至超过宣、政时的繁华。然而，一旦刀兵齐具，繁华登消，舞榭歌台，纷纷零落成尘。下片着重抒发感慨，表达对亲人的思念。“清平三百载，典章人物，扫地都休”，这一句可谓触目惊心。城市的发展需要长时间的积累、沉淀，然而它的衰落，却犹如土崩瓦解，极其迅速。

唐诗宋词中的城市，今天已不复存在，我们只能从其生动的描述中想象当时的旖旎繁华。但那些城市中生活的人，他们的消遣游乐，今天依然在每一个城市繁衍，只是换了不同的形式；他们的喜怒哀乐，悲欢怨戚，在今天大大小小的城市中，依然重复着上演。

第十一章

岁时节令

中国是一个具有悠久历史文化的文明古国，她的每一个传统节日都附会着神话传说以及相应的谚语、民歌民谣，为后来的文人墨客加工创作成“雅”的诗词歌赋提供了丰富的素材和蓝本，进而形成了独具华夏魅力的节令诗词。在漫长的历史长河中，历代的文人墨客，为一个个节日谱写了许多千古名句，真实而又生动地反映了当时的节日民俗。节令诗词在把民间习俗纳入字里行间的同时，又融入了作家独特的人生感喟和思想感情。早在陆机《文赋》中就注意到了这一点：“尊四时以叹逝，瞻万物而思纷；悲落叶于劲秋，喜柔条于芳春。”特别是在唐代以后，诗人、词人们除了展示节日的风情习俗之外，更多地抒写了由节日所感发的种种情思意兴，包蕴了他们的种种情怀。他们或吟咏节令，或叙写习俗，或抒写思乡之情，或针砭时弊，其诗词题材广泛，内容丰富，成为中华诗词宝库中的重要组成部分。节令诗词的主要价值还体现在那些直接叙写岁时习俗的诗词中。这些诗词为我们描绘了一幅幅色彩纷呈的节日画卷，包括趣味横生的风土人情、丰富多彩的文娱活动、独特鲜明的节日服装，甚至还有颇为讲究的节令饮食。

唐诗篇

但将酩酊酬佳节，不用登临恨落晖

在唐诗中，表现一些重要的节日，诸如元宵观灯、寒食禁火、清明祭祖、端午竞渡、七夕乞巧、中秋赏月、重阳登高、除夕守岁等及民俗活动的诗篇，比比皆是，这些诗作为后人具体感知节令的习俗提供了很大的方便。如上元放灯就是最富节日特色的民俗活动之一，这个节日里的京师长安，灯火更是辉煌灿烂。来看**苏味道**[109]的《正月十五夜》：

火树银花合，星桥铁锁开。
暗尘随马去，明月逐人来。
游妓皆秾李，行歌尽落梅。
金吾不禁夜，玉漏莫相催。

“神龙之际，京城正月望日，盛饰灯影之会。金吾弛禁，特许夜行。贵游戚属及下隶工贾，无不夜游。车马骈阗，人不得顾。王主之家，马上作乐，以相夸竞。文士皆赋诗一章，以纪其事。作者数百人，惟中书侍郎苏味道、吏部员外郭利贞、殿中侍御史崔液三人为绝唱。”（刘肃《大唐新语》）看来此诗当是当时比赛中的夺魁之作。诗人以绝妙之笔描写了京城长安的元宵盛况，首联以火树银花不夜天的绚烂色彩描绘了京城各处张灯结彩的奇异景观，由街头灯火延伸到了由于灯光月华相互辉映而变得波光粼粼的护城河及河桥，暗示了元夕弛禁这一历史事实，更突出了节日气氛。三、四句进一步描写灯会的空前盛况，两句仅用一个“随”字、一个“逐”字，就极富动态地写出了元宵之夜的热烈气氛。接下来特写了游人当中那些打扮得花枝招展的歌妓，犹若秾丽的桃李花朵一般唱着那清脆悦耳的《梅花落》，更进一步烘托和渲染了盛况空前的热闹场面和氛围。在这样一幅壮观的京城元宵夜景图中，时间显然如箭一般穿梭而去，诗人于是恳请滴答滴答的玉漏，莫要这么快地催人归去吧。这样的恳请更是把人们对这良辰美景的无限眷恋心情表现得淋漓尽致。

王驾[110]的《社日村居》（又有人将此诗归在张蠙名下）一诗描绘了一幅既静又闹、令人回味无穷的乡村春社图，突出的也是趣味横生的风土人情。虽然字面上看到的是“家家扶得醉人归”的画面，但让人久久不能忘怀的却是热闹非凡的春社场面。具体如下：

鹅湖山下稻粱肥，豚栅鸡栖对掩扉。
桑柘影斜春社散，家家扶得醉人归。

本诗虽写春社，但并未从正面着笔，而是将描写重心放在人物活动的背景上。稻粱肥壮、鸡豚满栅、桑柘茂盛，面对如此的丰收年景，乡人们由衷地感激社神的保佑，所以才集体去祭祀这位保护神。至于春社祭祀如何进行、祭祀过程中如何开怀痛饮、祭祀的场面又是如何热闹非凡，这一切诗人都避开不谈，而是通过对春社活动结束后，在“桑柘影斜”时分，家家亲人扶着醉人归家这一特定画面进行描写、烘托，引导读者对活动时的热闹局面进行充分的联想。此诗采用侧面描写的方法，通过富有典型意义和暗示作用的生活细节来写社日景象，用极其节俭的笔墨反映了丰富的生活内容，让人轻易地联想到春社活动时的欢乐、热闹场面，同时感受到诗人喜悦的心情。

扫墓是寒食、清明的习俗，在唐代诗歌中有不少诗描绘了这一风俗。扫墓习俗，古已有之，但在寒食扫墓的习俗却是在隋唐时期形成的。唐以前典籍中尚无寒食扫墓习俗的记载，到了唐代，开始盛行寒食扫墓，唐诗中描写此类习俗的作品也俯拾即是。来看王建的《寒食行》：

寒食家家出古城，老人看屋少年行。
丘垄年年无旧道，车徒散行入衰草。
牧童驱牛下冢头，畏有家人来洒扫。
远人无坟水头祭，还引妇姑望乡拜。
三日无火烧纸钱，纸钱那得到黄泉。
但看垄上无新土，此中白骨应无主。

本诗形象地描绘了寒食扫墓致祭的习俗。在寒食这天，所有的人家，除老人之外都要出动，用各种交通方式来到城外的自家坟地，整理墓茔，设馔致祭。暂时客居异乡的天涯游子要偕妻带子来到河滨水畔，举家大小往家乡方向拜祭，把自己无限的哀思借流水带回故乡，转达给亲人。此诗在荒凉、阴冷的景象中为后人描绘了一幅寒食扫墓的风俗民情画。

唐代诗歌中，有不少诗歌描绘了清明这一传统节日习俗，最为后人欣赏的当数相传是杜牧所作的《清明》：

清明时节雨纷纷，路上行人欲断魂。
借问酒家何处有，牧童遥指杏花村。

此诗把清明遇雨这件小事写得妙趣横生，长期以来广为人们传诵。开篇第一句便写出了特定节日的情景和氛围：在清明这一传统的重要节日里，本是合家团聚、上坟扫墓、游玩踏青的最佳时日，而孤身赶路的行人在纷纷洒洒的细雨中更显得孤独无依，倍增惆怅。然而，诗人并没有让这种心情一直蔓延开来，而是宕开一笔，别开生面地转入一个新的意境："牧童遥指杏花村。""杏花村"究竟是指上书"杏花村"三个大字的酒旗，还是指杏花烂漫的村庄呢？诗人没有明说，但不论何种理解都能够给人春雨杏花的美好联想，在予人生活真实感的同时，又给读者留下了广阔的想象空间。这首小诗语言极其通俗自然，不仅写出了清明习俗，而且创造了优美的意境和生动的艺术形象，清新隽永而又不失含蓄深婉，深受人们喜爱。

暮春的一个大节庆是上巳。古代以三月上旬的巳日为"上巳"日，古人于此日临水以祓除不祥，又叫作"修禊"，是一个祈求健康、吉祥的节日。这一节日起源很早，《论语》云："暮春者，春服既成，冠者五六人，童子六七人，浴乎沂，风乎舞雩，咏而归。"至三国魏时把节日固定在三月三日，晋王羲之《兰亭集序》所描写文人雅士曲水流觞的韵事，记述的就是上巳祓禊宴乐的盛况。在唐代，三月三是一个重要节日，皇帝常常赐宰臣百僚宴于曲江，作曲水流觞之会，民间百姓也争相来到渭水边，祓禊宴饮。**崔颢**[111]的《上巳》记载的就是这样的习俗：

巳日帝城春，倾都祓禊晨。
停车须傍水，奏乐要惊尘。
弱柳障行骑，浮桥拥看人。
犹言日尚早，更向九龙津。

此诗较为全面地记载了长安三月三上巳日的习俗。巳日一早，满城百姓便坐车骑马来到水边，奏乐宴饮，热闹异常，然后郊游踏青，一直游到郊外、游到天黑还是游兴未尽，不愿返家。由此可见长安上巳宴饮春游盛况。

农历五月初五是我国传统的端午节。"仲夏端午，端者初也。"（周处《风土记》）古人常把"五"写成"午"，故五月初五便称为"端午"。端午的来历据说是为了纪念屈原，相传屈原于五月初五自投汨罗江自杀殉国。据南朝梁吴均记载："屈原五月五日投汨罗水，楚人哀之，至此日，以竹筒子贮米投水以祭之。"（《续齐谐记》）唐代诗歌中有大量记述这一风俗的诗歌作品，如**张说**[112]的《岳州观竞渡》：

画作飞凫艇，双双竞拂流。
低装山色变，急棹水华浮。
土尚三闾俗，江传二女游。
齐歌迎孟姥，独舞送阳侯。
鼓发南湖溠，标争西驿楼。
并驱常诧速，非畏日光遒。

本诗形象地描绘了诗人于岳阳楼俯瞰洞庭湖上端午竞渡的盛况。用彩色绘成展翅欲飞的野鸭形状的船艇，破浪争先，飞快地由起点向终点划去，船飞如龙，浪花似雪。在这种欢快的龙舟竞渡场面里，诗人很自然地在中间四句用典故说明端午竞渡习俗的来源。最后四句用写实的手法描叙了岳州群众自南湖出发，以湖旁岳阳楼为目标，迎着烈日，拂流勇进，争夺冠军的场面，把端午竞渡这一习俗写得惟妙惟肖，流露出诗人在端午佳节的愉悦心情和对当地淳朴民风的欣赏。

七夕节源于牛郎织女相会的神话传说。在汉代已有记载，如东汉应劭《风俗通》载："织女七夕当渡河。"到南北朝时，这一故事渐趋完整，《荆楚岁时记》中就有"七月七日，为牵牛织女聚会之夜"这样的记载。七夕节的活动也逐步丰富起来，不仅有七夕望织女星的风俗，在民间还有妇女结彩楼、陈贡品、穿针乞巧的习俗。来看**权德舆**[113]的《七夕》：

今日云骈渡鹊桥，应非脉脉与迢迢。
家人竞喜开妆镜，月下穿针拜九霄。

本诗意境优美，行文婉妙。前两句写天上牛郎织女的相会：今天是天上牛郎织女相会的佳日，他们在今晚不用承受往日那种隔河相望、无法相聚的痛苦煎熬了。后面两句写凡间的女子们争先恐后地梳妆打扮，在月下穿针引线，虔诚地向织女乞巧。此诗短短四句，便为我们描绘出一幅饶有趣味的七夕风俗图。

农历八月十五是中秋佳节。"中秋"一词最早见于《周礼》，源于古人秋天祭月，伴随着祭月活动而来的是赏月，于是拜月、赏月便成了这一节日最重要的习俗。唐代诗人刘禹锡的《八月十五夜玩月》写的就是中秋之夜诗人赏月的所见所感：

天将今夜月，一遍洗寰瀛。
暑退九霄净，秋澄万景清。
星辰让光彩，风露发晶英。
能变人间世，攸然是玉京。

诗人开头前两句便抓住了中秋夜月皎洁明亮的显著特点，加以新奇的想象：今天夜里，整个宇宙都被这皎洁的月光遍洗得爽朗、清新了。下面四句具体描述了"洗"的结果，"暑退九霄净，秋澄万景清"一联分别从气候和景物写起。盛夏的酷热在秋风乍起中渐消，各种景物也在秋高气爽中变得空明澄澈，展现出清晰的面貌。接下来两句说的是连天空中的星辰也由于月光的皎洁而减去了自己的光彩，地上的露珠由于明月的照耀而散发出美丽的星光。这两句真切而生动地写出了中秋夜月景象和它映照下的万物景色，自然引出了最后两句的总结和升华，明确指出就是这明亮的月光把人们生活的世界变成了自由自在的天堂。这既是对中秋之月的赞颂，也表达了诗人在中秋佳节许下的美好心愿以及对美好生活的向往之情。

农历九月九日是重阳节。"重阳"最早出自《易经》，该书以九为阳数，九月九日，乃二阳相重，故曰"重阳"。屈原《远游》诗中已有"集重阳入帝宫兮"的诗句，由此可见，重阳节在战国时期已经形成；到了汉代更有了节日活动的记载。《西京杂记》中就记载了重阳的习俗："九月九日佩茱萸，食蓬饵，饮菊花酒，令人长寿。"后来又有登高游览的习俗，《风土记》载："重阳相会，登山饮酒，谓登高会。"唐诗中也有关于此类风俗的记载，如杜牧的《九日齐山登高》：

江涵秋影雁初飞，与客携壶上翠微。
尘世难逢开口笑，菊花须插满头归。
但将酩酊酬佳节，不用登临恨落晖。
古往今来只如此，牛山何必独沾衣？

诗人和朋友在重阳佳节携酒登上池州城东南的齐山。登高望远，金秋的池州，齐山青翠，长空飞雁，倒影映入水面，明丽如画。这种节日登临的愉悦，冲淡了诗人素来抑郁苦闷的情怀："尘世难逢开口笑，菊花须插满头归。"诗人面对这大自然的山光水色，和朋友谈笑风生之中兴致勃勃地折下大把的菊花，觉得应该插着满头菊花归去，才不枉这登高的喜悦心情。五、六句是诗人在登高望远情形下的人生感悟：在这样美好的登高佳节，只需用酩酊大醉来酬谢，无须为夕阳西下、人生迟暮而心生遗憾。然而节日的醉酒并不能掩饰长期郁积在内心的苦闷，于是，诗人由眼前所登的齐山，联想到齐景公牛山坠泪的典故，悟出像"登临恨落晖"一样的人生无常，是古往今来在所难免的，既然如此，就没有必要像齐景公那样伤感流泪。全诗不仅写出了重阳佳节登高望远、饮酒自娱、插戴菊花之类的习俗，而且用乐观旷达的基调写出了登高之时的人生感悟。近人高步瀛赞此词曰："感慨苍茫，小杜最佳之作。"(《唐宋诗举要》)

腊日是古代祭祀祖先及百神的一个极为隆重的节日。腊祭，秦以前一般在岁末举行。汉代以冬至后第三个戌日为腊日，后来把十二月八日定为腊日。腊日习俗，除祭祖先、百神外，还有祭灶、祭井之类。唐代的朝廷每逢腊日都要举行一年一度的祭祀仪式。如杜甫《腊日》记述的就是朝廷于腊日赐群臣口脂面药的故事，具体内容如下：

腊日常年暖尚遥，今年腊日冻全消。
侵陵雪色还萱草，漏泄春光有柳条。
纵酒欲谋良夜醉，还家初散紫宸朝。
口脂面药随恩泽，翠管银罂下九霄。

首联从气候写起，把昔年腊日和今年腊日作了一个对比，突出今年腊日冬寒早退、阳春先至的不同气象。颔联对长安景物展开描写，具体表明今年腊日不同于往年的具体景象：尚未冻枯的萱草正在待时滋生，将要返青的柳条透露出春天的暖阳。这些在诗人看来，确实是天下太平的好兆头。颈联转为腊祭的记事，描述了皇恩浩荡，腊日上朝御赐防御寒冻的口脂面药。此诗抒写了诗人对腊日早暖和帝施恩泽的喜悦心情，也流露出希望天下安定康和的心情。

除夕是一年的最后一个晚上，古代又叫除夜、岁除等，是一年光阴已去之意。古代除夕的风俗，有大扫除、放爆竹，这源于古代驱鬼逐邪的迷信活动；另外还有守岁、祭祖宗神灵的习俗。来看**卢仝**[114]的《除夜》一诗：

殷勤惜此夜，此夜在逡巡。
烛尽年还别，鸡鸣老更新。
傩声方去病，酒色已迎春。
明日持杯处，谁为最后人？

古代除夕守岁，有保佑家人长命百岁、延年益寿之意，此诗叙写的就是这一风俗。诗歌前两句中的“惜”字点明要珍惜光阴，三、四句写了烛尽和鸡鸣，象征着就要辞旧岁迎新年了。这既有对新年到来的欢欣之心，又有对光阴流逝的惋惜之意。五、六句写守岁习俗，表示希望祛除疾病、延年益寿，同时也渲染了守岁的气氛。最后两句以幽默的反问表明自己要把守岁坚持到底的精神。全诗用通俗易懂的语言写出了除夜守岁的习俗，并且显示出蓬勃的朝气和乐观开朗的精神面貌。

中国古代的节令很多，各个节令的习俗也各不相同，但不管什么节令，有一点是相通的，那就是合家团圆，共享天伦之乐。在唐代的节令诗里，思亲怀乡之类的内容比比皆是，且不说中秋、重阳、除夕这样典型的引发诗人乡思的节日，就是在寒食、七夕、冬至、腊日等节令里，漂泊他乡的诗人也极易兴起对亲人和故乡的怀想。王维的《九月九日忆山东兄弟》就以质朴无华的语言，抒发了一切游子“每逢佳节倍思亲”的共同情怀，成为佳节思乡的典范之作。下面再看韦应物的《寒食寄京师诸弟》：

雨中禁火空斋冷，江上流莺独坐听。
把酒看花想诸弟，杜陵寒食草青青。

首句突出一个“冷”字，寒食禁火，万户无烟，已显萧索；独居空宅，偏逢阴雨，气候与心情清冷双重叠加，令人倍感凄凉。次句突出一个“独”字，春潮涌动的春江，自由欢啼的黄莺，这些充满生机的景象在诗人独看独听之中凸显的是寂寞和惆怅的情思。在这层层烘托之下，第三句的思念之情如岩浆迸发，独居的孤寂难以排遣，是因为对故乡诸弟的强烈思念。末句宕开诗笔，想象故园的寒食景色，进一步托出了“想诸弟”之情，由人及物，融情于景，更烘托出诗人对诸弟、对故园的怀念之情。全诗首尾呼应，一气流转，浑然成章，运笔空灵，含蓄深婉，极尽烘托之妙，在情景交融的和谐意境里，使思乡怀人之情得到完美的呈现。

在七夕这样一个本是夫妻团聚的日子里，对于漂泊在外、客居旅舍的诗人来说，无疑倍增思乡之情。来看孟浩然的《他乡七夕》：

他乡逢七夕，旅馆益羁愁。
不见穿针妇，空怀故国楼。
绪风初减热，新月始临秋。
谁忍窥河汉，迢迢问斗牛。

七夕是传说中牛郎织女久别重逢的佳节，此时的诗人却远在异乡，不能和妻子团聚，只得想象远方的妻子在家乡结彩楼、月下乞巧的情景。在凉风送爽、新月初升的秋夜，诗人竟没有勇气去仰望银河岸旁的牛郎织女星，可见郁结在诗人心头的乡思情绪是何等浓厚！

王建的《十五夜望月》抒发的是在中秋佳节望月思乡的感情：

中庭地白树栖鸦，冷露无声湿桂花。
今夜月明人尽望，不知秋思落谁家。

本诗是中秋望月有感而作。前两句描写了中庭月色这一自然美景：庭院中洒下的月光就像是铺了一层霜雪，夜色渐浓，乌鸦在幽暗的树荫里已经栖息。清冷的露水湿润了庭中桂树的花瓣，渲染出了环境气氛的静谧和望月者沉思遐想的情景，自然过渡到下面两句。第三句推己及人，写大家都在望月，然而望月者的处境、心态却各不相同。诗人怅然于家人离散，因而由望月引起了浓厚的思乡之情。但诗人并不直接抒发这种浓烈的思念之情，而是反问一句“秋思落谁家”，这含蓄不尽、摇曳生姿的风调，更容易引起人们遐想。

传统的节令有不少是为祈求太平、幸福而设，每逢节令，自然少不了全家欢聚，朋侣宴游。而对于那些落魄的诗人来说，这些佳节反倒成了触发他们隐痛的导火索，于是在他们的笔下，不时冒出喟叹时运不济的苦水。如李商隐的《正月十五夜闻京有灯恨不得观》：

月色灯光满帝都，香车宝辇隘通衢。
身闲不睹中兴盛，羞逐乡人赛紫姑。

首句写京城的灯景，一个“满”字就让人联想到了元宵之夜那万紫千红、火树银花、热闹非凡的绮丽场面。次句由灯及人，写人们为了欢度元宵佳节，倾巷而出，各种华美的车辆占据了大街小巷。这两句是想象之词，想象京城元宵之夜灯火辉映、车马喧嚣的热闹场面。后面两句由想象转到现实，叙述自己目前的处境和心情，流露出被闲置而不能施展抱负的怅惘心情。在这里，元宵佳节的热闹场景却更加触动了诗人的伤感思绪。再来看**孟云卿**[115]的《寒食》：

二月江南花满枝，他乡寒食远堪悲。
贫居往往无烟火，不独明朝为子推。

相传这首绝句是诗人天宝年间科场失意，漂泊流寓荆州一带，于贫困交加之中在寒食前夕写下的。首句“花满枝”三个字刻画了一幅繁花似锦的江南春景图，出人意料的是与这良辰美景相配的并非赏心乐事。第二句写诗人独居异乡，寒食佳节倍觉凄凉，不由悲从中来。三、四句写寒食的特意断炊使得诗人想起自己因生活的贫困潦倒而常常被迫断炊，两相比较，就更能够攫取读者的同情。

有“位卑未敢忘忧国”（陆游《病起书怀》）之襟怀的诗圣杜甫，写下了不少关涉国运时艰、饱含忧念国事内容的节令诗。如《立春》：

春日春盘细生菜，忽忆两京梅发时。
盘出高门行白玉，菜传纤手送青丝。
巫峡寒江那对眼，杜陵远客不胜悲。
此身未知归定处，呼儿觅纸一题诗。

此诗作于诗人寓居夔州之际，此时距安史之乱结束不过数年，触目所及是满目疮痍的场景。诗人在立春这一节气，由眼前的春盘，回忆起往年太平盛世时期两京立春之日的美好情景。对比眼下国事飘零、自己漂泊异乡萍踪难定的现实，面对眼前的巫峡大江，愁绪如一江春水翻滚而来。悲愁之际，只好“呼儿觅纸”，把一腔悲愤泄于笔端。再如他的《九日五首》其一：

重阳独酌杯中酒，抱病起登江上台。
竹叶于人既无分，菊花从此不须开。
殊方日落玄猿哭，旧国霜前白雁来。
弟妹萧条各何在？干戈衰谢两相催。

唐代宗大历二年（767），杜甫流寓夔州，此时安史之乱已经结束，但军阀混战不断，再加上吐蕃等少数民族的不断侵扰，民不聊生，杜甫就是在这样的背景下于重阳佳节登高远眺，有感而发，写下了这首诗。首二句写自己独酌闷酒、抱病登高，表现了恶劣的情绪。颔联暗用陶渊明重阳饮酒赏菊的典故，暗示即便重阳也无人给寒士送酒，自己也无心赏菊，菊花就不必再开了，由此发泄了不满现实的牢骚。颈联进一步写日落时分的声声猿啼，不免令诗人泪下沾裳；而霜天秋晚、白雁南来的情景更触发了诗人的思亲怀乡之情。尾联以遥怜弟妹的佳节思亲作结：由雁来想起了弟妹音信全无；而战乱频仍，自身衰老多病的现实更加深了内心的焦虑。此时，忧国、忧民、忧家的思绪一并袭来，体现了杜甫登高抒怀诗忧国伤时的一贯主题和悲壮沉郁的风格。

在唐代的节令诗中，有很多揭露统治阶级腐朽堕落、针砭时弊的作品，最著名的当为**韩翃**[116]的《寒食》：

春城无处不飞花，寒食东风御柳斜。
日暮汉宫传蜡烛，轻烟散入五侯家。

本诗描写的是宫廷寒食节的情况。按照时俗，寒食应该禁火，但王侯贵族之家却能得到皇帝恩赐的蜡烛。“汉宫”借汉喻唐，实指唐朝的皇宫，这是唐诗中的常见手法。“传蜡烛”揭示了统治阶层擅用特权的事实。“五侯”一般指东汉时同日封侯的五个宦官，喻指中唐以来受皇帝宠幸、专权跋扈的宦官，含蓄地批判了唐朝最高统治者宠信宦官、藩镇割据的社会现实。

品读唐代的节令诗，我们不仅可以超越时空，窥见盛唐时期各个节令所体现的不同社会习俗风貌，以及生活的种种情感、乐趣和感受，还可以探寻诗人透过节令诗表现出来的独特的人生感悟及生命体验。而这些感受，我们同样可以从宋代的节令词中获得。

宋词篇

灯火钱塘三五夜，明月如霜，照见人如画

宋代的节令词更是蔚成大观。有研究者统计，《全宋词》两万余首词中，节序题材之作达 1 318 首之多，占《全宋词》6.2%。① 宋代城市的繁荣使得节日的种种欢娱进一步多样化，这一时期的文人借助宋词这一文学形式记载各个节令的风物风俗的同时，更进一步加强了对节日盛况的描写。如苏轼的《蝶恋花·密州上元》：

灯火钱塘三五夜，明月如霜，照见人如画。帐底吹笙香吐麝，更无一点尘随马。

寂寞山城人老也！击鼓吹箫，乍入农桑社。火冷灯稀霜露下，昏昏雪意云垂野。

词从钱塘的上元夜写起。一句“灯火钱塘三五夜”，点出灯夕的盛况。之后写元宵夜月正圆，灯月交辉，引动满城男女倾城而出，观灯赏月。“帐底吹笙香吐麝”则写尽了杭州城富贵人家元宵节的繁奢情景。下片写密州上元的寂寞冷清之景，这里民不聊生的现实使得诗人再无诗家之逸情。在这本该狂欢的上元之夜，村民们只是用箫鼓来进行社祭以祈求丰年，这与上片钱塘之夜的热闹繁华形成鲜明的对比。本词用今昔对比的手法，写出了对耳目之所及的真实感受，抒发了对国计民生的关切之情。

元宵盛景是太平盛世、繁华之景的浓缩和代表。同时，它也常常成为折射时运迁移的一面镜子，最易使人在这一节令里感怀家国兴衰、人事沧桑。李清照的《永遇乐》就是一首借元宵感怀的绝妙词作：

落日熔金，暮云合璧，人何处？染柳烟浓，吹梅笛怨，春意知几许！元宵佳节，融和天气，次第岂无风雨？来相召，香车宝马，谢他酒朋诗侣。

中州盛日，闺门多暇，记得偏重三五。铺翠冠儿，撚金雪柳，簇带争济楚。如今憔悴，风鬟霜鬓，怕见夜间出去。不如向、帘儿底下，听人

---

① 许伯卿．宋词题材“狭深”论辨正．江西社会科学，2005（7）．

笑语。

本词通过对今昔元宵所处不同情形和心态的对比，抒发了极为强烈的今昔盛衰之感和个人身世之悲。开篇对元宵灯节的景色进行了浓墨重彩的描写：落日像熔化的金子一般发出璀璨的光芒，暮云像完美的碧玉一样散发着光线温润的色彩。此二句对仗工整，形象飞动。但接下来的“人何处”，却蒙上一层迷惘与痛苦的色调。“染柳烟浓，吹梅笛怨，春意知几许”三句，转入对初春景色的描写。笛声《梅花落》满是哀怨曲调，这也隐约象征了词人的自身之怨。“元宵佳节，融和天气，次第岂无风雨”三句，既是承上所作的收束，又突作转折之语。良辰佳节，一派和融天气，可谁又能料到转眼间会不会有风雨来袭呢？所以还是辞谢酒朋诗友香车宝马的邀请。其实，谢绝邀请的真正原因是，词人饱经忧患后落寞的心绪难以承受元宵盛会的繁闹。下片抚今追昔，遥想国运昌盛年代汴京的元宵盛会上，自己同闺中女伴们插金戴翠，打扮得齐齐整整，游玩得何其尽兴！这几句多用当时俗语，传神地写出了青春少女的天真活泼、无忧无虑。然而，昔日的欢乐早已成为不可追寻的旧梦：“如今憔悴，风鬟霜鬓，怕见夜间出去。”历经国破家残之痛的词人已变为形容憔悴的老妇，改变的不只是容颜，更有落寞的心境。唯恐过分强烈的今昔对照给自己增加额外的痛苦，于是她拒绝夜间出去。但词人并非真正的拒绝：“不如向、帘儿底下，听人笑语。”她内心深处对元宵盛会无法释然，甚至期盼在繁华中重温旧梦以慰藉沉重的心灵，这矛盾的心理使她只能在隔帘笑语声中独自咀嚼孤独。李清照的节令词中的名篇还有《醉花阴》（薄雾浓云愁永昼）①。与菊花相关的重阳节是文人雅士最喜欢的佳节，登高插茱萸、赏菊、饮菊花酒成了历代相传的风俗，在重阳时节怀人也是重阳词中重要的部分。此词写重阳佳节对丈夫赵明诚的刻骨思念，结末三句“莫道不消魂，帘卷西风，人比黄花瘦”，取譬极佳，是千古传诵的名句。

把元宵词带入一个艺术新天地的是**吴文英**[117]的元宵词，来看他的《烛影摇红·元夕雨》：

> 碧澹山姿，暮寒愁沁歌眉浅。障泥南陌润轻酥，灯火深深院。入夜笙歌渐暖。彩旗翻、宜男舞遍。恣游不怕，素袜尘生，行裙红溅。
>
> 银烛笼纱，翠屏不照残梅怨。洗妆清靥湿春风，宜带啼痕看。楚梦留情未散。素娥愁、天深信远。晓窗移枕，酒困香残，春阴帘卷。

这首词将绮丽的语言与错综的词境交织在一起，使相思别恨的恋情融入节令物候的描写，开拓了节令词的新境界。上片紧紧围绕“元夕雨”，描写元宵雨中的情景，从远山写到陌上，再到灯火摇曳的院落，然后又转笔写到彩旗翻转、笙歌喧天的街市，各种民间艺术竞相登台，游人们恣意游玩，纵使雨淋鞋袜、泥溅衣裙也在

① 详参本书第六章“婚姻爱情”。

所不惜，十分热闹、尽兴。下片由景入情，抒发相思离别之情。先用拟人手法描写雨中梅花，以雨中之梅暗喻相思之人凄楚可怜的容貌和愁绪，即便是梦醒之后，忧愁还是难以散去。接下来用虚拟手法从对方入笔来表达自己的思念之深。最后几句仍是想象之词，更突出了相思的浓重与深厚。全词虚实结合，用现实与梦境表现了元宵节所引发的迷惘和感伤相思之情，空灵而不质实。

前面说到，定于三月三日的上巳节既是祈求健康、吉祥的节日，也是古代青年男女的游乐节日，宋词中此一题材增加了两性欢爱的内容。如柳永《笛家弄》：

花发西园，草薰南陌，韶光明媚，乍晴轻暖清明后。水嬉舟动，禊饮筵开，银塘似染，金堤如绣。是处王孙，几多游妓，往往携纤手。遣离人、对嘉景，触目伤怀，尽成感旧。

别久。帝城当日，兰堂夜烛，百万呼卢，画阁春风，十千沽酒。未省、宴处能忘管弦，醉里不寻花柳。岂知秦楼，玉箫声断，前事难重偶。空遗恨，望仙乡，一饷消凝，泪沾襟袖。

开篇几句分别从视觉和嗅觉的角度描写了春天的气息：池塘里荡漾着欢快的小舟，阳光把水面染成金黄的色彩，堤坝也如同锦绣般美丽，消灾祭祀的春禊宴饮在这样的春色里正热闹进行，来往的行人携手踏青，快乐异常。这令孤身在外的词人倍觉凄凉，无限伤怀。下片转入回忆：遥想当年在京都时的上巳节，人们在灯火辉煌的厅堂里不惜豪赌，在春风和暖的画阁里醉生梦死。而今“前事”已矣，旧梦难寻，过去的美好早已烟消云散。词人遥望京都故乡，两行清泪沾湿衣襟。

暮春之初的清明，历来是节令词中吟咏较多的一个题材，如晏殊的《破阵子·春景》：

燕子来时新社，梨花落后清明。池上碧苔三四点，叶底黄鹂一两声，日长飞絮轻。

巧笑东邻女伴，采桑径里逢迎。疑怪昨宵春梦好，元是今朝斗草赢，笑从双脸生。

这是一阕清明即景词，词人用优美的笔调勾画了一幅明丽的郊外嬉春图，表现了农家少女的快乐生活和心境。上片主要写景，色彩明丽，笔调清新。白色的梨花和飞絮，青色的碧台，黄色的莺鹂，共同构成了雅淡相间、动静交错的春景图。下片主要写东西相邻的两位少女田陌偶遇的言笑，塑造出了极富农村生活气息的天真纯洁的少女形象。

吟咏清明的词中多写到雨，有的仅仅作为物象加以点缀。然而，一旦它和“落花”构成了某种联系，便立即沾染了惜春、伤春的情愫。如辛弃疾的《满江红·暮春》：

家住江南，又过了、清明寒食。花径里、一番风雨，一番狼藉。红粉暗随流水去，园林渐觉清阴密。算年年、落尽刺桐花，寒无力。

庭院静，空相忆。无说处，闲愁极。怕流莺乳燕，得知消息。尺素如今何处也？绿云依旧无踪迹。谩教人、羞去上层楼，平芜碧。

此词是稼轩于豪放之外别开含蓄蕴藉的婉约篇章，抒发的是伤春恨别的“闲愁”。全词以暮春起笔，发人联想，紧接着以一股猛烈狂暴的力量写花落之后一片狼藉之景。“算年年”以下几句，拈出柔弱的刺桐花的无力附枝，只得随风飘落，衬托出绿叶的繁茂，惜春之情溢于言表。在这最易感发伤春、伤逝意绪的清明时节，常见而特有的风雨无疑会产生催发、强化的作用，触目惊心地勾衍出词人心中涌动的那一份伤逝之感。“寒食、清明词的伤逝主题，不必尽指亡故亲友，但凡对不可追回的人事、境遇的感伤忆念，从思绪的类别特征看，都可归属于伤逝的范围。”① 如吴文英的《风入松·春园》：

听风听雨过清明，愁草瘗花铭。楼前绿暗分携路，一丝柳、一寸柔情。料峭春寒中酒，交加晓梦啼莺。

西园日日扫林亭，依旧赏新晴。黄蜂频扑秋千索，有当时、纤手香凝。惆怅双鸳不到，幽阶一夜苔生。

上片以暮春风雨引出惜别之情。起句仅用四个字就写出了词人清明之际愁风愁雨的惜花伤春情绪，接着进一步用庾信《瘗花铭》的典故衬托自己的伤春心情。然后借惜花引出别情，“楼前绿暗分携路，一丝柳、一寸柔情”，写的是分别时的情景。梦窗和情人在柳丝飘荡的路上分手，柳一丝，情一寸，将惜别之情写得缠绵悱恻。紧接着又回到现实，春寒料峭，借酒驱寒，因醉而卧，因卧而梦，因梦而醒，寥寥十几个字写尽了词人独居无聊的凄然孤苦之态。下片写风雨兼具的清明远去，阔别已久的情人却难以忘怀。林亭、秋千、幽阶，望着这些留有记忆的当年之物，不觉已是物是人非。词人只得追忆当年纤手执索的妙姿，面对今日黄蜂频繁扑向秋千之索，令人有当日纤手留香的幻觉。“惆怅”句点明词人遍寻伊人芳踪而不得的一腔愁怨，“幽阶一夜苔生”，更是将满怀的希冀化成令人心伤的事实，用斑斑苔藓证实了伊人早已踪迹全无，给人一种摧心裂肝的悲凉意味。此词采用移情于物、虚实结合等表现手法，表达了清明佳节里词人心中蕴藏的惜春怀人的伤感。

端午节是宋人心目中比较重要的节日，宋词中也有不少描写端午佳节的词作，如**黄裳**[118]的《减字木兰花·竞渡》：

红旗高举，飞出深深杨柳渚。鼓击春雷，直破烟波远远回。

欢声震地，惊退万人争战气。金碧楼西，衔得锦标第一归。

---

① 高建中．宋代节令词四题．泰安师专学报，2000（4）．

此词描写的是端午节日里龙舟竞渡的盛会，主要通过色彩、声势来刻画竞渡夺魁的热闹氛围。如龙舟上高举的红旗、龙船箭一般穿过的杨柳浓密深掩的洲渚，色彩对比鲜明。在描写龙舟飞逝时，词人还写了岸上群众震天动地的欢声，以及胜利健儿充满喜悦的奋进精神。本词仅用四十四个字，就形象地把竞渡的始末以及最壮观的场面，连同它激烈的气氛和惊心动魄的声势写了出来，使人有身临其境之感。

中秋是一年当中非常重要的节日。说到中秋词，首先使人想到的是苏轼的《水调歌头》（明月几时有）。此词为苏轼中秋之夜怀念兄弟子由而作，其中所表达的真挚情感、丰富意蕴和深刻哲理，已在本书第四章“思亲怀乡”中作了品赏。现在来看苏轼被贬黄州时期所作的另一首中秋词《念奴娇·中秋》：

凭高眺远，见长空万里，云无留迹。桂魄飞来光射处，冷浸一天秋碧。玉宇琼楼，乘鸾来去，人在清凉国。江山如画，望中烟树历历。

我醉拍手狂歌，举杯邀月，对影成三客。起舞徘徊风露下，今夕不知何夕。便欲乘风，翩然归去，何用骑鹏翼。水晶宫里，一声吹断横笛。

上片写词人在中秋之夜登高望月：“凭高眺远，见长空万里，云无留迹。”词人极目远望，只见夜空万里无云，呈现在眼前的是一幅极为空阔壮观的场景。接着具体点明明月东升。万里长空全被清冷的月光浸透了，似乎能望见月宫的琼楼玉宇，素娥正乘着白鸾在月宫往来，长空的美景引发了词人对江山如画的赞叹之情。下片前三句化用李白“举杯邀明月，对影成三人”（李白《月下独酌》）的诗句。词人把天上的明月和身边的影子幻化成了知心朋友，举杯相邀。这三句不仅真实地展现出词人孤单的心境，还为全词抹上了浓厚的浪漫色彩。然而邀月赏心、借酒浇愁并无法消解悲愁的存在，所以唯有愉快地在月下起舞，度过这美好的中秋之夜，以免辜负这良辰美景。词人在现实中归去不得，只能幻想可以乘风归去，在明净的月宫里纵情歌唱。尽管词人遭受了打击，但与《水调歌头》一样，这首词描写了中秋月夜醉酒狂歌的情景，也同样表现了他豪放高旷的情怀；不同之处在于前者最终回到人间，此词则以飞到月宫吹笛收束全篇，因而更富有浪漫色彩。

宋代节令词中还有不少名篇佳作。以七夕为例，除了秦观《鹊桥仙》[①]，还有**刘辰翁**[119]咏七夕的《西江月·新秋写兴》：

天上低昂似旧，人间儿女成狂。夜来处处试新妆，却是人间天上。

不觉新凉似水，相思两鬓如霜。梦从海底跨枯桑，阅尽银河风浪。

刘辰翁是宋末元初的遗民，也是辛派词人后期的代表人物。其节令词多达五十多首，在他的词作中占有相当的比重。更为难能可贵的是这些词超越了宋词中伤春悲秋的传统，寓有深沉的意蕴和寄托，除了对个人身世际遇的感慨，还有对宋王朝

① 详参本书第六章“婚姻爱情篇”。

灭亡的伤悼。如此词便借七夕抒写了故国之思。词中对七夕节令本身并未多着墨，而是抒写了物是人非的沧桑巨变、阅尽风浪的人生喟叹。而使得词人对似水“新凉”特别敏感，导致“两鬓如霜”的相思原因只有一个——怀念故国。

再如欧阳修《生查子》（去年元夜时），展现了在“花市灯如昼”的元宵之夜，情人“月上柳梢头，人约黄昏后”这极富诗情画意的意境；柳永《木兰花慢》（拆桐花烂熳），生动描绘了北宋江南清明时节的旖旎春光和承平气象；黄庭坚《南乡子》（重阳日），写词人重阳日簪花于鬓，而“花向老人头上笑，羞羞，白发簪花不解愁”，用拟人手法表现了热爱生活、笑傲人生的豁达胸襟及乐观精神。这些都是历代选本不漏的名篇。

综上所述，丰富的节令是民族风尚习俗的历史积淀，昭示着民族文化传承的悠久与绵长。而丰富多彩的节令诗词则不仅是古代社会生活和民族风情的艺术写真，而且打上了鲜明的时代烙印。不仅如此，由于情感丰富的唐宋诗人将节令题材作为抒发自己内心情感的重要渠道之一，每每于节令风俗的描写之外融入了自己独特的人生感悟和人格精神，因此其诗词具有独特的表现内容及艺术魅力。

第十二章
咏史怀古

施蛰存说："咏史诗是有感于某一历史事实，怀古诗是有感于某一历史遗迹。"[①]这句话精要地辨析了咏史与怀古的区分。不过尚可补充的是，咏史诗感于某一历史事实，诗歌中往往会有较为明确的历史事件或信息；怀古诗则既可有较为明确的历史事件，也可以仅仅是一种对时光流逝、昔荣今悴的感慨。从文学史的发展历程来看，咏史诗、怀古诗的出现时间大抵相当，比如《诗经·大雅》中的《生民》《公刘》《绵》《皇矣》《大明》等，便是一部从周民族的诞生直至文、武开疆称王的民族诗史，完全可以看成是咏史诗；而《王风》的《黍离》篇，毛序说是"周大夫行役至于宗周，过故宗庙宫室，尽为禾黍。闵周室之颠覆，彷徨不忍去，而作是诗也"，则该诗被认为是怀古之祖。作为一种诗歌题材类型，咏史诗的定型则远远早于怀古诗，班固及左思的咏史诗，分别开辟了传体咏史与论体咏史两大传统；而诗题上第一次出现怀古字眼的，是陶渊明的《癸卯岁始春怀古田舍二首》，但该诗主要歌咏田园生活，并没有多少怀古意味。真正以"怀古"名题的怀古诗，今天所见最早的是李百药的《郢城怀古》。在很多情况下，咏史、怀古的区分并不是泾渭分明的，尤其在中唐以后，诗人每每在登山临水之际，抚今追昔，发思古之幽情，或以古观今，怀现世之感慨，历史遗迹与历史事实打成一片。后世每每将此类诗歌泛称为咏史怀古诗，不必作过于严格的区分，因此，我们在这里也是将二者打通，混融在一起论述。

① 施蛰存．唐诗百话．上海：华东师范大学出版社，2001：239.

唐诗篇

江山留胜迹，我辈复登临

唐初的咏史诗基本还是继承班固、左思的传统，以传体转述史实，或借史抒怀。其中艺术性较高的，多是“名为咏史，实为咏怀”的论体咏史，且带有浓厚的怀古意味。如**骆宾王**[120]这首《于易水送人》（又作《易水送别》）：

此地别燕丹，壮士发冲冠。
昔时人已没，今日水犹寒。

从题目上看，这是一首送别诗，但从内容来看，无疑是一首咏史怀古诗，歌咏的是荆轲于易水别太子丹等人，飞车入秦刺杀秦王的故事。荆轲刺秦王，是咏史诗中较常见的题材。在骆宾王之前咏荆轲较著名的，有左思的《咏史》（荆轲饮燕市）与陶渊明的《咏荆轲》。左思《咏史》诗，主要通过渲染易水送别的壮烈气氛，表达那种“高眄邈四海，豪右何足陈”的豪迈之气，并没有写到刺秦之事。陶渊明的《咏荆轲》，重点也在易水送别，但从太子丹招募勇士写起，一直写到刺秦之事，较为完整。虽然该诗的结尾也抒发了诗人的感慨并发表看法，但主要还是传体咏史。骆宾王这首诗，继承了左思论体咏史的写法，重在歌颂荆轲的英雄气概。整首诗只有五言四句，故不能展开叙事，于是截取史书记载中一个最传神的片断：“荆轲……又前而歌曰：‘风萧萧兮易水寒，壮士一去兮不复还！’复为羽声忼慨，士皆瞋目，发尽上指冠。”（《史记·刺客列传》）本诗头两句生动再现了这一场景，凛凛生风，荆轲慷慨壮烈的形象呼之欲出。后两句写当前景，表达对古人的景仰与缅怀，余味无穷。

初盛唐写荆轲的，还有王昌龄的一首《杂兴》：

握中铜匕首，粉剉楚山铁。
义士频报雠，杀人不曾缺。
可悲燕丹事，终被狼虎灭。
一举无两全，荆轲遂为血。
诚知匹夫勇，何取万人杰。
无道吞诸侯，坐见九州裂。

这是一首史论式的作品，诗人对荆轲刺秦王之事提出批评，认为是逞匹夫之勇，不值得效法。在咏荆轲的诗中，第一次出现不同的声音，带有翻案性质。中晚唐之后不少咏史诗都喜欢作翻案文章，如汪遵有一首《易水》："匕首空磨事不成，误留龙袂待琴声。斯须却作秦中鬼，青史徒标烈士名。"其观点就与本诗大体相同。但在盛唐时代，像王昌龄这样来写咏史诗的，还不多见。它体现了诗人的历史观，也体现了其不落俗套、标新立异的诗学追求。

上面提到的几首咏史诗，基本还是继承了班、左体的写作模式。唐代在咏史诗这一领域所表现出的新特点，是咏史与怀古往往交错混融在一起，纯粹在书斋中因阅读史书而吟咏抒情的并不多。骆宾王的《于易水送人》，在继承左思借史抒怀传统的同时，已呈现出这种咏史怀古交融的特点。唐代咏史怀古诗的普遍情况是，诗人在登山临水之际，览昔人之陈迹，发思古之幽情，江山风物与历史人文打成一片；而其发端，则在于对人生、岁月流逝的感慨。闻一多描述了从卢照邻《长安古意》到刘希夷《代悲白头翁》，再到张若虚《春江花月夜》的初唐诗歌发展之路，其中最主要的脉络，就是那种对人生岁月的感慨。《长安古意》以汉喻唐，最后落脚于"昔时金阶白玉堂，即今惟见青松在。寂寂寥寥扬子居，年年岁岁一床书。独有南山桂花发，飞来飞去袭人裾"，表现出浓厚的怀古感伤意味；刘希夷《代悲白头翁》虽不能说是怀古诗，但"年年岁岁花相似，岁岁年年人不同"这一名句却道出了岁月无穷、人生有限这一怀古诗中回旋不尽的旋律；张若虚《春江花月夜》中的"江畔何人初见月，江月何年初照人。人生代代无穷已，江月年年望相似"同样寓有怀古意味，只是个人生命有限与江山风物永恒的矛盾，在人生代代无穷之中得到消解，被闻一多称为"更夐绝的宇宙意识"①，大大开拓了怀古诗的精神意蕴范围。上述几首诗都不算咏史怀古诗，但其中都蕴含了浓厚的怀古情韵，对唐初咏史怀古诗的写作，产生了重要影响。如孟浩然的这首《与诸子登岘山》：

人事有代谢，往来成古今。
江山留胜迹，我辈复登临。
水落鱼梁浅，天寒梦泽深。
羊公碑尚在，读罢泪沾襟。

岘山又名岘首山，在今湖北襄阳市襄城区南。西晋名将羊祜镇荆襄时，常到此山游览，曾对左右叹息说："自有宇宙，便有此山。由来贤达胜士，登此远望，如我与卿者多矣。皆湮灭无闻，使人悲伤。如百岁后有知，魂魄犹应登此也。"（《晋书·羊祜传》）羊祜去世后，当地百姓为了纪念其在襄阳的德政，在岘山为他建碑立庙，岁时飨祭，望其碑者，莫不流涕，故此碑又叫"堕泪碑"。孟浩然这首诗，

---

① 闻一多．唐诗杂论：宫体诗的自赎．北京：古籍出版社，1956：20.

即其登山览古所见所感。首四句议论感慨，诗人没有沉湎于对人事代谢匆匆的感伤，“江山留胜迹，我辈复登临”，其中蕴含的哲理即《春江花月夜》中“人生代代无穷已，江月年年望相似”，反而洋溢着一种乐观豪迈之气，正体现了盛唐高昂的时代精神。五、六句写所见之景，最后两句落实到羊祜之事，在缅怀古人的同时，也寓含了诗人怀才不遇的块垒。整首诗既有追齐古贤的豪情，又有怀才不遇的悲慨，怀古伤今，水乳交融。

初盛唐许多大诗人，都留下了咏史怀古的佳作。比如李白，其《古风》中就有不少是咏史诗，如第三首：

秦王扫六合，虎视何雄哉！
挥剑决浮云，诸侯尽西来。
明断自天启，大略驾群才。
收兵铸金人，函谷正东开。
铭功会稽岭，骋望琅琊台。
刑徒七十万，起土骊山隈。
尚采不死药，茫然使心哀。
连弩射海鱼，长鲸正崔嵬。
额鼻象五岳，扬波喷云雷。
鬐鬣蔽青天，何由睹蓬莱？
徐市载秦女，楼船几时回？
但见三泉下，金棺葬寒灰。

本诗歌咏秦始皇，俨然一篇人物传记，但又不像班固式的传体咏史，通篇铺叙一事，而是择取所咏对象一生最重要的事迹，简要精练。诗可分为两大部分：“铭功会稽岭，骋望琅琊台”以上，主要是肯定秦始皇统一六国、平定天下的功劳；而后一部分则是批判秦始皇大兴徭役，追求长生之药。诗没有直接议论，而是在陈述史实中呈现褒贬倾向。最后一句“但见三泉下，金棺葬寒灰”，依然是事实陈述，但“金棺”与“寒灰”并举，揭示秦始皇虽贵为天子，最后还是和普通人一样，免不了一死，其追求长生之虚妄可知，显示了诗人的批判锋芒。本诗写的是秦始皇，但言外另有所指。天宝中，唐玄宗逐渐迷信道教长生之术，《资治通鉴·唐纪》“天宝四载”条记：“春正月，庚午，上谓宰相曰：‘朕比以甲子日，于宫中为坛，为百姓祈福，朕自草黄素置案上，俄飞升天，闻空中语云：圣寿延长。又朕于嵩山炼药成，亦置坛上，及夜，左右欲收之，又闻空中语曰：药未须收，此自守护。达曙乃收之。’太子、诸王、宰相皆上表贺。”“天宝五载”条记：“夏四月……以门下侍郎、崇玄馆大学士陈希烈同平章事。希烈，宋州人，以讲老、庄得进，专用神仙、符瑞取媚于上。”“天宝九载”条记：“（玄宗）尊道教，慕长生，故所在争言符瑞，群臣表贺无虚月。”……安旗主编《李白全集编年注释》定本诗于天宝六载（747），即便不能确定就是本年，也是在这前后所作。诗人显然是借古讽今，而这也正是咏史怀古诗重要的写作范式。李白还写了不少篇幅短小的咏史怀古律、绝，堪称神品，如《越中览古》《苏台览古》之属，最有名的是《登金陵凤凰台》：

凤凰台上凤凰游，凤去台空江自流。
吴宫花草埋幽径，晋代衣冠成古丘。
三山半落青天外，一水中分白鹭洲。
总为浮云能蔽日，长安不见使人愁。

据说李白在黄鹤楼看到崔颢所题《黄鹤楼》诗，觉得已经言其所欲言，不复更题，时人讥云：“眼前有景道不得，崔颢题诗在上头。”（杨慎《升庵诗话》引）当其在金陵登上凤凰台，就模仿崔诗而创作了这篇《登金陵凤凰台》。不管这个传说是否真实，李诗与崔诗的确非常神似。但两相比较，李诗格局更广，气魄更大。吴宫花草，晋代衣冠，从三国到东晋南朝，时间跨度较长，写出金陵作为六朝古都的底蕴，也浸透了浓厚的思古幽情。五、六句写登高所见，视野极其广阔。最后一联承五、六句而来，浮云蔽日，遮断望眼，“长安不见”者，意谓诗人正极目长安方向，政治寓托极其显豁，暗指天宝间谗谄蔽明，朝政日非。崔颢诗结句“日暮乡关何处是，烟波江上使人愁”，不过是乡关之思，而太白这里写“长安不见”，则流露出无限爱国忧君之念，比崔诗的立意、格局更高一筹。

杜甫的咏史怀古诗在杜诗中也多见精品，如其晚年在夔州所写的《咏怀古迹》五首，可以说代表了杜甫律诗的最高水准。五首诗分咏庾信、宋玉、王昭君、刘备、诸葛亮等人。我们看其中的两首，先看其三：

群山万壑赴荆门，生长明妃尚有村。
一去紫台连朔漠，独留青冢向黄昏。
画图省识春风面，环佩空归月夜魂。
千载琵琶作胡语，分明怨恨曲中论。

这首诗所咏古迹是昭君故里，唐时属荆州府归州，州治东北四十里，今湖北秭归县香溪，即所谓明妃村也。起笔用一“赴”字，写出昭君家乡的自然环境，群山万壑如奔涌而来，极其开阔宏大。第二句骤然由放而收，如电影镜头由远而近，推出一座清秀绮丽的小山村——这就是昭君的故乡。清人吴瞻泰评这两句说：“端发突兀，是七律中第一等起句，谓山水逶迤，钟灵毓秀，始产一明妃。说得窈窕红颜，惊天动地。”（《杜诗提要》）三、四句悲昭君远嫁，“一去”“独留”，一放一收，一大一小，笔法同于上两句，形成强烈的对比。这也是杜甫七律惯用的手法，张力弥漫，极顿挫之致。五、六句，据《西京杂记·画工弃市》载，汉元帝根据画工所绘图像召幸后宫美人，因王昭君不肯行贿，画工便将其画得很难看，使之得不到皇帝召幸。浦起龙《读杜心解》云“省识只在画图，正谓不省也”，批评君王有眼无珠，不能识人的同时，可能言外也有寓意。结尾说昭君之怨恨，也是古今类似才士佳人的不遇之恨。王嗣奭《杜臆》评本诗云：“因昭君村而悲其人。昭有国色而入宫见妒，公亦国士而入朝见嫉，正相似也。悲昭以自悲也。”也许这正是本诗的言外之意。再看其五：

诸葛大名垂宇宙，宗臣遗像肃清高。
三分割据纡筹策，万古云霄一羽毛。
伯仲之间见伊吕，指挥若定失萧曹。
运移汉祚终难复，志决身歼军务劳。

从首二句来看，本诗当是诗人拜谒武侯庙所作。上下四方为宇，往古来今为宙，“诸葛大名垂宇宙”，笔力雄放，绾合起时间空间，立刻将诸葛亮名满寰宇、万世不朽的形象具体化了。第二句即诗人瞻仰武侯遗像，肃然起敬。中间两联评价诸葛亮的才能与功绩。“纡筹策”之“纡”，是“屈”的意思。纡策而成三分之势，说明成就三分伟业对于诸葛亮不过牛刀小试。“万古云霄一羽毛”意同前句，诸葛亮如鸾凤高翔，独步青云，其已成之功业，不过雄凤一羽而已。五、六句遥想诸葛亮当年羽扇纶巾、指挥若定的气度风神，虚笔驰神，令人无限遐思。最后一联与中间两联相承而下，既然三分天下对于诸葛亮来说远未尽其所能，假以时日，澄清天下当不在话下。问题是汉祚运移，天命不佑，纵然有诸葛亮这样的千古贤才，也无力回天。这里以天命、时运来解释蜀汉衰亡的原因，固然有其历史的局限性，但在这种时运、天命面前，诸葛亮“志决身歼”，鞠躬尽瘁，死而后已，颇有点知其不可而为之的悲壮。杜甫入蜀后，写了不少歌咏诸葛亮的诗篇，如《武侯庙》《八阵图》《蜀相》等，各种诗体都有，可以说杜甫有着浓厚的武侯情结。诸葛亮的忠诚勤恳、文治武功，特别是其最终未能完成统一大业便撒手而去、壮志未酬，让杜甫每每唏嘘不已。如本诗的尾联就可与《蜀相》中的“出师未捷身先死，长使英雄泪满襟”对读。天妒英才、壮志难酬的扼腕之痛，是杜甫咏诸葛亮的诗篇中萦绕不去的主题。

唐代咏史怀古诗自中唐起渐入鼎盛，刘禹锡可以说是中唐咏史怀古诗第一大家。他的《西塞山怀古》《金陵五题》等，皆是脍炙人口的名篇。我们先看《西塞山怀古》：

王濬楼船下益州，金陵王气黯然收。
千寻铁锁沉江底，一片降幡出石头。
人世几回伤往事，山形依旧枕寒流。
今逢四海为家日，故垒萧萧芦荻秋。

西塞山，又名道士洑矶，在今湖北省黄石市东北部，地势险峻，状如关塞，为长江中游要塞之一。唐穆宗长庆四年（824），刘禹锡由夔州调任和州刺史，赴任途中经过此地，触景生情，写下了这首诗。此诗所咏乃西晋平吴之事。晋武帝为消灭东吴，使王濬为益州刺史，加龙骧将军，监益、梁诸军事，督造战舰，训练水军。而吴为防备晋军攻袭，曾在西塞山设防，以铁索横江，又置丈余铁锥，以为阻碍。晋武帝太康元年（280）正月，王濬受命率巴蜀之军浮江东下。为了攻破吴人的横江铁锁及铁锥，王濬制作了数十只大竹筏，竹筏遇到铁锥，铁锥便扎入筏中随筏而去。其后，王濬又制作长十余丈、大数十围的火炬，在火炬中灌上麻油，当船前行遇到铁索时，就点燃火炬，铁索很快便被熔化，这样随后的战船也就通行无碍了。诗前四句所咏，即这一段史事。颈联、尾联结构类似，上联感慨，下联写景。由历史转到现实，只见江山依旧，往事如烟，故垒已化作芦荻萧萧。本诗将山川形胜、金陵王气与东吴的现实命运放在一起写，深刻说明了山河之险并不足恃，王气之说亦属无稽之谈，王朝兴衰之根本原因在人事而非地形。所谓“兴废由人事，山川空地形”（《金陵怀古》），这是刘禹锡始终如一的历史观，表现了他的唯物思想，也是在为唐王朝政治提供殷鉴，以古鉴今才是本诗真正的作意。

《金陵五题》为五首七绝，分咏石头城、乌衣巷、台城、生公讲坛与江令宅，前三首尤为著名，我们看第二首《乌衣巷》：

朱雀桥边野草花，乌衣巷口夕阳斜。
旧时王谢堂前燕，飞入寻常百姓家。

乌衣巷位于秦淮河南岸，与朱雀桥相近。三国时吴国曾在此设军营，军士皆着黑衣，故名乌衣巷。东晋渡江后，王导、谢安等皆簇居于此。本诗有感于世易时移，豪华零落，却没有一般怀古诗的伤感，而是显得淡然与超脱。刘禹锡性情豪放，具有历史唯物论的思想倾向，故在其看来，沧海桑田的盛衰之变，旧家燕子飞入寻常人家，也不过是人间正道。本诗艺术成就极高，短短二十八个字，所涵盖的时空极为广阔，意蕴也特别丰富。“朱雀桥”“乌衣巷”，象征了王、谢高门及那一段繁华岁月；而“野草花”“夕阳斜”，意味着昔荣今悴，是眼前之景。盛衰似乎只在转瞬之间，或者本来就相依相伴，未曾稍离，而其间实际经历了多少风雨变故！以少总多，言尽而意无穷，这里的“意”，实即言外那一段沧桑变幻的历史。后两句同样是写眼前景而蕴言外意，只是那个“意”，乃诗人关于历史变幻的感慨。刘禹锡在《董氏武陵集纪》中提出：“义得而言丧，故微而难能；境生于象外，故精而寡和。”这首诗，往往就被看作最能体现“境生于象外”这一审美思想的作品。

唐代咏史怀古诗的高潮是晚唐，胡曾、周昙、汪遵等人，以咏史怀古作为诗歌创作的主要内容，动辄数百篇，规模空前。不过，就质量而言，晚唐咏史诗还是许浑、杜牧、李商隐、温庭筠等人允称大家。

许浑的怀古诗，萧飒苍凉，渗透着浓厚的末世情怀，正是晚唐时代风貌的写照。《金陵怀古》就是具有代表性的一篇作品：

玉树歌残王气终，景阳兵合戍楼空。
松楸远近千官冢，禾黍高低六代宫。
石燕拂云晴亦雨，江豚吹浪夜还风。
英雄一去豪华尽，唯有青山似洛中。

诗以南朝陈为隋所灭之事发端，借这样一个六朝古都的兴衰起落，感叹历史的虚无与沧桑。据《南史·后主纪》载："及闻隋军临江，后主曰：'王气在此……虏今来者，必自败。'孔范亦言无渡江理。但奏伎纵酒作诗不辍。"结果《玉树后庭花》一曲未终，隋兵已攻陷建康，陈后主与张贵嫔、孔贵嫔等藏匿于后宫胭脂井中，被隋兵活捉，押送长安。诗由这段史事生发，笔触即转到眼前之景，六朝宫殿已化作禾黍萧萧，那些达官贵人早已不在，只有松楸间坟冢累累。颈联用比兴手法概括世间的风云变幻。"石燕"，似燕之化石，在风雨中常会从岩石上剥落。石燕穿云拂雨，在风雨阴晴中穿梭，江豚兴风鼓浪，似乎象征历史上的风云变幻及那些叱咤风云的人物，即尾联所谓"英雄"者。而这些都将随风而去，只有青山依旧。尾联尤堪玩味。金陵青山似洛中，亦即洛中青山似金陵，金陵的英雄散去，又何尝不暗示着洛中的英雄终究也会散去？金陵的昨日是洛中的今天，而洛中的明日又未尝不是金陵的当下。怀古带来无限的伤今情绪，对繁华昌盛的终将消亡，人们只能在那徒劳地叹息而无可奈何。许浑还有一篇名作《咸阳城东楼》："一上高楼万里愁，蒹葭杨柳似汀洲。溪云初起日沉阁，山雨欲来风满楼。鸟下绿芜秦苑夕，蝉鸣黄叶汉宫秋。行人莫问当年事，故国东来渭水流。"同样渗透了关于历史兴衰变故的思考，怀古伤今，并透示出浓重的历史虚无感。也许，这就是所谓的末世苍凉吧。

杜牧的咏史怀古诗虽然也多有今昔感慨，但格调要比许浑俊迈。他的这类诗以绝句为多，以议论惊警、见识超拔而独擅胜场。如《题乌江亭》：

胜败兵家事不期，包羞忍耻是男儿。
江东子弟多才俊，卷土重来未可知。

诗咏项羽垓下兵败事。《史记·项羽本纪》记项羽垓下被困，率二十八骑突出重围，败走乌江。乌江亭长劝其渡江以图再起，项羽却说："天之亡我，我何渡为？"自刎而死。诗人认为胜败乃兵家常事，真男儿当能忍受耻辱。若项羽渡江，以江东之俊彦子弟，卷土重来并不困难。结尾说"未可知"，实际乃是"定可知"。再如《赤壁》：

折戟沉沙铁未销，自将磨洗认前朝。
东风不与周郎便，铜雀春深锁二乔。

会昌二年至四年（842—844），杜牧为黄州刺史，后人颇疑本诗所见之赤壁亦是黄州之赤壁，而所咏之事却是三国赤壁大战。“折戟沉沙铁未销”，一支折断的铁戟，静静躺在历史的沉沙中，仿佛一个标本，见证了曾经的烽火连天。这同样是绝句以少总多的表现方法，从历史遗物入手，一支铁戟就包含了丰富的故事。后两句发表议论：假如不是当时东风相助，就无法实施火烧曹军的计谋，那么结局也许就是另外一种了。此诗与前一首《题乌江亭》结尾一样，都是以假想来重新设定历史，作翻案文章。但比起前一首来，由于富有意象画面之美，故更具感染力，而情理兼具。赵翼说：“杜牧之作诗，恐流于平弱，故措词必拗峭，立意必奇僻，多作翻案语，无一平正者。”（《瓯北诗话》卷十一）翻案出奇是杜牧咏史诗很重要的特点，这也有助于其诗风的雄峻奇峭。其实翻案咏史，早在王昌龄《咏荆轲》、白居易《放言》其三（向使当初身便死，一生真伪复谁知）等诗中就已经出现，但在绝句中普遍运用，杜牧是较早开风气者。晚唐咏史绝句以假设或翻案来收尾者特多，如“若无水殿龙舟事，共禹论功不较多”（皮日休《汴河怀古》其二）、“若使许攸财用足，山河争得属曹家”（胡曾《官渡》）、“汉灵早听侍中谏，安得献生称不辰”（周昙《献帝》）等，几乎成为七绝咏史最常见的一种模式。杜牧还常借咏史怀古以讽今，有着浓厚的现实关怀。如《过华清宫》：

长安回望绣成堆，山顶千门次第开。
一骑红尘妃子笑，无人知是荔枝来。

据《新唐书·杨贵妃传》记载：“贵妃嗜荔枝，必欲生致之，乃置骑传送，走数千里，味未变，已至京师。”因此，许多差官累死、驿马倒毙于四川至长安的路上。唐王朝由盛而衰，与明皇晚年宠信杨妃、疏怠国政不无关系。诗歌选择其中一个典型事例，并截取这一事例中最形象的片断，批判了统治者的骄奢淫逸和昏庸无道，以史讽今，警诫世君。再如《题武关》：

碧溪留我武关东，一笑怀王迹自穷。
郑袖娇娆酣似醉，屈原憔悴去如蓬。
山墙谷堑依然在，弱吐强吞尽已空。
今日圣神家四海，戍旗长卷夕阳中。

开成三年（838）冬，杜牧迁左补阙、史馆编修，第二年春由宣城赴长安上任，途经武关而作此诗。当年楚怀王不听屈原之言，而受宠姬郑袖之流的怂恿，决定去武关与秦会盟，结果被秦国扣为人质。杜牧行经此地，感慨万千。几年前的甘露之变，不但未能剪除宦官势力，反而使堂堂九五之尊受制于家奴，岂不就在于所任非人。本诗借讽楚怀王，希望唐王朝统治者吸取楚怀王的历史教训，任人唯贤，励精图治，振兴国运。同时也向那些拥兵割据的藩镇提出了警告：不要凭恃山川地形的险峻，破坏国家统一的局面，否则，不管弱吐强吞，其结局必皆落败。

李商隐的七言律、绝，除《无题》之外，也许以咏史怀古质量为最高。其咏史七律，往复曲折，沉郁顿挫，匠心独运，多有感而发，以古讽今。如《隋宫》：

紫泉宫殿锁烟霞，欲取芜城作帝家。
玉玺不缘归日角，锦帆应是到天涯。
于今腐草无萤火，终古垂杨有暮鸦。
地下若逢陈后主，岂宜重问后庭花。

本诗咏隋炀帝荒淫误国。隋宫是指隋炀帝杨广在江都（今江苏扬州市）所建之行宫，“锁烟霞”，可见行宫之豪华。“芜城”，广陵的别称，亦即隋炀帝巡行之江都。隋炀帝前后三下江都，大有以之作为帝都之意。首联是既成之史实，已见隋炀帝之荒淫。而颔、尾两联则从虚拟落笔，在史实传说的基础上进行想象，谓若非国灭身死，如此荒淫游逸正不知何时何处方为尽头，从已然推想未然，从生前预拟死后，不仅拓展了诗歌的时空容量，而且更深刻地揭露了隋炀帝贪婪昏顽、至死不悟的本性。颈联所叙聚萤逸乐与开河植柳两事，紧密联系着隋朝的盛衰兴亡，让读者透过饱含历史沧桑之感的物象与图景去领会其内在的意蕴。“于今”“终古”等词又包含着今昔的对比，不但作了理性上的历史思考，而且画面展开一定时间长度，以虚笔涵括了极丰富的内容，从而突破了篇幅的有限性；而“不缘”“应是”等看似不动声色的承转，以及尾联的反问抒慨，则将深刻的讽刺与深沉的感慨融合无间。

中晚唐以来咏唐明皇、杨贵妃事甚多，像白居易的《长恨歌》、前面说到过的杜牧的《过华清宫》等，都是脍炙人口的名篇。李商隐咏唐明皇的诗也极多，如《华清宫》《骊山有感》《马嵬》等。先看《马嵬》：

海外徒闻更九州，他生未卜此生休。
空闻虎旅鸣宵柝，无复鸡人报晓筹。
此日六军同驻马，当时七夕笑牵牛。
如何四纪为天子，不及卢家有莫愁？

诗为两首，这是其中第二首，第一首是绝句：“冀马燕犀动地来，自埋红粉自成灰。君王若道能倾国，玉辇何由过马嵬。”讽刺唐明皇沉迷女色而招致国家败亡。本诗主题也是如此。诗以倒叙开篇，先写玄宗遣方士招魂之举，再追溯马嵬事变，突出玄宗荒淫而招致玉碎国破的结果，批判力量较强。诗中每一联都包含着鲜明的对照，方士招魂与杨妃死去的现实、承平年代宫中鸡人的报晓与奔亡道中的虎旅宵柝、长生殿上的七夕盟誓与马嵬坡的六军驻马、四纪为君而不能保全妻室与民间夫妻的白头相守，同时辅以虚字的抑扬，充分显示出玄宗迷于色而不悟，终至自食恶果。不过诗意又似不止于讽刺，承平与乱离的对照、马嵬悲剧的酿成、李杨主观愿望与实际遭遇的悬差，都不免令人产生更广泛的联想，乃至重温玄宗朝多方面的历史教训。诗人思力的加深也便表现在这里。而处处以今昔对照，显然又寄寓了诗人对玄宗“早知今日，何必当初”的感慨与惜悔。尾联的对比追问，除批判外，还有着同情、痛惜、伤感等许多复杂的感情。这一切都增加了诗歌的景深，诗意因而变得深曲而耐人寻味。李商隐写李、杨之事的还有《骊山有感》《龙池》，都是七绝。分别引述如下：

骊岫飞泉泛暖香，九龙呵护玉莲房。
平明每幸长生殿，不从金舆唯寿王。（《骊山有感》）

龙池赐酒敞云屏，羯鼓声高众乐停。
夜半宴归宫漏永，薛王沉醉寿王醒。（《龙池》）

杨玉环原为唐明皇子寿王李瑁的王妃，被唐明皇占为己有，这两首诗就是讽刺唐明皇的乱伦之恋。在写法上，两首诗都通过强烈的对比来显示讽刺之意。前一首是唐明皇、杨贵妃的甜蜜爱情生活与寿王的失意对比，后一首是其他王子享受父皇赐宴与寿王心事重重对比，暗示所咏之事，讽刺含蓄而又深刻。两首诗还有一个很重要的特点，就是后半部分所写之事皆出于想象。史是崇实征信的，而诗则重视想象虚拟，要想让咏史诗既有诗情，又保持其史的真实性，则须加以一定的想象虚拟，同时这虚拟又要有一定范围与量度，即不能脱离基本史实与主要情节。本诗所写玄宗的父夺子妻以及游乐于骊山行宫，都于史有征；建立在这样基础上的虚拟想象，如寿王不从金舆、薛王沉醉寿王独醒等，就具有一定的合理性。而本诗用意深刻之处，却往往正在这些虚构想象部分。诗人自己一句议论也没有，却讥刺入骨，揭出讽刺之事最丑陋之处，不留丝毫余地。

李商隐南朝咏史诗，如《北齐》二首、《南朝》、《齐宫词》、《吴宫》等，或咏具体史事，或概咏整个南朝的朝代更迭，在唐代咏南朝诗中堪为翘楚。如《咏史》：

北湖南埭水漫漫，一片降旗百尺竿。
三百年间同晓梦，钟山何处有龙盘？

“水漫漫”三字，一笔扫去几百年繁华往事；“一片降旗”，以高度的概括力笼括了六朝的兴废更迭。亡旗高举，也正是六朝萎靡没落的象征。只一个想象中的情景，便略去种种具体史事，写出了三百年的悲亡相续。有前两句的铺垫蓄势，“三百年间同晓梦”便字字有根，末尾的反问也才显得力抵千钧。此前刘禹锡也感慨过“兴废由人事，山川空地形”（《金陵怀古》），但李商隐以最突出的几个意象概括整个南朝历史，最后得出兴亡如梦、王气成虚的结论，就不是空泛之论，而既具体形象又极其概括，所有南朝诗皆无以出其苑囿。

温庭筠与李商隐齐名，被称为“温李”，其咏史诗历来评价最高的是《经五丈原》：

铁马云雕共绝尘，柳营高压汉宫春。

天清杀气屯关右，夜半妖星照渭滨。
下国卧龙空寤主，中原得鹿不由人。
象床宝帐无言语，从此谯周是老臣。

这首诗是诗人经过五丈原凭吊诸葛亮而作。前半首联写诸葛亮率军迅速进驻五丈原、威震曹魏的气势；次联写诸葛亮不幸病死军中之事。后四句饱含诗人无限感慨。“下国”二句谓诸葛亮屡次向刘禅忠告，欲其励精图治，却白费心血，始终不能使后主醒悟，看来在中原争夺帝位真的非人力所可为。杜甫在《咏怀古迹》中将诸葛亮之死看成是“运移汉祚”，而在本诗看来，诸葛亮遇到这么一个昏聩的后主，不等到他去世，蜀汉的福祚也就没有了。尾联深致讥刺，神龛中的诸葛亮像不会发言了，后主宠信佞臣谯周，投降魏国，蜀汉终于灭亡了。谯周这样的人做“老臣”，足见诸葛亮一去，真可谓大树凋零。这从另一个角度说明了诸葛亮生前是独木支撑大厦，既见诸葛亮的才能，也说明蜀汉无人。本诗虽也多从天命来看待诸葛亮之死及蜀国的灭亡，但这一天命观建立在蜀主昏聩、蜀汉人才凋零的史实之上，其实不过是在表达诗人的一种感慨。整首诗既有铁马柳营的夺人气势，又有指点顿挫的议论风发，诗风豪爽骏迈。温氏本以艳丽柔靡之词而成为花间派之鼻祖，孰料其诗作豪迈如斯。

宋词篇

大江东去，浪淘尽，千古风流人物

咏史怀古不仅为诗歌创作之大宗，宋代咏史怀古词也佳作迭出。如范仲淹的《剔银灯・与欧阳公席上分题》，就是早期比较有代表性的咏史词：

昨夜因看蜀志，笑曹操、孙权、刘备。用尽机关，徒劳心力，只得三分天地。屈指细寻思，争如共、刘伶一醉？

人世都无百岁。少痴騃、老成尪悴。只有中间、些子少年，忍把浮名牵系。一品与千金，问白发、如何回避？

词之咏史，同样可论可叙。本篇是词人读《三国志》而感慨抒怀，当为论体咏史。本词之主题，是对王霸功业的否定，而其理由与根据，则是人生短暂，功名富贵不过云烟，不如抛弃浮名，把酒一醉。词中咏史，此类格调最多，如范仲淹同代词人**张昪**[121]的《离亭燕》（亦有人将此词归入孙浩然名下）：

一带江山如画，风物向秋潇洒。水浸碧天何处断？霁色冷光相射。蓼屿荻花洲，掩映竹篱茅舍。

云际客帆高挂，烟外酒旗低亚。多少六朝兴废事，尽入渔樵闲话。怅望倚层楼，寒日无言西下。

这首词表现出对历代兴亡、朝代更迭的怅惘之感。饱览江山风物，“六朝兴废事”不过是聊助“渔樵闲话”的谈资而已，这同样是对王霸功业的否定，透示着历史的虚无感。四五百年以后，明人杨慎在《临江仙》中感叹：“古今多少事，都付笑谈中。”不过拾人牙慧而已。

咏史怀古词中名气最大的，当数苏轼的《念奴娇・赤壁怀古》：

大江东去，浪淘尽，千古风流人物。故垒西边，人道是，三国周郎赤壁。乱石穿空，惊涛拍岸，卷起千堆雪。江山如画，一时多少豪杰。

遥想公瑾当年，小乔初嫁了，雄姿英发。羽扇纶巾，谈笑间，樯橹灰飞烟灭。故国神游，多情应笑我，早生华发。人生如梦，一尊还酹江月。

这首词是苏轼贬谪黄州期间，游览黄州赤壁而作。起笔“大江东去”，气势不凡，“千古风流人物”，时间跨度极长，一开篇，就给读者呈现出一个极其恢宏的情景。“风流”二字是所写历史人物、事件的特点，儒雅潇洒的周瑜、诸葛亮，与英雄交映生辉的美人小乔，以及谈笑间消灭强敌的那份从容自得等，生动地诠释了“风流”二字。但“风流”又有一个特点，风行水流，如烟花般绚烂之后便归为寂灭，绽放时越是绚烂，其消散寂灭就越是令人惊心动魄。“故国神游”，固然会目眩神迷于“风流人物”的功业声名，而神游归来，风流云散，只见大江滚滚，江月冷冷，“人生如梦”之感油然而生。在这里，人生的虚无感是因历史的虚无感而生发、深化的。不过，与其他怀古词不同的是，在这首词中，词人体认到历史与人生的虚无空漠，却没有流露多少悲伤，而是一笑自嘲，举杯酹月，显得超脱旷达。故本词整体上格调豪迈，意气风发，不仅开宋词豪放之风，也为怀古词带来旷达豪放的新风。

王安石的《桂枝香·金陵怀古》也是怀古词之名篇：

登临送目，正故国晚秋，天气初肃。千里澄江似练，翠峰如簇。归帆去棹残阳里，背西风，酒旗斜矗。彩舟云淡，星河鹭起，画图难足。

念往昔、繁华竞逐，叹门外楼头，悲恨相续。千古凭高，对此谩嗟荣辱。六朝旧事随流水，但寒烟衰草凝绿。至今商女，时时犹唱，后庭遗曲。

这首词上片写景，下片怀古抒情，是双调词的典型模式。上片写登高所眺之景，写出了金陵城山河相依、雄奇秀丽的自然风光，再加上秋高气爽的节令，令人心旷神怡。金陵作为六朝古都，成为无数诗词歌赋的题材。本词在情感意境上，并没有另辟新境，而是化用前人——主要是晚唐杜牧怀古诗词的语词、意象，抒发其思古之幽情。如“念往昔、繁华竞逐”，语同杜牧《金谷园》“繁华事散逐香尘，流水无情草自春”；“门外楼头”写陈后主、张丽华事，语出杜牧《台城曲》“门外韩擒虎，楼头张丽华”；“至今商女”以下，显出杜牧《泊秦淮》“商女不知亡国恨，隔江犹唱后庭花”。除了《金谷园》，其他皆是杜牧咏金陵诗。隐括前人诗句入词，是宋词重要的写作方式，要在能混融化合，则尤见典雅，本篇足以当之。这首词登临送目，在抒发思古幽情的同时，其家国之忧、身世之感，也情聚笔端，令读者释卷而不能释怀。

北宋词人贺铸的咏史怀古词，也喜隐括前人诗句。如《水调歌头·台城游》题咏金陵，化用刘禹锡及杜牧诗句。再如《将进酒·小梅花》写关中怀古，不仅化用唐人诗句，而且词的意境格调也与诗歌相通。

城下路，凄风露，今人犁昔古人墓。岸头沙，带蒹葭，漫漫昔时流水今人家。黄埃赤日长安道，倦客无浆马无草。开函关，掩函关，千古如何不见一人闲？

六国扰，三秦扫，初谓商山遗四老。驰单车，致缄书，裂荷焚芰接武曳长裾，高人端得酒中趣，深入醉乡安稳处。生忘形，死忘名，谁论二豪却不数刘伶？

上片化用唐人顾况《悲歌》“边城路，今人犁田昔人墓。岸上沙，昔日江水今人家”及《长安道》“长安道，人无衣，马无草”等诗句；下片中，“生忘形”用杜甫《醉时歌》“忘形到尔汝，痛饮真吾师”，“死忘名”用《世说新语·任诞》篇载晋张翰语：“使我有身后名，不如即时一杯酒。”它们均与“高流端得酒中趣”切合。通过比较隐而复出的商山四皓与借酒忘形逃名的高人，表达词人自己的价值观，这也就是李白《将进酒》中所云“呼儿将出换美酒，与尔同销万古愁”，借饮酒来释其悲愤之情，明其桀骜之志，咏史而抒块垒。

隐括前人诗句以入词，是宋词中普遍的做法。周邦彦《西河·金陵怀古》亦是典范：

佳丽地，南朝盛事谁记？山围故国绕清江，髻鬟对起。怒涛寂寞打孤城，风樯遥度天际。

断崖树，犹倒倚，莫愁艇子曾系。空余旧迹，郁苍苍雾沉半垒。夜深月过女墙来，伤心东望淮水。

酒旗戏鼓甚处市？想依稀、王谢邻里。燕子不知何世，入寻常、巷陌人家，相对如说兴亡，斜阳里。

这首词咏金陵旧迹，感慨历史兴亡。上片总写金陵形胜，将自然风光与人文遗迹打成一片。主要隐括刘禹锡《金陵五题》中的《石头城》“山围故国周遭在，潮打空城寂寞回。淮水东边旧时月，夜深还过女墙来”以及《乌衣巷》“旧时王谢堂前燕，飞入寻常百姓家”。化诗歌的整齐七言为参差句式，繁复委曲，抒情更加细腻深透。词中“断崖”“旧迹”“雾沉”等，则是词人的点染，取景萧瑟苍茫，给全词笼上深远的感伤情调。

李纲[122]《六幺令·次韵和贺方回金陵怀古，鄱阳席上作》，也是以金陵怀古为主题，其中不乏隐括前人诗句或诗意处：

长江千里，烟淡水云阔。歌沉玉树，古寺空有疏钟发。六代兴亡如梦，苒苒惊时月。兵戈凌灭，豪华销尽，几见银蟾自圆缺。

潮落潮生波渺，江树森如发。谁念迁客归来，老大伤名节。纵使岁寒途远，此志应难夺。高楼谁设，倚栏凝望，独立渔翁满江雪。

上片写长江千里，烟水茫茫，融合李白“登高壮观天地间”（《庐山谣寄卢侍御虚舟》）与杜甫“不尽长江滚滚来”（《登高》）的意境。“歌沉玉树”，指陈后主亡国事，《玉树后庭花》是历代咏金陵的典故与意象。晚唐诗人李商隐《咏史》中的

“三百年间同晓梦”，韦庄《台城》中的“六朝如梦鸟空啼”，皆是感慨六朝更迭之频繁，繁华事散之虚无空漠，本词“六代兴亡如梦”几句，就融合了前人诗意。“潮落潮生”则显然有刘禹锡诗“潮打空城”（《石头城》）的影子。词作于渡江之南宋，北方山河沦陷，故收尾“高楼”“凝望”无疑有“万方多难此登临”（杜甫《登楼》）的感触。而“渔翁江雪”则以柳宗元《江雪》诗的意蕴来表达自己在主和派当道之下，报国无门而又不愿屈服的孤傲之志。这首词在化用前人诗句方面，较为灵活，以化融诗意为主，而非简单剿袭成句。词咏南朝兴亡，寄寓了词人忧心国事的怀抱，深沉而痛切，感人至深。

周邦彦身处北宋末年，内有朝政日衰，外有劲敌环伺；而李纲则为南渡后词人，中原沦陷，半壁江山也摇摇欲坠。故他们题咏金陵，寄慨南朝，皆有强烈的现实感慨，这也是南宋词人咏史怀古的显著特色。如叶梦得《八声甘州·寿阳楼八公山作》：

> 故都迷岸草，望长淮、依然绕孤城。想乌衣年少，芝兰秀发，戈戟云横。坐看骄兵南渡，沸浪骇奔鲸。转眄东流水，一顾功成。
>
> 千载八公山下，尚断崖草木，遥拥峥嵘。漫云涛吞吐，无处问豪英。信劳生、空成今古，笑我来、何事怆遗情。东山老，可堪岁晚，独听桓筝。

叶梦得也是南宋主战派人物，高宗绍兴初，起为江东安抚大使，兼知建康府并寿阳等六州宣抚使。寿阳，古称寿春，即今安徽寿县，境内八公山，是著名的淝水之战的战场。公元383年，前秦苻坚（氐族）亲领铁骑八十余万，企图一举灭亡东晋。谢安命其弟谢石、侄子谢玄率兵与苻坚决战于淝水，大败苻坚，保卫了东晋朝廷。词人登山远眺，凭吊古迹，仰慕谢石、谢玄等人的丰功伟绩。“千载八公山下，尚断崖草木，遥拥峥嵘。”当年苻坚望八公山上草木皆类人形，谓手下说：“此亦劲敌也，何谓少乎？”（《晋书·载记第十四·苻坚下》）可见晋军对敌人的震慑，令对方“草木皆兵”。如今英雄已去，只有“断崖草木”，似乎还在叙说着过去的峥嵘岁月，也似乎在见证着今日的落寞。“漫云涛吞吐，无处问豪英”，语带双关，其时主和派当道，哪里去找谢石、谢玄那样的豪英呢？结尾“东山老，可堪岁晚，独听桓筝”，写谢安晚年被排挤出朝、凄凉寂寞的处境，更加凸显了词人对现实的不满及不能报效国家的苦闷。

对诗人陆游来说，报效国家之心，收复中原之志，至死未休。梁启超说他“集中十九从军乐”（《读陆放翁诗》），主要是指诗歌。不过，陆游的《水调歌头·多景楼》也是一首慷慨的“从军乐”：

> 江左占形胜，最数古徐州。连山如画，佳处缥渺著危楼。鼓角临风悲壮，烽火连空明灭，往事忆孙、刘。千里曜戈甲，万灶宿貔貅。

露沾草，风落木，岁方秋。使君宏放，谈笑洗尽古今愁。不见襄阳登览，磨灭游人无数，遗恨黯难收。叔子独千载，名与汉江流。

这首词是陆游在隆兴二年（1164）任镇江府通判时所作。上片写多景楼所处之地理位置及四周景物。多景楼在镇江北固山之甘露寺，而词却从江左写起，在山连如画的背景中推出此楼，主要是为了突出该楼不仅占尽形胜，且地理位置极其重要。甘露寺是三国时孙权、刘备联盟之所，登览怀古情所当然。在“往事忆孙、刘”的历史恢宏画卷中，无疑有着今日此楼空有形胜的感慨。换头九字，写节候气象，节奏峻急，与危楼高秋的情境及百忧交集的心绪相契合。接着以谈笑散愁，情调转为放旷。最后一层，用西晋大将羊祜镇守襄阳、登临兴悲故事，以古况今。“叔子独千载”，则是时无叔子也。词人呼唤良将、冀望北伐，而现实却令人无比沮丧。全词在一时兴会中寓千古兴亡，寄慨遥深，充满了浓郁的现实关怀。

在陆游登览之后，多景楼屡次进入南宋词人的视野。二十五年之后，陈亮登楼，留下“危楼还望，叹此意、今古几人曾会”（《念奴娇》）的名句；四十余年之后，辛弃疾以六十六岁高龄任镇江知府，登此楼而赋，留下两首怀古词，皆为绝唱。一首是《永遇乐·京口北固亭怀古》，明人杨慎在《词品》中认为辛词当以本篇为第一：

千古江山，英雄无觅，孙仲谋处。舞榭歌台，风流总被，雨打风吹去。斜阳草树，寻常巷陌，人道寄奴曾住。想当年，金戈铁马，气吞万里如虎！

元嘉草草，封狼居胥，赢得仓皇北顾。四十三年，望中犹记，烽火扬州路。可堪回首，佛狸祠下，一片神鸦社鼓。凭谁问，廉颇老矣，尚能饭否？

上片写景、下片抒情一般是双调怀古词的套式，而这首词则将咏史怀古与抒怀糅合在一起。上片以咏史为主，写到两个历史人物——孙权与刘裕，并对他们气吞万里的功业表示景仰。下片将咏史与现实融合。“元嘉草草”一句，指南朝宋大将王玄谟向宋文帝陈说北伐策略，大有得胜回朝之意，文帝说“使人有封狼居胥意”（《宋书·王玄谟传》），结果北伐失败。狼居胥山即今蒙古国境内肯特山，汉朝霍去病追击匈奴至此，封山而归。词人借古喻今，宋孝宗隆兴元年（1163）张浚北伐，在符离（今安徽宿州市符离集）兵败，词人当是以王玄谟兵败事来指南宋北伐失利。“四十三年”者，指词人南归时间。收尾几句的意思是说南归以来，举国萧条，自己虽有老骥伏枥之志，奈何投闲置散，无人问津。一片苍凉落寞之意，与前文铁骑金戈之音交和而鸣，使全词既壮且悲，情蕴丰厚而复杂。另一首是《南乡子·登京口北固亭有怀》：

何处望神州？满眼风光北固楼。千古兴亡多少事？悠悠。不尽长江滚滚流。

年少万兜鍪。坐断东南战未休。天下英雄谁敌手？曹刘。生子当如孙仲谋。

本词以三个问句、自问自答贯穿全篇，缅怀古人，感慨时事，叹时无英雄，悲恢复无望。和前面一首比起来，此词风格略为明快清俊。但词人忧心于小朝廷文恬武嬉、苟且偷安的政治现实，渴盼北伐中原、收复失地，其报国的赤子之心始终如一。

唐宋间咏史怀古诗词蔚为大观，以上我们仅就其中一些名篇作了初步考察，已觉风景无限。诚如哲人所言，历史是凝固的现实，现实是流动的历史。虽然咏史怀古是以历史为题材，但绝大部分作品，都有着明确的现实指向，蕴含着强烈的现实关怀。以史鉴时，怀古伤今，才是咏史怀古类诗词的精神命脉。这从我们以上所选诗词中得到了清晰的验证。

第十三章

托物寄意

咏物是古典诗词的重要类别，在中国古代文学传统中源远流长。如《诗经》中的《鲁颂·駉》，写出了马之壮硕、种类以及毛色，感叹牧马之盛，穷物之情，尽物之态，就展示了咏物诗的最初风貌。此后《楚辞》也有不少吟咏自然物的篇章，且体现了咏物诗“托物寓意”的重要特征，如屈原的《九章·橘颂》，这使得咏物诗进入一个新的发展阶段。经由两汉魏晋文人的开拓，咏物这一题材在六朝得到了长足发展。这一时期的咏物之作数量众多，“巧构形似”（钟嵘《诗品》），极貌体物，虽然能穷尽物态，但缺乏厚重的社会内容和思想深度。不过，对呈现物貌的技巧的重视，使咏物诗在艺术表现手法上渐趋圆熟，明人胡应麟《诗薮》中说“咏物起自六朝，唐人沿袭”，大概就是针对咏物诗的艺术手法而言的。到了唐代，咏物诗创作进入了蔚为大观、自擅其美的新时期，这一时期的咏物诗将六朝咏物之形似的遗风和“风骚”咏物之比兴的传统巧妙地融合为一体，图形绘貌，姿态盎然，形神兼备，寄慨遥深；数量上也达到有史以来的最高峰，据研究者统计，唐代的咏物诗多达6 789首①。而于隋唐民间兴起的词体也渐为文人们所欣赏、仿效，作为诗人出身的词人自然把这一题材运用到词的创作当中，不断创作出咏物的新篇章，尤其是经过中唐词人题材上的拓展以及晚唐五代词人艺术上的更新之后，宋代词人更是将咏物这一题材发展到了极致，不仅在取材上随着社会环境的变化而有新的开拓，而且把自我的人生体验、身世之感以及整个社会的沧桑变化融入所咏之物中，实现了不粘不离的咏物特征。

---

① 胡大浚，兰甲云．唐代咏物诗之发展轮廓与轨迹．烟台大学学报（哲学社会科学版），1995（2）.

唐诗篇

物微意不浅，感动一沉吟

初唐咏物诗的代表作家有唐太宗李世民、虞世南、李峤、沈宋、“四杰”及陈子昂诸人。这一时期的咏物诗有不少承袭了六朝只求形似之余绪，但也有少数突破齐梁窠臼、透出新变气息的寄寓之作。如**虞世南**[123]的《蝉》：

垂緌饮清露，流响出疏桐。
居高声自远，非是藉秋风。

这是唐人咏蝉诗中最早的一首，广为后世人称道。首句用笔颇为巧妙，表面看来是写蝉的体形和食性，实则处处暗含比兴象征。因古人常以“冠缨”指代达官贵人，所以诗人在这里用“垂緌”暗指具有显赫身份的官宦。“饮清露”三个字又把显贵和清客统为一体，为三、四句的“清”无须借助“贵”来显现做了铺垫。次句写蝉声，“流响”二字可见蝉声的清丽高远和长鸣不已，从这蝉声当中我们可以想象得到人格化了的蝉那种清华俊朗的高标逸韵。“居高声自远，非是藉秋风”，是从上两句引发的议论。“居高”的“高”有两层含义：一是实写蝉所居的梧桐树高，二是暗写品格之高。全诗将蝉人格化，带有诗人明显的自况意味，故清人沈德潜《唐诗别裁集》评：“咏蝉者每咏其声，此独尊其品格。”

初唐咏物诗到“四杰”时，兴寄的成分有所增加，抒发个人感慨的作品渐多。咏物诗的思想内容由浅薄浮泛趋向深沉厚实，艺术个性渐趋成熟。“四杰”之一的骆宾王也有一首咏蝉诗——《在狱咏蝉》：

西陆蝉声唱，南冠客思侵。
那堪玄鬓影，来对白头吟。
露重飞难进，风多响易沉。
无人信高洁，谁为表予心？

这是诗人在高宗仪凤三年（678）因上书讽谏触怒武后被诬下狱时作，寄托遥深，明代陆时雍评其曰：“大略意象深而物态浅。”（《唐诗镜》）起句用工整的对偶，点出秋蝉高唱，入耳惊心，诗人闻声思家。三、四句蝉人对比，“那堪”与“来对”把物我联系在一起，由蝉及己。诗人的大好青春在经历了政治上的种种磨难之后一去不返，白发早生，看到似乌玄两鬓的秋蝉，物我对照，不禁自伤老大。而诗中的“白头吟”，又使人不禁想起卓文君和司马相如的爱情故事，据说司马相如对卓文君爱情不专之后，卓文君作《白头吟》以自伤。其诗云：“凄凄复凄凄，嫁娶不须啼。愿得一心人，白头不相离。”诗人巧妙地运用这一典故，表达了自己一片忠君爱国之情被辜负后的凄恻感情。五、六两句全用比体，表面上看字字写蝉，实则处处言己。用“露重”“风多”比喻政治环境的险恶，而“飞难进”比喻政治上的不得志；风声大，蝉声便显得低沉，进而比喻自己在众口一词的情况下百口难辩的委屈，可谓寄托遥深。最后两句以反问作结，秋蝉餐风饮露，本自高洁，但在不被俗世容纳的情况下，谁相信它的高洁呢？这里，诗人的一腔悲愤之情，全都寄托在秋蝉身上，蝉与诗人已经浑然一体、物我不分了。

陈子昂的咏物诗不多，却能用比兴寄托的方式，抒发诗人内心的情感，如《感遇三十八首》其二：

兰若生春夏，芊蔚何青青。
幽独空林色，朱蕤冒紫茎。
迟迟白日晚，袅袅秋风生。
岁华尽摇落，芳意竟何成？

此诗全用屈原《离骚》中“香草美人”式的比兴手法，抒发自己孤芳自赏的孤独感和岁华流逝、“芳意”难成的失落感。开头两句是热情洋溢的赞美之辞：兰若在春夏之际蓬勃地生长着，它们是那么茂密、繁盛。这两句明赞香草，实则暗喻诗人自己，借香草的蓬勃生长之势，暗示自己有着满腹的才华。三、四句却笔锋一转，由赞美变成了慨叹遭受冷落的不幸命运。兰若的红花覆盖着紫茎，显得格外美丽动人，可它们却幽独地生长在空寂的山林中，谁会来欣赏它们的美丽呢？“幽独”一词，可见诗人的孤芳自赏。兰若的命运就是诗人的命运；兰若的被冷落，就像诗人的怀才不遇。“迟迟白日晚，袅袅秋风生”，这组工整清丽的对偶句揭示了导致芳草飘零的严酷自然环境，同时又以自然之物关合人事，用凄冷的秋风摧折花木来象征社会上的恶势力对诗人残酷的打击。生活在那个表面繁荣、实则危机四伏和弊端丛生的历史时期，诗人的才华无从施展，理想不能实现，最后只能像花木一样被摧残凋零，充满了美人迟暮之感。最末二句“岁华”“芳意”用双关之语，借花草之凋零悲叹自己年华流逝、理想破灭，寓意凄婉。

咏物诗到盛唐进入成熟发展的阶段。这一时期的咏物诗深深地打上了盛唐的时代烙印，体现了盛唐诗人积极向上、昂扬奋发、以天下为己任的宽阔胸怀和开放心态。艺术技巧上也高度纯熟，不管是体物传神还是因物兴寄，都追求兴象玲珑、物我交融的意境。来看**张九龄**[124]的《感遇十二首》其一：

兰叶春葳蕤，桂华秋皎洁。

欣欣此生意，自尔为佳节。
谁知林栖者，闻风坐相悦。
草木有本心，何求美人折？

《感遇》是诗人遭谗贬谪后所作，共有十二首，此诗为第一首，以春兰、秋桂自比，表达了诗人坚持立身修德的坚贞气节。诗歌首联写兰草迎春勃发、浓郁繁茂、活力四射的无限生机，以及秋桂叶绿花嫩、皎洁明净、馨香四溢的高雅风貌。颔联承首联之意，点出兰、桂各自适应“佳节”才会有如此的蓬勃生机，暗示兰、桂按各自的本性生长枯荣、不媚人荣的本性。颈联用“谁知”一转，由前四句的物象描写转入对人的描写。那些常以兰、桂自喻的隐逸之士，闻到兰、桂的芳香，顿生爱慕之心。尾联再次赞赏了兰、桂不求人荣的高尚品质，尽管它们被人欣赏爱慕，但也不希望“美人”的攀折、欣赏。全诗到此，意旨豁然明朗，那些如春兰、秋桂的贤人君子洁身自好、进德修业，并非为了博取功名富贵。当然，春兰、秋桂也是诗人的自喻，表明自己虽遭到奸人排斥，但仍具坚贞高洁的气节。

唐代大诗人李白的咏物诗往往略貌取神，即便专门体物，也不屑于精雕细刻，而往往有感而发，一吐为快，笔力雄健，神韵自远。如《古朗月行》：

小时不识月，呼作白玉盘。
又疑瑶台镜，飞在白云端。
仙人垂两足，桂树作团团。
白兔捣药成，问言与谁餐。
蟾蜍蚀圆影，大明夜已残。
羿昔落九乌，天人清且安。
阴精此沦惑，去去不足观。
忧来其如何？凄怆摧心肝。

此诗同李白的其他作品一样，运用了浪漫主义的创作方法。丰富的想象和神话传说浑然一体，再加上诗人独有的抒情艺术，构成了瑰丽新奇又含蓄深蕴的艺术形象。前四句用信手拈来之语，表现儿童看月时的天真烂漫之态，并以“白玉盘”“瑶台镜”作比，生动地展示了月亮的形状和月光的皎洁。接下来四句引用神话传说来写月亮的升起，展现了月亮初升时逐渐明朗和宛若仙境般的景致。然而好景不长，“蟾蜍蚀圆影，大明夜已残”，月亮渐渐地由圆而蚀。蟾蜍，俗称癞蛤蟆；大明，指月亮。相传月亮为蟾蜍所啮食而残损，变得晦暗不明。“羿昔落九乌，天人清且安”两句，引用后羿射日的传说表现出诗人的感慨和希望。然而，现实还是让诗人感到深深的失望：“阴精此沦惑，去去不足观。”月亮已经沦没而迷惑不清，就没什么值得看的了，还是趁早走开吧。这无可奈何的办法反而加深了诗人心中的忧愤，引出最后两句：“忧来其如何？凄怆摧心肝。”诗人矛盾重重的内心可由此窥见一斑。这首诗其实是李白针对当朝现实有感而发的。玄宗晚年沉湎声色，宠幸杨贵妃，权奸、宦官擅权，诗中“蟾蜍蚀圆影，大明夜已残”就是讽刺这一昏暗局面，清代沈德潜即说此是“暗指贵妃能惑主听”（《唐诗别裁集》）。全诗在艺术上充分展示了诗人那瑰丽奇特的诗心，运用一系列的想象和神话传说写月，状物却不滞于物，绘形而不囿于形。

与李白同时期的杜甫可谓集咏物之大成者。他的咏物诗不仅题材丰富，禽鸟虫鱼、松柏柳梅等皆可入诗，而且形式灵活、体裁多样，短的有绝句，长的有排律、歌行等等。杜甫的咏物之作重视形貌色彩的描绘，重视以形传神。如他的《房兵曹胡马》：

胡马大宛名，锋棱瘦骨成。
竹批双耳峻，风入四蹄轻。
所向无空阔，真堪托死生。
骁腾有如此，万里可横行。

此诗通过赞美房兵曹的胡马，寄托了诗人自己希望横行万里的英豪之气。开首四句，重在烘托良马骨相清俊的特征。用“锋棱”形容刀锋般的躯骨，用“竹批”形容斩竹般的尖耳，仅这两个词就勾勒出良马的风姿独异，留给读者矫健非凡的印象。“风入四蹄轻”的“入”字把读者引进骏马迅猛腾飞、尘土飞扬的情景，此句称赞良马英气勃然，才力惊人，突出了诗人写貌传神的特点。后四句赞叹良马的品质和气势。“所向”句，以茫茫遥途来反衬良马的耐力；“真堪”句，从人与马的关系来描述良马忠实可靠的庇护力，此句盛赞之中饱含慨叹。清代沈德潜说此二句“德性之调良，俱为传出”（《说诗晬语》卷下）。“骁腾有如此，万里可横行”，承接上联震魂荡魄的气概，笔力柔中蕴刚，雄厚天成，生动表述了诗人勇往直前的毅力，在深挚的抒情中寄寓着前程无量的乐观情绪和勇毅进取的充分自信。此诗虽名为咏马，但马的矫捷骁腾、堪托死生给读者奇峰突起之感，诗人自己那气骨峥嵘的独特面目也跃然纸上；而良马横行万里的气势，也正反衬出诗人早年目空一切的英雄锐气。

杜诗咏马者差不多有十三首，诗人对马的审美感觉是随着人生阅历而逐渐改变的。安史之乱以后的杜甫，常年处于生活困苦、漂泊不定的失意状态，此时在情感上最能引起诗人共鸣的当数那些忠厚而不幸的病马、老马，来看他的一首《病马》：

乘尔亦已久，天寒关塞深。
尘中老尽力，岁晚病伤心。
毛骨岂殊众，驯良犹至今。
物微意不浅，感动一沉吟。

此诗以诗人与病马对话的形式叙述了病马一生的不幸遭遇，借此来隐喻自己一生不被重用，反而动辄遭到贬谪的委屈与艰辛。首联托物起兴，语义双关。“尔”字当属拟人手法，写马而自喻，既倍觉亲切又似在诉说满腹委屈。诗人抱有“致君尧舜”的理想，孰料竟不为明主所用，毫无希望地奔波在地冻天寒之间。颔联看似是对老马的怜惜，实则喻指诗人自己忠心报国、风尘仆仆，虽然现在已渐趋衰老、疾病缠身，但还是尽心尽力持节不变，即便这样仍得不到器重，想来真是伤心啊！颈联写诗人看到病马而想起了朝廷中的御马，其实是借此来比喻朝廷中的宠臣新贵。尾联是说由病马本身而悟出了深刻的道理。这里的“感动”是说诗人由病马而见自身辛苦，于是感伤不已，内心深处因此而受到震动，由怜惜病马而伤感自身，于是“沉吟”出这首感慨自身命运的哀歌。

此外，杜甫还借咏物而关注社会问题，他的许多咏物诗不仅寄托个人的理想怀抱，而且把民生疾苦、家国之痛、时代之悲，深深渗透于咏物之中。如《孤雁》：

孤雁不饮啄，飞鸣声念群。
谁怜一片影，相失万重云。
望尽似犹见，哀多如更闻。
野鸦无意绪，鸣噪自纷纷。

这首诗作于大历初年（766）杜甫旅居夔州期间。诗人以孤雁自况，托物抒怀，影射安史之乱中广大人民背井离乡、四处漂泊无依的社会现实。首联点题，写孤雁不饮不啄，因思念同伴而拼命追寻的形象，悲壮中透出一份热烈与执着。颔联巧用对比，“一片影”与“万重云”两相映衬，更可见离群失伴的孤雁漂泊云天、无处投身的悲苦焦虑。“谁怜”一个反问，宣泄了诗人内心的悲愤之情：经历了安史之乱的诗人流落他乡，亲朋离散，这份离乱伤怀不正如孤雁的声声哀鸣吗？颈联宕开一笔描写幻觉：被思念与痛苦缠绕、煎熬着的孤雁，仿佛看到雁群在眼前晃动，听到伙伴的声声呼唤。这两句血泪文字以虚写实，亦幻亦真，情深意切，哀痛欲绝。浦起龙《读杜心解》评析说：“惟念故飞，望断矣而飞不止，似犹见其群而逐之者；惟念故鸣，哀多矣而鸣不绝，如更闻其群而呼之者。写生至此，天雨泣矣！”尾联以“野鸦”来陪衬孤雁，感情浓烈，爱憎分明。孤雁因为思群念友而悲鸣不已，野鸦则因麻木不仁而鸣噪纷纷，了无意绪。两相比照，更显得孤雁的孤单可怜、处境险恶，也可看出野鸦的鄙卑无聊、冷漠刻薄。本诗从不同的角度刻画出了孤雁孤单困苦却飞走哀号、处境险恶却苦苦追寻、卑微渺小却心比天高的形象，处处暗寓着杜甫自己漂泊流离的悲伤，同时亦是当时安史之乱中广大人民背井离乡、四处漂泊的社会现实的曲折反映，表达了诗人对造成人民流离失所的战乱的控诉。

杜甫的《孤雁》虽写于大历年间，其雄浑苍茫、沉郁悲慨却犹是盛唐气象。而大历诗风的整体格调实际上要孱弱得多，如同样咏雁，**钱起**[125]的《归雁》就比杜诗要显得哀怨清空：

潇湘何事等闲回？水碧沙明两岸苔。
二十五弦弹夜月，不胜清怨却飞来。

这首诗是诗人客居北方，看见大雁北返，触动情怀而作。作为一种候鸟，大雁的南北往返本是极其正常的自然现象，但诗人偏要发问："潇湘何事等闲回？水碧沙明两岸苔。"此处用倒置法，意思是说：潇湘水清沙白，两岸长满青苔，水暖食足，环境优美，正好可供大雁栖息，为什么偏要飞回来呢？三、四句是诗人代雁作答之语，借助丰富的想象和优美的神话，为读者展现出湘灵鼓瑟的凄清境界。古传湘水女神善鼓瑟，声调凄怨。钱起考进士的中试诗题即为《湘灵鼓瑟》，结尾二句"曲终人不见，江上数峰青"就是描写湘灵鼓瑟的名句。这里诗人代大雁借用湘灵鼓瑟的事答道："潇湘本是个好地方，但是湘水女神常在月下鼓瑟，瑟声幽怨，不胜其悲，所以才飞回来另寻更好的栖息之所。"诗中的潇湘夜景和瑟声虽都是想象之词，但通过这样一问一答，却把雁写成了通晓音乐和富于情感的生灵了。这首诗想象丰富，构思新颖，意境空灵，含思婉转，表面上写充满客愁的大雁，实际上是写诗人在春夜宦游他乡的羁旅感受。

伴随着文学上的古文运动和新乐府运动而来，中唐时期咏物诗进入了创作的繁荣期，这一时期的咏物诗数量激增，题材逐步扩展，内容丰富多彩，呈现出万紫千红、争奇斗艳的繁荣局面。其中以白居易、元稹为代表的现实派和以韩愈、李贺为代表的奇谲派都有不同数量的咏物诗，并且在表现形式上进行了大胆的变革与创新，极大地促进了咏物诗的发展。

白居易是唐代创作咏物诗数量最多的诗人。他的咏物诗主要是以咏物为契机来揭露社会弊端，体现了以诗歌为武器干预现实的勇气，具有明显的美刺作用，主要代表作如《秦吉了》：

秦吉了，出南中，彩毛青黑花颈红。
耳聪心慧舌端巧，鸟语人言无不通。
昨日长爪鸢，今朝大觜乌。
鸢捎乳燕一窠覆，乌啄母鸡双眼枯。
鸡号堕地燕惊去，然后拾卵攫其雏。
岂无雕与鹗，嗉中肉饱不肯搏。
亦有鸾鹤群，闲立飏高如不闻。
秦吉了，人云尔是能言鸟，岂不见鸡燕之冤苦。
吾闻凤凰百鸟主，尔竟不为凤凰之前致一言，安用噪噪闲言语。

这是一首寓意深刻的咏物诗，诗人用简短的诗句，塑造了鸢、乌、雕、鹗、鸾、鹤及秦吉了等几个活生生的动物形象，真切生动地刻画了它们的丑陋嘴脸，使人很自然地联想到各种官吏的罪恶嘴脸。诗的开头紧扣标题，用寥寥数语介绍秦吉了的出生地、外貌、本领。写它不仅具有美丽的外貌，且聪慧异常，伶牙俐齿，鸟语人言样样精通。诗歌以此来比喻朝廷中那些大小谏官，他们正是如此衣冠楚楚，能言善辩。接着诗人转而描绘其他动物的行为："昨日长爪鸢，今朝大觜乌。"长爪鸢、大觜乌都是贪婪凶猛的鸟，"昨日""今朝"说明接连不断，不止一次。它们凶狠地扑向燕巢和母鸡，不仅要捕获弱小的鸡燕，还要倾其巢穴，毁其卵雏。这不正是恶霸官吏、蛮横宦官鱼肉下层百姓的象征吗？像鸡燕般一向安分守己的平民百姓，手无寸铁地遭受着官吏们残酷的剥削和压榨。诗人在对此极度愤慨的情况下向那些见死不救的旁观者发出了谴责，这些雕、鹗、鸾、鹤等等，要么饱食终日，安闲旁观，要么高飞远走，置难不顾，就像掌管刑法的御史大夫一类的大官，对平民百姓的灾难不闻不问一样。因此诗人只能把希望寄托在百鸟之王凤凰身上，希望秦吉了这种能言善辩的鸟能到凤凰那儿汇报鸡燕的灾难，为它们主持正义。这里的百鸟之王是皇帝的象征，诗人在此大胆揭露并沉痛地批判谏官们对百姓的遭遇视若不见的无耻行为，并以鸢、乌、雕、鹗、鸾、鹤等影射封建王朝中的各种官吏，把封建王朝表面上公正庄严的虚伪面目完全揭穿，甚至彻底否定了封建王朝的吏治。

韩愈[126]对唐代咏物诗的贡献主要体现在对咏物诗的风格及艺术形式的新变上。韩愈将他奇谲诡怪的诗风运用到咏物之作中，即使吟咏花卉草木等柔弱之物，也总要尽力刻画出怪异、恣肆的形象，让人惊叹不已，给人留下深刻的印象。如他的《李花赠张十一署》：

江陵城西二月尾，花不见桃惟见李。
风揉雨练雪羞比，波涛翻空杳无涘。
君知此处花何似，白花倒烛天夜明，群鸡惊鸣官吏起。
金乌海底初飞来，朱辉散射青霞开。
迷魂乱眼看不得，照耀万树繁如堆。
念昔少年著游燕，对花岂省辞酒杯。
自从流落忧感集，欲去未到先思回。
只今四十已如此，后日更老谁论哉。
力携一樽独就醉，不忍虚掷委黄埃。

古人咏花多偏于柔媚可爱，而韩愈却以如椽之笔，写奇壮之景，形象生新，境界宏阔，颇具韩诗"思雄""力大"的特色。首句中"二月尾"点明时间是在二月末的无月之夜。"花不见桃惟见李"，写出了素白的李花在昏暗的夜晚更加鲜明可见，并以桃花作陪衬，突出了李花的洁白与繁茂。"风揉"以下五句，进一步烘托李花的洁白可爱，尤其是"白花"两句，写洁白的李花把夜空照得透亮，连群鸡都误以为天亮而啼叫起来，官吏们也纷纷起床了。此语想象怪奇，体现了韩诗"思雄"的特点。"金乌"以下四句由虚入实，从夜晚写到早晨，以厚重的笔力和浓烈的色调，描绘了阳光、云彩和花树交相辉映的美景。诗中这无比奇特的意象，正表现了韩诗造意奇特、气象万千的艺术特征。“念昔”句以下为下半部分，写诗人由花及人、自伤身世的情怀。诗人回忆起往日少年时期游赏宴乐，对着美丽的春花开怀畅饮的情景；自从流落不遇，百忧交感，要去看花时，未到已念回，一想到此，不禁感喟苍凉。末四句更跌深一层，写自己此刻尽情携酒赏花，是因为不忍辜负春光，让美好的花儿独自凋零在泥土里。下半部分这几句，诗人纯用散文化的笔法抒发个人的感慨，却依然透着浓郁的诗味，体现了韩愈“以文为诗”的厚重笔力。此诗咏李花的同时也是写诗人自己，李花的洁白与繁茂可以使读者联想到诗人那惊世的才华。蒋抱玄在《评注韩昌黎诗集》中赞此诗云：“此诗妙在借花写人，始终却不明提，极匣剑帷灯之致。”

李贺的咏物诗也彰显了他独特的艺术个性。他的《马诗二十三首》，围绕马广搜事典，寄兴述怀，将自己的身世之感寄托于马的命运之中，表现出志士的远大抱负及时不我遇的感慨与愤懑。如其四曰：

此马非凡马，房星是本星。
向前敲瘦骨，犹自带铜声。

此诗重在借马强调诗人自身非凡的来历和品质。首句开章明义，强调这是一匹非同寻常的好马。次句引用典故，《晋书·天文志》中说：“房四星……亦曰天驷，为天马，主车驾。……房星明，则王者明。”长吉自喻房星属其本星，强调了自己的唐室宗孙身份。此句又把“房星”和“王者”直接联系起来，说马的处境如何与王者的明暗、国家的治乱息息相关。三、四句写马的气骨不凡，即使瘦，也骨力坚劲、内质精良。这正是诗人对自我的理想化体认。李贺所在的中唐社会，江河日下，内忧外患不断。在这样的形势下，一直以宗室王孙自许的李贺不甘于只是“寻章摘句”（《昌谷集》卷一），满足于已有的文名，他还热切地向往建功立业，重振李唐雄风。诗人的志向和急切的用世之心借笔下的神驹充分地表达了出来。

到了晚唐时期，文人们敏感的心灵受到时代衰败气氛的侵袭，胸中充斥着千万重的愁云惨雾。他们的精神状态和审美情趣，也从昂扬奋进转换到颓唐消沉方面。因此这一时期的咏物诗也随之出现了新的变化，在所咏题材上表现出对琐细之物以及具有悲剧色彩之物的偏好，如瘦梅、枯荷、秋蝉、孤雁等。来看李商隐的《蝉》：

本以高难饱，徒劳恨费声。
五更疏欲断，一树碧无情。
薄宦梗犹泛，故园芜已平。
烦君最相警，我亦举家清。

本诗是诗人以蝉自喻的名篇。首联闻蝉起兴。“高”字一语双关，既指蝉栖高树，也暗喻自己清高的品格。蝉在高枝吸风饮露，难得一饱，物不平则鸣，蝉不饱则“恨”，但这样徒劳的牢骚终无人听，这就与诗人潦倒困顿的身世之感相暗合。诗人由于为人清高，所以生活清贫，虽然多次向有力者陈情，希望得到他们的帮助，但最终都是徒劳。诗人借蝉抒发生活中所有的牢骚，一吐为快。颔联进一步深化“徒劳”与“费声”的感情。蝉为自己的不平遭遇鸣了一个晚上，到五更天亮时，已叫得声嘶力竭、若断若续，但其鸣声有谁理睬？“一树碧无情”，一树的碧叶不会因蝉的凄惨而有任何的憔悴。这里，表面上还是在写蝉怨树之无情，实际上是诗人对人情冷暖的怨艾。颈联由写蝉转向写己，描述自己做小吏而四处漂泊的生活，这种生活已经令诗人生厌，萌生思归之情。“故园芜已平”，使人想到陶渊明的“田园将芜胡不归”（《归去来兮辞》）的诗句，诗人思归之强烈可想而知。这两句看似与咏蝉无关，其实有内在的紧密联系。“薄宦”同“高难饱”“恨费声”相联系，小官微禄，难以养家糊口，作为满腹才学的诗人，有才而难以求饱，难免要作不平之鸣，自然与蝉鸣融为一体了。尾联写诗人本想安于现状，可蝉的鸣叫再次警醒诗人现实生活的不如意。这里的“烦”并非真的厌烦，而是换一个角度进一步表现了诗人感情上的复杂微妙。同时它也起到呼应开头、首尾照应的效果，将“我”的遭遇与蝉的遭遇联系在一起来看，蝉的“难饱”正与“我”的举家清贫相应。由物及人，物我一体，寄托遥深。

同李商隐的其他诗作一样，他的大多数咏物诗也呈现出意蕴的多义性和境象的缥缈朦胧，如他的《流莺》：

流莺漂荡复参差，渡陌临流不自持。
巧啭岂能无本意，良辰未必有佳期。
风朝露夜阴晴里，万户千门开闭时。
曾苦伤春不忍听，凤城何处有花枝？

此诗明写流莺，暗喻诗人自身。姚培谦笺：“此伤己之漂荡无所托，而以流莺自寓也。”（《李义山诗集笺注》）但“自寓”的内容是什么呢？这里有“风朝露夜”“万户千门”的背景描写，有“漂荡”“巧啭”“渡陌临流”的飞动姿态，有“不自持”“曾苦伤春”的心志抒写，特别是末句有对“凤城花枝”的企求，从这些来看，我们可以理解此诗乃诗人自伤爱情无望的失恋情诗，然而又可从“莺迁乔木”喻指企望登第理解此诗为诗人科举失意，企望借流莺得到援引之作。可是细细琢磨“曾苦”两字所透露出的信息，便会得知此诗又非诗人年轻时在长安所作，而当是他晚年在各处幕府“漂荡”后所作。这样看来，“不自持”当是借流莺的无所依托自况沉浮不定的仕途之路。“良辰”喻指实现理想的良好时机，而“佳期”当然是指理想的实现。结句云不仅早年理想破灭的哀伤“不忍”卒听，而且即使“漂荡”一世，而“春”又何曾有？凤城（指长安）何处有我栖息之处呢？至此，咏物“言在此而意在彼”（《唐宋诗醇》）的特征显露无遗。

晚唐的咏物诗坛上也出现了不少刺时寓讽、愤世嫉俗的作品。如**曹邺**[127]的《官仓鼠》：

> 官仓老鼠大如斗，见人开仓亦不走。
> 健儿无粮百姓饥，谁遣朝朝入君口。

本诗采用夸张和比喻的手法讽刺了搜刮民脂民膏的贪官污吏和是非颠倒的黑暗社会。诗歌前两句一反老鼠的常态，刻画出如斗般大小的官仓鼠见人开仓亦不走的“勇敢”行径，那些“大如斗”的官仓鼠何以如此有恃无恐呢？诗人故设疑问，有意识地引起读者思索造成这一不合理现实的根源所在。第三句宕开一笔转入写人，写前方守卫边疆的将士和后方终年辛劳的百姓却仍然在挨饿，一下子就把一个人不如鼠的社会现实展现在读者面前，第四句的质问就随之脱口而出了。“谁”字用得极妙，耐人深思，它有意识地引导读者去探索造成这一不合理现象的根源，把矛头指向了最高统治者，主题十分鲜明。此诗语言上采用的是民间口语，然而词浅意深，譬喻妥帖。

宋词篇

似花还似非花，也无人惜从教坠

到了宋代，咏物这一题材借助于词的形式得到了全面的发展。两宋时期的大多数词人，如柳永、苏轼、周邦彦、李清照、辛弃疾、赵长卿、吴文英等都创作了数量颇丰的咏物词，并且从审美的角度把单纯咏物的流连光景之作发展为情景交融、托物寄意之作，把词人情感、社会忧患以及个体特征和所咏之物联系起来，实现了咏物寄意的完美结合。

北宋前期的咏物词人当以欧阳修、梅尧臣、柳永为代表，这一时期的咏物词注重对所咏之物外在状态的描绘，讲求形似，用尽描摹之笔以求惟妙惟肖的效果，少有寄托之作。来看被王国维誉为“咏春草绝调”（《人间词话》）之一的**梅尧臣**[128]的《苏幕遮》：

露堤平，烟墅杳。乱碧萋萋，雨后江天晓。独有庾郎年最少。窣地春袍，嫩色宜相照。

接长亭，迷远道。堪怨王孙，不记归期早。落尽梨花春又了。满地残阳，翠色和烟老。

这是一首咏草词，开头四句用环境描写来衬托雨后春草的芊绵可人。“乱碧萋萋”是总体感觉，环视四周，到处都是萋萋的绿草，似乎整个天地都被这团碧色映绿了。“雨后江天晓”，用“雨后”这一特定的最佳环境来渲染春草的气象。雨后万物澄澈，春草当然在这个时候更为葱俏嫩绿。雨后的江天是何等开阔碧蓝，和千里一色的春草正可以相得益彰，引出“独有庾郎年最少”三句，由物及人，“庾郎”本指庾信，这里借指离乡宦游的才子。“窣地春袍”，指刚释褐入仕的年轻官员，宋代六、七品服绿，八、九品服青。“嫩色宜相照”，指嫩绿的草色与宦游才子们的袍色互相辉映，显得十分适宜。如果说词的上片是借春草的生机无限写出了宦游少年的春风得意之态，那么词的下片则是由衰败的残春迟暮之景衬托出宦游少年春尽思归的情怀。“接长亭，迷远道”二句化用李白《菩萨蛮》词“何处是归程？长亭连短亭”之意。茫茫宦海到处潜藏风险，哪里是自己的归宿呢？接下来词人很自然地吟诵起“堪怨王孙，不记归期早”，流露出对宦海浮沉的厌倦以及强烈的归思之感。“落尽梨花春又了”一句化用李贺《河南府试十二月乐词·三月》中的“曲水飘香去不归，梨花落尽成秋苑”，以自然界春色的匆匆归去，暗示自己仕途上的春天也正在迅速消失，渲染了残春的迟暮景象。结尾两句“满地残阳，翠色和烟老”，描写了暮春的残败景象。这一句中的“老”字与上片的“嫩”字遥相呼应，隐含了伤春之感，也正暗合了词人叹老、倦游之情怀。

柳永在词史上的贡献就是将慢词引入词体，而慢词铺陈体物的特点正好给咏物词对物象的刻画创造了足够的空间，以慢词咏物可以说使咏物词进入了一个新的发展阶段。如他的《黄莺儿》：

园林晴昼春谁主。暖律潜催，幽谷暄和，黄鹂翩翩，乍迁芳树。观露湿缕金衣，叶映如簧语。晓来枝上绵蛮，似把芳心、深意低诉。

无据。乍出暖烟来，又趁游蜂去。恣狂踪迹，两两相呼，终朝雾吟风舞。当上苑柳农时，别馆花深处，此际海燕偏饶，都把韶光与。

此词充分发挥了咏物词详尽描写物态的本旨，生动形象地描写了春风得意、万物负暄的园林中黄莺深树鸣的热闹景象。词的上片主要是铺叙黄鹂的物态特征，从外部特点刻画到对其声音的描绘，体物颇为工细。下片转为对其呼朋引伴、自由飞舞情景的刻画，过片的“无据”二字，用笔尤为精妙。鸟雀蜂蝶，它们互相嬉戏，相随相伴，自在引舞，而这一切全然是被这春光感染的天性释放，完全乃无意识而为，故曰“无据”。黄莺行踪不定，狂放不羁，两相呼应，你追我赶。当苑林柳树葱郁茂盛之时，别馆繁花似锦之处，却让那南来的家燕占尽了韶光！清人黄苏评此词曰：“语意隐有所指，而词旨颖发，秀气独饶，自然清隽。”（《蓼园词评》）“隐有所指”指的是什么？大约是惋叹这大好的春光，不属于占得天时地利、整日莺歌燕舞的黄莺儿，却让南来的家燕占尽了韶光，从而借黄莺寄寓了词人的身世之叹。

到了北宋中期，咏物词以星火燎原之势迅猛发展起来，参与创作的人数和作品数量都有了长足的发展，词人的审美趣味也由原来单纯对事物外在形态的描绘转入对所咏事物寄以感情和人格。来看苏轼的《水龙吟·次韵章质夫杨花词》：

似花还似非花，也无人惜从教坠。抛家傍路，思量却是，无情有思。萦损柔肠，困酣娇眼，欲开还闭。梦随风万里，寻郎去处，又还被、莺呼起。

不恨此花飞尽，恨西园、落红难缀。晓来雨过，遗踪何在，一池萍碎。春色三分，二分尘土，一分流水。细看来，不是杨花，点点是离人泪。

咏物词，贵在既拟出物之形态，而又别有所寄。苏轼这首词，明写杨花，暗喻思妇，更隐然寄托了自己身世坎坷沦落的寂寞幽怨。王国维指出：“咏物之词，自以东坡《水龙吟》为最工。”（《人间词话》）词的起句“似花还似非花，也无人惜从教坠”破空而来，渲染出了漫天杨花纷纷坠落，一片迷离、凄苦的景象。“似花还似非花”，从“似”与“非”之间生出奇思妙语，既咏物象，又写人情，准确地把握住了杨花那“似花非花”的独特之处。“也无人惜从教坠”承接“非花”而来，言其际遇之苦，没有人怜惜这像花又毕竟不是花的柳絮，只有任其坠落，随风而去。“无人惜”也是词人言其自身飘零无着的际遇。一个“惜”字，实乃全篇之“眼”，妙不可言。接着写杨花“抛家傍路”的遭遇，暗喻了迁客逐臣一任流离漂泊的坎坷。“思量却是，无情有思”，语愈沉痛，亦如杜甫所云：“落絮游丝亦有情。”（《白丝行》）以风吹杨花尚有哀思来反衬迁客们的无比哀痛。“萦损柔肠，困酣娇眼，欲开还闭”，这三句承“有思”而来，把杨花写成一个因萦怀亲人而娇媚慵懒的思妇，这缠绵悱恻的形象描绘，可谓匠心独具、想象奇特。以下“梦随”数句化用唐人金昌绪《春怨》诗意：“打起黄莺儿，莫教枝上啼。啼时惊妾梦，不得到辽西。”借杨花飘舞写思妇由怀人不至而引发的恼人春梦，把思念之情写得极为悲苦。同时，这里所用的也正是杜甫《月夜》“从对面写来”的手法，用思妇想亲人衬托出迁客逐臣更想家，从而更突出了“抛家傍路”的凄苦，倾诉出胸中的哀怨。过片宕开一笔，从杨花想到落花，着重突出一个“恨”字。如果说词人把自己的飘零际遇比作任风吹的杨花，那么这里的“落红”可以说是指那些与词人一样遭到摧残的杰出人才。接着写“晓来雨过，遗踪何在，一池萍碎”，这三句接着写杨花，但又不仅仅是杨花。被风吹落的何止是杨花呢？只见“一池萍碎”，词意至此，惜春、伤怀之感溢于言表。接着又说：“春色三分，二分尘土，一分流水。”这是词人发出“流水落花春去也”（李煜《浪淘沙》）的慨叹。其中不仅是指自然界的残春，还寄寓了词人对时事不可为的幽怨和怅惘。最后以“细看来，不是杨花，点点是离人泪”结束全词。人花合一，情景交融。这“离人泪”，表达了词人自己漂泊、沦沦、思家的感慨，以及被弃置的幽怨之情。这三句结束得干净、利落、周到，而又余味不尽。难怪张炎说此词“后片愈出愈奇，真是压倒今古”（《词源》）。

周邦彦也是写咏物词的行家里手，周邦彦不仅在咏物词中融入了自己的身世飘零之感、仕途沦落之悲，而且在章法结构上打破了旧的咏物词创作运思程式。试看其《花犯·梅花》：

> 粉墙低，梅花照眼，依然旧风味。露痕轻缀。疑净洗铅华，无限佳丽。去年胜赏曾孤倚。冰盘同宴喜，更可惜、雪中高树，香篝熏素被。
>
> 今年对花最匆匆，相逢似有恨，依依愁悴。吟望久，青苔上、旋看飞坠。相将见、脆丸荐酒，人正在、空江烟浪里。但梦想，一枝潇洒，黄昏斜照水。

这首词在章法上很好地体现了周邦彦迂回往复的写作特点。上片通过眼前所见“今年”的“粉墙”梅花“依然旧风味”，回想到“去年”“胜赏曾孤倚。冰盘同宴喜”“雪中高树”的情景，虽已时过境迁，回想起来却犹若眼前，从而引起下片由去年回到眼前的“对花最匆匆，相逢似有恨，依依愁悴”的感慨，而内心物是人非、独自飘零的伤感又迫使词人预想青梅佐酒时，自己又将漂泊于江湖之上的无奈处境。这拂了一心还满的伤感逼得词人无路可逃，只能幻想一枝梦境化的梅花，借以麻醉自己疲惫不堪的心灵。黄昇评此词曰："纡余反复，道尽三年间事。"（《唐宋诸贤绝妙词选》）词中用"旧风味""去年""曾""今年""相将见""梦想"等表示时间的词和"粉墙""雪中""苔上""空江""照水"等表示地点的词来达到时空的交错和变幻；以词人对于梅花的今昔不同心境，显示其孤寂落寞、漂泊无常的痛苦，又通过词人在梦中见到那黄昏下凄清横逸的梅花之设想，进一步抒发羁旅漂泊、人生无望的感伤情怀。黄苏《蓼园词评》曰："总是见宦迹无常，情怀落寞耳。"可见词人的羁旅愁情是通过这种时空交错的结构来含蓄委婉地表现出来的。

南渡时期的人们饱受了战乱流离之苦，这一时期的词人多借所咏之物来表现南渡后漂泊无依的孤寂际遇，或寄寓山河破碎以及忠良凋零的悲慨。来看**朱敦儒**[129]的《卜算子》：

> 旅雁向南飞，风雨群初失。饥渴辛勤两翅垂，独下寒汀立。
> 鸥鹭苦难亲，矰缴忧相逼。云海茫茫无处归，谁听哀鸣急！

这首词以南飞失群的孤雁来象征靖康之变中广大民众流离失所的境况。上片一开始即摄取与词人的遭遇相关联的客观物象来写，引发读者共鸣。"旅雁向南飞"，写秋天的雁由北向南迁徙，而词人由洛阳南逃也正是这个时候，这又何尝不是词人自己的写照呢？"风雨群初失"的"风雨"，看似是自然的风雨，暗地里却是指人世社会的风雨，指连绵不断的战祸。接下来写旅雁饥渴疲惫、孤宿寒汀的情景，来隐喻逃亡的人们途中忍饥受寒、疲惫不堪和孤苦无依的惨状。下片进一步以孤雁之哀怨、忧惧以及无所依托的苦状来象征词人自己与广大民众类似的遭遇和心境。在冰冷的寒汀边，与其他鸟类难以相处不说，还要警惕猎人的暗中窥探，孤苦之状难以描摹。结尾续写旅雁之苦。"云海茫茫"亦即人海茫茫，无处安身、无人问津。如此借旅雁的困厄以写自己和广大民众的忧患，可谓入木三分。

李清照作为南渡时期最重要的词人，和所有饱受战乱之苦的词人一样，将丧夫失家的悲苦、颠沛流离的哀痛以及孤寂落寞的哀怨一并融入南渡后的咏物词中。如《清平乐》：

> 年年雪里，常插梅花醉。挼尽梅花无好意，赢得满衣清泪。
> 今年海角天涯，萧萧两鬓生华。看取晚来风势，故应难看梅花。

词人将自己年少的欢快、中年的忧苦、晚年的凄凉都熔铸于这首咏梅词中，前后对照，更突出了词人眼下飘零沦落、衰老孤苦的处境。上片忆旧。前两句回忆早年赏梅的欢快情景，一个"醉"字将词人为梅花所陶醉的心情充分表达出来。接下来"挼尽"两句，心绪显然不同，花还是昔日之花，而看花人的心境已大为不同，生活的坎坷使她屡遭忧患，饱尝人世艰辛，赏梅的雅兴随之大减，一个"挼"字写尽了女词人触景伤神、百无聊赖的情绪。下片抒情。“今年”两字同上片的“年年”相对，促成语意上的转折。词人南渡后远离故土，沦落天涯，生活的折磨使得词人憔悴苍老，双鬓花白。接下来“看取晚来风势，故应难看梅花”两句又转入赏梅唯恐不成的担忧，表面看来是写自然的“风势”使得晚上无法赏梅，其实也寄寓着词人因国势衰颓而担忧的心绪。这里的“风势”也可以说是政治的“风势”，指南宋衰颓的国势。至此，词人将赏梅和身世之悲、国家之难糅合在一起，咏物而双关人事，寓意极为深远。

这一时期，宋徽宗**赵佶**[130]也留下了几十首可读的诗词，其中为金人所掳途中作的《燕山亭·北行见杏花》可谓是触景生情、寓意深远之作：

裁剪冰绡，轻叠数重，淡着胭脂匀注。新样靓妆，艳溢香融，羞杀蕊珠宫女。易得凋零，更多少无情风雨。愁苦。闲院落凄凉，几番春暮？

凭寄离恨重重，这双燕，何曾会人言语。天遥地远，万水千山，知他故宫何处。怎不思量，除梦里有时曾去。无据。和梦也新来不做。

词的上片以工笔描绘杏花的外形而及神态，先是把杏花的花瓣比喻成冰清玉洁的缣绸，又用拟人的手法写出了杏花的美艳，将无与伦比的杏花之美呈现在人们眼前。接下来笔锋急转，从对杏花的赞叹一变而为对杏花命运的哀叹。这里怜惜的不仅是杏花，也寄寓着词人对自身命运的感叹。昔日的帝王降为今日阶下之囚，流徙于千里之外，往事和现实交杂在一起，其心情之愁苦可想而知，而杏花凋零犹有人怜，自身沦落唯留无穷遗恨。下片层层深入抒离愁别恨之慨。前三句宕开一笔，不写杏花，而是以双燕不能领会愁人的心声，深一层诉说音信断绝以后的思念之苦。“天遥”两句直接自叹身世，怀念故国。词人回首南望，再也见不到汴京故宫，真可以说是“别时容易见时难”（李煜《浪淘沙》），所以只能祈求在梦中可以重临旧地，以解思乡之苦。不幸的是现在连虚无的梦都做不了，结尾这两句，词人以肝肠断绝之音，写出了自己的哀痛已经到了麻木的可悲境地。

南宋中后期是咏物词发展的高峰期。以辛弃疾为核心，陆游、张孝祥等为羽翼的辛派词人承苏轼词风，怀着中兴的复国理想，感慨颓危沦丧的国势，不满苟且偏安的现实，表现奋勇杀敌的理想。表现在咏物词里，就是将物、我、现实、理想融合为一体，开拓出咏物词的新境界。来看辛弃疾的《贺新郎·赋琵琶》：

凤尾龙香拨，自开元霓裳曲罢，几番风月？最苦浔阳江头客，画舸亭亭待发。记出塞、黄云堆雪。马上离愁三万里，望昭阳宫殿孤鸿没，弦解语，恨难说。

辽阳驿使音尘绝，琐窗寒，轻拢慢捻，泪珠盈睫。推手含情还却手，一抹梁州哀彻。千古事，云飞烟灭。贺老定场无消息，想沉香亭北繁华歇。弹到此，为呜咽。

这是一首借赋物来抒发隐忧国势、感慨命运的词作。词的上片用杨贵妃《霓裳羽衣》的典故开头，暗指北宋初期歌舞繁华的盛世。用“霓裳曲罢”这一标志国运衰微与动乱事件的语词将开元盛世而下盛衰成败的时光一举涵括，以唐代宋，可谓是有所指而又不露痕迹之笔。以下两句，依旧不离琵琶，借白居易阐发了历史上不得志人物的幽恨。“记出塞”以下几句又是一转，从个人遭际写到国势盛衰之感。“望昭阳宫殿”几句借当日昭君出塞时的去国怀乡之痛暗喻靖康之变迫使自己出走异乡的苦闷心情。下片的一开始，词人就设想了闺中思妇想念远戍辽阳而杳无音信的征人，接着写她想借琵琶解闷，把一曲《梁州》弹得哀怨凄绝，越弹越伤心。“千古”一句收拢了上下片所有的想象，借弹琵琶发起感慨之词：这些往事早已灰飞烟灭，当年技压群雄的贺老已杳无音讯，沉香亭北的繁华烟消云散。这里的政治隐喻十分明显，词人抒发了当今时无“定场”者、国运难挽的悲凉情怀。结句的“呜咽”可理解为词人对南宋朝廷偏安一隅的痛苦哀怨。此词可作为辛弃疾咏物词的代表，体现了他作词用典故多却能流转自如、豪放而不失俊美的特点。

和辛弃疾同时的陆游也是写作咏物词的高手，他的《卜算子・咏梅》就是一首颇负盛名的咏物词，其词云：

驿外断桥边，寂寞开无主。已是黄昏独自愁，更著风和雨。
无意苦争春，一任群芳妒。零落成泥碾作尘，只有香如故。

陆游曾经在《落梅》中称赞梅花“雪虐风饕愈凛然，花中气节最高坚”。在这首词里，则把“高坚”的梅花放在驿站之外的一个断桥旁边。桥断失修之处自然是偏僻荒凉的，孤株一棵的梅花只能在此寂寞地自开自落，这里用“寂寞”这个形容人感觉的词语把梅花拟人化。黄昏的降临使无人过问的梅花更显得孤苦无依，只能陷于愁苦之中。这个时候更添凄风冷雨，使处于驿外断桥、黄昏之中本已寂寞愁苦不堪的梅花之孤苦更深一层。然而这株出身于险恶环境、遭遇不幸的梅花，却全然不像其他群芳那样费尽心机地要在装点大地的春色中占一席之地，对于来自众花的猜忌嫉妒也采取不屑理睬的态度。这两句词，在梅花与群芳的对比中更突出了梅花洁身自爱、不同流俗的高贵品质。梅花的高贵还表现在零落之后的姿态上：即便到了飘零坠落、化尘成土的时候，也依旧保持着原有的独特清香。这种坚韧不拔、至死不渝的梅花神韵，也正是词人不愿同流合污的高洁品质和人格的投影。梅花无意争春、一任群妒的气度，正是陆游虽遭到投降误国的昏庸官僚们的排挤，却并不屑于与之为伍的光明磊落精神。而梅花化尘犹香的品格，也正是陆游至死不渝的崇高爱国信念的写照。

这一时期以姜夔为代表的“清空”词人在咏物词创作上追求艺术的极致，姜夔的《暗香》《疏影》可谓咏梅词里的名作：

旧时月色，算几番照我，梅边吹笛？唤起玉人，不管清寒与攀摘。何逊而今渐老，都忘却、春风词笔。但怪得、竹外疏花，香冷入瑶席。

江国，正寂寂。叹寄与路遥，夜雪初积。翠尊易泣，红萼无言耿相忆。长记曾携手处，千树压、西湖寒碧。又片片吹尽也，几时见得？（《暗香》）

苔枝缀玉，有翠禽小小，枝上同宿。客里相逢，篱角黄昏，无言自倚修竹。昭君不惯胡沙远，但暗忆、江南江北；想珮环、月夜归来，化作此花幽独。

犹记深宫旧事，那人正睡里，飞近蛾绿。莫似春风，不管盈盈，早与安排金屋。还教一片随波去，又却怨、玉龙哀曲。等恁时、重觅幽香，已入小窗横幅。（《疏影》）

白石词往往有小序，或叙作词之缘起，或记心绪之行踪，这两首词也不例外。其序云："辛亥之冬，予载雪诣石湖。止既月，授简索句，且征新声，作此两曲。石湖把玩不已，使工伎肄习之，音节谐婉，乃名之曰《暗香》《疏影》。"交代了作词的缘由以及音律的精妙。俞平伯论这两首词的主旨说："虽字面上说梅花，却处处关到自己，关到家国。"① 来看《暗香》一词，词人通过今昔对比来抒发盛衰之感叹。开头五句以旧时月色和眼前梅花勾连过去和现在，并以月下梅边吹笛引起与玉人月下摘梅之往事的回忆。接下来笔锋急转，由回忆回到现实，词人以何逊自比，慨叹自己年华老去，江郎才尽，面对梅花盛开的美景也难有当年意气风发的诗情了。尽管如此，又怎抵得住这撩人情思的梅香四溢之景？词人欲罢而不能，便宕开一笔，转入对故人的思恋之情，从而将眼前的梅花看作远方的所思之人，悄然相对，无言诉说。"长忆"二句追忆西湖携手赏梅的情景：想当年，千树梅花都开尽，将无数繁英映照在寒碧的西湖水面上，和上文的"竹外疏花"形成对比，突出了昔日的繁盛景象。结尾两句又回到眼前，写梅花的凋落。"又片片吹尽也"，以平淡之语感叹梅花的片片吹落，而惋惜之情却溢于言表。"几时见得"则一语双关，以梅花零落不知何时再开来巧妙绾合相忆之人不知何时重逢，意蕴深远绵长。

如果说《暗香》主要是对往昔的追忆，《疏影》则是围绕着梅花的一些典故纵横驰骋，寄寓遥深，淡化了个人色彩，将感情提升到家国之恨的新层面。首六句写梅花外貌之美和孤傲之神。接下来"昭君"四句，以昭君写梅魂，深入揭示梅的精神气度。昭君客居胡地，仍念故国，至死复魂化作梅花，想象奇特，写出了梅花特有的"幽独"品格，用典自如而又别具深意。换头三句用寿阳公主的典故。"犹记"二字引出"梅花妆"的故事。"那人正睡里，飞近蛾绿"，既写出了公主睡眠时的娇憨之态，也写出了梅花随风飘落时的轻盈之姿。"莫似"三句引用汉武帝"金屋藏

① 俞平伯．唐宋词选释．北京：人民文学出版社，1979：230.

娇”的典故，由梅花的飘落引起了惜花的心情，然而徒有惜花之心而无护花之力，梅花终被春风吹落。当人们欲再度寻觅梅花幽香时，梅花已凋零净尽，唯有在小窗横幅中再见其芳姿之影了，沉痛之情溢于言外。姜夔作《暗香》《疏影》词，的确是“自立新意”，既能独立成篇又可联袂成璧。张炎在《词源》中说：“词之赋梅，惟姜白石《暗香》《疏影》二曲，前无古人，后无来者，自立新意，真为绝唱。”

稍后于姜夔的**史达祖**[131]也创作了一系列的咏物词，来看他咏物的代表作《双双燕・咏燕》：

过春社了，度帘幕中间，去年尘冷。差池欲住，试入旧巢相并。还相雕梁藻井，又软语商量不定。飘然快拂花梢，翠尾分开红影。

芳径，芹泥雨润。爱贴地争飞，竞夸轻俊。红楼归晚，看足柳昏花暝。应自栖香正稳，便忘了、天涯芳信。愁损翠黛双蛾，日日画栏独凭。

本词全篇关合一个“燕”字，以细腻的笔触捕捉传神的细节，很好地体现了咏物词“体物精工”的特点。词人一开始就从燕归的节令写起，在阳光明媚的春光里，北归的燕子穿过帘幕，寻找旧巢，然而找到的只是冷落凄清、尘埃遍布的老巢。“差池欲住”四句，写双燕欲住而又生怯的动人情态：犹豫未决之时，把“雕梁藻井”仔细审视一番，又“软语商量不定”。词人用拟人化的手法，将双燕择居这一小事写得细腻而又颇有情趣。接下来两句写双燕商量已定，便不再犹豫彷徨，进而嬉戏飞翔的快乐情形。过片四句承上而来，进一步描绘双燕飞翔之姿态、补巢之繁忙。“红楼”两句写双燕游玩归来，用一“晚”字写足了双燕兴奋忘归之情。燕子白天忘情于这醉人春色，夜晚便也栖香正稳，全忘了天涯游子托捎的书信。由此巧妙地引出结句愁损玉人、独凭画栏之意，将双燕形影不离的和谐美满和思妇独凭画栏的寂寞生活形成对比，曲折而饶有韵味地反映人生，引人思索。

宋亡前后，掀起了以家国之恨为主题的咏物词高峰。这一时期以**王沂孙**[132]的《齐天乐・蝉》为代表：

一襟余恨宫魂断，年年翠阴庭树。乍咽凉柯，还移暗叶，重把离愁深诉。西窗过雨。怪瑶珮流空，玉筝调柱。镜暗妆残，为谁娇鬓尚如许。

铜仙铅泪似洗，叹携盘去远，难贮零露。病翼惊秋，枯形阅世，消得斜阳几度？余音更苦。甚独抱清高，顿成凄楚？谩想薰风，柳丝千万缕。

此词明为咏蝉，实则暗寓了词人对家国之恨和个人身世的深沉感慨。开篇特选齐后化蝉之事，把齐后之怨恨融入咏蝉之中，以蝉之哀鸣来隐喻齐后的怨愤。“离愁”二字，以秋蝉和齐后对生命的留恋之愁暗寓词人的亡国之恨。“西窗”三句，写秋雨来袭，蝉的生命也随之殆尽，然而雨后的蝉声却更为婉转动听，如玉珮的击打之声在夜空迸响，又如玉筝的弹奏之音在窗外响起，令闻者极为惊讶。“镜暗”两句借用典故，以女子作比赋写蝉翼。这两句写足了凄凉冷落之态以及美好事物被毁灭的悲哀之感，更加深了词人对于自己风华暗逝、故国繁华不再的感慨。换头从蝉的餐风饮露入手，暗指宋室衰亡，朝廷宝物被洗劫一空的悲惨命运。“病翼惊秋”三句，以蝉的生命力之脆弱暗寓词人对生命的忧患意识，语调甚是凄凉。接下来的两句把这种悲苦之音推向更深一层。末两句忽作跌宕之语，转回暖风吹拂、柳丝摇曳的盛夏光景，以回忆来映衬现实，更突出了现实的绝望和凄苦，同时也暗寓了旧宋王朝恢复无望的现实。

概而言之，咏物这一题材历经唐宋时期诗人词家的创作，取得了突出的成就，不仅在题材上达到了一草一木、一虫一鸟、一器一物皆可入诗词的境界，而且诗人词家对所咏之物都寄托了深刻的思想意蕴，抒发了自己的身世之感和人生慨叹，彰显了自己独特的高贵品格，同时也表现了自己对时代兴衰以及民生疾苦的关注，极大地丰富了咏物的内容，对宋代以后的咏物诗词创作产生了深远的影响。

第十四章

闲情逸趣

在中国古代文人心中，存在着两个世界：一个是充斥着名利的现实世界，一个是高悬着理想的精神世界。于是存在着两种不同的追求：一方面，他们要修身治国平天下，立功立德立言；另一方面，他们又在寻找着生活的情趣，力图从现实世界中开辟出一方净土。诗歌正是这两种态度的集中体现。古代诗人不仅认为“诗言志”，也认为“诗缘情”，前者是一种政治理想，后者是一种生活情趣。于是在追名逐利的同时，诗人又在憧憬着超脱现实的生活，渴望诗意地栖居于大地之上。抒写闲情逸趣的诗歌即应运而生。物质生活的满足是产生闲情逸致的前提条件，“闲”则是诗人创作的心理状态。古人在官务冗杂之时，只有跳出名利的藩篱，反观生活的单纯与宁静，才能抒发独特的闲情逸致。中国古代的诗人真正实现了一种艺术化的生活，他们不仅与大自然的花鸟虫鱼打交道，而且空闲之余游山玩水，对园林建筑、琴棋书画技艺更是了然于胸。这些不仅成为诗歌创作的重要题材，也成为诗人抒写真性灵的重要触媒。唐代以来，社会经济逐步繁荣，文化环境相对宽松，文化交流活动频仍，儒释道思想在社会生活中逐渐占据主流，人们可以根据自己的习俗选择适合自己的生活方式。于是诗人不仅活动于官场衙门，也寄身于禅院寺庙，不仅周旋于同僚，也结交于僧道，这种思想的自由流动也为闲适诗的创作奠定了思想基础。

唐诗篇

与世澹无事，江海自然人

初唐诗坛除唐太宗及其史臣的创作外，最负盛名的就是“初唐四杰”。他们的诗歌注重抒写主观情怀，渴望建功立业，作品多充满着激情昂扬的豪情壮志。而在发出这些“不平之鸣”之余，他们也注意到了“江山与塞漠”的优美景致。例如骆宾王的《春晚从李长史游开道林故山》：

幽寻极幽壑，春望陟春台。
云光栖断树，灵影入仙杯。
古藤依格上，野径约山隈。
落蕊翻风去，流莺满树来。
兴阑荀御动，归路起浮埃。

这首诗在骆宾王的诗集中是很独特的，他的大多数诗歌都有一股悲凉之气，要么抒发仕途艰难的愁绪，要么抒发远离中原的离愁，要么写被冤枉时的不平，而像这样词句清新、感情平和的诗歌，实属少见。诗人跟着李长史来到开道林故山，不仅看到了古藤依偎着栅栏，还看到了野径盘绕着山崖。特别是“落蕊翻风去，流莺满树来”，上句写视觉，下句写听觉，展现给读者一幅晚春时节落花随风飘舞、流莺婉转啼叫的绝妙图画。诗中尽管还隐含着对李长史的奉承，但中间几联写景完全摆脱了世俗事务的纠缠，纵心于山景，这对于历尽坎坷的骆宾王来说尤为难得。

沈佺期和宋之问在初唐诗坛也占有重要的地位，他们为五律的定型作出了贡献。从诗歌内容上讲，他们的大部分诗作超不出台阁体的框架，应制的成分比较多，但也有一些并不带有明显的政治功利性，例如沈佺期的《游少林寺》：

长歌游宝地，徙倚对珠林。
雁塔风霜古，龙池岁月深。
绀园澄夕霁，碧殿下秋阴。
归路烟霞晚，山蝉处处吟。

这首诗带有一定的雕琢痕迹，是一首标准的五言律诗。诗写少林寺的风物，颔联和颈联经过诗人的刻意锤炼，从选景到用词都很讲究。颔联写少林寺的沧桑历史，颈联写少林寺的晚霞秋景，一纵一横，展现了少林寺独特的景致。倒是尾联“归路烟霞晚，山蝉处处吟”，能体会出诗人游玩归来时的轻松与闲适，不仅有视觉上的烟霞相伴，更有山蝉的无心鸣叫，似乎是在亲切地挽留客人。

盛唐以来，诗人的追求趋向多元化，诗歌的风格也呈现出不同的特点。唐代士人喜欢漫游，他们倾向于亲近大自然，在自然山水的美景中寻找自我的审美追求。唐代的文人在艺术上也有很高的追求，此时的音乐绘画的成就也滋养着一代又一代的诗人。诗人常建官场不得意，于是他来往于山水名胜，长时间漫游，《题破山寺后禅院》中的两句诗“曲径通幽处，禅房花木深”，为他赢得了盛名。试看他的一首《江上琴兴》：

江上调玉琴，一弦清一心。
泠泠七弦遍，万木澄幽阴。
能使江月白，又令江水深。
始知梧桐枝，可以徽黄金。

在一个月白风清的夜晚，诗人独自在江边调弄玉琴，每一根琴弦传达出的声音都使他神清气爽。弹完一曲之后，只见万棵碧树倒映于江中，深沉、静谧。琴声能让江月变白，能让江水变深，而这把梧桐做的普通的琴，也可以配上珍贵的黄金琴徽。这首诗写得极有意境，托名王昌龄的《诗格》将其当作“感兴诗”的代表，并说它：“人心至感，必有应说，物色万象，爽然如有感会。”我国著名美学家宗白华谈到这首诗时也说：“艺术的境界，既使心灵和宇宙净化，又使心灵和宇宙深化，使人在超脱的胸襟里体味到宇宙的深境。唐朝诗人常建《江上琴兴》一诗最能写出艺术（琴声）这净化深化作用。”① 这是从琴声带来的审美感兴的角度赏析的。在古人的文化生活中，琴占有重要地位，弹琴在某种程度上就是一种高雅的消遣方式。嵇康的“手挥五弦，目送归鸿”（《赠秀才入军》其十四）、刘禹锡的“可以调素琴、阅金经”（《陋室铭》），都给我们展现出一幅悠闲放达的生活图景。

常建的琴声能使无情者俱有情，而李白有一首诗也写出了琴声的强烈效果，那就是《听蜀僧濬弹琴》：

蜀僧抱绿绮，西下峨眉峰。
为我一挥手，如听万壑松。
客心洗流水，余响入霜钟。
不觉碧山暮，秋云暗几重。

这首诗正面写弹琴仅一联，其他全是烘托写法。颈联写听者的心理感受，尾联写绵绵不绝的意蕴，传神地描绘出琴声涤人心胸、令人陶醉的妙境。绿绮是一种琴

① 宗白华．美学散步．上海：上海人民出版社，1981：72－73.

的名称，这位蜀僧特意在峨眉峰顶为诗人弹奏一曲。“西下”写出了蜀僧的飘然之态，“挥手”暗用嵇康的“手挥五弦”的典故，“万壑松”写出了琴声的声音效果，如千岩万壑传来的阵阵松涛声。“流水”用“高山流水”的典故，琴声的审美感兴在于让听者神清气朗，内心如被流水洗涤过，这不正是艺术的净化作用吗？“霜钟”用《山海经》的典故：“丰山……有九钟焉，是知霜鸣。”音乐停止之后，余音和钟声融合在一起，久久不绝。诗人完全陶醉在美妙的琴声之中，连天色渐暮都没有发觉，只觉得秋云逐渐暗淡，这音乐声似乎也要穿透云层，造成响遏行云的效果。清人范大士在《历代诗发》中称此诗“体气高妙”，施补华《岘佣说诗》评此诗“清空一气”，近人高步瀛评论说：“一气挥洒，中有凝练之笔，便不流入轻滑。”（《唐宋诗举要》）这首诗之所以能得到这么高的评价，原因怕也在于诗人本人正是用艺术化的眼光看待这美妙的琴声的吧。

王维曾长期隐居于终南别墅。山林之乐，再加上王维本身具有的很好的艺术修养，使他在很长一段时间内过着物质相对丰富、精神相对充实的生活。诗人经常用诗一般的眼光去赏玩万物，用佛一样的眼光去体察生灵，于是他的诗作不仅有一种微妙深邃的佛理，而且有超凡脱俗的闲情逸趣。后代评论家都将王维归于“自然”或者“神韵”一派，和诗坛中的经世致用、刻意雕琢一派形成了鲜明的对比。例如《辋川闲居赠裴秀才迪》：

寒山转苍翠，秋水日潺湲。
倚杖柴门外，临风听暮蝉。
渡头余落日，墟里上孤烟。
复值接舆醉，狂歌五柳前。

《旧唐书》记载：“辋水周于舍下，别涨竹洲花坞，与道友裴迪浮舟往来，弹琴赋诗，啸咏终日。”他的《辋川集》更是详细记载了终南附近的景点。在这一片自然山水中，王维和裴迪弹琴赋诗，这正是一种诗意的生活方式。因此，他称自己的生活为“闲居”。这首诗描绘了一幅辋川秋景图，诗人选取了富有代表性的景物，例如苍翠的寒山、潺潺的流水、渡头的落日、村落的孤烟来写隐居之乐。首联的两个词富有神韵：“转”是一种动态的变化，寒山的颜色变化为苍翠；“日”意为每天，展现的是一种静态的守恒，秋水每天都是潺潺地流着。颔联写出了诗人在夕阳中的悠闲身影，只有超脱了官场的名利倾轧，才会有如此雅兴：独立于柴门之外，在秋风中听那一声声蝉鸣。颈联的写景更是为后人所称道，曹雪芹《红楼梦》还专门借香菱之口赏析了这两句诗。这样的生活与陶渊明的生活方式是何其相似，陶渊明的《归去来兮辞》中有“策扶老以流憩，时矫首而遐观”，这不也是王维生活的写照吗？事实上，王维对陶渊明还是十分仰慕的，于是尾联说“狂歌五柳前”。王夫之在《唐诗评选》中称此诗：“以高洁写清幽，故胜。”乔亿更是捕捉到了诗歌中处处流露出来的“闲”，他在《剑溪说诗》中说：“右丞诗如《辋川闲居》二首，并体认‘闲’字极细，句句与幽居迥别。前首结处……妙有‘闲’字余情。”乔亿区别了“幽居”和“闲居”的区别，尽管语焉不详，但我们还是能够体会出王维闲居的独特意趣。

王维对于自然界的花鸟虫鱼也是抱着一种艺术化的态度。在他的眼里，外界的花鸟不是生物意义上的物质，而是自由自在的个体，是暗含哲理的生灵，诗人从中也获得了诗意的感受，感悟着微妙的禅理。例如《辛夷坞》：

木末芙蓉花，山中发红萼。
涧户寂无人，纷纷开且落。

关于这首诗的意旨，众说纷纭。有人认为诗人借此诗传达出自己才能被压抑埋没的感伤情绪，有人认为诗人是在写高深的佛理，有人认为这是诗人孤芳自赏的人格理想的体现。孰是孰非暂且不论，关键是要分析诗中如何看待大自然的花草。起句“木末芙蓉花”，诗人为何不写“树末”？对此，林庚在《唐诗综论》里有精彩的论述。他在赏析《楚辞·九歌·湘夫人》的“袅袅兮秋风，洞庭波兮木叶下”一句时说：“‘木’不但让我们容易想起树干，而且还会带来‘木’所暗示的颜色性。”[①]在此诗中，孤瘦的木末开着几朵鲜艳的辛夷花，两相对照，更能揭示出辛夷花的生命含量。“涧户寂无人，纷纷开且落”，这两句平淡至极，但正所谓“淡极始知花更艳”（曹雪芹《红楼梦》），在空无一人的山涧中，辛夷花自由自在地盛开、凋零，不管朝代更替，不管外物变迁，生命就是这样一个又一个的循环。苏轼写过一篇《十八大阿罗汉颂》，中有一句：“空山无人，水流花开。”俞陛云在《诗境浅说续编》中称王维的这首诗和苏轼的这两句诗都有“妙悟”之意境。宋元时期的方回在《瀛奎律髓》中也说此诗“有一唱三叹不可穷之妙”。

诗人杜甫一生可谓颠沛流离，但年轻时候有过一段年少轻狂的生活。开元二十三年（735），杜甫参加过一次进士科考试，结果落第而归。他不以为意，兴致勃勃地到齐赵间漫游，后来在《壮游》诗中回忆说：“放荡齐赵间，裘马颇轻狂。春歌丛台上，冬猎青丘旁。”这种无忧无虑的旅游生活对于杜甫来说甚是惬意。后他归居洛阳，写下了《夜宴左氏庄》：

风林纤月落，衣露净琴张。
暗水流花径，春星带草堂。
检书烧烛短，看剑引杯长。
诗罢闻吴咏，扁舟意不忘。

古人在宴会上多有佳作，宴会本身就是闲适生活的一个标志。杜甫写这首诗的

---

① 林庚．唐诗综论．北京：清华大学出版社，2006：287－288.

时候，还没有将功名富贵放在心上，更没有后来的忧国忧民情怀，所以这首诗写得清丽明快，这也正是杜甫此时心境的写照。首联点出了宴会的时间：风林中的树叶簌簌作响，一弯月牙早已落山，露水沾湿了衣裳，净琴刚刚摆好，准备弹奏。“净琴”意象更表现出诗人的独出心裁，读者似乎也可以想象到素琴横张、曲如山泉之妙。颔联写左氏庄的夜景：涧水傍着花径流过，春星在夜幕中映带出草堂剪影。仇兆鳌引黄生《杜诗说》评论这两句诗说：“上句妙在一‘暗’字，觉水声之入耳。下句妙在一‘带’字，见星光之遥映。”（《仇注杜诗》）颈联写的是宴会上的场景，“检书”是大家在写诗时翻检书籍，“引杯”是边看剑边喝酒，豪情可想而知。仇兆鳌引顾宸的评论说：“一章之中，鼓琴看剑，检书赋诗，乐事皆兴。”（《杜诗详注》）尾联是诗人听到吴音吟咏，禁不住回想起前几年的吴越之行，自己多想“驾一叶之扁舟”（苏轼《赤壁赋》），学那范蠡泛舟五湖。这首诗正如浦起龙所论，“自然流出，静细幽长”（《读杜心解》），别有一种清新淡雅之致。

安史之乱爆发之后，杜甫辗转于陕西、甘肃，后定居于成都。唐肃宗上元元年（760），结束了四年流亡生涯、饱尝颠沛流离之苦的杜甫，依靠亲朋故旧的接济，在成都浣花溪畔建起了草堂，总算有了一个暂时安居的栖身之所。梦寐以求的安定生活对诗人来说自然弥足珍贵，他用诗记录了自己乡居生活的清幽安闲和心情的愉悦闲适。如《江村》：

清江一曲抱村流，长夏江村事事幽。
自去自来堂上燕，相亲相近水中鸥。
老妻画纸为棋局，稚子敲针作钓钩。
但有故人供禄米，微躯此外更何求？

初夏时节，浣花溪畔，一派恬静清幽的田园景象。清澈的江水环绕村庄流过，长长的夏日里，江村中事事都那么安闲。家中的燕子，飞来飞去，自由自在；江上的白鸥，忽远忽近，相伴相随。老妻画纸做棋盘，幼子敲针做钓钩。江村的生活，处处使人感到称心如意。在经历了长期的离乱之后，重新获得家人团聚的天伦之乐，怎么不让诗人感到欣喜和满足呢？这首诗生动地再现了江村生活的简朴和有趣，字里行间洋溢着清新浓郁的生活气息，真切地反映出杜甫初居草堂时的生活状况和心境。此诗首联第二句中“事事幽”三字为全诗诗眼，点明了本篇的主旨。中间两联，从三个层面，写足了江村幽事：清江抱村而流，堂燕飞去飞来，从容自得，群鸥与人和睦相处，相安无事，这是景物之“幽”；下棋最宜消夏，清江正好垂钓，老妻、幼子，一个画棋局，一个做钓钩，各有所好，各得其所，这是人事之“幽”；有故人送禄米，无饥馑之忧愁，这是心境之“幽”。而这四句中写到的燕、鸥、棋局、钓钩，莫不与“江村”有关，突出了江村生活的特点。结末总结全诗，意思是住在这优美宁静的江村里，有亲友的周济帮助，别的还有什么可求呢？“此外更何求”一句关合“事事幽”，收束了一篇主题。但从诗人“但有故人供禄米，微躯此外更何求”这一仿佛是怡然自足的感叹中，不难读出隐藏在他内心里的悲凉。从诗中写到的江村的种种情事来看，诗人对生活的要求并不高，但即使是这样的生活，也需靠“故人供禄米”来维持，并不能得到保证。诗人的生存之艰难，自不难想象。而作为一代诗宗的杜甫尚且如此，当时黎民百姓生活的悲惨更可想而知。这首诗在艺术处理上有独到之处：一是多用复字。首联“清江一曲抱村流，长夏江村事事幽”，两用“江”字、“村”字；颔联“自去自来堂上燕，相亲相近水中鸥”，又两用“自”字、“相”字。这样虽然打破了作律诗应尽可能避复字的规矩，但读起来反而有一种轻快俊逸的感觉。二是独特的对仗形式。颔联既上下句互对又当句自对。第三句“自去自来”不但与第四句“相亲相近”相互对仗，“去”与“来”、“亲”与“近”又自为对仗，句法奇绝。这是杜甫的一个创造，也是杜甫“语不惊人死不休”（《江上值水如海势聊短述》）的一个例证。全诗风格潇洒飘逸、自然流畅，于杜诗沉郁顿挫风格之外开出另一境界。

安史之乱之后，唐代士人的心态发生了微妙的变化，诗歌中的“盛唐气象”逐渐消失，代之以韦应物诗歌中的清雅闲淡和刘长卿、大历十才子诗歌中的冷落寂寞。韦应物被罢到滁州做刺史长达十余年，诗歌中原有的激情昂扬的报国情怀消退了，取而代之的是个人生活中的山水之美和闲静乐趣，于是他开始向往陶渊明隐居的宁静。例如这首《幽居》：

贵贱虽异等，出门皆有营。
独无外物牵，遂此幽居情。
微雨夜来过，不知春草生。
青山忽已曙，鸟雀绕舍鸣。
时与道人偶，或随樵者行。
自当安蹇劣，谁谓薄世荣。

这首诗的前四句以议论的方式表明心迹，多多少少透露出诗人在经历了人生坎坷之后对官场的厌倦。中间四句自述幽居之乐：夜间微雨悄然而来，春草不知在什么时候已经生长。一觉醒来，发现天已经亮了，鸟雀绕着自己的屋子在叽叽喳喳地叫着。这样的乐趣对于经历过官场的人而言，体会当比一般人更加深切。“时与道人偶，或随樵者行”是说诗人有时与道人相遇，有时与樵夫随行，“时与”“或随”更能表达出诗人隐居时的悠闲心情。最后两句颇有自嘲之意，“蹇劣”，就是笨拙愚劣，“薄世荣”，即鄙薄世人对荣名的追求。诗人认为自己本就是笨拙愚劣之人，这种生活正是自己梦寐以求的，怎么说是鄙薄世人呢？沈德潜说：“韦诗至处每在淡然无意，所谓天籁也。”（《唐诗别裁集》）从这首诗正可体味韦应物诗有如天籁的特色。

论起闲适诗，在唐代不能不提到白居易，他是第一位在自己的诗歌中划分出闲适一类的诗人，闲适诗与他的讽喻诗、感伤诗并列。“穷则独善其身，达则兼善天下”（《孟子注疏》），是中国古代士大夫的人生信念和悠久传统，如果说讽喻诗是“兼善之作”，那么闲适诗就属于“独善之作”了。例如《松斋自题》：

非老亦非少，年过三纪余。
非贱亦非贵，朝登一命初。
才小分易足，心宽体长舒。
充肠皆美食，容膝即安居。
况此松斋下，一琴数帙书。
书不求甚解，琴聊以自娱。
夜直入君门，晚归卧吾庐。
形骸委顺动，方寸付空虚。
持此将过日，自然多晏如。
昏昏复默默，非智亦非愚。

这首带有自传性质的诗，写得通俗晓畅。诗人三十多岁，官当得不大不小，心情舒畅，衣食无忧。这正是得以闲适的前提条件，如果一个人汲汲于功名富贵，那么是无论如何也闲适不起来的。处于松斋之中，一张琴、几卷书为伴，“书不求甚解，琴聊以自娱”，这种艺术化的生活没有任何的外在功利性，只是自娱自乐而已。诗人忙时在朝堂上执行公务，闲时回家看书弹琴，这不正是文人的雅致与情趣吗？在《序洛诗》中，诗人更是直接表达了自己晚年的闲适之乐，他说：“斯乐也，实本之于省分知足，济之以家给身闲，文之以觞咏弦歌，饰之以山水风月：此而不适，何往而适哉？”在白居易看来，这种乐趣来源于“知足”和“适性”，前提条件是“家给身闲”，具体表现就是吟诗作对，轻歌曼舞，游山玩水，吟风赏月。再如《闲适》：

禄俸优饶官不卑，就中闲适是分司。
风光暖助游行处，雨雪寒供饮宴时。
肥马轻裘还且有，粗歌薄酒亦相随。
微躬所要今皆得，只是蹉跎得校迟。

将“闲适”作为诗歌的题目，这在以前是从未有过的。白居易晚年以太子宾客的身份分司洛阳，这首诗写的正是他此一时期的生活。首联直接拈出“闲适”二字，并且说自己俸禄优厚，官职不卑，是有足够的物力财力享受这份闲适的。中间两联是将日常闲适生活具体化，写得悠然自得。尾联是对这一生活状态的总结和体会，说如今自己想要的基本上都拥有了，这样的生活还有什么不满足呢？《唐宋诗醇》卷二十六评白居易的《池上篇》诗中的“识分知足，外无求焉”时说：“‘识分知足’四字，是乐天一生得力处，真实受用在此。”事实也是如此。白居易不仅物质生活优厚，精神生活也很丰富，值得叹赏。例如《清夜琴兴》：

月出鸟栖尽，寂然坐空林。
是时心境闲，可以弹素琴。
清泠由木性，恬淡随人心。
心积和平气，木应正始音。
响余群动息，曲罢秋夜深。
正声感元化，天地清沉沉。

此诗写白居易在清夜弹琴时感兴勃发的状态。在中国民族器乐中，琴是最古老的一种，传说早在伏羲、神农之世已经产生，《史记·乐书》亦载："昔者舜作五弦之琴，以歌《南风》。"这一起源极古的乐器，从礼乐思想极盛的周代开始，便被赋予了道德的意义，被看作君子之器，成为理想道德的象征，如《白虎通》说："琴，禁也，禁止于邪，以正人心也。"或许正因为如此，历史上的一些名流高士多喜弹琴。如史载阮籍"嗜酒能啸，善弹琴"（《晋书·阮籍传》）；嵇康"弹琴咏诗，自足于怀"（《晋书·嵇康传》），嗣后被司马氏集团诬害，临刑犹索琴奏《广陵散》；陶渊明"不解音声，而蓄素琴一张，无弦，每有酒适，辄抚弄以寄其意"（《宋书·隐逸传》）。弹琴或听琴也就成为高人雅士保持高洁情操的一种象征，或者抒情言志的一种方式。具体到这首诗，诗人的状态是"寂然"，是"闲"，于是在月亮高挂、万籁俱寂的空林里，他取素琴一张开始弹奏，琴木发出清泠的乐声，人心也随之恬淡，于是人心和外物达到了"和"的境界。这是一种艺术化的人生，千百年后，我们仍可以想象诗人如何在这样的环境中度过了一个诗意的夜晚。

古代诗人的闲适诗从文化思想上讲，都受到了庄子的影响；从诗歌内容上讲，则受到了陶渊明的影响。刘小枫在《诗化哲学》中提出，庄子的精神是"超形质而重精神，弃经世致用而倡逍遥抱一，离尘世而取内心，追玄远的绝对，否弃资生的相对"①，这正是闲适诗的思想渊源。诗人只有摆脱了现实利益的驱动，摆脱了肉体意义上的限制，才会深入体察自己的内心世界，才会深入思考存在的意义。陶渊明以实际行动诠释了作为闲适意义的诗歌价值，他鄙薄功名，追求自适，希望在日常生活中寻求诗的精神。他的人生态度对唐宋诗人都产生了深远的影响。

---

① 刘小枫．诗化哲学：德国浪漫美学传统．济南：山东文艺出版社，1986：76.

宋词篇

江南好，千钟美酒，一曲满庭芳

词作为一种文学样式，刚开始是以婉约、柔美、艳情等特点出现的，后来男性创作主体的加入，使得词从艳情转化为闲情。这期间，李煜、晏殊、欧阳修、宋祁、王安石、苏轼、黄庭坚、晁补之、张孝祥、张元幹、陆游、辛弃疾等词人为这种转变作出了巨大的贡献。张炎曾在《词源》卷下“赋情”条中说：“簸弄风月，陶写性情，词婉于诗。盖声出莺吭燕舌间，稍近乎情可也。”如果说诗歌还承担着言志和经世致用的作用的话，那么词完全是作者的性情流露。古代文人对写诗和写词的态度是完全不同的，因此词本身就含有闲情的意味。谈到词的闲情逸趣，按照刘尊明的说法，“闲情”是指“人们在一种比较清闲安逸的生活状态和精神状态中所表现出来的那份从容、淡泊、安闲、清雅的情感与心理”，“逸趣”则是指“人们在隐逸生活乃至其他日常生活中所表现出来的那份闲适淡雅之情、清逸超迈之趣”①。

南唐后主**李煜**[133]不仅写过很多充满故国之思的伤心词，写过很多绮丽奢靡的艳情词，也写过一些袒露真性情的闲适词。如《渔父词》两首：

> 浪花有意千重雪，桃李无言一队春。一壶酒，一竿纶，世上如侬有几人？

> 一棹春风一叶舟，一纶茧缕一轻钩。花满渚，酒满瓯，万顷波中得自由。

这两首词并非现实写照，而是理想描绘。“生于深宫之中，长于妇人之手”（王国维《人间词话》）的李煜在做国君期间除了懂得琴棋书画、写诗填词之外，其实还有一种逃离深宫、融于自然的渴望。词中描绘出一个远离宫廷的世外桃源，浪花有意，桃李无言，词人希望自己能够“一壶酒，一竿纶”，自由自在垂钓于江边。第二首前两句，连用四个“一”字，再加上直抒胸臆的“万顷波中得自由”，诗人渴望诗意地栖居之意表露无遗。其实李煜是不可能放弃那种轻歌曼舞的宫廷生活

① 刘尊明．从绮思艳情到闲情逸趣：唐宋词抒情化的历史进程及其词史意义．华中科技大学学报（社会科学版），2007（3）．

的，只是因为那种政治生活也有烦恼，他才会有隐逸的想法。但正是那种宫廷生活的烦恼，才使得李煜追求闲适的理想更加突出。

宋初的词人晏殊、宋祁、欧阳修等人，尽管偶有不顺，但在政治上是相对通达的。晏殊被称为“宰相词人”，宋祁也被称为“红杏尚书”，他们的物质生活相对丰富，也有充裕的时间流连诗酒风月，写出了大量的闲适词。例如晏殊的《浣溪沙》：

小阁重帘有燕过，晚花红片落庭莎，曲阑干影入凉波。

一霎好风生翠幕，几回疏雨滴圆荷，酒醒人散得愁多。

吴处厚《青箱杂记》卷五记载：“晏元献公虽起田里，而文章富贵，出于天然。……故公每吟咏富贵，不言金玉锦绣，而唯说其气象。若‘楼台侧畔杨花过，帘幕中间燕子飞’，‘梨花院落溶溶月，杨柳池塘淡淡风’之类是也。”这首词起句不凡：燕子飞过重幕，预告着春天将逝的消息。接着词人看到了落红满地，满园残花，曲曲折折的栏杆倒映于湖中，使人顿生凉意。下片写好风疏雨，环境何等清静，可惜春天将尽，词人的惆怅之情也跃然纸上。这首词不仅有生活的闲适优越，还有伤春的落寞，这就是所谓的“富贵闲愁”。晏殊《浣溪沙》（一曲新词酒一杯）中的名句“无可奈何花落去，似曾相识燕归来”亦是如此。

宋代优待士大夫，**宋祁**[134]又官至尚书，生活丰足，空闲之余也写了不少嘲风弄月的诗词。例如这首《浪淘沙》：

少年不管。流光如箭。因循不觉韶光换。至如今，始惜月满、花满、酒满。

扁舟欲解垂杨岸。尚同欢宴。日斜歌阕将分散。倚兰桡，望水远、天远、人远。

少年的时光总是容易失去，韶华在不知不觉中度过，词人在这种时间流逝中“始惜月满、花满、酒满”，有遗憾，有满足，也有惆怅。下片的“倚兰桡”写词人独自倚靠着华美的船桨，船离岸边已经很远了，放眼望去，水天相连，茫茫一片，遥不可及。这句词恰可借用张炎论姜夔词“清空”时的形容：“如野云孤飞，去留无迹。”（《词源》）或许正因为如此，清代朱彝尊编选《词综》，宋祁这首词也入选其中。

欧阳修因参与范仲淹的“庆历新政”，后被贬到颍州。在颍州西湖的自然天光里，他创作了《采桑子》十首，每首的第一句都有“西湖好”字样，看下面这一首：

群芳过后西湖好，狼藉残红。飞絮濛濛。垂柳阑干尽日风。

笙歌散尽游人去，始觉春空。垂下帘栊。双燕归来细雨中。

唐圭璋评论这首词说：“此首，上片言游冶之盛，下片言人去之静。通篇于景中见情，文字极疏隽。风光之好，太守之适，并可想象而知也。”① 起句说“群芳过

---

① 唐圭璋，选释．唐宋词简释．上海：上海古籍出版社，1981：63.

后”，暗示此时已是暮春，群花凋落，满地残红，漫天飞絮，垂帘闭户，游人散去之后更是一片凄凉。但词人即使在这样的环境中也依然感受到闲淡与安逸，还是满怀着欣赏的眼光看细雨中归来的双燕。这里的“双燕”不仅含有归宿之意，更是词人用一种超脱的心境去体会的逸趣。此时的词人，已经不再像往昔那样身居高位，他退隐于颍州，更号六一居士，才真正体会到摆脱轩裳珪组的乐趣。有研究者论“闲适”说：“闲适乃审美关系的产物，有闲、适、真诸多审美特征；它始由观照外物，终归到个体的自我观照，有着独特的审美趣味；以闲适为审美对象的闲适境界可以说是一种‘审美的审美’。”[①] 也许只有在身心无忧的情况下，词人才能体味这种顺其自然的、自在的审美心境吧。

王安石于北宋熙宁九年（1076）罢相，其后隐居江宁。隐居十年中，王安石不仅思想上有了很大的转变，在文学创作上也有很高的成就。其词作除了《桂枝香·金陵怀古》外，还有很多抒写闲情逸趣的词，例如《菩萨蛮》：

> 数间茅屋闲临水，窄衫短帽垂杨里。花是去年红，吹开一夜风。
> 梢梢新月偃，午醉醒来晚。何物最关情，黄鹂三两声。

吴曾的《能改斋漫录》卷十七记载：“王荆公筑草堂于半山，引八功德水作小港，其上叠石作桥，为集句填《菩萨蛮》云……”所谓集句就是引用前人的诗句，杂缀成词。本词首句就点出“闲”，这是王安石的身份从政治家转变为诗人之后的生活状态。昔日的朱门大户变成了现在的数间茅屋，昔日的蟒袍玉带换成了现在的窄衫短帽，对于这种巨大的变化，王安石的态度可用一个字形容，就是“闲”。春风吹来，花开得正艳，风景依稀似去年，“花是去年红”两句中有词人物是人非的感慨，有时光流逝的感叹，也有理想未能实现的遗憾。过片说自己午睡前喝了点酒，一觉醒来天都有点晚了。最后两句归结到“闲情”：词人自问自答，用黄鹂暗示自己生活的悠闲和性情的孤傲。黄鹂在古典诗词中一般是象征清闲的意象，例如“绿阴不减来时路，添得黄鹂四五声”（曾几《三衢道中》）、“两个黄鹂鸣翠柳，一行白鹭上青天”（杜甫《绝句》）、“池上碧苔三四点，叶底黄鹂一两声”（晏殊《破阵子》），在这清脆的黄鹂声中，词人的退隐闲情也表露无遗。

苏轼一生也是起起落落，晚年在《自题金山画像》中说：“问汝平生功业，黄州惠州儋州。”他将自己被贬的经历称为“功业”，其乐观旷达的个性由此可见一斑。在经历了人生的波折之后，他渐渐看透了功名利禄，曾经反思“长恨此身非我有，何时忘却营营”（《临江仙》），什么时候才能过上自由自在的生活呢？表达类似情绪的诗词还很多，例如《满庭芳》：

> 蜗角虚名，蝇头微利，算来著甚干忙。事皆前定，谁弱又谁强。且趁

① 杨柏岭．论词的闲适境界．学术界，1999（4）.

闲身未老，尽放我、些子疏狂。百年里，浑教是醉，三万六千场。

思量。能几许，忧愁风雨，一半相妨，又何须，抵死说短论长。幸对清风皓月，苔茵展、云幕高张。江南好，千钟美酒，一曲满庭芳。

词人开篇就写“蜗角虚名，蝇头微利”，用《庄子》中的典故揭示了名利的虚幻性。既然是虚幻的，为什么还要苦苦追寻呢？谁弱谁强又能怎样呢？还不如趁着年龄未老，放纵自己的性情。“浑教是醉”，一个“浑”字展现了词人愤世嫉俗而又渴望冲破名利藩篱的放荡不羁的形象。“忧愁风雨，一半相妨”，表面写自然界的风雨，其中也暗示自己充满风雨的人生经历。面对人生的风雨，本就应该有一种大彻大悟的心态，“又何须，抵死说短论长”？“幸对清风皓月”，一个“幸”字揭示了词人此时此刻已经超脱尘世，获得了精神的解放。结尾说“江南好，千钟美酒，一曲满庭芳”，更是充满了词人飘逸旷达的闲适至乐。

词人朱敦儒长期隐居于江湖之中，人称他“天资旷逸，有神仙风致”（《历代诗餘》）。靖康年间，宋钦宗召他入京，想授官给他，结果他力辞说：“麋鹿之性，自乐闲旷，爵禄非所愿也。”（《宋史·文苑传七》）他的这首《鹧鸪天》颇能代表他前半生的人生态度：

我是清都山水郎。天教分付与疏狂。曾批给雨支风券，累上流云借月章。

诗万首，酒千觞。几曾着眼看侯王。玉楼金阙慵归去，且插梅花醉洛阳。

词人开篇就自称是“清都山水郎”，“清都”指天宫，看来词人不仅是山水郎，而且是天宫里的山水郎。既然如此，那就可以名正言顺地享受人间的山水至美了。自己性格中的疏狂，那也是上天赐予的。接着词人张开想象的翅膀，想象自己能够支配风雨，并且多次“上流云借月章”，这是何等的潇洒！下片说自己以诗酒为生，一点也不羡慕王侯贵族的生活。下界的尘世生活也很爽快，于是他都懒得回到天宫中的“玉楼金阙”，只想在洛阳逍遥度日了。这里值得注意的是“梅花”，其实洛阳最有名的花是“花开时节动京城”（刘禹锡《赏牡丹》）的牡丹，但词人对于“花之富贵者”（周敦颐《爱莲说》）的牡丹不闻不问，却对“凌寒独自开”（王安石《梅花》）的梅花情有独钟，从中也可以看出词人的志趣追求。

南渡之后，文人的文化心理也在发生着微妙的变化。有的词人曾经拥有收复失地的远大抱负，但得不到朝廷支持，他们本身不得重用甚至多次被贬，于是政治热情消退，转而追求闲适的生活。江南风光也陶冶了这批词人的性情。他们沐浴在温婉绮丽的江南烟雨中，陶醉在繁华奢丽的城市风情中，写出了很多抒发闲情逸致的词。一些词人在南方还拥有自己的别墅，例如范成大的石湖、叶梦得的石林别墅、张孝祥的鸥盟轩等，闲居的生活自然会促使词人写出大量的闲适词。**张镃**[135]的

《昭君怨·园池夜泛》是其中的一首：

月在碧虚中住，人向乱荷中去。花气杂风凉，满船香。

云被歌声摇动，酒被诗情掇送。醉里卧花心，拥红衾。

张镃是宋代名将张浚的后代，据周密的《齐东野语》记载，张镃家里“园池、声妓、服玩之丽甲天下”，“歌者乐者无虑百数十人，列行送客，烛光香雾，歌吹杂作，客皆恍然如仙游也”。他是有足够的条件享受富贵清闲的生活的。这首词并没有写成庸俗的炫富之词，而是力求在富足的生活中寻求一种雅兴。开头两句，起笔不凡。“月在碧虚中住”，“碧虚”指的就是池水，月亮倒映于池中，众人低头观赏，就像是看到月亮在池中居住一样。人们驾着小船，穿梭于荷花塘中，微风送来了阵阵花香。这个时候，云好像被歌声摇动了，酒似乎被诗情催动着。末尾也写得清丽雅致，并未堕入香艳一脉。

词人**沈蔚**[136]生平不详，《全宋词》中存词二十二首，有一首《天仙子》是他抒写闲情逸趣的代表作：

景物因人成胜概，满目更无尘可碍。等闲帘幕小阑干。衣未解，心先快。明月清风如有待。

谁信门前车马隘，别是人间闲世界。坐中无物不清凉。山一带，水一派。流水白云长自在。

起句先发议论。词人认为风景名胜之所以成名完全是靠人的参与，放眼望去，自己居住的地方纤尘不染。普普通通的帘幕栏杆，没有任何雕琢，完全出自天然。自己于是“衣未解，心先快”。“未”和“先”，动作紧承，词人的愉悦跃然纸上。而此时山上的清风明月就像是等着自己去赏玩一样。下片说自己居住的地方是“人间闲世界”，在这个世界中，门前没有追名逐利的车水马龙，一切都显得自由自在，清新凉爽。流水任意奔流，白云自由飘荡，无拘无束，这不正是一种无功利的审美化的眼光吗？这首词上片写“快意”，下片写“闲情”，章法谨严，实乃绝妙好词。

陆游和辛弃疾年轻时候都有收复失地、杀敌报国的决心和行动，可惜得不到统治者的重用，他们只能“心在天山，身老沧洲”（陆游《诉衷情》）。忙于公务的闲暇，他们也会吟风咏月，退隐之后，更是创作出大量抒发闲情逸致的诗词。例如陆游的《破阵子》：

看破空花尘世，放轻昨梦浮名。蜡屐登山真率饮，筇杖穿林自在行。身闲心太平。

料峭余寒犹力，廉纤细雨初晴。苔纸闲题溪上句，菱唱遥闻烟外声。与君同醉醒。

这首词有愤激之情，也有闲适之意。上片开头便说：“看破空花尘世，放轻昨梦浮名。”这既是对现实世界的理性思考，也是对过去生活的沉痛反思。词人将自己过去的崇高事业斥为追求浮名，这本身就含有怀才不遇的悲愤在内。“蜡屐”语出《世说新语》，后用以代指悠闲生活。“筇杖”即竹杖，“真率饮”和“自在行”写出了词人退隐生活之乐。这种闲不仅表现在外在的生活方式上，更表现为内心的安闲宁静。下片写春寒未尽，雨后天晴，词人在苔纸上写下闲居之诗，远处传来采莲女的菱歌声。这样的生活离金戈铁马的声音很远了，而离生活的真谛却很贴近了。这首词表明了陆游在功名与闲适之间做出了自己的抉择。

辛弃疾年轻时候就加入了抗金队伍，这种志向一直未变。他的一生起起伏伏，起时横枪跃马，伏时赏花观柳。例如《水调歌头·盟鸥》：

> 带湖吾甚爱，千丈翠奁开。先生杖屦无事，一日走千回。凡我同盟鸥鹭，今日既盟之后，来往莫相猜。白鹤在何处，尝试与偕来。
>
> 破青萍，排翠藻，立苍苔。窥鱼笑汝痴计，不解举吾杯。废沼荒丘畴昔，明月清风此夜，人世几欢哀。东岸绿阴少，杨柳更须栽。

淳熙九年（1182），辛弃疾被主和派弹劾落职，闲居带湖，这首词就写于刚刚闲居的时候。词题是“盟鸥”，用了《列子》狎鸥鸟不惊的典故，隐含着词人希望在带湖隐居之意。上片写带湖之美，词人摆脱了官场之后，面对着带湖美景，突然有一种长久隐居的愿望。一个“甚”字将词人的喜爱之情展现出来，千丈湖水犹如打开的翠色镜匣，也难怪词人要“一日走千回”了。接着写词人想与湖中白鸥结盟，今后不再互相猜疑，如果能邀白鹤前来，就更好了。就上片而言，词人不仅表露出摆脱官场之后的清闲，也流露出面对湖光山色时的未泯童心。希望与水中白鸥结盟，这是典型的孩童心理，也只有词人会有这样的心理。同时，这里面也包含悲愤：与白鸥为盟，可以不用互相猜疑，这比官场倾轧要单纯得多了。

总之，闲情逸趣是诗人最真切的生命体验，只有在悬置了功名利禄之后，才能直面自己最真实的心灵和需求。这里面也凝聚着诗人的审美体验。人生应该是多姿多彩的，正如鲁迅所说：“就是诗，除论客所佩服的‘悠然见南山’之外，也还有‘精卫衔微木，将以填沧海，刑天舞干戚，猛志固常在’之类的‘金刚怒目’式，在证明着他并非整天整夜的飘飘然。”① 也许，“猛志固常在”（陶渊明《读山海经》）式的进取和“悠然见南山”（陶渊明《饮酒》）式的闲适加起来，才称得上完整的人生。这也正是闲情逸趣之于一个人的生活和生命价值之所在，也是表现闲情逸趣的诗词所具有的文学价值。

---

① 鲁迅．且介亭杂文二集．北京：人民文学出版社，1973：171－172.

第十五章

文学艺术

封建社会进入唐代，国家强盛，政治稳定，经济繁荣，政策开明。全民族文化素质的空前提高、同少数民族及亚洲其他国家的经济文化交流与融合，形成了宽松活跃的文化氛围，为诗歌、绘画、音乐、舞蹈、书法等艺术门类提供了充分发展的有利条件，反映绘画、乐舞、书法繁荣发达状况的诗歌应运而生，并呈现出百花齐放、多彩多姿的局面。诗文、绘画、书法本是三种各自独立的艺术形式，但自古就有“书画同源”的说法，因此诗与画更是关系密切的姊妹艺术。[①]诗歌发展在唐代达到高峰，绘画、书法艺术亦日臻繁盛，三者相互影响和渗透，促进了题画、咏书诗的发展和繁荣。宋代在继承唐代的基础上，又诞生了题画、咏书词等新题材。唐宋题画诗词内容丰富，手法多样，充分发挥了诗词长于抒情与绘画善于表形的功能，并为后代题画诗词的写作树立了艺术典范。而将几种艺术形式有机融为一体，使之相互辉映、相互补充、相互融合，也成为中国艺术的鲜明特色和优良传统。音乐、舞蹈到唐宋也呈现出前所未有的繁荣，音乐是转瞬即逝的时间艺术，舞蹈则是时空结合的艺术，唐宋乐舞诗词不仅保存了大量关于音乐、舞蹈生动形象的记载，而且其新颖的题材、精湛的艺术使之成为丰富灿烂的唐宋诗词百花园中一枝风姿绰约的奇葩。总而言之，深深植根于社会历史、文化里艺术土壤的唐宋书画乐舞诗词，鲜明生动地反映了所处时代人们的生活方式、道德情操、审美趣味以及风俗习惯等，是唐宋文化艺术发达的有力见证，也是博大精深的中华文化里一笔不可多得的宝贵财富。

---

① 苏轼《书鄢陵王主簿所画折枝》中说：“诗画本一律。”

唐诗篇

曲终人不见，江上数峰青

空前活跃的民族文化和中外文化的交流与融合，使唐代艺苑呈现出高度繁荣和百花齐放、多彩多姿的局面，大量乐舞诗、题画诗等亦应运而生。这些诗真实记录和生动反映了当时音乐、舞蹈、绘画、书法等方面的高度成就，拓展并丰富了诗歌题材，以其独具的魅力和独特的价值成为丰富灿烂的唐代诗国中不可或缺的组成部分。许多作家乃至诗坛词坛大家都涉足过这一领域，凭着他们丰富的艺术修养、不凡的审美情趣和深厚的诗歌造诣，创作出不少既精妙无比又各具风姿的艺术珍品，使读者获得多方面的审美享受。

在描写音乐的唐诗中，钱起的《湘灵鼓瑟》是颇为出色的一首：

善鼓云和瑟，常闻帝子灵。
冯夷空自舞，楚客不堪听。
苦调凄金石，清音入杳冥。
苍梧来怨慕，白芷动芳馨。
流水传潇浦，悲风过洞庭。
曲终人不见，江上数峰青。

湘灵，即湘水之神，有人说就是舜的两位妃子娥皇、女英。屈原《远游》有“使湘灵鼓瑟兮，令海若舞冯夷”的句子，这首诗的题目即本于此。诗人写湘灵鼓瑟，却不正面描摹乐声，而是驰骋想象，极力渲染瑟曲神奇的感染力，说优美动人的乐曲吸引了名叫冯夷的水神随之起舞，凄苦幽怨的音调却令被贬的楚客不忍卒听。其动人心弦使金石也为之凄怆，清越高亢，一直传到杳渺的远方，连苍梧的舜帝之灵都赶来侧耳倾听，湘水岸边的白芷也竞吐芬芳。音乐的旋律好像悠悠不尽的流水传遍湘浦，又似阵阵不断的悲风掠过洞庭。一连八句，诗人结合美妙的历史传说和美好的眼前景色，用生花妙笔将湘灵鼓瑟的魅力描绘得奇丽多姿、淋漓尽致。最后将笔锋一转，说乐曲终了不见湘灵的踪影，只有袅袅余音在江上青峰之间萦绕，久久不绝。“曲终人不见，江上数峰青”两句，可谓神来之笔，它不仅传达出神女演奏所特有的如梦似幻、扑朔迷离的意境，而且以曲终之后余韵悠然，听者心境与眼前景物互相契合、融为一体，烘托出音乐使人如醉如痴的艺术效果。这两句诗在当时就被誉为“绝唱”，整首诗则不仅是唐代描写音乐的名篇，而且以敏捷的才思和游刃有余的手法在限制严格的试帖诗中脱颖而出，成为少数为人所传诵的作品之一。

与钱起不同，韩愈在其《听颖师弹琴》中运用了正面描写和侧面烘托相结合的手法，前半连用十句刻画琴声的优美绝妙和富于变化，把读者带进美妙的音乐境界：

昵昵儿女语，恩怨相尔汝。
划然变轩昂，勇士赴敌场。
浮云柳絮无根蒂，天地阔远随飞扬。
喧啾百鸟群，忽见孤凤凰。
跻攀分寸不可上，失势一落千丈强。
嗟余有两耳，未省听丝篁。
自闻颖师弹，起坐在一旁。
推手遽止之，湿衣泪滂滂。
颖乎尔诚能，无以冰炭置我肠。

颖师是来自天竺的僧人，宪宗元和年间在长安，以弹琴著名。此诗分两部分，前十句正面描写琴声，后八句写诗人听琴的感受和反应——喜惧哀乐、变化倏忽、百感交集、莫可名状。清人方世举把它和白居易《琵琶行》、李贺《李凭箜篌引》推许为“摹写声音至文”（《李长吉诗集批注》）。起句写演奏：琴声响起来了，开始时是那么轻柔细碎，好像少男少女正在喁喁诉说情话，时而缠绵亲昵，时而娇嗔埋怨，充满了柔情蜜意。接下来划然一声，音调骤然由低沉婉转变得高昂激越，就像勇猛的战士奔赴杀敌的战场，一个个气宇轩昂。紧接着又由高亢急促变得轻细舒缓，仿佛浮云柳絮在辽阔的天地之间随风飘荡，飞扬四散。再接下来琴声又由舒缓飘逸转为急促跳跃，好似百鸟和鸣，喧啾阵阵；其间又有一声悠长嘹亮，恰如一只孤傲的凤凰翩然高举，引颈长吟。琴曲一声高过一声，恰似攀登高峰，步履越来越艰难，连一寸一分都上不去了，忽又失势下跌，一落千丈。这一段描写，有的用比喻，以视觉形象表现听觉，更多的则是用通感，将听觉形象转化为视觉形象，惟妙惟肖、有声有色地表现出琴声的刚柔疾徐，以及音乐的变化百出、腾挪变化。然而诗人并不就此止笔，而是进一步以自己听琴时的感受来烘托音乐的效果和琴师技艺的高超。诗人说自己虽不解丝竹，这一次却深深地被颖师的琴声打动，随琴声的变化情不自禁地忽起忽坐，甚至热泪滂沱，浸湿了衣衫。结末说：琴声如此荡人心魄，再弹自己就禁受不起了。“冰炭”，比喻听琴时感情时喜时悲，如冰炭水火般矛盾。语本《庄子·人间世》：“今吾朝受命而夕饮冰，我其内热与！吾未至乎事之情，而既有阴阳之患矣。”郭象注“阴阳之患”云：“喜惧战于胸中，固已结冰炭于五藏（脏）矣。”这样写固然足以证明颖师技艺的高妙，但诗人如此悲不自抑，还应有更深一层的原因。根据此诗没有表现乐曲的内容，而着重展现的是音调节奏的变化，有理由推测：由于琴声的抑扬顿挫、大起大落与诗人的宦海沉浮、遭遇坎坷之间有相通之处，所以琴声触动了他的身世之感，使之承受不起感情忽悲忽喜的强烈刺激，不得不推手制止了颖师的演奏。诗中隐含的这一寄托，使得此诗较之单纯摹写音乐的作品有着更深的意蕴。此诗在遣词造句、声韵安排等方面也都体现出诗人的艺术匠心。朱彝尊称赞说：“写琴声之妙入髓，又一一皆实境。繁休伯称车子，柳子厚志筝师，皆不能及，可谓古今绝唱。”如此推许不是没有道理的。

白居易《琵琶行》是唐代最负盛名的音乐诗，一问世便不胫而走，广为流传，不仅家喻户晓，而且远播海外。其中对琵琶演奏的描写，可谓出神入化，臻于绝境。

> 转轴拨弦三两声，未成曲调先有情。
> 弦弦掩抑声声思，似诉平生不得志。
> 低眉信手续续弹，说尽心中无限事。
> 轻拢慢捻抹复挑，初为霓裳后六幺。
> 大弦嘈嘈如急雨，小弦切切如私语。
> 嘈嘈切切错杂弹，大珠小珠落玉盘。
> 间关莺语花底滑，幽咽泉流冰下滩。
> 冰泉冷涩弦凝绝，凝绝不通声暂歇。
> 别有幽愁暗恨生，此时无声胜有声。
> 银瓶乍破水浆迸，铁骑突出刀枪鸣。
> 曲终收拨当心画，四弦一声如裂帛。

经过一番“转轴拨弦”的准备，琵琶女以“低眉信手”的姿态，拢、捻、抹、挑等灵活多变的指法，开始演奏名曲《霓裳羽衣曲》和《六幺》。只听得那时而急促低沉、时而舒缓轻柔的乐声，一会儿仿佛骤然而落的“急雨”，一会儿宛如轻悄细碎的“私语”；而在珠落玉盘似的清脆和谐之后，忽而化作花底莺啼般婉转流丽，忽而变为冰下泉流般幽咽冷涩。渐渐地，琵琶声若断若续，不绝如缕，最后，丝弦像冰泉一般凝结了，乐声也停止了。然而就是这暂时的休止，将人们带到一个充满情思、更加引人入胜的境界，它所包含的弦外之音，比有声的音符还要丰富动人。但令人叹为观止的演奏并未就此结束，在短暂的间歇之后又骤然奏响。这重新爆发出来的琵琶声是那么雄壮激越，犹如银瓶乍破，水浆飞迸，又似铁骑突围，刀枪齐鸣。乐曲在热烈奔放、紧张急促的旋律中达到了高潮，旋即在裂帛一般的最强音中戛然而止，给听者留下了无尽的回味。诗人用一连串精妙贴切的比喻，将转瞬即逝的音乐化为丰富多彩而又具体可感的听觉、视觉乃至感觉形象，并激起读者的联想和想象，使人从中获得巨大的审美快感。此诗不只音乐描写出类拔萃，而且声情并茂，对琵琶演奏情注弦中的渲染、对琵琶女“漂沦憔悴”（《琵琶行》序）身世的描述，都使得音乐在诗人笔下成为有血肉、有灵魂、有生命的艺术，而不是纯技巧的卖弄。这正是《琵琶行》感人至深并高出那些以技巧取胜的音乐诗的一个重要原因，它不仅是音乐诗中的一颗明珠，也是我们民族文化中弥足珍贵的瑰宝。

唐代享有盛名的音乐诗还有李贺的《李凭箜篌引》。李凭是中唐时供奉宫廷的梨园弟子，以擅长弹箜篌而名噪一时。箜篌是古代一种琴的名称，有横弹与竖弹两种，李凭弹的是二十三弦的竖箜篌。这首诗表现了李凭弹箜篌高超的技艺、曲调的优美及其惊天地、泣鬼神的艺术魅力。诗以正面摹声与侧面烘托相结合，运用丰富奇特的想象、绮丽奇幻的语言，以及通感、比喻等多种修辞手法，将听音乐的感受化为丰富多彩、具体可感的艺术形象，令人目不暇接、心醉神迷，如说乐声巨大的感染力使“空山凝云颓不流”“江娥啼竹素女愁”“石破天惊逗秋雨”“老鱼跳波瘦蛟舞”，形容乐声是“昆山玉碎凤凰叫，芙蓉泣露香兰笑”。通首语意俱奇，句句未经人道，充满李贺诗特有的浪漫色彩。

在表现唐代舞蹈的乐舞诗中，最为人所称道的莫过于杜甫《观公孙大娘弟子舞剑器行》。公孙大娘是唐玄宗时宫廷内外享有盛名的舞蹈家，“剑器”是一种舞姿雄健刚劲的剑舞。杜甫幼年在河南郾城曾亲见公孙大娘舞剑，所以诗一开头便绘声绘色地再现了她的卓绝舞技：

昔有佳人公孙氏，一舞剑器动四方。
观者如山色沮丧，天地为之久低昂。
㸌如羿射九日落，矫如群帝骖龙翔。
来如雷霆收震怒，罢如江海凝清光。

诗人首先渲染了名动四方的公孙大娘舞蹈时热烈壮观的场面：只见观者人山人海，个个目眩神摇，惊讶失色，似乎整个天地都随着她的舞姿高低起伏。接着连用四个比喻描写舞蹈下、上、起、收四种动态：剑光闪烁，仿佛羿射九日从空中联翩而降；动作矫健，好像群仙驾龙飞升轻举高翔；起舞时有如雷霆震怒惊天动地；舞毕时又似江海风平浪静水光凝然。诗人酣畅淋漓的笔墨，充分展示了舞蹈这一“动的艺术”的神韵。看了这一段描写，自不难理解“草圣”张旭观公孙大娘舞剑，自此“草书长进，豪荡感激”（仇兆鳌《杜诗详注》）的道理。诗人从开元五年（717）观公孙大娘剑舞，到大历二年（767）看她的弟子李十二娘舞剑器，前后相隔整五十年，其间不论国家或个人都发生了很大变化，尤其是经历安史之乱以后，国势大为衰落。“感时抚事”（《观公孙大娘弟子舞剑器行》），诗人怀着悲怆的感情，抒发了“五十年间似反掌，风尘澒洞昏王室”（同前）和自身颠沛流离的感慨。以一首乐舞诗反映了历史的沧桑变化，包含了广阔的社会内容，以小见大，立意超卓，这正是此诗除描写舞蹈精妙传神外独擅盛名的另一重要原因。

随着唐代民族交往的扩大，西域乐舞大量传入中原，以浓郁的异族情调、新鲜活泼的形式使人耳目一新，也引起了诗人们的浓厚兴趣。他们纷纷记录和描绘了自己观舞的情景和感受。李端的《胡腾儿》是其中的代表作：

胡腾身是凉州儿，肌肤如玉鼻如锥。
桐布轻衫前后卷，葡萄长带一边垂。
帐前跪作本音语，拈襟摆袖为君舞。
安西旧牧收泪看，洛下词人抄曲与。
扬眉动目踏花毡，红汗交流珠帽偏。
醉却东倾又西倒，双靴柔弱满灯前。
环行急蹴皆应节，反手叉腰如却月。
丝桐忽奏一曲终，呜呜画角城头发。
胡腾儿，胡腾儿，故乡路断知不知？

“胡腾舞”原是中亚细亚塔什干的民间舞蹈，以跳跃见长。这首诗写的是一位流落内地的少数民族青年艺人舞“胡腾”的情景。在描绘了这位“胡腾儿”极具民族特色的服饰之后，诗人的目光便仿佛镜头一般紧紧追随着他的每一个动作。只见他在花毡上腾踏生风，动作十分急遽，珠帽闪烁发光。他忽而模拟醉态，舞步东倾西倒飘忽不定；忽而双腿飞旋，舞靴在灯前划出道道柔弱的光圈。在一连串和着节拍的转圈和急踏之后，他以一个反手叉腰、形如半月的造型结束了精彩的表演。如果说舞蹈与其他艺术的区别就在于，它是通过人体的姿态、表情、造型特别是动作来表达人的感情，那么这首诗可说是生动再现了舞蹈的这一特征。诗人将表演者灵活丰富的表情，旋转腾踏、刚柔相济的舞姿，新颖别致的造型，都描摹得栩栩如生，使读者若亲眼所见。这首诗不仅成功地描写了舞蹈艺术，还表现了民族之间的友好感情。此外，同杜甫乐舞诗一样，其末句也寄托了诗人对中唐时期国事不宁的关切和忧虑。

岑参的《田使君美人如莲花舞北铤歌》也是一首出色的乐舞诗，写诗人观田使君家妓舞《北旋》的情景。全诗自始至终围绕这一中心着笔。起句写此舞罕见，天下第一，观者莫不惊叹：“美人舞如莲花旋，世人有眼应未见。高堂满地红氍毹，试舞一曲天下无。此曲胡人传入汉，诸客见之惊且叹。”接着写舞女的曼妙、舞服的鲜丽、舞姿的矫劲刚健，以及音乐舞蹈所产生的富有边地色彩的意境：“慢脸娇娥纤复秾，轻罗金缕花葱茏。回裾转袖若飞雪，左铤右铤生旋风。琵琶横笛和未匝，花门山头黄云合。忽作出塞入塞声，白草胡沙寒飒飒。”如此“翻身入破如有神”的美妙艺术怎不令人百看不厌，“前见后见回回新”？诗人强烈的赞叹之情溢于言表。最后用有名的《采莲》《落梅》舞加以反衬，说明此舞的非同一般，难以企及。

旨在赞美绘画艺术的咏画诗，是唐人开创的一种题材。其中杜甫留下的就有将近二十首，不论数量、成就或对后世的影响，都堪称唐代诗人之最。《画鹰》是他早期的成功尝试，诗中写道：

素练风霜起，苍鹰画作殊。
拟身思狡兔，侧目似愁胡。
绦旋光堪擿，轩楹势可呼。
何当击凡鸟，毛血洒平芜。

首联说雪白的画绢上突然使人感到风霜肃杀，原来是上有一只苍鹰画得特别出色。诗人用倒插法起笔，发端突兀，有力地表现了画鹰威猛的神态和飞动的气势，造成先声夺人的效果，也透露出诗人观画时惊叹不止的神情。接下来具体表现画鹰形象。在诗人眼里，它那竦身欲动的姿态仿佛正要捕获狡兔，侧目而视的神情又像是含嗔发愁的胡人。它如此活灵活现、栩栩如生，几乎使人产生错觉，以为解去束缚苍鹰便可以展翅飞腾，呼之欲出。这两联的描写用字精当，极为传神，不仅“拟身”“侧目”写得宛如真鹰，“堪擿”“可呼”亦活泼灵动，同时又不脱画字。最后诗人更出人意表地以真鹰相期望，说何时让这样卓尔不群的苍鹰去凌空搏击凡鸟，让它们的毛血洒遍平原。为了突出图画的生动逼真和画家技艺的高超，像这样以画作真，是杜甫咏画诗常用的手法。如著名的《丹青引赠曹将军霸》一诗中，写曹霸画马是“斯须九重真龙出，一洗万古凡马空”，而“玉花却在御榻上，榻上庭前屹相向”，两马相对，真假莫辨；《戏题王宰画山水图歌》称赞王宰所绘宛如真山真水，以至于联想到“焉得并州快剪刀，剪取吴淞半江水”，都收到强烈的艺术效果。当然，这类诗也像杜甫乐舞诗一样不单纯是咏画。例如《画鹰》便是通过对画鹰矫健雄姿的描绘，寄托了诗人自命不凡、奋发有为的抱负和气概。

名不见经传的诗僧**景云**[137]并不以诗擅场，但他留存的三首诗之一的《画松》却是不可多得的咏画诗：

画松一似真松树，且待寻思记得无？
曾在天台山上见，石桥南畔第三株。

此诗写诗人观画的感受，开门见山点明画松“一似”真松，接下来便在记忆当中搜寻使他感到似曾相识的真松。一番寻思之后，诗人十分肯定地指出，这就是自己在天台山上曾经见过的、石桥南边的第三株树。诗人不去具体雕刻画松的形象，而是在其逼真上着力。他调动人在艺术欣赏时常有的联想能力，用自己的生活体验去印证一开始的直觉，于是越说越真，甚而至于真到可以坐实的程度。其构思下笔，委实别具手眼。“天台山上”“石桥南畔”在诗里也不仅仅是用来说明画松的逼真，由这一特殊地点所点染的背景，还可使人想见矗立于名山之上的松树那苍劲秀丽的雄姿，使意余象外。故清人张谦宜称赞说："一气承接如话，不惟工于赞画，连追想神情，声口俱活，极明快，却有蕴藉风味。"（《絸斋诗谈》）白居易有一首《画竹歌》，中云："西丛七茎劲而健，省向天竺寺前石上见。东丛八茎疏且寒，忆曾湘妃庙里雨中看。"它与此诗造意相似而情韵不如。

书法在唐代也同诗歌一样臻于极盛，尤其是体现了盛唐自由创造精神的草书，更达到书法艺术的巅峰。张旭草书与裴旻剑舞、李白诗歌合称"盛唐三绝"。李白《草书歌行》盛赞了与张旭齐名的怀素高超的狂草艺术：

少年上人号怀素，草书天下称独步。
墨池飞出北溟鱼，笔锋杀尽中山兔。
八月九月天气凉，酒徒词客满高堂。
笺麻素绢排数厢，宣州石砚墨色光。
吾师醉后倚绳床，须臾扫尽数千张。
飘风骤雨惊飒飒，落花飞雪何茫茫。
起来向壁不停手，一行数字大如斗。
恍恍如闻神鬼惊，时时只见龙蛇走。
左盘右蹙如惊电，状同楚汉相攻战。

诗一开头便称赞怀素书技超群，堪称天下独步。接着用夸张的口吻说明他学书有年，如此深厚的造诣并非一日之功：他洗笔的墨池已积而化海，他的草书便是从北溟飞出的巨大鲲鹏；他磨秃的毛笔也已堆垒成冢，几若杀尽了中山之兔。有了这样的铺垫，诗人又通过一系列形象生动的比喻，描绘怀素作书时的神态和他神乎其技的书法艺术。但见他醉倚胡床，挥毫纸上，走笔之声宛如疾风骤雨飒飒作响，顷刻之间，一张张纸笺就像落花飞雪，茫茫一片；过一会儿又站起身来作书于壁，笔势飞动，字大如斗，勾连盘绕，变幻莫测，笔走龙蛇，有如闪电惊雷，兵家争战。在诗人笔下，怀素草书是这样大气磅礴，狂放不羁，它哪里仅仅是书法艺术，简直就是绝去拘束的心灵抒发，是不可思议的天才创造，同时也是盛唐时代浪漫精神的体现。这种几乎没有规矩法度可循、充满自由创造精神的艺术，正是李白所推崇和他的诗歌所达到的境界，因此他在高度评价了怀素的成就之后，抒发了对艺术的见解："古来万事贵天生，何必要公孙大娘浑脱舞！"从中也可以看出书法与舞蹈以及诗歌等不同的文学艺术门类之间的相通之处。同时说明，正是唐代文学艺术的全面繁荣，促成了唐诗这一诗歌史上高峰的出现。

杜甫的《李潮八分小篆歌》不仅是一首描写书法艺术的佳篇，也是杜甫歌行体的杰作。本诗有别于同类题材之处在于，诗人对李潮的书法作品本身并未多用笔墨，而是将李潮放在小篆、八分两种书体的起源和发展史上加以评价，并将其与李斯、蔡邕、张旭这些知名的大书法家相提并论，李潮的书艺之高也就不言而喻。诗写得纵横豪荡，笔力雄阔。更难能可贵的是，杜甫在评论书法作品艺术风貌的同时，提出了著名的“书贵瘦硬方通神”的艺术观点。从中亦可见杜甫具有多方面的深湛的艺术修养，他被后人尊为“诗圣”不是偶然的。

宋词篇

对客挥毫惊满座，银钩虿尾争新

书画、乐舞也是宋词中的重要内容。我们先看其中的书画题材。如题画词，往往能与画作相得益彰。苏轼的《定风波·元丰五年七月六日，王文甫家饮酿白酒，大醉，集古句作墨竹词》就是一首题画词：

雨洗娟娟嫩叶光，风吹细细绿筠香。秀色乱侵书帙晚，帘卷，清阴微过酒樽凉。

人画竹身肥拥肿，何用？先生落笔胜萧郎。记得小轩岑寂夜，廊下，月和疏影上东墙。

苏轼是中国文化史上少有的全才，在文学上，诗、词、文皆为第一等大家；在其他方面，书法为北宋四家之一，绘画也能自成一派。苏轼还是书画理论家，在其诗文中多处谈论书画艺术。不过，其词作中论书画的较少见。这首词是题所画墨竹，颇能见出苏轼的艺术趣味及其墨竹特色。词题交代了写作因由。王文甫，即王齐愈，文甫为其字。他也是北宋著名的词人，其弟为王齐万。苏轼在黄州与王氏兄弟交往密切，这首词就是在王齐愈家聚会饮酒，大醉而作墨竹图，并集句题词而成。集句主要来自杜甫《严郑公宅同咏竹·得香字》："绿竹半含箨，新梢才出墙。色侵书帙晚，阴过酒樽凉。雨洗娟娟净，风吹细细香。"苏轼对其稍加变化，首句在"雨洗娟娟"后加"嫩叶光"三字，次句加"绿筠"两字点题，扣住墨竹图。图画本无所谓"香"，这里写"绿筠香"，是一种"通感"，也说明画作之生动，仿佛能让人闻到嫩竹之馨香。第三句增"秀""乱"两字，嫩竹娟秀，竹叶微动，绿色映在书帙上时有变化，故曰"乱侵"。第五句增"清""微"两字，尤得新竹之神理，新竹色嫩，所以竹阴清而不浓，淡淡掩映在帘外。经过这些点染，竹的形态、色泽、香味和风神，宛然就在眼前。下片主要写所绘墨竹之特色。苏轼的墨竹，在北宋名气极大，文与可曾谓其为彭城一派。[1]从本词中可以看出苏轼墨竹疏朗、清峻的特点，与时人画竹枝干肥大不同。"萧郎"，在这里是形容消瘦，宋人词中屡见。

① 苏轼《文与可遗筼筜谷偃竹记》："与可以书遗余曰：'近语士大夫，吾墨竹一派，近在彭城，可往求之。'"

如方千里《木兰花》："憔悴萧郎缘底瘦，那日花前相见后。"刘仙伦《江神子》："憔悴萧郎，赢得带围宽。"最后联想到小轩静夜，月光下疏朗的竹影，其境空寂，其情清幽，也许这正是苏轼想通过他的墨竹图来传达的情绪意境吧。

苏门学士之一的秦观，也留下一首很著名的题画词《南乡子·题崔徽写真图》：

> 妙手写徽真，水剪双眸点绛唇。疑是昔年窥宋玉，东邻，只露墙头一半身。
>
> 往事已酸辛，谁记当年翠黛颦？尽道有些堪恨处，无情，任是无情也动人。

崔徽，唐代名妓，元稹有《崔徽歌·并序》记其事："崔徽，河中府娼也。裴敬中以兴元幕使蒲州，与徽相从累月。敬中便还，崔以不得从为恨，因而成疾。有丘夏善写人形，徽托写真寄敬中曰：'崔徽一旦不及画中人，且为郎死。'发狂卒。"这是词人看到崔徽的写真图所作的一首词。词以"妙手"点题，说明所咏为崔徽画像。"水剪双眸"，指双眸明亮，犹如一湾秋水，李贺《唐儿歌》曾有"一双瞳人剪秋水"的句子；"绛唇"者，朱唇也，江淹《咏美人春游》云："明珠点绛唇。"本词稍加点化，一方面写出崔徽之美，另一方面也见出丹青之妙，唯有"妙手"，才知道突出眉眼，点染丹唇，传达出人物的神韵。这幅写真当是半身，故"疑是"三句，借宋玉《登徒子好色赋》典故，谓崔徽容色如赋中所描述的东邻女一样美妙。下片抓住崔徽画像中眉黛含颦的特点，描述其悲苦的内心世界。人们只看到画像的美丽动人，谁还再想到她过去酸辛的往事呢？结尾写鉴赏画像后的观感：因为是画像，似乎少了一点温度与热情。但是有情也罢，无情也罢，都一样动人，这又有什么可遗憾的呢？最后一句化用罗隐《牡丹诗》"若教解语能倾国，任是无情也动人"的句子，先作一让步，再递进一层，极尽吞吐曲折之妙。全词扣紧画面人物形象的特点，结合想象与虚拟，既写出丹青之妙，也写出所绘人物之美。

宋代绘画艺术达到一个前所未有的高峰，各种题材皆有代表性的大家，如文与可的竹子、李公麟的马、郭熙的山水，等等。不过，身兼画家、文人，而又有存世之作留下来的却不多。因此，现藏于故宫博物院的扬无咎的《四梅花图》，就显得尤为珍贵。这是四幅梅花图，分别描绘梅花未开、欲开、盛开、将残四种状态，后自书《柳梢青》词四首，分咏四梅，自题作于"乾道元年"，即公元1165年，扬氏时年六十九岁。**扬无咎**[138]擅长水墨梅竹、松石、水仙，尤工墨梅，亦擅诗词，著有《逃禅词》。其题于《四梅图》的四首《柳梢青》实即四首咏梅词，倒是在另外十几首咏梅的《柳梢青》词中提到为梅作画之事：

> 茅舍疏篱。半飘残雪，斜卧低枝。可更相宜，烟藏修竹，月在寒溪。
>
> 亭亭伫立移时。判瘦损、无妨为伊。谁赋才情，画成幽思，写入新诗。

这其实是绘梅之前的观察、构思。上片刻画出梅花超凡脱俗的韵致。“茅舍疏篱”，写梅花生长之处，暗赞其甘于清贫，不慕荣利。“半飘残雪，斜卧低枝”是近景特写：残雪半融，则花瓣隐约于白雪之间，半遮半露，枝影横斜，美不胜收。末三句再度刻画梅花周围的环境，月色清寒，薄雾朦胧，溪流潺潺，烘托梅花的疏影与暗香，恍如仙境。画面的构图、安排实际上已较完整地浮现在画家的脑海中。下片写词人被梅花之美打动，久久伫立，不忍离去。“判瘦损、无妨为伊”，有一种“为伊消得人憔悴”（柳永《蝶恋花》）的痴迷执着。谁能够把这梅的情韵、意态，还有那份因之而涌起的感动、痴迷写入图画、谱成新词呢？“舍我其谁”的言外之意，有了这首词，就什么都不需要说了。

不是所有词人都是画家，比如辛弃疾，虽然他不像扬无咎那样擅长画梅，但这一点也不妨碍他爱梅，也不意味着他不懂得欣赏美丽的梅花图画。这首《念奴娇·戏赠善作墨梅者》就是明证：

江南尽处，堕玉京仙子，绝尘英秀。彩笔风流偏解写，姑射冰姿清瘦。笑杀春工，细窥天巧，妙绝应难有。丹青图画，一时都愧凡陋。

还似篱落孤山，嫩寒清晓，只欠香沾袖。淡伫轻盈谁付与，弄粉调朱纤手。疑是花神，竭来人世，占得佳名久。松篁佳韵，倩君添做三友。

从词中“弄粉调朱纤手”可以看出，这是一位女画家的作品。故本词将咏图画与咏人相结合，起笔即写画家之风神，如天宫之仙子，“绝尘英秀”，降落人间。次句写其绘梅清瘦高洁，犹如姑射仙子一般超尘脱俗。其画技之高妙，巧窥天工，相比之下，其他人的作品都显得凡陋。下片继续写画面中之墨梅，绽放于篱落之间，大约是清晓时分，一发孤山，淡淡衬在画面的一角。“只欠香沾袖”，是说这幅墨梅生动之极，要是有香气的话，完全就是鲜活的了。接着笔触又写到画图之人，是那一双弄粉调朱的纤手，绘就这幅美妙的丹青。这简直就是来到人间的花神啊！我们可以把这理解成是写梅花，也可以理解成是写赋予梅花以生命的画家。最后说这幅画再添上松、竹，就成为岁寒三友了，进一步揭示墨梅高洁脱俗的花品，也是在肯定画图人与之相应的画品。

宋词中以书法为题材的作品相对题画词来说要少，许多只是在词中偶尔涉及。比如苏轼三过平山堂时，作《西江月》悼念欧阳修：“十年不见老仙翁，壁上龙蛇飞动。”苏轼对欧阳修书艺极为倾心，谓其“笔势险劲，字体新丽，自成一家”（《跋欧阳公书》）。故这次到平山堂，首先吸引住他，让他生发感慨缅怀的，就是欧阳修的书法。再如陆游《汉宫春》“淋漓醉墨，看龙蛇飞落蛮笺”、洪适《满江红》“合璧连珠同啸咏，怒猊渴骥尤清逸”，以淋漓龙蛇、怒猊渴骥等形容书法的飞动矫健，形象而又生动。这些都只是在词中偶尔涉及书艺，下面这首赵汝愚的《念奴娇·寿萧守》则篇幅较为完整：

金塘瑞溢，爱琉璃十顷，风漪摇碧。玉女三千擎翠盖，簇拥芙蓉仙伯。鸾鹤回翔，龙蛇飞动，醉墨挥仙笔。磨崖书寿，分明知是今日。

应为今日生申，银钩照坐，光满图书壁。竹马儿童传好语，小住湖山开国。玉玺成文，金莲赐封，剑履登玄石。丹砂九转，功成依旧头黑。

词前有小序："萧守六月九日生。其时购得石曼卿书寿字碑，挂于厅壁，乃景祐五年六月九日书，月日恰同，用以为意。"词为祝寿而作，萧守未详何人。石曼卿，即石延年，北宋著名文学家，也是书法大家。上片前半渲染庆寿场面，可谓壮观。"鸾鹤回翔，龙蛇飞动"，状书法之飘逸生动。最后是说这幅书法作品，乃石曼卿景祐五年（1038）六月九日书，而六月九日恰是萧太守的生日，似乎石曼卿就是为萧守祝寿而写的。"寿"字书写日是六月九日，萧守购买日也是六月九日，这真是难得的机缘巧合，故其成为瞩目的中心，也就毫不奇怪了。"银钩照坐，光满图书壁"，这幅字也的确使满堂生辉，为萧守寿辰增光添色。全篇以一幅书法作品为贯穿线，使其成为寿庆的中心，在一片金碧辉煌之中，这个"鸾鹤回翔，龙蛇飞动"的"寿"字，愈加夺人心目。

以书画为题材的题画诗，或者像上面这首写对某幅书法作品感受印象的，都是以现成作品为对象，而下面这首词，则是写挥毫泼墨的过程，不妨一观。是为**王之望**[139]的《临江仙》：

霓作衣裳冰作面，铅华不涴天真。临风几待逐行云。自从留得住，不肯系仙裙。

对客挥毫惊满座，银钩虿尾争新。数行草圣妙如神。从今王逸少，不学卫夫人。

上片写书家风神气质，乃一铅华淡淡之佳人，临风而立，衣袂飘飘，几欲随风而去。下片写其书艺，对客挥毫，技惊满座，银钩虿尾，墨汁淋漓，技妙入神，可以追步逸少。真是人靓书美，风光无限。这位佳人书法家，偏向于飘逸洒脱一路；此外还有温柔芊绵的，如**李邴**[140]《木兰花》里的美女书法家：

沉吟不语晴窗畔，小字银钩题欲遍。云情散乱未成篇，花骨欹斜终带软。

重重说尽情和怨，珍重提携常在眼。暂时得近玉纤纤，翻羡缕金红象管。

上片写书法家之情态：沉吟不语，悄然在晴窗之下，一遍一遍，用银钩小字填满信笺。毕竟是女子的字，所以"花骨欹斜"，自有一种柔媚格调。她为何沉吟，又为何题遍信笺？下片着重写书写之内容。原来银钩小字一遍遍书写的，是浓情蜜意，也是幽怨哀愁。这银钩小字中的重重幽怨，是要心上人能时时记起，珍重爱惜。最后一句从观书者的角度着眼：看到这纤秀的小字，不由羡慕起那缕金的象牙笔管了，因为它时时能与美人亲近。这其实是袭用陶渊明《闲情赋》里的语意，但能贴切地道出书人相通的情境，见字如面，故不由生出如此绮思。

书画类宋词还有很多，近来也有不少学者专门研究这一专题，比如说题画词，就屡见于各个级别的学位论文中。我们挂一漏万地捡出上述数篇，只能是浅尝辄止。下面来看音乐歌舞类宋词。词本来就是音乐文学，伴随着歌舞而产生，应和着丝竹而吟唱，与音乐歌舞有着不解的渊源。乐舞类词作也蔚为大观，既有在词中涉及乐舞的，如晏几道《鹧鸪天》“舞低杨柳楼心月，歌尽桃花扇底风”“小令尊前见玉箫，银灯一曲太妖娆”之类；也有以大幅笔墨专门来描写乐舞的，只是这一类相对于前者数量要少得多。

苏易简[141]《越江吟》记一次宫廷宴会，对宴会中的乐舞有生动的刻画：

> 非云非烟瑶池宴。片片。碧桃零落黄金殿。虾须半卷天香散。
>
> 春云和，孤竹清婉。入霄汉。红颜醉态烂漫。金舆转。霓旌影乱。箫声远。

苏易简，字太简，梓州铜山人。太平兴国五年（980）进士第一，状元。八年任知制诰，后又由知制诰入为翰林学士，在翰林八年。旧制，朝廷曲宴将相，翰林学士皆预坐，宋初曾罢改这一制度，苏易简上疏请复，才又恢复过来。本词就是在一次侍宴中所作。上片描写皇帝大宴群臣的盛况。“瑶池宴”“黄金殿”“天香”等，指出宴会之地的富丽尊贵，点明这是一次宫廷宴会。“虾须”，即水晶帘。富丽辉煌的宫殿中，珠帘半卷，阵阵香气，缓缓向四周散发。下片写宴会中的乐舞。“云和”，琴瑟等弦乐器的代称；“孤竹”，孤生之竹所制乐器，管乐器的代称。万树在《词律》中认为“春”（一作青）当为“奏”之误，有一定道理。这一句是说管弦齐奏，音声和婉，响入云霄。“红颜”以下三句，写宴会结束，群臣双颊微酡，醉态可掬；皇帝的车驾也开始返回内殿，仪仗队旌旗遮天蔽日。“影乱”写出仪仗规模的浩大，也说明其渐行渐远，远远看来，显得有些零乱。箫声也渐渐消散，然而却袅袅不绝，久久回旋，给人一种余音绕梁的感觉。

苏轼《醉翁操》，则是一首专门写音乐的词，在宋词中像这样通篇写音乐的还不多见：

> 琅琊幽谷，山川奇丽，泉鸣空涧若中音会，醉翁喜之，把酒临听，辄欣然忘归。既去十余年，而好奇之士沈遵，闻之往游，以琴写其声，曰《醉翁操》。节奏疏宕，而音指华畅，知琴者以为绝伦。然有其声而无其辞。翁虽为作歌，而与琴声不合。又依《楚辞》作《醉翁引》，好事者亦倚其辞以制曲。虽粗合韵度，而琴声为词所绳约，非天成也。后三十余年，翁既捐馆舍，而遵亦没久矣。有庐山玉涧道人崔闲，特妙于琴，恨此曲之无词，乃谱其声，而请于东坡

居士以补之云。

琅然，清圜，谁弹？响空山。无言，惟翁醉中知其天。月明风露娟娟，人未眠。荷蒉过山前，曰有心也哉此贤！

醉翁啸咏，声和流泉。醉翁去后，空有朝吟夜怨。山有时而童巅，水有时而回川，思翁无岁年。翁今为飞仙，此意在人间，试听徽外三两弦。

据自序可知，这是应庐山道人崔闲之请，为琴曲《醉翁操》谱写的一首词。醉翁，就是欧阳修，苏轼的恩师。故本词描摹琴曲音声之妙，也寄托了词人深切的缅怀之思。上片写空山流水之声，轻盈清澈。“琅然，清圜”，以通感的手法写音声，使无形之声可知可触。“谁弹”，问而不答，其实是造物之手，在空山抚出如此美妙的声响。只有醉翁，在月明露冷之夜，聆听这天籁之音，与天地精神相交通。“荷蒉过山前，曰有心也哉此贤”，用《论语·宪问》中“子击磬于卫”的典故，进一步说明只有醉翁能听懂这天地间的至响，可谓是泉石之知音。下片写醉翁去后，世无知音，泉声也“朝吟夜怨”，无限寂寞。“山有时而童巅，水有时而回川，思翁无岁年”数句，写对醉翁的思念，是山泉在思念知音，也是词人在思念知音，因为是欧阳修“放他出一头地”（王应麟《困学纪闻》），赏拔词人于孤寒。词用山有颓、水有回流来反衬思念之情无时可休。最后三句点题，意谓醉翁虽已不在，但这流泉的天籁已谱成琴曲，长存人间。请听那弦声叮咚，似乎是泉水又在潺潺流淌。全词以通感写声响，不仅写出声响之美，还着重突出其高雅绝俗，并将对醉翁的思念融入其中。词之句式与字声搭配也极富音乐感，上片以平声为主，音节平和，而下片仄声增多，错综抑扬，亦如山泉之高下作响。郑文焯手批《东坡乐府》曾谓：“读此词，髯苏之深于律可知。”信然。

苏轼好友黄庭坚有一首《好事近·太平州小妓杨姝弹琴送酒》，写歌女弹琴侑酒，清新感人：

一弄醒心弦，情在两山斜叠。弹到古人愁处，有真珠承睫。

使君来去本无心，休泪界红颊。自恨老来憎酒，负十分金叶。

太平州在当涂（今安徽当涂），黄庭坚做过极短时间的太平州知州，此即其任上赠一杨姓歌妓之作。上片写杨姝奏乐。与一般写音乐的诗词不同，这首词通过写弹琴者的神态、情绪来写琴声。首二句是说一曲拨动人心弦的乐曲，从演奏者那两山斜叠的蛾眉间，分明能读出曲中包含的深情。当弹到曲子中最忧伤的旋律时，弹奏者不禁泪眼盈盈。琴人合一，这是真正的用心在弹奏，用全副灵魂去拥抱音乐。音乐本来就是灵魂的艺术，词不正面写琴声，但通过演奏者的神情、心绪，其琴艺之精、琴声之美已毋庸多说了。下片写杨姝劝酒，构思别出机杼，不从正面写起，而从自己这一方安慰落笔，写出杨氏歌女对词人的深情，也写出词人的感动与惭愧。“使君来去本无心”，是指自己宦海飘零，生涯落拓，未免有负深情。显然，词人能与杨氏歌女如此心灵相通，除了音乐这一沟通灵魂的媒介之外，还有就是那份“同是天涯沦落人”（白居易《琵琶行》）的同情。这首词将情感融入音乐，以音乐沟通情感，在写音乐的诗词中，别具一格。

对音乐的欣赏与感受，最终还是要通过听觉来达成，范成大《醉落魄》，写的就是听笙的感受：

栖乌飞绝，绛河绿雾星明灭。烧香曳簟眠清樾。花影吹笙，满地淡黄月。

好风碎竹声如雪，昭华三弄临风咽。鬓丝撩乱纶巾折。凉满北窗，休共软红说。

词写的是夏夜听吹笙的感受，大约作于范成大石湖归隐时期。上片先渲染听笙的环境与氛围：归鸟已经陆续归巢，天边还残留一抹晚霞，星辰三三两两，已在天边明灭闪烁。词人大概沐浴已罢，点燃瑞香，铺开凉席，准备纳凉。正在这时，从花丛深处传来呜咽的笙声。闻声而不见人，只有花影摇曳，淡月满地。下片以“好风碎竹声如雪”状笙声，谓其如清风吹过，竹叶瑟瑟作响，又如无边白雪，清远凄寒。既从听觉写，又运用通感从视觉写，将笙声刻画得惟妙惟肖。“昭华三弄临风咽”，指笙声吹过三遍，渐咽渐歇。清风渐起，撩乱了词人的鬓发。由于白发萧疏，已嫌宽松的纶巾竟一下子被风给吹歪了。想必北窗下现在已经很凉爽了，不如回房去吧，何必在这里赏花玩月呢？也许是方才呜咽的笙声，勾起词人的迟暮之感，让其心绪顿时萧条起来。音乐的感染力于此可见一斑。

对音乐的欣赏，离不开想象。音乐与舞蹈一起，可以说舞蹈就是音乐的画面表达。吴文英的《珍珠帘》，闻声而想象舞蹈，就是一首乐舞结合极好的词：

蜜沉烬暖余烟袅。层帘卷、伫立行人官道。麟带压愁香，听舞箫云渺。恨缕情丝春絮远，怅梦隔、银屏难到。寒峭。有东风嫩柳，学得腰小。

还近绿水清明，叹孤身如燕，将花频绕。细雨湿黄昏，半醉归怀抱。蠹损歌纨人去久，漫泪沾、香兰如笑。书杳。念客枕幽单，看看春老。

词前小序云：“春日客龟溪，过贵人家，隔墙闻箫鼓声，疑是按舞，伫立久之。”这里交代得很清楚，这是词人经过某贵人之家，听到院内传来箫鼓之声，想象其舞姿的曼妙。上片主要写听到音乐后的想象。名贵的香料，在香炉中已燃烧成为灰烬，余香袅袅。伫立在大道上，可以看到旁边这座豪华的院落，珠帘高卷。里面传来的箫声，响彻云霄。想来那些美丽的歌姬，正在翩翩起舞，她们的舞袖，在袅袅沉香中飘然起伏。但是重门深隔，词人只能想象，却无缘得见。但其思念想望，却如风中之絮，难以断绝。眼前只有柳枝在迎风飘拂，也许那墙内佳人的细腰曼舞，也正是如此吧。下片自伤怀抱。从中也可以看出这首词写作的本意。原来，这墙内的箫声歌舞，勾起了词人对心上人的想念。词以孤燕绕花来形容对心中女子的思念，同时也表明自己孤独无依的凄苦。伫立时是白天，而归来已是黄昏，细雨泣沥。回来后屋内空空，过去心上人曾用过的纨扇已经被虫蛀磨损了。她亲手植下的兰花，带着雨珠绽放，仿佛是在含泪微笑。青春渐逝，客居凄凉，大好时光空辜负，再见知是何年！词由闻箫鼓而想象歌姬舞姿，由歌姬舞姿而联想起自己的恋人，进而产生身世孤寂的感慨，层层推进，结构绵密。而这一切思绪与想象，都是那悦耳的箫鼓赋予其飞扬的翅膀。

诗词乃文字艺术，而音乐与舞蹈是听觉与视觉艺术。文字能唤起听觉与视觉，听觉与视觉也能以文字来传达。这是一件多么美妙的事啊！

作家小传

1. 王之涣（688—742）

王之涣，字季陵，原籍晋阳（今山西太原）。曾任冀州衡水主簿，后辞官。晚年官文安（今河北文安县）县尉，因病去世。王之涣为人豪放，天宝间，与王昌龄、崔国辅、郑昈联唱迭和，名动一时。《全唐诗》存诗六首。

2. 王维（701？—761）

王维，字摩诘，太原祁县（今属山西）人，随父迁河东蒲州（今山西运城）。开元九年（721），王维进士擢第，年仅二十一岁。任太乐丞，后因伶人舞黄狮子，贬为济州司库参军。张九龄执政，被任为右拾遗，后又任监察御史等职。张九龄罢相后，王维无心仕进，他幽居于长安郊外的辋川别墅，开始半官半隐的生活。安史乱中，王维被叛军俘获，被迫接受伪职。乱平之后，贬为太子中允，最后官居尚书右丞。

王维是盛唐代表性的大诗人，其作山水、田园、边塞，无所不包，题材广泛；其体古体、近体、歌行、乐府俱佳。其中以山水诗成就最高，是唐代山水诗派的开创者。王维同时也是一位杰出的画家，诗、画相得益彰，是其山水诗取得杰出成就的重要原因。殷璠称王维的诗“词秀调雅，意新理惬，在泉成珠，着壁成绘”。苏轼则直接点明了王维的诗、画相通：“味摩诘之诗，诗中有画；观摩诘之画，画中有诗。”著有《王右丞集》。

3. 李白（701—762）

李白，字太白，祖籍陇西成纪（今甘肃静宁西南），其先世于隋末徙居碎叶（唐时属安西都护府，在今吉尔吉斯斯坦北部托克马克附近）。幼时随父迁居绵州昌隆（今四川江油）青莲乡。李白在蜀中度过了他的少年和青年时代，他“五岁诵六甲，十岁观百家”，接受的教育比较复杂，受到儒家之外道家、兵家、阴阳家、纵横家等诸子百家的影响，形成了儒、释、道杂糅的复杂思想。开元十二年（724），李白二十四岁，他“仗剑去国，辞亲远游”，离开了家乡。不久在湖北安陆成家，遂以安陆为中心，开始了历时十多年的漫游、干谒生涯。唐玄宗天宝元年（742），李白应诏赴京，供奉翰林。诗人自由浪漫的个性与官场文化形成强烈的冲突，他在长安仅仅待了三年，便于天宝三载（744），被唐玄宗赐金放还。兹后，诗人又开始了以东鲁和梁园为中心的漫游，足迹遍及大江南北。安史之乱爆发后，李白参加永王李璘的幕府，卷入唐王朝内部的王权之争。永王事败，李白也受牵连系狱，旋被流放夜郎，途中遇赦得还。不久，诗人就在赍志不申的抑郁苦闷中去世，时年六十二岁。

李白的诗歌内容丰富，题材多样，思想自由，气象雄阔，被认为是“盛唐气象”的杰出代表。在豪放飘逸之外，李白又有清新明朗的一面。杜甫评价李白的诗说“清新庾开府，俊逸鲍参军”，比较完整地概括了李白的诗歌风格。体裁方面，李白的古体诗、乐府诗、五七言绝句成就极高，“七绝”被称为神品，长篇古体诗被认为是最能继承庄子、屈骚美学品格者。当然，李白又独树一帜，在继承《诗经》、《楚辞》、汉魏《乐府》、六朝诗歌优秀的传统之上，自铸伟辞，成为唐诗的一座令人仰望的高峰。

著有《李太白集》，存世诗文千余篇。

4. 杜甫（712—770）

杜甫，字子美，祖籍襄阳（今属湖北），自其曾祖时迁居巩县（今河南巩义西南）。杜甫出身于儒学、文学世家，其十三世祖杜预为西晋名将和大儒，著有《春秋左氏经传集解》，其祖父杜审言，是则天朝诗坛大家。所以，杜甫说自己家世是“奉儒守官”，又说“诗是吾家事”。因此，杜甫从小就受到过很好的家庭教育。他在《壮游》中自述：“七龄思即壮，开口咏凤凰。九龄书大字，有作成一囊。”而到了十四五岁，杜甫的文学才华已经得到时人广泛的认可。然而，当才华横溢的杜甫在开元二十三年（735）去洛阳参加进士试，却遭受了挫折。天宝五年（746）杜甫到长安再战考场，参与皇帝特诏的制举，孰料这次选拔为李林甫所操纵，凡参选者无一人得进。这次落第后，杜甫在长安困守十年，直到天宝十四载（755）年底，才谋得一个“右卫率府胄参军”的微职。这年安史之乱爆发，叛军很快攻陷长安，杜甫在逃难途中被叛军俘获。好在杜甫当时身份微贱，叛军看管不严，他得以伺机逃脱。杜甫直奔唐肃宗的凤翔行在，肃宗感其忠心，授官左拾遗。不久，因为上疏为房琯说情，触恼肃宗，被贬为华州司户参军。由于仕途的坎坷和对现实政治的失望，杜甫在肃宗乾元二年（759）弃职西行，度陇入蜀，在西川节度使严武的帮助下，在成都的浣花溪畔结庐而居，度过了他一生中相对安宁的十年时光。严武向朝廷荐举杜甫为参谋、检校工部员外郎。故后世称杜甫为“杜工部”。代宗永泰元年（765），严武去世，杜甫在成都失去依靠，于是离开成都去夔州。又过了二年，杜甫携眷出蜀，流离于沅湘一带。代宗大历五年（770）冬，贫病交加的杜甫病死于湘江舟中。

杜甫一生，处于唐王朝由盛而衰的转折点。他在繁华富庶的盛唐度过了青年时代，而在中年之后，又见证了唐朝政治的衰朽黑暗，并亲身经历了安史之乱，流离陇蜀，备尝乱离之苦。杜甫用他的诗笔，记载了他一生丰富的经历，为后世留下唐王朝生动的历史现场。杜甫的诗歌，因此被称为“诗史”。“诗史”不同于史家所撰的以王侯将相为主角的“相斫书”，它记录了诸多名不见经传的小人物的喜怒哀乐，它呈现的是被正史忽略的底层百姓的悲欢，从某种程度上说，这样的历史更真实，更接近本相。杜甫还被称为“诗圣”。“诗圣”的第一层含义是，他“圣于诗”，对各类体裁、题材的诗歌，杜甫无一不精熟，留下数以千计的诗歌经典，为后代诗人所取法。“诗圣”的第二层含义是，杜甫拥有民胞物与、忧国忧民的儒者情怀。杜甫在中年以后，个人及家庭在战乱中漂泊流离，历经艰难，然而，杜甫总是由自身的苦难，推及普通百姓的苦难，联想到国家的劫难，其悲悯天下苍生的博大情怀，闪耀着圣洁的人性光芒，令后代无数读者动容感泣。

著有《杜少陵集》，存诗一千四百余首。

5. 韦应物（约 737—791）

韦应物，字义博，京兆万年（今陕西西安）人。十五岁入宫以三卫郎侍奉唐玄宗，出入宫闱，骄纵荒唐。安史之乱后痛改前非，始折节读书。代宗广德元年（763）官洛阳丞，代宗永泰二年（766），因为政刚直，惩治不法军士被讼，弃官闲赋洛阳。德宗建中四年（783）出为滁州刺史，旋罢任，闲居滁州西涧。贞元元年（785）调江州刺史，贞元四年（788），出任苏州刺史，后世因此多称之为“韦苏州”。

韦应物与柳宗元齐名，并称“韦柳”。其作品各体兼工，风格多样，尤擅山水田园诗。诗歌风格自成一派，淡远清简，古朴自然，人比之陶渊明，称“陶韦云”。有《韦苏州集》。

6. 柳宗元（773—819）

柳宗元，字子厚，河东解县（今山西运城西南）人，世称“柳河东”。贞元九年（793）登进士第，贞元十二年（796）应举宏辞。后任集贤殿正字，贞元十七年（801）调蓝田尉，贞元十九年（803），升为监察御史里行。为王叔文、韦执谊器重，贞元二十一年（805）升尚书礼部员外郎。参与永贞革新，失败后被贬为邵州刺史，再被贬为永州司马、柳州刺史，故又称“柳柳州”。在柳州政绩颇丰，深得百姓爱戴。

柳宗元与韩愈皆倡导古文运动，同被列入“唐宋八大家”，并称“韩柳”。其诗风格清峭。今存诗歌一百四十多首，多是贬谪后所作。有《河东先生集》。

7. 杜牧（803—853）

杜牧，字牧之，号樊川居士，京兆万年（今陕西西安）人，宰相杜佑的孙子。唐文宗大和二年（828）登进士第。曾为江西、宣歙观察使沈传师和淮南节度使牛僧孺的幕僚，先后任黄州、池州、睦州、湖州等州刺史。在朝历任校书郎、监察御史、膳部员外郎、比部员外郎、司勋员外郎、中书舍人等。

为与杜甫“老杜”相区分，后人称杜牧

为“小杜”，又与李商隐并称“小李杜”。以济世之才自负。诗文中多指陈时政之作。他的写景抒情小诗，多清丽生动。擅长文赋，其《阿房宫赋》为后世传诵。注重军事，写下了不少军事论文，还曾注释《孙子》。著有《樊川文集》。

8. 王绩（约 589—644）

王绩，字无功，绛州龙门（今山西河津）人。隋末大儒“文中子”王通之弟。他钦慕陶渊明的人格和诗文，取陶渊明《归去来兮辞》“登东皋以舒啸”词句，自号东皋子。隋末举孝廉，授秘书省正字，不乐在朝，求为扬州六合丞。“以嗜酒妨政”，又因时局混乱，托病夜遁。唐武德中以原官待诏门下省，时人称其为“斗酒学士”，贞观初年，辞官还乡。

其诗风颇近陶渊明，多写田园山水诗，近而不浅，淳朴自然。《升庵诗话》云：“王无功，隋人入唐，隐节既高，诗律又盛，盖王、杨、卢、骆之滥觞，陈、杜、沈、宋之先鞭也。”其诗多以酒为题材，赞美嵇康、阮籍和陶渊明，表现对现实不满，但也流露出颓放消极思想。原有集，已散佚，后人辑有《东皋子集》（一名《王无功集》）。

9. 孟浩然（689—740）

孟浩然，字浩然，襄州襄阳（今属湖北）人。人称孟襄阳。因他未曾入仕，又被称为孟山人。孟浩然生当盛唐，早年有志用世，在他经历仕途困顿、痛苦失望后，尚能自重，不媚俗世，修道归隐终身。他曾隐居鹿门山，开元十二年（724）至开元十四年（726）留滞洛阳，以求出仕门路。四十岁时，游长安，因“微云淡河汉，疏雨滴梧桐”的佳句被张九龄、王维称赞。应进士举不第。开元二十五年（737）被张九龄招至荆州幕府，在张九龄去世的后一年，即开元二十八年（740），也因疾去世。

孟浩然终身布衣，除了人生的最后几年依附于张九龄，其生活状态就是长期隐居家乡及各地漫游。他曾经漫游吴越，时间长达三年；中年还游历过江淮、湘桂、巴蜀，大抵为观赏山水的幽趣，同时寄托仕途失意的愁怀。孟浩然去世后不久，王士源就为他广求遗文，编集作序。王维过襄阳，画孟浩然像于刺史亭，并名其亭为浩然亭。伟大诗人杜甫也由衷地称道：“复忆襄阳孟浩然，清诗句句尽堪传。”（《解闷十二首》之六）

孟诗绝大部分为五言短篇，多写山水田园、隐居的逸兴以及羁旅行役的心情。其诗清淡，长于写景，多反映隐逸生活，后人把孟浩然与盛唐另一山水诗人王维并称为“王孟”。有《孟浩然集》三卷传世。

10. 储光羲（约 706—约 763）

储光羲，祖籍兖州（今山东济宁市兖州区），润州延陵（今江苏常州市金坛区）人。曾两度应举，皆落第。开元十四年（726）始登进士第。做过数任县佐，约于开元二十一年（733）辞官归乡。后又曾隐居终南山，隐居时曾任太祝，后担任监察御史。安禄山攻陷长安时受伪职，后被贬，死于岭南。其诗多写闲适情调。明人辑《储光羲集》五卷。

11. 常建（生卒年不详）

常建，开元进士，与王昌龄同榜。大历中任盱眙尉。仕途失意，后隐居于鄂州武昌（今属湖北）。其诗多为五言，常以山林、寺观为题材；也有部分边塞诗。有《常建集》。

12. 祖咏（生卒年不详）

祖咏，洛阳（今属河南）人，后迁居汝水以北。登开元十二年（724）进士第，与王维友善。其诗多借状景绘物宣扬隐逸生活，殷璠评价其诗：“剪刻省静，用思尤苦，气虽不高，调颇凌俗，足称为才子也。”存诗一卷，明人辑有《祖咏集》一卷。

13. 欧阳修（1007—1072）

欧阳修，字永叔，号醉翁，晚号六一居士，吉州永丰（今属江西）人。四岁丧父，家境贫寒。天圣八年（1030）省元，中进士甲科。入朝任馆阁校勘。官至翰林学士、枢密副使、参知政事。因与王安石政见不合，退居颍州。熙宁五年（1072）病逝，年六十六岁，追赠太子太师，谥号“文忠”。

欧阳修倡导诗文革新，为当时文坛领袖，是“唐宋八大家”之一。散文风格平易委婉，诗学李白、韩愈，发展了以文为诗的倾向。词风婉丽，承袭南唐余风，主要写恋情游宴、伤春怨别，表现出深婉而清丽的风格，和晏殊比较接近。有《欧阳文忠公文集》《六一诗话》等传世。

14. 苏轼（1037—1101）

苏轼，字子瞻，一字和仲，号东坡居士，眉州眉山（今四川眉山）人。苏洵长子，嘉祐元年（1056），与弟弟苏辙一起随父赴京参加科考，与苏辙双双进士及第。后任凤翔府判官、职判官告院，因上书反对王安石变法，被革新派排挤，自请外放，任杭州（今浙江杭州）通判，后任密州、徐州、湖州等地太守。宋神宗任用王安石变法，苏轼反对变法，站在旧党一边，被新党诬陷而入狱，史称“乌台诗案”。出狱后被贬为黄州（今湖北黄冈）团练副使。在黄州城东坡地开垦荒田以自给，因号“东坡居士”。元丰八年（1085）哲宗继位，皇太后摄政，起用旧党，苏轼被召还朝任礼部郎中，迁起居舍人。又升任中书舍人、翰林学士知制诰。元祐三年（1088），知礼部贡举。但苏轼并不完全赞同尽废新法，与司马光产生矛盾，故再度自求外放，出任杭州太守。元祐六年（1091）被召入京，任吏部尚书。不久外放，出任颍州、扬州太守；再任兵部尚书、礼部尚书。元祐八年（1093）哲宗亲政，起用新党，将苏轼贬到定州、惠州、儋州。建中靖国元年（1101）遇赦，北返途中卒于常州。谥号“文忠”。

苏轼才情奔放，诗、词、文均佳，是中国文学史上绝无仅有的全才型大家。苏轼的诗词题材广泛，风格多变。苏轼作词，风格、体制上皆有创变，以诗境、诗语及文章入词，又在婉约之外为词增添了豪放的风貌，指出“向上一路”。与辛弃疾一起，并称“苏辛”。他的诗歌笔力纵横，自由挥洒，清新刚健，为宋诗发展开辟出新道路。苏轼著述宏富，自宋以来，即以多种方式刊刻，明人汇刻有《苏文忠公全集》。

15. 黄庭坚（1045—1105）

黄庭坚，字鲁直，自号山谷道人，又号涪翁，洪州分宁（今江西修水）人。治平进士。曾任北京国子监教授，知吉州太和县。元祐初召为校书郎，预修《神宗实录》，迁著作佐郎。哲宗年间，被章惇等人指控修史失实，于绍圣二年（1095）被贬为涪州别驾、黔州安置，徽宗即位，放还，崇宁元年（1102）领太平州事，仅九天即被罢免，旋以《承天院塔记》“幸灾谤国”除名，流放至宜州（今广西宜山）而卒。

早年受知于苏轼，与张耒、晁补之、秦观并称“苏门四学士”。以诗名家，与苏轼并称为“苏黄”。诗宗杜甫，兼法韩愈，风格奇崛拗峭、清新瘦硬，被尊为江西诗派之祖。以余事作词，但在当时颇负词名，和秦观并称“秦黄”。有《山谷集》。另有诗文集《山谷精华录》。词集《山谷琴趣外篇》，又名《山谷词》。

16. 辛弃疾（1140—1207）

辛弃疾，字幼安，号稼轩，历城（今山东济南）人。青少年时期生活在金兵占领的北方地区，二十多岁组织一支两千多人的队伍，投奔耿京领导的农民起义军。担任掌书记，积极抗金。南渡后历任建康府通判、江西提点刑狱以及湖南、江西、福建安抚使等职。曾多次上书朝廷，主张收复中原，统一国土，不但建议未被采纳，他还遭到压制和打击，后被免职，闲居江西农村达二十年之久。开禧年间，韩侂胄倡议北伐，辛弃疾一度出任浙东安抚使和镇江知府，不久又被弹劾落职，开禧三年（1207），忧愤成疾而死，年六十八。

辛弃疾以词名家，其词题材广阔，内容丰富，意境深远，风格以豪放悲壮为主。他的爱国词作情辞慷慨，爱憎分明，艺术感染力很强。他还以多彩的画笔反映当时的社会生活，描绘农村风光，咏赞壮丽河山，进一步扩大了词的表现范围，推动了南宋前期词风的变化，对后世产生了深远的影响。著有《稼轩长短句》，存词六百多首，今人邓广铭辑有《辛稼轩诗文抄存》。

17. 张炎（1248—约1314）

张炎，字叔夏，号玉田，晚又号乐笑翁，临安（今浙江杭州）人。张炎是贵族后裔（循王张俊六世孙），南宋亡前过着湖山清赏、诗酒啸傲的生活，是西子湖畔一名“雅词”词客。1276年元兵攻破临安，张炎祖父张濡被元人磔杀，家财被抄没，张炎从此漂流江湖，四方觅食。中间一度北上元都写经，未受官而返，以布衣终身。

张炎词风承接周邦彦和姜夔而来，邓牧称他“兼有二家之长而无其所短，尤以咏物词名重当时。”入元后词风有所转变，所作“往往苍凉激楚”，“备写其身世盛衰之感”（《四库提要》）。有词集《山中白云》及词学专著《词源》传世。

18. 范成大（1126—1193）

范成大，字至能，自号石湖居士，苏州吴县（今江苏苏州）人。宋高宗绍兴二十四年（1154）进士，曾任徽州司户参军、秘书省正字、史部员外郎、处州知府等。孝宗乾道六年（1170），以起居郎假资政殿大学士衔。曾使金，大义凛然，全节而归。历官中书舍人，四川制置使、参知政事。晚年退隐苏州石湖，卒谥“文穆”。

范成大诗与尤袤、杨万里、陆游齐名，称“中兴四大家”。初学江西诗派，后摆脱束缚，取唐、宋诸名家之长，自成一家。其诗题材广泛，内容充实，田园诗能独创一格，所作爱国诗篇亦有较高成就。诗风以清新婉丽为主，兼有高峭奇逸之美，语言平淡、明快，韵味悠长。其词亦自成格调。有《石湖居士诗集》《石湖词》等存世。

19. 王炎（1138—1218）

王炎，字晦叔，一字晦仲，号双溪，新安婺源（今属江西）人。登乾道五年（1169）进士第，历任太学博士、秘书郎，知饶州、湖州时不畏豪强，于民多有惠政。有《双溪类稿》，存词五十二首。

20. 陈子昂（659—700）

陈子昂，字伯玉，梓州射洪（今属四川）人。睿宗文明元年（684）进士，以上书论政，为武则天所赏识，官拜麟台正字，后为右拾遗，敢于直谏。他曾随武攸宜东征契丹，后辞官还乡，被县令段简诬陷，忧愤而死。

在诗歌创作上，陈子昂反对绮靡纤弱的齐梁诗风，提出“风骨”和“兴寄”的诗歌主张，是唐代诗歌革新的先驱。有《陈伯玉集》。

21. 王昌龄（698—约756）

王昌龄，字少伯，京兆长安（今陕西西安）人，一作太原（今属山西）人。登开元十五年（727）进士第，补秘书郎。开元二十二年（734）中宏词科，调汜水尉，再迁江宁丞。晚年贬龙标尉。因世乱还乡，道出亳州，为刺史闾丘晓所杀。

王昌龄与高适、王之涣齐名，其诗擅长七绝，边塞诗气势雄浑，格调高昂。也有愤慨时政及刻画宫怨之作。原有集，已散佚，明人辑有《王昌龄集》。

22. 王翰（生卒年不详）

王翰，字子羽，晋阳（今山西太原西南）人。登进士第，任昌乐尉、秘书正字、通事舍人、汝州长史、仙州别驾，恃才不羁，以行为狂放贬道州司马，旋卒。原有集，已失传。

23. 高适（约704—765）

高适，字达夫，郡望为渤海郡（今河北景县），出生并长期生活于梁宋一带。早年生活穷困，落拓不羁，漫游梁、宋、齐、赵等地。后经人举荐，天宝八载（749）中有道科，受封丘（今属河南）尉。后到陇右、河西节度使哥舒翰幕下任左骁卫兵曹、掌书记，安史乱起，助哥舒翰守潼关。其后历任左拾遗、淮南节度使、太子詹事、彭州刺史、蜀州刺史、剑南西川节度使等职。广德二年（764）入朝为刑部侍郎，转左散骑常侍，进封渤海县侯。后世称“高常侍”。

高适为人以功名自许，为官以节义自重，为诗以气质自高。一生数度出塞，往来幽燕、河西，熟悉边地及军旅生活，形于吟咏，意境宏阔，乃唐代边塞诗杰出代表之一，与岑参齐名，并称“高岑”。然二人风格颇有不同，岑参的边塞诗着眼于边地奇丽的风光，高适则多反映战士征战之苦、军中苦乐不均，现实性较强。有《高常侍集》。

24. 岑参（约715—770）

岑参，南阳（今属河南）人，出身于官僚家庭，曾祖父、伯祖父、伯父都官至宰相，父亲也两任州刺史。但父亲早死，家道衰落。他自幼从兄受书，遍读经史。二十岁至长安，献书求仕。以后曾北游河朔。三十岁举进士，受兵曹参军。天宝八载（749），充安西四镇节度使高仙芝幕府书记，赴安西，十载（751）回长安。十三载（754）又做安西北庭节度使封常清的判官，再度出塞。安史之乱后，至德二载（757）才回朝。前后两次在边塞共六年。他回朝后，由杜甫等推荐任右补阙，以后转起居舍人等官职，大历元年

(766) 官至嘉州刺史。以后罢官，客死成都旅舍。

岑参诗题材很广泛，除一般感叹身世、赠答朋友的诗外，他出塞以前还写了不少山水诗。诗风颇似谢朓、何逊，但有意境新奇的特色。他长于七言歌行。所作善于描绘塞上风光和战争景象；气势豪迈，情辞慷慨，语言变化自如。与高适齐名，并称“高岑”。有《岑嘉州诗集》。

25. 李颀（？—约 753）

李颀，郡望赵郡（治今河北赵县），长期居住于颍阳（今河南登封）。擢开元二十三年（735）进士第。曾任新乡县尉。不久去官退归，来往于洛阳、长安之间，与王维、高适、王昌龄等皆有唱和。所作边塞诗，风格豪放，七言歌行尤具特色。有《李颀诗集》。

26. 李益（约 746—829）

李益，字君虞，陇西姑臧（今甘肃武威）人。大历四年（769）登进士第，大历六年（771）登制科举，任郑县尉主簿。因仕途不顺，弃官客游燕赵间。被幽州节度使刘济引为从事。建中二年（781）秋，李益入朔方节度使李怀光幕府。贞元元年（785），李益入杜希全幕。贞元六年（790）或七年（791），李益第四次从军，入邠宁节度使张献甫幕，前后有多年戎马生涯。唐宪宗闻其诗名，将其召入朝中，任秘书少监，官至礼部尚书。

李益是“大历十才子”之一，他的诗歌音律和美，为当时乐工所传唱，尤擅边塞诗，其作《征人歌且行》在当时广为流传，风靡天下。有《李君虞诗集》二卷。

27. 陈陶（生卒年不详）

陈陶，字嵩伯，自号三教布衣，剑浦（今福建漳州）人。大和三年（829）前后，陈陶曾入泉州刺史赵棨幕，大和四年（830）、五年（831）在桂仲武福建观察使幕中。曾因避乱隐居于南昌西山，后不知所终。有诗集十卷，已散佚，后人辑有《陈嵩伯诗集》一卷。

28. 戴叔伦（732—789）

戴叔伦，字幼公，一字次公，润州金坛（今属江苏金坛）人。约在至德二载（757）至广德二年（764）间中进士第。戴叔伦出生在一个隐士家庭，少时便聪慧过人，拜名士萧颖士为师，为门人之冠。大历年间加入名臣刘晏幕府，经刘晏推荐入仕，兴元元年（784）任抚州刺史，后出任容管经略使，政绩卓著。

其诗体裁形式多样，多表现隐逸生活和闲适情调，也有反映社会现实的作品。原有集，已散佚，明人辑有《戴叔伦集》，其中混入宋元及明初人诗颇多，今人蒋寅《戴叔伦诗集校注》有整理笺证。

29. 范仲淹（989—1052）

范仲淹，字希文，苏州吴县（今江苏苏州）人。幼年孤贫，刻苦好学。大中祥符八年（1015）进士。景祐二年（1035），以天章阁待制权知开封府。次年，上《百官图》议朝政，被指为朋党，贬知饶州。宝元三年（1040）西夏攻延州，他与韩琦同任陕西经略副使，改革军制，巩固边防。庆历三年（1043）出任参知政事，发起“庆历新政”。皇佑四年（1052），改知颍州，于途中逝世，年六十四，追赠兵部尚书、楚国公，谥“文正”，有《范文正公集》存世。

30. 陆游（1125—1210）

陆游，字务观，号放翁，山阴（今浙江绍兴）人。孝宗隆兴初，赐进士出身。曾任镇江、隆兴通判。乾道六年（1170）入蜀，任夔州通判，在赴任的路途中，他的作品记录了沿途的风土民情。乾道八年（1172），入四川宣抚使王炎幕府，投身军旅生活。后官至宝谟阁待制。他生当宋、金南北对峙的年代，其时国土分裂，战争频繁，朝政黑暗，人民痛苦。因此，他一生以诗文为武器，反复呼吁统一国家、整顿朝纲、减轻赋税、发愤图强。可惜一直遭受当权派的阻抑和谗毁，政治抱负不能实现。

他的诗歌创作，继承了屈原、陶渊明、杜甫、苏轼的优良传统，他的词以抒情言志为主导，表现豪壮与悲慨交织的情感主题。陆游的诗词不仅数量多，题材也十分广泛，有羁旅行役、归隐、交游酬唱、送别离情、恋情、友情、写景抒怀、乡情、咏物等多方面内容。其中，从军、抗敌爱国、忧民的主题占主导地位。有《渭南文集》《剑南诗稿》《放翁词》《南唐书》《老学庵笔记》等存世。

31. 刘过（1154—1206）

刘过，字改之，号龙洲道人，吉州太和（今江西泰和）人。多次应试不第，屡陈恢复方略，不被采纳，长期流落江湖，郁郁以终。以词名家，其词师法稼轩，多慷慨悲壮语，然于狂逸之中自饶俊致，足以自成一家。著有《龙洲集》《龙洲词》。

32. 岳飞（1103—1142）

岳飞，字鹏举，相州汤阴（今河南汤阴县）人。出身农家，早岁从军，战功卓著，为宋代抗金名将。历任少保、河南北诸路招讨使、枢密副使，绍兴十年（1140）统率岳家军大破金兵于郾城，进军朱仙镇，准备收复中原失地。但朝廷执行投降政策，勒令其退兵。后被以"莫须有"的罪名杀害，年仅三十九岁。孝宗追谥武穆，后改忠武，宁宗追封鄂王。

岳飞诗、词、书法皆有相当造诣，流传下来的作品不多，但都是充满爱国激情的佳作。后人编有《岳忠武王文集》。

33. 时彦（？—1107）

时彦，字邦美，开封（今属河南）人。神宗元丰年间进士第一及第。历官开封尹、兵部员外郎、集贤校理、秘阁校理、河东转运使、吏部尚书。时彦工诗词，然存诗作品甚少，《全宋词》仅收其词一首。

34. 张孝祥（1132—1170）

张孝祥，字安国，号于湖居士，乌江（今安徽和县东北）人。绍兴二十四年（1154）廷试第一。曾任中书舍人、显谟阁直学士，又任建康留守，因赞助张浚北伐而被免职。后知荆南兼荆湖北路安抚使，治有政绩，遭罢。乾道三年（1167）起知潭州，后致仕归芜湖，卒葬建康。

张孝祥以词名世，他的词作，饱含深厚的爱国思想内容，写景抒情，挥洒自如。词风接近苏轼，气势豪迈，境界阔大。著有《于湖居士文集》和《于湖词》。

35. 吴潜（1195—1262）

吴潜，字毅夫，号履斋，宣州宁国（今安徽宁国西南）人。宁宗嘉定年间进士第一。曾任参知政事，拜右丞相，兼枢密使，封庆国公，判宁国府。改封许国公。主张积极抗金，清除奸佞，却因此受谗，被贬循州（今广东惠阳），景定三年（1262）死于那里。他与姜夔、吴文英等词人都有交往。著有《履斋诗余》三卷。

36. 李曾伯（1198—1268）

李曾伯，字长孺，号可斋，怀州（治今河南沁阳）人，寓居嘉兴。宝祐中赐同进士出身，进观文殿学士。历官湖南安抚使、庆元府兼沿海制置使、四川宣抚使等。主张抗金，留心军事，有"知兵"之名，所到之处皆有治绩。李曾伯擅词，词多长调，不作绮艳语，颇受辛弃疾影响。有《可斋类稿》。

37. 贾岛（779—843）

贾岛，字阆仙，范阳（今河北涿州）人。初落拓为僧，名无本，曾经受教于韩愈，后还俗，屡举进士不第。曾任遂州长江主簿，人称"贾长江"。

贾岛是著名的苦吟诗人，其诗喜写荒凉枯寂之境，颇多寒苦之辞。然亦有壮语，如"秋风生渭水，落叶满长安"，其境雄苍阔大。贾岛擅长五律，注重词句锤炼，刻苦求工。与孟郊齐名，有"郊寒岛瘦"之称。有《长江集》。

38. 刘叉（生卒年不详）

刘叉，生活于元和时期，家境贫困，性刚直任侠。曾为韩愈门客。后游齐、鲁，不知所终。刘叉喜爱卢仝、孟郊之体，其诗风格犷放，能突破传统格式，但也有险怪、晦涩之病。有《刘叉诗集》。

39. 李贺（790—816）

李贺，字长吉，福昌（今河南宜阳西）人。唐皇室远支，家世早已没落，生活困顿。七岁时即有文才，韩愈、皇甫湜让其赋诗，对其文采赞赏不已。曾官奉礼郎。因避家讳，不应进士科考试。和沈亚之友善，死时仅二十七岁。其诗表现出自己政治上不得志的悲愤。善于熔铸词采，驰骋想象，运用神话传说，创造出新奇瑰丽的诗境，在诗史上独树一帜，严羽《沧浪诗话》称为"李长吉体"。有些作品情调阴郁低沉，语言过于雕琢。有《昌谷集》。

40. 李商隐（813—858）

李商隐，字义山，号玉谿生，怀州河内（今河南沁阳）人。十七岁时，被天平军节度使令狐楚聘为幕僚，始从之习今体文。二十五岁时，登进士第。开成三年（838）入泾原节度使王茂元幕府；开成四年（839）担任秘书省校书郎，调弘农尉；会昌二年（842）担任秘书省正字，后赴桂林担任节度使掌书记；大中二年（848）被选为盩厔尉；大中三年（849）被卢弘正辟为节度判官；大中五年（851）任太学博士；最终在担任盐铁推官期间逝世。因受牛李党争影响，被人排挤，难展其才，甚不得志。

李商隐的诗绮艳富丽，擅长用典，寄兴深微，历来被视为难解，致有“诗谜”之称。以“无题”诸诗最负盛名。擅长律、绝，尤其是七律，可与杜甫相颉颃，是唐代两座并峙的高峰。有《李义山诗集》，存诗六百余首。

41. 柳永（约987—约1053）

柳永，字耆卿，初名三变，崇安（今福建武夷山市）人。他是大量作慢词的第一个词人，在词的发展上有重大的贡献。仕途坎坷，景祐元年（1034）约五十岁才中进士，官至屯田员外郎，世称柳屯田，死于润州（今江苏镇江）。

他的词以写羁旅行役、离情别绪最为出色，感情纯真、大胆，善于用铺叙和白描手法，又善于向民间曲子词学习，促进了词的通俗化、口语化。有《乐章集》。

42. 王安石（1021—1086）

王安石，字介甫，晚号半山，抚州临川（今江西抚州）人。宋仁宗庆历二年（1042）进士。嘉祐三年（1058）上万言书，主张变法，未被采纳。神宗即位，召其为翰林学士兼侍讲，熙宁二年（1069），为参知政事，次年拜相，实行变法，以改变宋朝积贫积弱的局面。由于保守派的干涉与反对，新政的施行遭遇重重阻碍，王安石也反复经历罢相、再起用的遭际。晚居江宁，封荆国公，世称“荆公”。死后赠太师，谥曰文。崇宁间追封为“舒王”。

王安石平生以重道崇经、济世致用为要务，兼长诗文。其文语言简洁，笔力雄健，风格峭拔，后人推其为“唐宋八大家”之一。其诗长于议论，风格峭直，晚年诗风更为深婉不迫，精于修辞，重用事、对偶和下字，有时却因求工而伤巧。其诗在宋代为一大家，古体和绝句尤为人称道，对确立宋诗风格具有重要贡献。有《王文公文集》等存世。

43. 叶梦得（1077—1148）

叶梦得，字少蕴，号肖翁，原籍江苏吴县（今江苏苏州），居乌程（今浙江湖州），因所居乌程卞山奇石林列，故自号石林居士。绍圣四年（1097）进士。累官中书舍人、翰林学士、吏部尚书、龙图阁直学士。高宗朝，除尚书右丞、江东安抚使，兼知建康府、行宫留守。移知福州，提举洞霄宫。晚年退居湖州卞山，以读书吟咏自乐。绍兴十八年（1148）卒，年七十二。赠检校少保。

叶梦得作诗长于议论，因身经北宋覆亡与南宋偏安，早年婉丽，中年学苏东坡，晚岁简淡，感怀国事之作有雄杰之气。著有《建康集》《石林词》《避暑录话》《石林燕语》等。

44. 张籍（约767—约830）

张籍，字文昌，苏州（今江苏苏州）人，少时侨寓和州乌江（今安徽和县）。贞元十五年（799）登进士第，元和元年（806）为太常寺太祝，元和十五年（820）迁秘书郎，韩愈曾荐其为国子博士，长庆元年（821）或长庆二年（822）担任水部员外郎，长庆四年（824）担任主客郎中，大和二年（828）由主客郎中迁国子司业，故世称“张司业”或“张水部”。

张籍擅乐府，其乐府诗颇多反映当时社会现实之作。和王建齐名，世称“张王”。有《张司业集》。

45. 赵嘏（806—852）

赵嘏，字承祐，楚州山阳（今江苏淮安）人，会昌四年（844）登进士第。曾入浙东观察使元稹幕。元稹移镇武昌，赵嘏寓居宣城，担任沈传师幕宾，结识杜牧。大和六年（832）赵嘏自宣城赴京，大中年间官至渭南尉。

赵嘏擅七律，笔法清圆熟练，时有警句。杜牧曾对其诗句“长笛一声人倚楼”之句爱赏不已，人们称其为“赵倚楼”。有《渭南诗集》二卷，敦煌遗书中存其所作《读史编年诗》残卷。

46. 白居易（772—846）

白居易，字乐天，自号醉吟先生，亦称香山居士。谥号“文”，世称白文公。其先太原（今山西太原）人，后迁居下邽（今陕西渭南北）。贞元进士，为秘书省校书郎。元和二年（807）被召为翰林学士，元和三年（808）任左拾遗。后因上表请求严缉刺死宰相武元衡的凶手，得罪权贵，被贬为江州司马。三年后，升任忠州刺史。穆宗继位，将其召回长安，先后任司门员外郎、主客郎中知制诰、中书舍人等。但当时朝中政局混乱，相互倾轧，白居易于是极力请求外放。穆宗长庆二年（822），出京为杭州刺史，杭州任满后任苏州刺史。文宗大和元年（827），拜秘书监，翌年转刑部侍郎。四年（830），定居洛阳。后又历任太子宾客、河南尹、太子少傅等职。白居易在外任期间多有政绩，如杭州任上疏浚六井，解决人民的饮水问题；在西湖上筑长堤（“白堤”），蓄水灌田；等等。会昌二年（842）以刑部尚书致仕。会昌六年（846）去世。

白居易在文学上主张“文章合为时而著，歌诗合为事而作”，是新乐府运动的倡导者。写下了不少感叹时世、反映人民疾病的诗篇。其诗语言通俗，相传老妪也能听懂。与元稹常唱和，世称“元白”。与刘禹锡酬咏，世称“刘白”。有《白氏长庆集》。

47. 宋之问（约656—713）

宋之问，字延清，一名少连，汾州（治今山西汾阳）人。唐高宗上元二年（675）登进士第，武后时被召入宫中。武后游龙门令群臣赋诗，宋之问得第一，披锦袍，受到恩宠。历任尚方监丞、左奉宸内供奉等职。因依附张易之、张昌宗兄弟，在武后退位时被贬为泷州参军，不久逃归洛阳，藏匿在好友张仲之的家里。张仲之和身为驸马都尉的王同皎谋诛杀武三思，宋之问告发他们并凭此被起用为鸿胪丞，转户部员外郎，兼修文馆直学士，再转考公员外郎。因知贡举贪贿，被太平公主告发，中宗贬其为越州长史。睿宗继位后，将其流放钦州，后被玄宗赐死。

宋之问与沈佺期并称“沈宋”。他为文赋诗，多歌功颂德之作，文辞华靡。放逐途中作诗，一洗应制诗的浮华，做到言浅情深、真切感人。宋之问作诗属对精密，音韵谐和，尤擅长五律，对律诗体制的定型颇有影响。原有集，已散佚，明人辑有《宋之问集》。

48. 刘皂（生卒年不详）

刘皂，贞元间人。《全唐诗》存诗五首。

49. 张继（生卒年不详）

张继，字懿孙，襄州（治今湖北襄阳）人。曾游历齐鲁、淮阳、洛阳等地，天宝间登进士第。大历中以检校祠部员外郎分掌财赋于洪州。

其诗多登临记行之作，不事雕琢。高仲武谓其“累代词伯，秀发当时，诗体清迥，有道者风”。明人辑有《张祠部诗集》，不过，其中有元、明人诗混入。

50. 温庭筠（约801—866）

温庭筠，本名岐，字飞卿，太原（今山西太原）人。宰相温彦博裔孙。少时文思敏捷，精通音律。每入试，押官韵，替人作诗，八叉手而成八韵，时号“温八叉”“温八吟”。又因晚年任方城尉和国子助教，故世有“温方城”“温助教”之称。温庭筠在步入科场之前，约在开成二至三年（837—838）从庄恪太子游，后因身陷政治旋涡离开。

温庭筠与李商隐友善，且以诗齐名，故世称“温李”。又工为辞章小赋，韵格清拔，其词与韦庄并称，人号“温韦”。名列“花间”派之首，后世称之为“花间鼻祖”。后人辑有《温庭筠诗集》《金荃词》，另著有传奇小说集《乾𦠆子》，原本不传，《太平广记》引录甚多。

51. 贺知章（659—约744）

贺知章，字季真，自号四明狂客，越州永兴（今浙江杭州萧山）人。历任太常博士、太常少卿、礼部侍郎。开元十三年（725）担任集贤院学士，开元十四年（726）由礼部侍郎徙工部侍郎，不久后改为庆王侍读，开元二十六年（738）任太子宾客，后担任秘书监。贺知章为人旷达，晚尤纵诞，擅长草隶书法，人共传宝。天宝初，请为道士还乡里，年八十六卒，肃宗赠礼部尚书。

贺知章与张旭、包融、张若虚并称“吴中四士”。其诗今存二十余首，多祭神乐章和应制诗。其中绝句风格明快、清新质朴，艺术成就最高。

52. 晏几道（1038—1110）

晏几道，字叔原，号小山，抚州临川（今江西抚州）人，晏殊第七子。他出身宦门，但不肯攀附权贵、趋从时俗，性情孤傲耿介，所以仕途蹇仄，曾监许田镇，后为乾宁军通判、开封府判官。

由于生平遭遇变故，饱谙人情世态的炎凉冷暖，在他所擅用的小令中，多半抒写爱情离合和人生聚散无常的悲欢，缠绵悱恻、凄婉动人。有《小山词》。

53. 周邦彦（1056—1121）

周邦彦，字美成，号清真居士，钱塘（今浙江杭州）人。少年落魄不羁，后因向神宗献《汴都赋》万余言，被擢为太学正。官庐州教授、知溧水县，还京为国子监主簿。徽宗时先后任校书郎、考功员外郎、卫尉宗正少卿兼议礼局检讨等官职。徽宗颁布大晟乐，召邦彦提举大晟府。不久，知顺昌府，徙处州。

他精通音律，能自度曲，词律细密。词风浑厚和雅，富艳精工，极铺陈之能事，为后来格律派词人所宗。旧时词论称其为“词家之冠”或“词中老杜”。作品多写闺情、羁旅，也有咏物之作。词集名《清真词》，又名《片玉词》，今人吴则虞校点《清真集》共收词二百零六首。

54. 李清照（1084—约 1155）

李清照，号易安居士，齐州章丘（今山东济南章丘西北）人。其父李格非，为著名文学家，受知于苏轼；其夫赵明诚，亦为名门之后，著名金石家。李清照早期与丈夫共同致力于金石书画的搜集整理，建炎三年（1129）赵明诚病故后，李清照携图书并明诚遗著《金石录》逃兵乱，足迹遍江浙皖赣一带，晚年寓居临安，绍兴年间卒。

李清照擅词，令、慢均工，擅长白描，善用口语，能炼字、炼句、炼意、炼格，形成“易安体”。前期词作风格多写悠闲生活，南渡以后，多感慨身世、悲思故国之作，词风从清俊旷逸变为苍凉沉郁。李清照的著述有《李易安集》十二卷、《漱玉词》一卷（别本五卷）、《易安居士文集》七卷、《易安词》六卷等，今均佚失。现在流传的《漱玉词》，乃后人所辑。

55. 赵长卿（生卒年不详）

赵长卿，南宋词人，自号“仙源居士”。宋宗室子弟，居南丰（今江西抚州）。

其词作甚多，远师南唐，近承晏殊、欧阳修，模仿张先、柳永，颇得其精髓，于艳冶之中又具清幽之致。词风婉约，文辞通俗，善抒情爱，颇具特色。有词集《惜香乐府》留世。

56. 吕本中（1084—1145）

吕本中，初名大中，字居仁，号紫薇，人称吕紫薇，寿州（治今安徽凤台）人。宣和六年（1124），担任枢密院编修官，靖康元年（1126），迁为职方员外郎，是年四月，因太宰徐处仁推荐，担任详议司吏检讨官。绍兴六年（1136）特赐进士出身，除起居舍人，绍兴八年（1138），迁中书舍人，兼权直学士院、史馆修撰。因赞成恢复，倡政治清明，忤秦桧而罢职。

其诗自言传江西诗派衣钵，主“活法”与“悟入”，曾作《江西诗社宗派图》。有《东莱先生诗集》《紫薇诗话》。其词今传二十七首。

57. 贺铸（1052—1125）

贺铸，字方回，号庆湖遗老，卫州（治今河南卫辉）人。出身于没落贵族家庭。初仕为武弁，曾任和州管界巡检。四十岁时改入文阶，曾通判泗州、太平州。五十八岁时致仕，晚年隐居苏、常二州（今皆属江苏）。他才兼文武，但由于秉性刚直，不阿权贵，因而一生屈居下僚，用不极其才而老。

贺铸擅词，其词题材较丰富，风格也多所变化，兼有豪放、婉约二派之长，善于融化前人成句，用韵特严，富有节奏感和音乐美。有诗集《庆湖遗老集》、词集《东山词》等。

58. 万俟咏（生卒年不详）

万俟咏，字雅言，自号词隐。徽宗朝充大晟府制撰，与周邦彦、晁次膺等按月律进词。

万俟咏诗赋闻名于世，王灼在《碧鸡漫志》中赞誉其为“元祐时诗赋老手”。有《大声集》，已失传。赵万里辑得其词二十七首。

59. 王勃（649或650—676）

王勃，字子安，绛州龙门（今山西河津）人，“文中子”王通之孙。六岁即以文采见称。麟德元年（664），王勃上书刘祥道，得到刘的表荐，在麟德三年（666）应制，受朝散郎之职。后往交趾探父，因溺水，受惊而死。

与杨炯、卢照邻、骆宾王以文辞齐名，并称“初唐四杰”。他和卢照邻等皆有志于改变当时“争构纤微，竞为雕刻”的诗风，其诗偏于描写个人生活，亦有少数抒发政治感慨、隐寓对豪门世族不满之作，风格较为清新。但有些诗篇仍流于华艳，有六朝余习。原有集，已散佚，明人辑有《王子安集》。

60. 元稹（779—831）

元稹，字微之，河南（府治今河南洛阳）人。早年家贫。举贞元九年（793）明经科、十九年（803）书判拔萃科。曾任监察御史。因得罪宦官及守旧官僚，被贬为通州司马。后转而依附宦官，官至同中书门下平章事，不久罢相，出为同州刺史，改越州刺史，兼御史大夫、浙东观察使。大和初，入为尚书左丞、检校户部尚书，兼鄂州刺史，最后以暴疾卒于武昌军节度使任所。年五十三卒，赠尚书右仆射。

元稹与白居易友善，常相唱和，世称“元白”。与白居易共同倡导新乐府运动，擅写男女爱情，描述细致生动，时有名篇佳作，并具有语浅情深的特点。有《元氏长庆集》。

61. 王观（1035—约1100）

王观，字通叟，江苏如皋人。宋仁宗嘉祐二年（1057）进士。曾任大理寺丞、江都知县等职。有《冠柳集》，已佚，今存词十六首。

62. 张先（990—1078）

张先，字子野，乌程（今浙江湖州）人。宋仁宗天圣八年（1030）进士，曾任永兴军通判、渝州知州，仕至都官郎中。晚年优游乡里，与苏轼有往来。元丰元年（1078）卒，年八十九。

张先在自己的词作中多次使用“影”字，创造出极为生动和富有画面感的诗句，其中最著名的三句是“云破月来花弄影”“娇柔懒起，帘压卷花影”“柳径无人，堕轻絮无影”，因此被称为“张三影”。张先与柳永齐名，擅长小令，亦作慢词。其词含蓄工巧，情韵浓郁。有《张子野词》。

63. 张元幹（1091—约1170）

张元幹，字仲宗，号芦川居士，又号真隐山人，长乐（今福建福州）人，为张睦九世孙。徽宗宣和七年（1125）任陈留县丞，与陈与义从游唱和。靖康元年（1126），金兵南侵，张元幹为李纲幕府僚属，协助抗金。后因其支持抗战，与李纲同时被贬。建炎三年（1129），出任将作监丞，绍兴元年（1131），以右朝奉郎致仕。因其作词送胡铨遭秦桧迫害，于绍兴二十一年（1151）下狱被削籍。晚年漫游江南，客死异乡。

张元幹与张孝祥并称南宋初期的“词坛双璧”，其词风格豪放，慷慨悲壮，继承苏轼豪放的词风，但亦有不少清新、婉丽之作。著有《芦川归来集》和《芦川词》。

64. 陈亮（1143—1194）

陈亮，字同甫，人称“龙川先生”，婺州永康（今浙江金华）人。光宗绍熙年间进士，授签书建康府判官厅公事，未上任而亡，年五十二。端平初谥“文毅”。在孝宗朝，陈亮曾多次上书，作《中兴五论》，力主抗金，反对和议，遭当权者嫉恨，屡次入狱。

陈亮为学，提倡注重事业功利有补国计民生的“事功之学”，为浙东事功学派的永康学派主要代表。有《龙川文集》三十卷。其词慷慨豪放，与稼轩为近。原有《长短句》四卷，已佚。今人辑《龙川词》，仅得七十四首。

65. 林逋（967—1028）

林逋，字君复，钱塘（今浙江杭州）人。初游历江、淮，后结庐西湖孤山，隐西湖之孤山二十年，种梅养鹤。天圣六年（1028）卒，年六十二，赐谥“和靖先生”。

其诗风格淡远，内容多反映隐逸生活和闲适心情。“疏影横斜水清浅，暗香浮动月黄昏”（《山园小梅》）诗句颇有名。著有《林和靖诗集》。

66. 秦观（1049—1100）

秦观，字太虚，后改字少游，号淮海居士，高邮（今江苏高邮）人。神宗元丰八年（1085）进士。哲宗元祐初被推荐入京，先后任太学博士、秘书省正字及国史院编修等职，并与黄庭坚、晁补之、张耒等人受到苏轼识拔，相互论文品诗，切磋学问，以“苏门四学士”著称于世。绍圣初年，因与苏轼等交往获罪被贬到南方，元符三年（1100）放还，途经藤州（今广西藤县东北）时去世，年五十二。

秦观的词远绍西蜀南唐，近受柳永影响，多写男女情爱，也颇有感伤身世之作，词风俊逸精妙，情韵兼胜，是“出色当行”的婉约派主要词人。有《淮海集》《淮海居士长短句》。

67. 崔护（？—831）

崔护，字殷功，蓝田（今陕西蓝田）人。贞元十二年（796）登第，官终岭南节度使。

年少时曾作《题都城南庄》诗，后传为“人面桃花”故事。《全唐诗》存诗六首。

68. 崔郊（生卒年不详）

崔郊，元和间秀才。诗一首。

69. 刘禹锡（772—842）

刘禹锡，字梦得，洛阳（今河南洛阳）人，自言系出中山（治今河北定州）。贞元间擢进士第，登博学宏词科。贞元十一年（795）担任太子校书，贞元十六年（800）担任徐泗节度使掌书记，后改为扬州掌书记，贞元十八年（802）调补京兆渭南县主簿，贞元十九年（803）升为监察御史。因参加王叔文集团，被贬连州刺史、朗州司马。外贬十年间，为民间歌曲倚声填词，作《竹枝词》十余篇，颇有造诣。被召还后，作《玄都观看花》讥讽时政，惹怒当权者，又被贬为播州刺史，后改为连州刺史。五年后转夔州、和州刺史。唐文宗大和二年（828）为集贤殿学士，任礼部郎中，出为苏州刺史。后被裴度力荐为太子宾客，因此世称“刘宾客”。唐武宗会昌时，加检校礼部尚书，卒年七十一，赠户部尚书。

刘禹锡为人豪爽豁达，其诗通俗清新。《竹枝词》《杨柳枝词》和《插田歌》等组诗，富有民歌特色，白居易曾经评价他的诗：“彭城刘梦得，诗豪者也。其锋森然，少敢当者。”有《刘梦得文集》。

70. 王建（约767—约830）

王建，字仲初，许州（治今河南许昌）人。曾到岭南，在节度使幕府任职，大约在元和八年（813）以前自荆南回魏博，为魏博节度使田弘正宾佐，并至迟于是年初仕为昭应丞，历官太府寺丞、太常丞、秘书丞、侍御史。大和初，官至陕州司马，从军塞上，后归咸阳。

王建擅长乐府诗，与张籍齐名，世称“张王”。其以田家、蚕妇、织女、水夫等为题材的诗篇，对当时社会现实有所反映。所作《宫词》一百首颇有名。有《王司马集》。

71. 韦庄（约836—910）

韦庄，字端己，长安杜陵（今陕西西安东南）人。韦庄是文昌右相韦待价七世孙、苏州刺史韦应物四世孙，早年屡试不第，直到乾宁元年（894）年近六十时方考取进士，任校书郎，转补阙。李询为两川宣谕和协使时，召韦庄为判官，奉使入蜀，归朝后升任左补阙。天复元年（901），韦庄入蜀为王建掌书记，自此终身仕蜀。天祐四年（907），韦庄劝王建称帝，任左散骑常侍，判中书门下事，定开国制度，韦庄举荐张道古等忠直文人，官终吏部侍郎兼平章事，卒谥“文靖”。

韦庄敬仰杜甫，所以部分诗作“颇似老杜笔力”（余成教《石园诗话》卷二）。长于七绝，长篇七言歌行《秦妇吟》为一代诗史，反映战乱中妇女的不幸遭遇，在当时颇负盛名，与《孔雀东南飞》《木兰诗》并称“乐府三绝”，韦庄因此被称为“秦妇吟秀才”。其诗多以伤时、感旧、离情、怀古为主题；其律诗圆稳整赡、音调嘹亮，绝句情致深婉、涵蕴丰厚，发人深思。与温庭筠同为“花间”派代表作家，并称“温韦”。其词多写自身的生活体验和上层社会之冶游享乐生活及离情别绪，善用白描手法，词风清丽。后人辑其词为《浣花集》，另编选有《又玄集》。

72. 李之仪（约1035—1117）

李之仪，字端叔，号姑溪居士，沧州无

棣（今山东滨州）人。治平间进士，元祐末年从苏轼于定州幕府，历官枢密院编修官，徽宗初年以文章获罪，编管太平州。政和七年（1117）终官朝请大夫。

李之仪擅词，兼工长短调，长调近柳永，短调近秦观。多次韵之作，小令学习民歌乐府，委婉含蓄，有《姑溪居士文集》《姑溪词》。

73. 唐婉（1128—1156）

陆游妻，为陆游母所逼离异，改嫁赵士程，怏怏而卒。

74. 姜夔（约 1155—1209）

姜夔，字尧章，饶州鄱阳（今江西鄱阳）人，寓居武康，与白石洞天为邻，因号白石道人。屡试不第，布衣终生。诗人萧德藻爱赏其才，以侄女妻之。后移居湖州，与当时一些著名的文士交往，过着江湖飘零的清客生活。

姜夔工诗、书法，更精通音律，以词著称，能自度曲。其词格律严谨，字句精工，格调高古，艺术造诣较高。内容则感时伤事、写景抒情，风格以空灵含蓄著称。上承周邦彦，下开吴文英、张炎等。张炎《词源》评价："姜白石词如野云孤飞，去留无迹。"王国维《人间词话》中说："古今词人格调之高，无如白石，惜不于意境上用力，故觉无言外之味、弦外之响。"有《白石道人歌曲》传世。

75. 李端（生卒年不详）

李端，字正己，赵州（今河北赵县）人，李嘉祐之侄。大历五年（770）进士。授秘书省校书郎，官终杭州司马。与卢纶、吉中孚、韩翃、钱起、司空曙、苗发、崔峒、耿沣、夏侯审唱和，为"大历十才子"之一，喜作律体。有《李端诗集》三卷。

76. 张仲素（约 769—819）

张仲素，字绘之，河间（今河北沧州）人。贞元十四年（798）进士。贞元十六年（800）至贞元二十年（804）入张愔幕，元和十一年（816）自礼部员外郎改礼部郎中，充翰林学士，官终中书舍人。《全唐诗》存其诗三十九首，多为乐府歌辞，以写闺情见长。

77. 金昌绪（生卒年不详）

金昌绪，余杭（今浙江杭州）人。《全唐诗》存其诗一首。

78. 陈玉兰（生卒年不详）

陈玉兰，晚唐女诗人。存诗一首。

79. 刘采春（生卒年不详）

刘采春，越州（今浙江绍兴）歌妓。存诗六首。

80. 刘方平（生卒年不详）

刘方平，洛阳（今河南洛阳）人。开元、天宝在世。一生隐居不仕。与皇甫冉为诗友，为萧颖士所赏识。诗多咏物写景之作，尤擅绝句。《全唐诗》存其诗一卷。

81. 朱庆餘（生卒年不详）

朱庆餘，名可久，以字行，越州（今浙江绍兴）人。受知于张籍，登宝历进士第，官秘书省校书郎。有《朱庆餘诗集》。

82. 张祜（约 785—约 852）

张祜，字承吉，贝州清河（今河北清河）人。深得令狐楚器重，自草表荐，以诗三百首献于朝廷。为元稹排挤，遂至淮南。有"谁人得似张公子，千首诗轻万户侯"句。隐居以终，卒于大中年间。有《张承吉文集》。

83. 晏殊（991—1055）

晏殊，字同叔，抚州临川（今江西抚州）人。七岁即有文才，景德中以神童召试，赐同进士出身。累擢知制诰、翰林学士。庆历中，官至集贤殿大学士、同中书门下平章事兼枢密使。至和二年（1055）卒，年六十五岁，赠司空兼侍中，谥"元献"。范仲淹、韩琦、欧阳修等都出自他的门下。

晏殊一生富贵优游，擅小令词，所作多为歌酒风月、闲情别绪，而笔调闲婉，理致深蕴，音律谐适，词语雅丽，与欧阳修并称"晏欧"，是北宋词坛上的重要词人。有《珠玉词》存世，清人辑有《晏元献遗文》。

84. 刘长卿（？—约 789）

刘长卿，字文房，宣城（今属安徽）人，一作河间（今属河北）人。早年居嵩山读书，天宝间进士。至德中，为监察御史，以检校祠部员外郎为转运使判官，任淮西鄂岳转运留后。遭鄂岳观察使吴仲孺诬陷，由鄂岳转运留后贬为睦州司马，官终随州刺史。

刘长卿的诗多写政治失意之感，也有反映离乱之作，善于描绘自然景物。长于五言，被权德舆称为“五言长城”。皇甫湜评价：“诗未有刘长卿一句，已呼阮籍为老兵矣。”（《皇甫持正集》）有《刘随州诗集》。

85. 许浑（约 791—约 858）

许浑，字用晦，一作仲晦，润州丹阳（今江苏镇江）人。早年漫游，曾至浙东越中、天台等地。大和六年（832）进士及第，历官监察御史、虞部员外郎、睦州刺史、郢州刺史等职。

许浑自少苦学多病，喜爱林泉。其诗长于律体，多登高怀古之作。韦庄《题许浑诗卷》曾称赞道：“江南才子许浑诗，字字清新句句奇。十斛明珠量不尽，惠休虚作碧云词。”有《丁卯集》。

86. 韩偓（约 842—923）

韩偓，字致尧（一作致光），小字冬郎，自号玉山樵人，京兆万年（今陕西西安）人。龙纪年间擢进士第，授刑部员外郎。历官翰林学士、中书舍人、兵部侍郎、翰林承旨。后以不附朱全忠被贬濮州司马，再贬荣懿尉，徙邓州司马。后因南依闽王王审知而卒。

其诗多写艳情，辞藻华丽，有“香奁体”之称。后期多写唐末变乱及个人遭际，感时伤怀，风格慷慨悲凉。原有集，已散佚，后人辑有《韩内翰别集》。

87. 李绅（772—846）

李绅，字公垂，润州无锡（今江苏无锡）人。为人短小精悍，时号“短李”。元和进士，补国子助教，后辞官投入镇海军节度使李锜幕府做了书奏从事，因不附李锜谋反而被李下狱。后被召回长安，历官中书舍人、御史中丞、户部侍郎等，官至右拾遗、翰林学士，与李德裕、元稹同被称为“三俊”。会昌二年（842）为中书侍郎同平章事，进尚书右仆射，封为赵郡公。后复为淮南节度使，卒于所任，死后追赠太尉，谥“文肃”。

李绅曾与元稹、白居易一起倡导新乐府运动，作有《乐府新题》二十首，已失传。《全唐诗》录其《追昔游诗》三卷、《杂诗》一卷。

88. 孟郊（751—814）

孟郊，字东野，湖州武康（今浙江德清）人。早年活动于江南，与皎然、陆羽等交往；又隐居嵩山，屡试不第，近五十岁才中进士，写下“春风得意马蹄疾，一日看尽长安花”的名句，任溧阳县尉；贞元末辞职归里。后入河南尹郑馀庆幕，定居洛阳。孟郊年长于韩愈而及第晚之，与韩愈、张籍等交谊颇深，互有唱和，是韩孟诗派的主将、中唐谲怪诗风的代表。元和九年（814）卒，张籍等私谥其贞曜先生。

孟郊长于五古，其诗多感伤自己的遭遇，精于构思，风格奇险怪怖，以“苦吟”著称。与贾岛齐名，有“郊寒岛瘦”之称。有《孟东野诗集》传世。

89. 陆龟蒙（？—约 881）

陆龟蒙，字鲁望，号天随子，自号江湖散人、甫里先生，姑苏（今江苏苏州）人。曾任苏、湖二州郡从事，后隐居松江甫里，与皮日休齐名，人称“皮陆”。

其诗以写景咏物为多。有《笠泽丛书》《甫里集》。

90. 杜荀鹤（846—904）

杜荀鹤，字彦之，号九华山人，池州石埭（今安徽石台）人。四十六岁中进士。后依朱全忠任翰林学士，仅五日而卒。

其诗晓畅清逸，语言通俗，部分诗篇反映唐末军阀混战局面下的社会矛盾和人民的惨痛境遇，在当时较突出。有《唐风集》。

91. 聂夷中（837—？）

聂夷中，字坦之，河东（今山西永济）人，一作河南人。咸通末登进士第，官华阴尉，仕途不得意。

其诗多为五言，《伤田家》《公子行》等，描绘农民疾苦和豪族生活的淫奢，为晚唐诗中优秀之作。原有集，已散佚，《全唐诗》录存其诗为一卷。

92. 刘克庄（1187—1269）

刘克庄，字潜夫，号后村居士，莆田（今福建莆田）人。以荫补官。淳祐初赐同进士出身，官至工部尚书兼侍读，以龙图阁学士致仕。咸淳五年（1269）卒，年八十三，谥“文定”。

刘克庄诗词皆工。其诗初学晚唐，后推崇陆游，诗集有《后村先生大全集》。他的词继承了辛派词人的爱国主义传统及其豪放风格，词集有《后村长短句》，又名《后村别调》。

93. 蒋捷（约 1245—1305 后）

蒋捷，字胜欲，号竹山，常州宜兴（今属江苏）人。南宋度宗咸淳间进士，宋亡隐居太湖中竹山，人称竹山先生。元大德年间，遁迹不仕，抱节以终。与周密、王沂孙、张炎并称“宋末四大家”。

蒋捷词多抒发故国之思、山河之恸，风格以悲慨清峻、萧寥疏爽为主，多承苏、辛一路而兼有众长。刘熙载《艺概》称他为“长短句之长城”。其词对后世影响颇深，清初阳羡词派受其影响尤大。有《竹山词》。

94. 杨炯（650—约 693）

杨炯，华州华阴（今陕西华阴）人。自幼聪敏博学，文采出众。显庆四年（659）举神童，上元三年（676）进士及第，授校书郎。高宗永淳元年（682）任崇文馆学士，迁太子詹事司直。武后垂拱元年（685），因其弟参与徐敬业起兵而遭连坐，贬为梓州司法参军。天授元年（690）任教于洛阳宫中习艺馆。天授三年（692）迁婺州盈川县令，以执法严厉闻名，卒于任期内，世称“杨盈川”。

杨炯为“初唐四杰”之一。擅长五律。其边塞诗气势较胜，但有些作品未能尽脱绮艳之风。张说评价道：“杨盈川文思如悬河注水，酌之不竭，既优于卢，亦不减王也。”原有集，已散佚，明人辑有《盈川集》。

95. 卢照邻（约 637—约 686）

卢照邻，字昇之，号幽忧子，幽州范阳（今河北涿州）人。少年时南下游学，受业于著名文学家曹宪、经学家王义方。于高宗永徽四年（653）任邓王府典签，邓王李裕对其十分爱重，将其比之司马相如。后调任益州新都尉。中年后身患风痹，辞官后来到父母居住的太白山，又遭父丧，病情愈加严重。他先后到长安、洛阳问医养病，卧疾龙门山，疾病加重，转到阳翟具茨山下购置园亩，不堪病痛折磨，诀别亲属，自投颍水死。

卢照邻为“初唐四杰”之一。主张摈弃南北朝齐梁时期的浮艳文风和华而不实的骈体文，批判模拟乐府诗的流习，提倡乐府新题，为盛唐诗歌的革新开辟道路。尤长于歌行体，诗风刚健劲朗，脱宫廷之拘囿，开市井之路径。原有集，已散佚，后人辑有《幽忧子集》。

96. 沈佺期（约 656—716）

沈佺期，字云卿，相州内黄（今河南内黄）人。上元进士。长安中，累迁通事舍人，预修《三教珠英》，转考功郎给事中，因贪污及谄附张易之，被流放驩州，次年，因大赦迁为台州录事参军。神龙中，拜为起居郎、修文馆直学士，后历官中书舍人、太子少詹事，世称“沈詹事”。开元初去世。

沈诗与宋之问齐名，多应制之作，世称“沈宋”。流放时期的作品，则多悲凄情调，颇为感人。沈佺期诗歌律体谨严精密，对律诗体制的定型颇有影响。原有集，已散佚，后人辑《沈云卿文集》五卷。

97. 杜审言（约 645—708）

杜审言，字必简，祖籍襄阳（今湖北襄阳），后迁居巩县（今河南巩义西南），是杜甫的祖父。唐高宗咸亨元年（670）进士，任隰城尉、洛阳丞。坐事贬吉州司户参军，又因张易之案流放峰州，再起为国子监主簿、修文馆直学士。与李峤、崔融、苏味道为“文章四友”。性格张扬，恃才傲物。

其诗风朴实自然，长于五律，是唐代近体诗的奠基人之一。原有集，已散佚，南宋赵彦清辑有《杜审言诗集》一卷，仅存诗四十三首。

98. 王湾（生卒年不详）

王湾，洛阳（今河南洛阳）人。登先天进士第。开元初，为荥阳主簿，终官洛阳尉。曾往来吴、楚间。开元中卒。

多有著述。其“海日生残夜，江春入旧年”之句，在当时颇负盛名。当朝宰相张说还将这两句诗亲手题写并悬于政事堂上。《全唐诗》存其诗十首。

99. 司空曙（生卒年不详）

司空曙，字文明，一作文初，洺州（治今河北邯郸市永年区东南）人。大历初登进士第。入剑南节度使韦皋幕府，终官虞部郎中。为“大历十才子”之一。

其诗多写自然景色和乡情旅思，或表现幽寂的境界，或直抒哀愁，较长于五律。有

《司空文明诗集》。

100. 戎昱（？—约799）

戎昱，荆州（今属湖北）人。曾应进士试，卫伯玉镇荆南，辟为从事。后漫游湘、桂间。建中末为辰州刺史，迁虔州刺史。

戎昱诗多吟咏客中山水景色，亦有注重反映现实、忧念时事的题材，《沧浪诗话》称其诗“有绝似晚唐者”。原有集，已散佚，宋人辑有《戎昱诗集》一卷。

101. 李德裕（787—850）

李德裕，字文饶，赵郡（治今河北赵县）人。宰相李吉甫之子，以荫入仕。历任翰林学士、浙西观察使、西川节度使、兵部尚书、左仆射等职。大和七年（833）、开成五年（840）两度为相。后出为荆南节度使，贬潮州司马。大中二年（848）再贬为崖州司户参军，后卒于贬所。追封为太子少保、卫国公，赠尚书左仆射。

李德裕诗歌以交游、咏物、咏怀、贬谪四个类型为主。贬谪诗或写南行途中见闻，或抒发眷恋京都的情愫，颇为感人。著有《李文饶文集》，又作《会昌一品集》。《全唐诗》存诗一卷，《全唐诗外编》及《全唐诗续拾》补诗九首。

102. 皇甫冉（718—约770）

皇甫冉，字茂政，润州丹阳（今江苏镇江）人。十岁即有文才，被张九龄器重，天宝间举进士，历官无锡尉、左金吾兵曹。后入河南节度使王缙幕，官终左拾遗、左补阙。

皇甫冉与独孤及、刘长卿等友善，其诗多乱离漂泊之叹，亦时有流连景物之作，风格清逸。其弟皇甫曾亦能诗，并称“二皇甫”。有《皇甫冉诗集》，《全唐诗》存其诗二卷。

103. 贾至（718—772）

贾至，字幼邻，洛阳（今河南洛阳）人。开元末明经擢第，曾任中书舍人，于乾元元年（758）春由中书舍人出为汝州刺史，乾元二年（759）夏秋之间贬为岳州司马。代宗时历任礼部侍郎、兵部侍郎、京兆尹等职。卒，谥曰“文”。

贾至与李白、杜甫等皆有交往，杜甫称其诗“雄笔映千古”。有文集二十卷、别集十五卷，皆不传。

104. 毛滂（生卒年不详）

毛滂，字泽民，衢州（今浙江衢州）人。曾任杭州法曹，受知于苏轼。政和中守嘉禾。

诗、词、文均知名于世。《四库提要》称“其词则情韵特胜”，词风颇受苏轼影响，婉丽中有疏朗之气。有《东堂集》《东堂词》传世。

105. 曾觌（1109—1180）

曾觌，字纯甫，号海野老农，汴州（今河南开封）人。以父任补官。绍兴三十年（1160）为建王内知客。孝宗受禅，除权知阁门事，后坐事出为淮西副总管，移浙东。乾道六年（1170）升承宣使、节度使，后除开府仪同三司。淳熙七年（1180）卒。著有《海野词》。

106. 陈克（1081—1137）

陈克，字子高，自号赤城居士，临海（今浙江台州）人，侨居金陵（今江苏南京）。

其词格韵绝高，婉雅闲丽。南宋陈振孙《直斋书录解题》称其“词格颇高，晏周之流亚也”。陈廷焯说：“陈子高词婉雅闲丽，暗合温、韦之旨，晁无咎、毛泽民、万俟雅言等远不逮也。”有《赤城词》，已散佚。

107. 韩琦（1008—1075）

韩琦，字稚圭，相州安阳（今河南安阳）人。仁宗天圣年间进士，历开封府推官、三司度支判官，拜任右司谏。出任陕西安抚使、枢密副使，与范仲淹共同防御西夏，时人称为“韩范”。嘉祐年间任枢密使、宰相。神宗即位后，出知相州、大名等地。熙宁八年（1075）卒，年六十八。赠尚书令，谥“忠献”。神宗誉其为“两朝顾命定策元勋”。有《安阳集》。存词五首。

108. 徐君宝妻（生卒年不详）

徐君宝妻，姓名不详，岳州（今湖南岳阳）人。据陶宗仪《南村辍耕录》载：南宋亡国时，她被元军掳至杭州。“其主者数欲犯之，而终以计脱。”后被迫投池自尽，临死前题《满庭芳》词一首于壁上，寄托自己的悲恨和哀思。

109. 苏味道（648—705）

苏味道，字守真，赵州栾城（今河北石

家庄栾城区）人。九岁能属文，弱冠登进士第，先后几度为相，苟合取容，处事圆滑，人称“苏模棱”，深得武则天赏识。中宗时因亲附张易之兄弟被贬为眉州刺史。不久复迁益州大都督府长史，未行而卒。

与李峤以文辞齐名，号“苏李”。又与李峤、崔融、杜审言合称“文章四友”。多应制之作，用事典雅，后遂成“馆阁体”。所作诗今存十余首。原有集，已失传。

110. 王驾（生卒年不详）

王驾，字大用，自号守素先生，河中（今山西永济）人。大顺元年（890）登进士第，受校书郎，仕至礼部员外郎。

司空图在《与王驾评诗书》中评价道：“五言所得，长于思与境偕，乃诗家之所尚者。”《全唐诗》存其诗六首。

111. 崔颢（？—754）

崔颢，汴州（今河南开封）人。开元间登进士第。官太仆寺丞、试太子司议郎摄监察御史、司勋员外郎。

崔颢早期诗多写闺情，流于浮艳。后历边塞，诗风变为雄浑奔放。所作《黄鹤楼》诗颇负盛名，传说李白登黄鹤楼本欲赋诗，因见崔颢诗作，说：“眼前有景道不得，崔颢题诗在上头。”本事未必为真，然而李白确两次作诗拟此诗格调。有《崔颢诗集》，《全唐诗》存其诗四十二首。

112. 张说（667—731）

张说，字道济，一字说之，洛阳（今河南洛阳）人。武则天时应诏对策，策论为天下第一。历任太子校书、左补阙、凤阁舍人、工部侍郎、兵部侍郎、修文馆学士、中书侍郎、黄门侍郎等职。曾因违背皇帝旨意被贬钦州。玄宗开元初，因不肯依附太平公主被贬官。后封燕国公。前后三次为相。

擅长文辞，与苏颋（袭封许国公）并称“燕许大手笔”。其诗多应制之作。被贬岳阳时的作品，较有特色。有《张燕公集》。

113. 权德舆（759—818）

权德舆，字载之，天水略阳（今甘肃秦安东南）人。幼时聪颖，以文章进身，由谏官累迁至礼部尚书、同平章事，参与朝政。死后赠左仆射，谥曰“文”。

权德裕与杜佑、裴胄交好。工诗文，一时名人碑铭墓志，多出其手。清人辑有《权载之文集》传世。

114. 卢仝（约775—835）

卢仝，自号玉川子，范阳（治今河北涿州）人。年轻时隐居少室山，家境贫困，刻苦读书，不愿仕进。曾作《月蚀诗》讥刺当时宦官专权，为韩愈所称。甘露之变时，因留宿宰相王涯家，与王同时遇害。

其诗对当时腐败的朝政与民生疾苦均有所反映，风格奇特，近于散文。有《玉川子诗集》。

115. 孟云卿（生卒年不详）

孟云卿，字升之，洛阳（今河南洛阳）人。天宝时试进士不第。后官校书郎。

其诗反对声病藻绘，朴实无华，为杜甫、元结、韦应物诸人所推重，张为《诗人主客图》尊他为“高古奥逸主”。《全唐诗》辑其诗一卷。

116. 韩翃（生卒年不详）

韩翃，字君平，南阳（今河南南阳）人。登天宝十三载（754）进士第，后数入节度幕府中任职，官至中书舍人。

他以诗闻名，为“大历十才子”之一。其诗多酬赠送别之作，原有集，已散佚，明人辑有《韩君平诗集》。

117. 吴文英（约1212—约1272）

吴文英，字君特，号梦窗，晚号觉翁，四明（今浙江宁波）人。曾为吴潜浙东安抚使幕僚，复为宗室赵与芮门客。尝以词谄媚贾似道。

吴文英擅词，其词语言冶炼，组织缜密，运意曲折幽深，亦以隐晦著称。张炎《词源》谓“如七宝楼台，眩人眼目，碎拆下来，不成片段”。与周密（草窗）并称“二窗”。有《梦窗词》。

118. 黄裳（1144—1130）

黄裳，字冕仲，号演山居士，喜道家玄秘之学，又号紫玄翁，延平（今福建南平）人。早年在浙江、京师等地读书游学，累举不第。宋神宗元丰间登进士第。累官端明殿学士、吏部尚书等职。卒谥“忠文”，赠少傅。

黄裳词较为明艳，词作《减字木兰花》较为著名，广为流传。著有《演山先生文集》《演山词》等。

119. 刘辰翁（1232—1297）

刘辰翁，字会孟，号须溪，吉州庐陵（今江西吉安）人。景定间进士，廷试对策时，因触犯贾似道，置于丙等。曾任濂溪书院山长、临安府学教授。他反对奸佞，主持正义。入元后，隐居不仕。

况周颐《蕙风词话》评其词“风格遒上”“情辞跌宕”。刘辰翁曾评点杜甫、王维、李贺、王安石、陆游诸家之作，开后代评点风气。明人辑有《须溪记钞》，清人辑有《须溪集》。又有《须溪词》。

120. 骆宾王（约 638—684）

骆宾王，婺州义乌（今浙江义乌）人。七岁即有文才，尤其擅长写五言诗，曾作《帝京篇》，成为当时的绝唱。曾任临海丞，怀才不遇，弃官而去。后随徐敬业起兵反对武则天，作《讨武曌檄》，兵败后下落不明，或说被杀，或说为僧。

骆宾王与王勃等以诗文齐名，为“初唐四杰”之一。其诗以七言歌行见长，多悲愤之词。又善骈文。有《骆宾王文集》。

121. 张昇（992—1077）

张昇，字杲卿，韩城（今陕西韩城）人。大中祥符间进士。累官参知政事、枢密使，以彰信军节度使、同中书门下平章事判许州，改镇河阳。以太子太师致仕。卒谥“康节”，赠司徒兼侍中。词作以《离亭燕》最为有名，无词集流传。

122. 李纲（1083—1140）

李纲，字伯纪，邵武（今福建南平）人。徽宗政和二年（1112）进士。北宋末任太常少卿，钦宗靖康元年（1126），金兵围汴京时，登城督战，击退金兵。李纲反对迁都，积极备战，但不久受到投降派的排挤。高宗即位后，一度被起用为宰相，在职仅七十五天，又被黄潜善、汪伯彦排斥。后任湖广宣抚使等职。著有《靖康传信录》《梁溪集》等。

123. 虞世南（558—638）

虞世南，字伯施，越州余姚（今浙江慈溪）人。历仕南陈、隋、唐三朝。入唐后，与房玄龄等共掌文翰，为“十八学士”之一。官至秘书监，先后封永兴县子、永兴县公，世称“虞少监”“虞永兴”。卒谥“文懿”，获赠礼部尚书。

虞世南直言敢谏，被唐太宗称为“德行、忠直、博学、辞藻、书翰”五绝，绘像凌烟阁。其书法外柔内刚，圆融遒丽，为“唐初四大书家”之一。其诗多应制之作，文辞典丽，亦有秀逸清丽的一面。编有《北堂书钞》一百六十卷。《全唐诗》存其诗一卷。

124. 张九龄（673 或 678—740）

张九龄，字子寿，号博物，韶州曲江（今广东韶关西南）人。武后长安二年（702）登进士第，开元十年（722）迁中书舍人，开元二十二年（734）复迁中书令。为李林甫所排挤，开元二十五年（737）贬为荆州长史。死后谥“文献”，世称张曲江、文献公。张九龄风度蕴藉，在朝秉公守则，曾向唐玄宗请诛安禄山，未许。其《感遇诗》以格调刚健著称。有《曲江集》。

125. 钱起（约 720—约 782）

钱起，字仲文，吴兴（今浙江湖州）人。天宝十载（751）登进士第，官秘书省校书郎，终尚书考功郎中。“大历十才子”之一。又与郎士元齐名，并称“钱郎”。

钱起诗以五言为主，诗格新奇，理致清赡，多送别酬赠之作。有《钱考功集》。

126. 韩愈（768—824）

韩愈，字退之，河南河阳（今河南孟州南）人。自谓郡望昌黎，世称“韩昌黎”。贞元八年（792）进士。初为监察御史，因上疏极论时事，贬阳山令。元和中，任比部郎中、史馆修撰、中书舍人、行军司马、刑部侍郎。因谏阻宪宗迎佛骨，贬为潮州刺史。穆宗即位，召拜国子祭酒、兵部侍郎、吏部侍郎。卒后赠礼部尚书，谥曰“文”。

韩愈在政治上反对藩镇割据，思想上尊崇儒学，诋排佛老。文学上力反六朝以来的骈俪文风，提倡散体，与柳宗元同为古文运动的倡导者，并称“韩柳”。其散文承古创新，气势雄健，被列为“唐宋八大家”之首。其诗力求新奇，有时流于险怪，对宋诗影响颇大，与孟郊并称“韩孟”。有《昌黎先生集》。

127. 曹邺（生卒年不详）

曹邺，字业之，一作邺之，桂州阳朔（今属广西）人。登大中进士第，历官祠部郎中、洋州刺史、吏部郎中等。

其诗多抒写其政治上不得志的感慨，风格古朴，多采民谣口语入诗，《官仓鼠》《捕鱼谣》等颇为世所传诵。与刘驾为诗友，时称“曹刘”。有《曹祠部集》。

128. 梅尧臣（1002—1060）

梅尧臣，字圣俞，宣城（今安徽宣城）人。宣城古名宛陵，故世称“梅宛陵”。少时应进士不第。以叔父门荫入仕，历任州县属官。中年后赐进士出身，授国子监直讲，官至都官员外郎。

文学上，梅尧臣主张继承诗骚传统，反对西昆体的浮艳诗风，故诗作多反映社会现实和人民疾苦，风格平淡含蓄。与欧阳修同为诗文革新的领袖，世称“欧梅”，又与苏舜钦并称“苏梅”。有《宛陵先生文集》。

129. 朱敦儒（1081—1159）

朱敦儒，字希真，号岩壑老人，洛阳（今河南洛阳）人。早年隐居不仕，绍兴五年（1135），赐进士出身，曾任两浙东路提点刑狱。致仕，居嘉禾。秦桧起用他为鸿胪少卿。秦桧死，复归。

朱敦儒以词名家，其词除反映他的遁世隐居的生活外，也有少量忧国伤时之作，通俗而绝少艳语。有《岩壑老人诗文集》《猎较集》，不传。又有词集《樵歌》。

130. 赵佶（1082—1135）

赵佶即宋徽宗，神宗第十一子。在位二十五年，后内禅皇太子，自尊为太上皇。靖康二年（1127）与其子钦宗赵桓同为金人所俘，囚禁五国城（今黑龙江依兰）至死。

赵佶政治上无甚作为，然文艺上造诣颇高。令文臣编辑《宣和书谱》《宣和画谱》《宣和博古图》等。擅书画，真书学薛曜，称“瘦金书”，亦能诗词，有《宣和宫词》三卷，已佚。近人辑有《宋徽宗诗》《宋徽宗词》。

131. 史达祖（生卒年不详）

史达祖，字邦卿，号梅溪，汴（今河南开封）人。他中年时期曾在扬州及荆江、汉水一带任过幕职，颇具政治才干，但屡试不第，生活清贫，嘉泰、开禧间很受太师韩侂胄赏识，为韩侂胄堂吏，掌文书。曾使金。开禧北伐失败后，投降派政变，韩侂胄被杀，史达祖受株连而流放。

其词长于咏物，亦多抒发家国之恨及身世之感的作品，有《梅溪词》。

132. 王沂孙（？—约1290）

王沂孙，字圣与，号碧山，又号中仙、玉笥山人，会稽（今浙江绍兴）人。元至元中，一度为庆元路学正。

陈廷焯《白雨斋词话》评价其词：“咏物词至王碧山，可谓空绝古今。”多咏物寄托，哀婉幽深。有《花外集》，一名《碧山乐府》。

133. 李煜（937—978）

李煜，字重光，南唐中主李璟第六子，因文献太子弘冀早卒，被封为吴王，以尚书令知政事，居东宫，二十五岁（961）嗣位，为南唐国主，在位十四年。开宝八年（975）十一月，宋将曹彬攻破金陵，李煜被执入汴，封违命侯。传说宋太宗因“小楼昨夜又东风，故国不堪回首月明中”对其起了杀心，将其毒死。

李煜词成就极高。他在南唐写的词，反映宫廷生活，绮丽婉艳；亡国后写的词则多有亡国之痛，情感真挚。王国维《人间词话》云：“词至李后主，而眼界始大，感慨遂深，遂变伶工之词而为士大夫之词。”有文集三十卷、《杂说》百篇，今佚。后人将他与其父的作品，合刻为《南唐二主词》。

134. 宋祁（998—1061）

宋祁，字子京，开封雍丘（今河南杞县）人，幼居安陆（今属湖北）。宋仁宗天圣二年（1024）举进士，曾与欧阳修等人同修《新唐书》，撰列传部分。书成，进工部尚书，拜翰林学士承旨。嘉祐六年（1061）卒，谥“景文”。

宋祁诗、词、文俱佳。诗词多写个人生活，多酬赠送别之作，语言工丽。集已佚，清人辑有《宋景文集》，近人赵万里辑有《宋景文公长短句》一卷。

135. 张镃（1153—1221）

张镃，字时可，后改字功甫，号南湖、约斋居士，本成纪（今甘肃天水）人，徙家临安（今浙江杭州）。宋名将张俊之曾孙。曾任直秘阁、司农寺丞、象州编管等职。

张镃擅艺文，与杨万里、陆游、辛弃疾、姜夔等皆有往还。张镃诗隽永清新，词也萧疏劲健。有《南湖集》，已佚，清人有辑本。另有《梅品》《仕学规范》等。

136. 沈蔚（生卒年不详）

沈蔚，字会宗，吴兴（今浙江湖州）人。

137. 景云（生卒年不详）

景云，僧人，善草书，与岑参同时。《全唐诗》存其诗三首。

138. 扬无咎（1097—1169）

扬无咎，字补之，号逃禅老人、清夷长者，清江（今江西樟树西）人，寓豫章（今江西南昌市）。因不满高宗、秦桧对外妥协苟安，累征不起。

扬无咎工诗擅画，最擅画梅，有“逃禅三绝”之誉。存世作品有《四梅花图》《雪梅图》等。亦工词，有《逃禅词》。

139. 王之望（1103—1170）

王之望，字瞻叔，号汉滨，襄阳谷城（今湖北襄阳）人。绍兴八年（1138）进士。累迁太府少卿，总领四川财赋。孝宗即位，除户部侍郎，充川陕宣谕使，官至参知政事兼同知枢密院事。乾道元年（1165），起为福州兼福建路安抚使，加资政殿大学士，移知温州。寻罢归。有《汉滨集》。

140. 李邴（1085—1146）

李邴，字汉老，号云龛，济州巨野（今山东巨野）人，一作任城（今山东济宁）人。徽宗崇宁五年（1106）中进士，累官翰林学士。宣和七年（1125），知越州。南渡后擢兵部侍郎，兼直学士院。绍兴五年（1135）上战阵、守备、措化、绥怀各五事，不报。闲居十七年，卒于泉州。有《云龛草堂集》百卷，不传。《宋史》有传。

141. 苏易简（958—996）

苏易简，字太简，梓州铜山县（今四川德阳市中江县广福镇）人。太平兴国五年（980）进士第一，解褐将作监丞，通判升州。八年（983），知制诰，屡知贡举。雍熙三年（986）充翰林学士，迁给事中。淳化中，参知政事，出知邓州、陈州。

苏易简才思敏捷，以文章著名，有《续翰林志》《文房四谱》等。

诗词索引

关联课程教材推荐

ISBN	书名	作者	定价（元）
978-7-300-27627-4	《资治通鉴》二十讲（第 2 版）	刘后滨　李晓菊	45.00
978-7-300-21892-2	美学导论（第 4 版）	张法	38.00
978-7-300-22528-9	美学概论（第四版）	牛宏宝	32.00
978-7-300-28927-4	美学原理（第二版）	王一川	45.00
978-7-300-15457-2	世界文学名著赏析	钱谷融　刘洪涛	59.00
978-7-300-29709-5	外国文学名著选读（第 4 版）	梁坤	68.00
978-7-300-25751-8	西方文化概论（第 3 版）	方汉文	49.80
978-7-300-33036-5	中国传统文化概要（第四版）	冯希哲	49.90
978-7-300-33108-9	中国文化概论（第五版）	金元浦	59.80
978-7-300-29003-4	中国文化概论精编本（第二版）	金元浦	39.00
978-7-300-27838-4	中华传统文化导读	王霁	55.00

配套教学资源下载说明

尊敬的老师：

衷心感谢您选择人大版教材！相关的配套教学资源，请到中国人民大学出版社官网（www.crup.com.cn）下载。部分教学资源需要验证教师身份后下载。请您登录出版社官网，点右上角“注册”，填写“会员中心”的“我的教师认证”项目，等待后台审核。我们将尽快为您开通下载权限。

如您急需教学资源或教材样书，也可以直接与我们的编辑联系。

联系人：刘静　　电话：010－62513587　　电子邮箱：12918646@qq.com

全国汉语言文学教师群
群号：1062057602

俯仰天地　心系人文

www.crup.com.cn

欢迎您加入全国汉语言文学教师群
开展学术讨论，交流教学心得。
QQ 群号：1062057602